Peter Scholl-Latour

Betrachtungen eines Weltreisenden

Peter Scholl-Latour

Betrachtungen eines Weltreisenden

Propyläen

MIX
Papier aus verantwortungsvollen Quellen
FSC® C014496
FSC www.fsc.org

Die Texte dieses Buches erschienen bereits in Peter-Scholl-Latours früheren Büchern *Der Tod im Reisfeld* (DVA, Stuttgart 1979), *Allah ist mit den Standhaften* (DVA, Stuttgart 1983), *Kampf dem Terror – Kampf dem Islam?* (Propyläen, Berlin 2002), *Weltmacht im Treibsand* (Propyläen, Berlin 2004), *Koloss auf tönernen Füßen* (Propyläen, Berlin 2005), *Die Angst des weißen Mannes* (Propyläen, Berlin 2009), *Arabiens Stunde der Wahrheit* (Propyläen, Berlin 2011) und *Der Fluch der bösen Tat* (Propyläen, Berlin 2014).

Propyläen ist ein Verlag der Ullstein Buchverlage GmbH

ISBN 978-3-549-10012-7

Lektorat: Cornelia Laqua und Christian Seeger
Gesetzt aus der Quadraat Pro; powered by peyprus.com
Druck und Bindearbeiten: GGP Media GmbH, Pößneck
Printed in Germany

Inhalt

Peter Scholl-Latour – Vorbild als Journalist und Welterklärer

Vorwort von Ulrich Wickert

Peter Scholl-Latour, Jahrgang 1924, gestorben 2014, ist auch heute noch jungen Journalisten ein Vorbild. Einmal im Jahr wird der nach ihm benannte Preis verliehen, und stets bewerben sich hervorragende Journalisten der bekanntesten Medien um diese Auszeichnung, seien sie von der ZEIT, vom *Spiegel*, von der SZ oder von ARD und ZDF. Und allein schon in die Endauswahl zu kommen und zu den drei Nominierten zu gehören, so schrieb die weltweit angesehene Fotoreporterin Julia Leeb, »ist eine Ehre für mich«, denn Peter Scholl-Latour war seit frühester Jugend ihr Vorbild. Vom Alter her könnte sie Scholls Enkelin sein. So hat sie – wie einst Scholl-Latour – Arabisch studiert und berichtet heute auch aus Gebieten, in denen Menschen unter Krieg und politischen Unruhen leiden. Der Peter-Scholl-Latour-Preis, so meint sie, sei ein wichtiges Signal für ihre Kollegen und sie selbst, da ihre Themen in der breiten Öffentlichkeit unverhältnismäßig wenig Aufmerksamkeit erhielten.

Schon vor fünfzig Jahren war »Scholl«, wie er nur genannt wurde, jungen Journalisten ein Vorbild. Auch mir. Ich habe ihn 1969 in Paris kennengelernt, da war er längst für deutsche Fernsehzuschauer wegen seiner Berichte aus Vietnam, aber besonders von den Studentenunruhen im Mai 1968 in Saint Germain, ein Symbol.

Sein Büro an den Champs-Élysées war klein und düster. Von den Räumen des Frankreich-Studios der ARD gingen kaum Fenster zum Tageslicht. Aber Peter Scholl-Latour war nicht der Mann, sich damit zufriedenzugeben. Er kaufte für den WDR um die Ecke zwei Etagen in einem neuen, modernen Bürohaus, heute noch eine der besten Dependancen des Senders. Fünfzehn Jahre später sollte ich davon profitieren, als ich in seine Fußstapfen als ARD-Studioleiter in Paris trat. Selber zog er nicht mehr in die hellen neuen Räume ein. Denn er war Fernsehdirektor des WDR in Köln geworden. Für eine kurze Zeit.

Als kleiner Redaktionsassistent lernte ich 1969 sein Bürokabuff kennen. Weil ich Französisch sprach, hatte der WDR mich als Hilfskraft nach Paris geschickt. General Charles de Gaulle war gerade vom Amt des Staatspräsidenten zurückgetreten. Neuwahlen standen an, Senatspräsident Alain Poher gegen den ehemaligen Premierminister Georges Pompidou. Mit wenigen Worten erklärte mir Scholl, weshalb Pompidou gewinnen würde. Klar. War dann auch so. Abends lud er mich nach Hause ein. Es gab Erbsensuppe. Ich hing an seinen Lippen und versuchte diesen Mann, der für uns Jüngere das Urbild des großen Journalisten verkörperte, zu verstehen.

Er bewunderte Charles de Gaulle. Aber er war kein Gaullist. Zunächst dachte ich, Scholl sei ein Konservativer. Aber dann lobte er den Studentenaufstand vom Mai '68 mit den Worten, das sei doch ein schönes, romantisches Erlebnis gewesen. Dabei war er während der Unruhen in Paris verletzt worden, ein Splitter hatte sich in seinen Derrière verirrt. Übrigens die einzige Verletzung, die er je bei seinen Einsätzen erlitt.

De Gaulle zu bewundern und gleichzeitig die Studentenrevolte zu romantisieren, dazu gehört ein besonders unabhängiger Geist. Den verkörperte Peter Scholl-Latour zeit seines Lebens. In seiner Gedankenwelt hatte political correctness keinen Platz. Ihm ging es auch nie darum, Gefälligkeiten auszutauschen. Er bezog seine Positionen aus Überzeugung.

Als er den Text zu seinem ersten Fernsehfilm selber sprechen wollte, kam ein Fernsehgewaltiger und sagte, da nehmen wir einen ausgebildeten Sprecher, denn mit solch einer Stimme könne man nicht sprechen. Wer hat wohl die Sprachaufnahme gemacht? Er, Peter Scholl-Latour. Selbst sein Nuscheln wurde zum Markenzeichen. In einem Internet-Forum schrieb allerdings selbst Jahrzehnte später ein User mit dem Namen »Schißhase«: »Außerdem soll er mal richtig sprechen lernen: Ansonsten aber interessant.«

Fernsehen bedeutet ja auch Äußerliches. Was viele Männer selbst im Studio nicht schaffen, das verkörperte Peter Scholl-Latour sogar in der Wüste: einfach gut und elegant auszusehen. Wer die Bilder kennt, als Scholl mit seinem Kamerateam vom Vietcong gefangengenommen worden war, der sieht ihn im Reisfeld genauso gepflegt wie sonst in den Straßen von Saigon.

Eine Reihe von Schlüsselerlebnissen erklärt diesen Mann. So kannte er fast alle Schurken dieser Welt. Das Interesse dafür hatte den Ursprung in seiner Jugend. Als er Kind war, beschäftigte die Familie einen Chauffeur aus Polen. Diesen Mann hat Scholl über alles geliebt. Später hat sich dann herausgestellt, daß der Fahrer seine Frau umgebracht hatte.

In Bochum als Sohn eines aus dem Elsaß stammenden Arztes und einer ebenfalls elsäßischen Mutter geboren, wuchs er zweisprachig auf. Seine Eltern steckten ihn auf Grund ihrer Schwierigkeiten mit den Nationalsozialisten (die Mutter hatte jüdische Vorfahren, ihr Bruder wurde im KZ Sachsenhausen ermordet) 1936 in das streng katholische Jesuitenkolleg St. Michel in Fribourg in der Schweiz. Und die Jesuiten haben seinen Geist geschärft. Den Eltern wurde schließlich verboten, Geld in die Schweiz zu schicken, so daß Scholl-Latour sein Abitur 1943 in Kassel machte. Ich kann mir vorstellen, daß der französische Abenteurer und Journalist Joseph Kessel ihm das Muster für ein spannendes Leben vorgespiegelt hat. Im Januar 1945 will Scholl-Latour sich zu den alliierten Truppen in Frankreich durchschlagen, was ihm nicht gelingt. Er will »in jugendlichem Übermut und sträflichem Leichtsinn« (so schreibt er in *Leben mit Frankreich*, 1988) aus Nazi-Deutschland fliehen, gerät aber bei Graz in Gestapo-Haft, in der er trotz Flecktyphus überlebt.

Der Krieg ist zu Ende, aber nicht das Abenteuer für Scholl, ein Mann mit zwei Nationalitäten und Pässen. Eine seiner Lieblingsgestalten aus der Sagenwelt war Odysseus. Doch der Listige wollte sich in Frauenkleidern vor dem Krieg drücken, was Scholl-Latour, ganz ein Mann wie Joseph Kessel, Kampfflieger im Ersten Weltkrieg, nie in den Sinn gekommen wäre. Als Franzose verdingt er sich bei den Fallschirmjägern und kämpft zwei Jahre für die Grande Nation im Indochinakrieg. Da hat er auch mal Opium geraucht. Es hat ihn beruhigt. Aber er erlebte dabei keine erotischen Phantasien, wie er mir erzählte, deshalb gab es für ihn auch keinen Grund, weiterzurauchen.

Der Einsatz im Indochinakrieg wird kein Zuckerschlecken gewesen sein. In meinem Kriminalroman *Die Wüstenkönigin* erwähne ich einen Colonel Roger Trinquier als Autor eines Handbuchs des Folterns. Es ist ein grausames Buch, dessen detailliert geschilderte Methoden die französische Armee später im Algerienkrieg anwandte, das an der École militaire in Paris als Lehrmaterial diente und das später in Südamerika und während des Vietnamkriegs in den USA zu Rate gezogen wurde.

Scholl lachte laut, als er mein Buch las, und sagte mir: »Trinquier war als Oberleutnant mein Chef beim Fallschirmkommando im Indochina-Krieg.«

Nach dem Krieg hat Peter Scholl-Latour in Paris studiert, promoviert und dann zwei Jahre im Libanon die arabische Hochsprache erlernt. Hier liegt die Wurzel für seine spätere Fähigkeit, uns die Welt des Islam zu erklären. Er wird Journalist durch Zufall, sein erster Artikel erscheint gleich auf der ersten Seite von *Le Monde*.

Als Reisekorrespondent ist er viel in Afrika unterwegs. Kurz steigt er in das Umfeld der Politik ein, als Regierungssprecher des saarländischen Ministerpräsidenten Johannes Hoffmann. Die beginnende Entkolonialisierung Afrikas begleitet er als Hörfunk-Korrespondent der ARD mit Sitz in Leopoldville und Brazzaville, bevor er 1963 das ARD-Studio in Paris gründet. Aber Paris-Korrespondent zu sein reichte ihm nicht, und so reiste er als Sonderkorrespondent für die ARD nach Vietnam und in den Nahen Osten, sobald es von dort zu berichten galt.

In der kurzen Zeit als WDR-Fernsehdirektor 1969 bis 1971 stärkte er den journalistischen Sinn für Informationssendungen. Aber Reiseanträge der anderen zu unterschreiben, daran hatte er wenig Freude. Und so ging er wieder als Sonderkorrespondent und Studioleiter nach Paris, diesmal für das ZDF.

Mit großen Abenteurern möchte ich ihn vergleichen. Denn er reiste auf dem Kamel wie Sven Hedin durch die Wüste. Er suchte das Herz der Finsternis wie Joseph Conrad. Er schrieb ein klares Wort wie Ernest Hemingway. Er bewunderte Ibn Battuta, der im 14. Jahrhundert der bedeutendste Reisende Arabiens war und in Büchern über seine Erlebnisse berichtete. Und Scholl-Latour ähnelte seinem Lieblingsintellektuellen Ibn Chaldun, der einer spanisch-arabischen Familie entstammte und als erster Gelehrter vor bald siebenhundert Jahren eine Soziologie der islamischen Welt entwickelte und eine Weltgeschichte schrieb.

Als im Herbst 1978 Ayatollah Khomeini für drei Monate in Neauphle-le-Chateau unterschlüpfte, nahm Scholl-Latour Kontakt zu dem Schiitenführer auf, weil er ahnte, wohin dieser Mann Persien führen würde. So kam es, daß Scholl auch in der Maschine saß, die Khomeini am 1. Februar 1979 nach Teheran brachte. Seitdem trug er immer ein Foto mit sich, auf dem er halb im Schneidersitz neben dem Ayatollah hockt. Das war der beste Ausweis, sollte es in islamischen Ländern einmal Probleme geben.

Scholl blieb bis 1983 in Paris. Da widerfuhr dem *Stern* das Mißgeschick mit Hitlers Tagebüchern. Gruner+Jahr brauchte also flugs einen neuen Kopf für das Magazin, einen Kopf, der die journalistische Katastrophe möglichst vergessen ließ. So kam Peter Scholl-Latour nach Hamburg. Aber er blieb nur ganz kurz. Wöchentlich ein Magazin zu stemmen, das entsprach nicht seinem journalistischen Drang. Bald reiste er wieder für das ZDF, filmte in aller Welt Reportagen. Vor allem aber widmete er sich dem Schreiben von Büchern. Seinen größten Erfolg hatte er 1980 mit *Der Tod im Reisfeld*, in dem er die Grundzüge von dreißig Jahren Krieg in Indochina analysierte. Das Buch erreichte eine Auflage von mehr als 1,3 Millionen Exemplaren. Dutzende von Büchern folgten.

Scholl-Latour hatte in Deutschland inzwischen eine Sonderstellung als Publizist eingenommen, die manchem zu bedeutend erschien. Manch einer übte sich im »Scholl-bashing«. Dieses Neidverhalten gehört ja leider zu den Unarten im deutschen Journalismus. Besonders das Bild des Islam, das er vermittelte, brachte Scholl zunächst Kritik ein. Schon 1983 hatte er in dem Buch *Allah ist mit den Standhaften* auch die strengen Seiten des Islam dargestellt. Er warnte vor dem wachsenden politischen Einfluß der Religionen, was einige Orientalisten und Journalisten in Deutschland zu dem Vorwurf veranlaßte, er bausche durch holzschnittartige Vereinfachungen ein Feindbild auf.

Es mag ihn verletzt haben. Auf die Frage der *Süddeutschen Zeitung*: »Wie gehen Sie mit Kritik um?«, sagte er jedoch in seiner abgeklärten Art: »Mich läßt das kalt. Wo käme ich da hin.« Spätestens nach den Attentaten vom 11. September 2001 konnte Scholl sich bestätigt fühlen. Und wenn Peter Scholl-Latour schließlich durch seine vielen Bücher und Auftritte im Fernsehen zu dem wurde, was manche einen »Welterklärer« nennen, dann lag es an seinem fundierten Wissen, das er in so einfache Worte kleidete.

Tabus kannte Scholl nicht. Er hat schon vor Ausbruch des Irakkriegs gleich erklärt, weshalb dieser scheitern würde. Recht hat er gehabt, obwohl das damals im emotionsgeladenen Umfeld keiner hören wollte. Weil er Tabus für Denkhemmungen hielt, scheute er sich auch nicht, den von US-Präsident Bush inszenierten Irakkrieg genauso zu kritisieren, wie er einst das amerikanische Vorgehen in Vietnam auseinandergenommen hatte. Und trotzdem war er kein Anti-Amerikaner.

Im September 2001 sagte er in der *BILD-Zeitung*, George W. Bush sei der dümmste Präsident, den die USA je hatten – in der Zeit vor Trump. Eine klare Aussage, wohlbegründet. Aber außer ihm traute sich in Deutschland niemand zu solch einer Beurteilung. Heute, wo wir das Chaos im Nahen Osten sehen, nicken alle bestätigend. Ja, recht hatte er. Recht hatte er auch, als er vorhersah, daß der Westen in Afghanistan scheitern werde.

Peter Scholl-Latour war in seiner Art einzigartig. Er ließ sich niemandem zurechnen und hing von niemandem ab. Seine Statur erwuchs aus seinem Werk, nicht aus einem Netzwerk, wie es heute leider gang und gäbe ist. Er konnte seine Ansichten nicht nur mit genauer Kenntnis der Geschichte begründen, sondern er kannte auch die Politiker, Rebellenchefs, Diktatoren, Generäle und Stammesführer, die das politische Geschehen beeinflußten. Er hatte sie auf seinen Reisen getroffen.

Als wir uns einst in Südfrankreich zum Abendessen trafen, wir wohnten dort in benachbarten Dörfern, klagte Scholl, ihm gingen die Gesprächspartner aus. Und voller Verachtung sprach er über die Tendenz im deutschen Journalismus, zu viel aus dem Archiv zu schreiben. Oder gar hämische Texte mit kritischem Journalismus zu verwechseln.

Peter Scholl-Latour war ein außergewöhnlicher Journalist, aber als Mensch ist er einfach geblieben. Seine liebe Frau Eva scherzte nur, sollte Peter beim abendlichen Mahl in seinem Haus in Südfrankreich nicht deutsche Fleischwurst auf dem Tisch vorfinden, schmecke ihm die Butterstulle nicht. So war er. Und auf seinen Reisen führte er stets die französische *saucisson sec* mit. Nur nicht im Irak. Wegen des Schweinefleischs in der *saucisson*. Und zum Schneiden der harten Wurst benutzte er ein Opinel, das scharfe Klappmesser französischer Bauern.

Fünf Jahre nach Peter Scholl-Latours Tod vereint das vorliegende Buch noch einmal ausgewählte Reiseberichte aus jenen Weltregionen, die ihm am meisten am Herzen lagen – neben dem Maghreb und Vietnam waren dies vor allem die Länder Zentralasiens sowie der Iran und der Irak. Es sind Länder und Regionen, die er im Laufe seines mehr als sechzigjährigen Reporterlebens immer wieder bereist hat. Auch wenn sich das politische Umfeld hier und da verändert hat, haben Scholl-Latours Schilderungen von Land und Leuten, von den Landschaften, die er bereist hat, von den Menschen, denen er begegnet ist, Bestand. Scholls tiefe Kenntnis der kulturellen und religiösen Vielfalt dieser Welt und seine unersättliche Neugier auf ebendiese Welt, die in ihrer Vielfalt zu verschwinden droht, sprechen aus jeder Zeile.

Hamburg, im Juli 2019

Vietnam – Die unverheilte Wunde

Gefangener des Vietcong
Südvietnam, im August 1973

Wir trauten unseren Augen nicht. Wie das Tor zu einer Geisterwelt ragte ein riesiges Portal in der verwüsteten Landschaft. Die rote vietnamesische Inschrift auf dem oberen Querbalken ließen wir uns von unseren Fahrern übersetzen. Es war darin von Volksbefreiung, von Sozialismus und Wiedervereinigung die Rede. Über dem Seitenpfosten wehte das Fanal der Revolution, die blau-rote Fahne des Vietcong mit dem gelben Stern in der Mitte. Eine Friedenstaube aus Blech klapperte im Wind. Die Straße 13 war unter dem Torbogen durch einen Lehmwall von etwa fünfzig Zentimetern Höhe gesperrt. Viel später erfuhren wir, daß darin Antitank-Minen verbuddelt waren.

Bis dahin war es eine ereignisarme Fahrt gewesen. Ich hatte erkunden wollen, wo nördlich von Saigon auf der im Vorjahr heiß umkämpften Straße 13, auch *Road to Peace* genannt, die Waffenstillstandslinie oder – besser gesagt – die neue Front verlief. Niemand hatte in Saigon genaue Angaben gemacht. Den südvietnamesischen Divisionsgefechtsstand von Lai Khe, vierzig Kilometer nördlich der Hauptstadt, wo normalerweise alle Unbefugten angehalten und zurückgeschickt wurden, hatten wir in einer großen Schleife passiert. Wir wunderten uns über eine Gruppe von vietnamesischen Zivilisten, die mit vollgepackten Honda-Motorrollern an einer Straßensperre warteten und von Soldaten der Saigoner Regierung kontrolliert wurden. Uns winkten sie durch, angeblich – wie uns nachträglich berichtet wurde –, weil man uns für Mitglieder der Internationalen Kontrollkommission gehalten hatte.

Ein paar letzte südvietnamesische Sandsackbunker, über denen die gelbe Fahne mit den roten Streifen wehte, ein Wachtturm, und dann waren wir allein in einer Landschaft des Todes. Zu beiden Seiten des beschädigten Asphaltbandes häuften sich die Trümmer des Krieges, verrostete Panzer, zerschmetterte Lastwagen, zerbombte Stellungen und Batterien. Das Gras wucherte bereits hoch über dem Unrat der Vernichtung. Der Monsunhimmel hing niedrig und bleischwer. Die Stimmung in dieser feindseligen Einsamkeit war beklemmend. Jean-Louis Arnaud, der Saigoner Korrespondent der französischen Nachrichtenagentur AFP, den ich am Vorabend bei einem Pressecocktail zu dieser Informationsfahrt überredet hatte, legte mir die Hand auf die Schulter. »Du weißt, daß ich um 16 Uhr eine Verabredung mit Botschafter Mérillon in Saigon habe«, mahnte er. Ich erwiderte, daß auch wir bis spätestens 17 Uhr Filmmaterial verschicken müßten. Wir waren ja höchstens fünfzig bis sechzig Kilometer von Saigon entfernt, und es war noch nicht Mittag.

Da hatten wir unvermittelt dieses Portal erreicht, das eindeutig die Grenze des Vietcong-Territoriums war. Eine wirkliche Demarkationslinie zwischen den Bürgerkriegsparteien gab es nicht, und trotz des Pariser Waffenstillstandsabkommens waren die Schießereien nie zur Ruhe gekommen. Die Stellungen der Gegner waren eng ineinander verzahnt. Man sprach vom sogenannten Leopardenfell, so gescheckt boten sich die von der roten Partei beherrschten Gebiete dar. Man hätte sie besser mit Tintenklecksen auf einem Löschblatt verglichen, deren Ränder immer mehr ausliefen. Vor dem Torbogen ließ ich unsere beiden Limousinen wenden, um unverzüglich die Rückfahrt antreten zu können. In Eile wollte ich vor diesen Emblemen der vietnamesischen Revolution einen On-Kommentar sprechen. Während wir das Stativ der Kamera aufrichteten, raschelte es ringsum in den hohen Grasbüscheln, und mit vorgehaltenen Schnellfeuergewehren kamen etwa zwanzig grünuniformierte Soldaten konzentrisch und lautlos auf uns zu. Es bestand kein Zweifel: Der grüne runde Dschungelhut, die Waffen vom Modell AK-47, die flatternden Hosen, die Ho-Chi-Minh-Sandalen wiesen die kleine Truppe als Partisanen des Vietcong oder als nordvietnamesische Reguläre aus.

Die sehr jungen Männer, die uns umzingelten, hatten offene, bäuerliche Gesichter. Ich ging auf den vordersten zu und schüttelte ihm die Hand. Das entsprach einer alten Erfahrung aus den Kongo- und Katanga-Wirren. Der meuternden schwarzen Soldateska, die stets den nervösen Finger am Abzug hatte, flößte man damals durch diese uralte Geste der Verständigung ein wenig Vertrauen ein. Im Übrigen konnte ein händeschüttelnder Bewaffneter nicht schießen. Beim Vietcong schienen solche Befürchtungen überflüssig. Die Truppe war diszipliniert. Die Partisanen wiesen uns ohne jede Aufregung an, im Straßengraben Deckung zu suchen. Offenbar erwarteten sie Störfeuer der Südvietnamesen. Unsere schwerfälligen Limousinen dirigierten sie um das Portal herum nach Norden. In zweihundert Meter Entfernung wurden die Fahrzeuge mit Laub getarnt. Dann führten sie uns in eine Holzbaracke, die als offizieller Kontrollpunkt diente. Das Kameramaterial wurde beschlagnahmt, aber auf heftigen Protest unseres Kameramanns wurde ihm eine Quittung mit dem Stempel der Befreiungsfront ausgestellt. Die Verständigung war schwierig, und wir wußten nicht, wer der diensthabende Offizier war. Rangabzeichen gab es beim Vietcong nicht. Ich hatte meine Begleiter angewiesen, mit unseren Wächtern lediglich französisch und auf keinen Fall englisch zu sprechen.

Der Dolmetscher Thanh, ein Neffe unseres vietnamesischen Mitarbeiters Tran Van Tin, der mit viel List und mit Hilfe seines Onkels der Einberufung in die südvietnamesische Armee bisher entgangen war, schien völlig eingeschüchtert. Er war blaß und brachte kaum ein Wort heraus. Für unsere Pässe interessierten sich die Partisanen nicht sonderlich, auch nicht für die französischen Identitätspapiere Jean-Louis Arnauds. Sie hatten Thanh mitgeteilt, daß ihnen unsere Eigenschaft als Journalisten sehr fragwürdig vorkomme, und niemand könne garantieren, daß wir nicht CIA-Agenten seien. Wir setzten uns auf eine Bank und warteten. Die Blicke der jungen kommunistischen Soldaten waren eher neugierig als feindlich.

Auf der Straße entstand plötzlich Bewegung. Die Honda-Kolonne, die wir am südvietnamesischen Kontrollposten Lai Khe überholt hatten, staute sich vor dem Vietcong-Portal. Hier war mitten im Spannungsgebiet zwischen den Fronten eine Art kleiner Grenzverkehr erhalten geblieben. Die Ortschaft Chon Tanh war kurz vor der offiziellen Feuereinstellung von den Nordvietnamesen umzingelt, aber nicht erobert worden. Die Bürgerkriegsparteien hatten einen Modus vivendi vereinbart und den Einwohnern von Chon Tanh erlaubt, jeden Morgen in südlicher Richtung nach Lai Khe zu fahren, um dort Lebensmittel einzukaufen. Am frühen Nachmittag kehrten sie wieder zurück. Natürlich profitierte auch die kommunistische Seite von diesem Arrangement, sonst hätte sie sich schwerlich darauf eingelassen. Die dreißig Kilometer weiter im Norden gelegene Festung An Loc, die immer noch von südvietnamesischen Fallschirmjägern gehalten wurde, konnte von Saigon aus nur durch Hubschrauber versorgt werden.

Gegen Abend tauchte ein junger Politischer Kommissar auf, musterte uns bärbeißig und sprach kein Wort. Er war von sechs Bewaffneten begleitet. Er gab uns zu verstehen, daß wir zu einer Unterkunft im Wald abgeführt werden sollten. Die Wegstrecke dehnte sich über sieben Kilometer in nordwestlicher Richtung. Unsere Bewacher trugen ihre AK-47 im Anschlag, um jeden Fluchtversuch zu vereiteln. Der Kommissar hielt eine Handgranate abzugsbereit. Das Gelände, durch das wir marschierten, war von B-52-Bombardierungen der Amerikaner verwüstet worden. Die gewaltigen Trichter hatten sich mit Wasser gefüllt und trugen am Rande bereits wieder eine hellgrüne Grasnarbe. Im Westen verschwand die Abendsonne mit tropischer Eile hinter einer bizarren schwarzen Wolkenwand. Wir gingen ohne Gepäck, denn wir hatten für unseren kurzen Tagesausflug nicht einmal eine Zahnbürste oder Anti-Malaria-Pillen, geschweige denn ein Hemd zum Wechseln mitgenommen. Arnaud und die Teammitglieder trugen Stadtschuhe oder Sandalen. Ich hatte als einziger hohe Pataugas-Stiefel angezogen, weil ich seit meinem ersten Indochina-Aufenthalt nur mit festem Schuhwerk ins Reisfeld ging.

Wir drangen in ein modriges Dickicht ein, als die Dämmerung uns einholte. Plötzlich stießen wir auf ein paar Bambushütten und Erdbunker. Der kleine Vietcong-Stützpunkt war durch Stacheldraht und Bambusspitzen abgesichert. Ein ernster Offizier, der im Rang eines Hauptmanns stehen mochte, nahm uns in Empfang. »Versuchen Sie nicht zu fliehen«, ließ er uns übersetzen, »rings um das Lager haben wir Minen gelegt, auf die Sie unweigerlich treten würden.« Die Soldaten, die uns keine Sekunde allein ließen, waren wachsam, aber korrekt. Sie trugen grüne Dschungelhüte und grüne Uniformen. Unsere Fahrer, die im Laufe des Abends von uns getrennt wurden, flüsterten uns zu, daß diese jungen Krieger an ihrem Akzent deutlich als Nordvietnamesen auszumachen seien. Wir waren also nicht bei Partisanen des südvietnamesischen Vietcong, sondern bei einer regulären Einheit aus dem Norden.

Nachdem ich mehrere Male Durchfall vorgetäuscht hatte, um eventuell noch eine Möglichkeit zur Flucht auszukundschaften, ließ mich der Hauptmann in seine Hütte rufen. Die Nacht war hereingebrochen. Die Soldaten sangen schwermütige Lieder. Er mache sich Sorgen um meine Gesundheit, meinte der Kommandeur. In Erwartung einer besseren Medizin rate er mir, *Tiger Balm* auf meinen Bauch zu schmieren, und er gab mir tatsächlich das kleine Salbendöschen, dem die Ostasiaten eine fast magische Heilwirkung zuschreiben. »Sie täten besser daran, meinen Begleitern etwas zu essen und uns eine Schlafstatt anzubieten«, erwiderte ich. Tatsächlich hockten wir alle noch höchst unbequem auf einer Bretterstange, während die Soldaten ihre grünen Plastik-Hängematten aufspannten. Man brachte uns daraufhin Reis, heißes Wasser und ein paar Halme undefinierbaren Gemüses. Die Nordvietnamesen aßen die gleiche kärgliche Mahlzeit. Der Hauptmann wies uns eine große Pritsche zu. Meine Gefährten nahmen das unerwartete Mißgeschick mit erstaunlicher Gelassenheit hin.

Am nächsten Morgen wurden wir durch das Gegacker der Hühner und die Rufe der Posten geweckt. Über Nacht hatte unsere Bewachung wohl in Funkverbindung mit dem Hauptquartier der Revolutionsstreitkräfte in Loc Ninh gestanden. Eine blutjunge Krankenschwester mit Rotkreuz-Binde nahm sich unser an. Jeder von uns mußte zum heißen Wasser, das uns in Ermangelung von Tee gereicht wurde, eine Chinintablette schlucken. Wie wir später erfuhren, waren die meisten Ausfälle unter den Nordvietnamesen auf Malaria zurückzuführen. In der Reissuppe schwamm sogar ein winziges Stück Fleisch. Der Hauptmann sagte uns, daß unser Gewahrsam bei der Befreiungsfront mindestens ein paar Tage dauern würde. Da wir weder Seife, Rasierzeug, Handtuch, Kopfbedeckung noch Proviant besaßen, biete er sich gern an, das Nötige besorgen zu lassen. Der tägliche Konvoi nach Lai Khe werde in etwa drei Stunden starten. Er wolle unseren Dolmetscher Thanh an die

Straße 13 schicken, und wir sollten ihm aufschreiben, was wir brauchten, und Geld dazugeben. Am Nachmittag komme Thanh dann mit dem Gegenkonvoi zurück.

Ich nahm eine Visitenkarte heraus, aber statt die benötigten Gebrauchsartikel zu notieren, schrieb ich auf die Rückseite: »We are prisoners of the Vietcong near Road 13. Please inform immediately German Embassy in Saigon for liberation. Help!« Als ich Jean-Louis den Text zuflüsterte, amüsierte er sich vor allem über das Schlußwort. »Du hast zu viele Beatles-Filme gesehen«, meinte er. Thanh schärfte ich ein, sofort nach Saigon zu fahren und dort die deutsche und französische Botschaft zu alarmieren. Ich warnte ihn vor der südvietnamesischen Polizei. Auf keinen Fall solle er zum Vietcong zurückkommen. Die List klappte. Eine kleine Genugtuung war es schon, die berufsmäßigen Verschwörer des vietnamesischen Untergrunds zu übertölpeln.

Gegen Mittag wurden wir in eine neue Unterkunft verlegt. Wir kampierten jetzt in einem umfangreichen Waldlager, wo ein Bataillon Nordvietnamesen vorgeschobene Etappen- und Erholungspositionen bezogen hatte. Sie wechselten sich dort wöchentlich ab. Die eigentliche Frontlinie war höchstens fünf Kilometer entfernt, und bei Nacht hörten wir Artilleriefeuer. Die Vietcong waren Meister der Tarnung. Aus der Luft war unser Camp mit Sicherheit nicht zu erkennen. Die Laubhütten leiteten zu unterirdischen Höhlen über, wo wir im Ernstfall Schutz vor Granateinschlägen suchen sollten. Unsere Hängematten aus grünem Nylon und die Moskitonetze knoteten wir im überdachten Splittergraben fest. Die Kost bei der Revolutionsarmee sei spärlich, hatte uns der Hauptmann übersetzen lassen. Aber es solle uns nach Möglichkeit das Beste geboten werden. Das Wasser, das man uns reiche, sei abgekocht und keimfrei. »Wir werden uns mit wenig zufriedengeben«, antwortete ich, »wir essen gern Reis, und wenn wir dazu wie die vietnamesischen Bauern etwas Nuoc Mam, die landesübliche Soße aus gefaultem Fisch, bekämen, wären wir hochzufrieden.« Der Hauptmann wurde verlegen: »Reis haben wir ja, aber Nuoc Mam ist für uns ein unerschwinglicher Luxus. Zum Würzen des Reises begnügen wir uns mit salzigem Wasser.«

Wir durften den Umkreis der Hütten nicht verlassen. Der Posten ließ uns nicht aus den Augen. Aber einen Transistor hatte man uns zur

Verfügung gestellt, und ein junger Soldat aus Tonking erzählte einem unserer Fahrer, daß er und seine Kameraden regelmäßig BBC hörten. »Die BBC lügt nicht«, hieß es beim Vietcong. Unsere Stimmung war nicht auf dem Höhepunkt. Die Erregung der ersten Stunden machte einer gewissen Depression Platz. Am Nachmittag näherte sich ein streng blickender, hagerer Offizier. Er teilte uns vorwurfsvoll mit, daß der Dolmetscher Thanh, statt unsere Versorgungsgüter zu kaufen und zurückzukommen, wohl zu den »Marionetten« von Saigon geeilt sei, um dort Bericht zu erstatten. Das spreche nicht zu unseren Gunsten. Wir beteuerten unsere Unschuld, aber die beiden vietnamesischen Chauffeure wurden von nun an streng abgesondert, und wir verfügten über keinerlei Verständigungsmöglichkeit mehr. Gegen Abend fand unser Kameramann Josef Kaufmann die Wellenlänge der BBC, und plötzlich hörten wir sein Jubelgeheul. Der Nachrichtensprecher hatte mitgeteilt, daß ein deutsches Fernsehteam und ein französischer AFP-Korrespondent vom Vietcong gefangengenommen worden seien. Der Beauftragte der Befreiungsfront habe erklärt, die Festgenommenen befänden sich bei guter Gesundheit. Damit waren wir die schlimmste Sorge los, unser Verschwinden sei in Saigon gar nicht bemerkt worden. Wir segneten Thanh und wußten zu dem Zeitpunkt nicht, daß der arme Kerl, in Lai Khe von der südvietnamesischen Militärpolizei geschnappt, in einer feuchten Zelle inhaftiert saß und vor Angst fast umkam.

Am dritten Morgen führten uns zwei Soldaten zu einem riesigen B-52-Trichter, der sich mit klarem Regenwasser gefüllt hatte. Wir streiften unsere verschwitzte Kleidung ab und badeten, während die Wachen ihre AK-47 schußbereit hielten. Während der schwülen Mittagsstunde kam die große Wende. Im Urwald knatterte ein Motor, ein völlig ungewohntes Geräusch. Vor unserer Hütte hielt ein schlammverkrusteter Honda. Der Fahrer mochte fünfzig Jahre alt sein und wirkte trotz seiner grünen Uniform wie ein Zivilist. Er schüttelte uns die Hand und hieß uns im Namen der »Nationalen Befreiungsfront von Südvietnam« in den »befreiten Gebieten« willkommen. Er sprach ein fast elegantes Französisch mit stark vietnamesischem Akzent. »Entschuldigen Sie meine Verspätung«, sagte Kommissar Huyn Ba Tang und stellte sich vor. »Die Pisten zwischen Loc Ninh und diesem Lager sind in der Regenzeit kaum befahrbar. Aber ich bringe gute Nachricht. Sie sind von unseren Verbindungsstäben in Saigon eindeutig als Journalisten identifiziert worden. Sie sind nicht länger unsere Gefangenen, sondern dürfen sich als unsere Gäste betrachten. Wenn Sie nach Saigon zurückwollen, werden wir Sie möglichst bald auf den Weg schicken. Falls Sie jedoch den Wunsch haben, in der befreiten Zone zu filmen und über uns zu berichten, steht Ihnen das frei.«

Er wies auf eine Kolonne von Soldaten, die aus dem Busch kam und unsere gesamte Kameraausrüstung – fein säuberlich in Nylon verpackt – bei uns ablieferte. Sogar die Batterien waren noch aufgeladen und brauchbar. Die Wendung unseres Schicksals grenzte ans Wunderbare. Die mißtrauischen Bewacher verwandelten sich in lächelnde Betreuer, die uns in leeren Granathülsen wäßrigen Tee servierten. »Sie werden auf manches verzichten müssen«, meinte Huyn Ba Tang mit einem scheuen Lächeln, »aber wir werden unser Bestes tun, damit Sie sich bei uns wohl fühlen.« Wir hatten ihn gleich liebgewonnen, diesen stillen kleinen Mann, der uns später schilderte, wie er seit mehr als zwanzig Jahren im Untergrund, erst gegen die Franzosen, dann gegen den Diktator Diem, schließlich gegen die Amerikaner und Präsident Thieu gekämpft hatte. Er war vom Tod immer wieder gestreift worden, war zweimal in Flächenbombardements der B 52 geraten und hatte mit der Zähigkeit einer Katze überlebt. Kommissar Huyn Ba Tang war ein Außenseiter und Sonderling unter seinen Revolutionskameraden. Er stammte aus einer kleinbürgerlichen Familie in Saigon. Sein Vater hatte als Beamter früher in der französischen Administration gedient. Zu hohen Ehren und Rängen hatte Huyn Ba Tang es wohl bei den Partisanen nicht gebracht. Wir merkten bald, daß in dieser Armee die harten »Pro's« aus dem Norden, die Apparatschiks der Partei und die Techniker des Krieges nunmehr das Sagen hatten. Daran gemessen, war Huyn Ba Tang ein frommer Idealist, ein einfältiger Träumer, kurzum ein viel zu guter Mensch.

Von nun an durften wir mit Kamera und Tonbandgerät durch das Lager streifen. Die Soldaten, kräftige Bauernburschen zwischen achtzehn und achtundzwanzig Jahren, lächelten uns freundlich zu. Sie zeigten uns ihre Kochstelle, deren Rauchabzug durch einen hundert Meter langen Tunnel geleitet wurde, um die feindliche Luftaufklärung zu täuschen. Das Feldlazarett verschwand unter Laub und grünen Netzen. Es war so angelegt, daß es binnen zwei Stunden abgebrochen werden konnte. Die Beleuchtung über dem Operationstisch wurde durch ein Fahrrad betrieben. In mancher Hinsicht glich dieses Dschungellager einem Pfadfinder-Camp. Ununterbrochen war für Beschäftigung der Soldaten gesorgt. Sie führten immer noch eine kärgliche Existenz in ihren Laubhütten und den darunter eingegrabenen Schutzstollen, aber gemessen an der Hölle, durch die sie gegangen waren, an den Fuchsbauten und Rattenlöchern, in denen sie vor Napalm und Bomben jahrelang Zuflucht gesucht hatten, lebten sie jetzt unter fast paradiesischen Bedingungen.

Sie stammten fast alle aus dem Norden, diese Krieger der Revolution. Die meisten kamen aus dem übervölkerten Delta des Roten Flusses, und wenn ich ihnen erzählte, daß ich aus dem Ersten Indochinakrieg Hanoi, Haiphong, Nam Dinh und Tanh Hoa kannte, dann leuchteten ihre Augen.

Dies war die Armee des Generals Vo Nguyen Giap. Kaum mehr als zwei Autostunden von Saigon entfernt, richteten sie ihre Uhren nach der Ortszeit Hanois, die um sechzig Minuten differierte. Die einzigen Porträts, die sie entfalteten, waren die Ho Chi Minhs. Am Fahnenmast flatterte zwar offiziell die blau-rote Fahne des Vietcong, aber ihr eigentliches Emblem war die blutrote Flagge Ho Chi Minhs mit dem gelben Stern der asiatischen Volkserhebung. Die Fiktion von Nord- und Südvietnam hatten die Militärs aus Hanoi längst beiseite geschoben. Die Wiedervereinigung Vietnams war knappe siebzig Kilometer von Saigon entfernt bereits vorweggenommen.

Die Dschungelkrieger waren stets auf der Hut. Sie wurden damals schon von der internationalen Presse als »Bo Doi« bezeichnet. Bei Tag und bei Nacht schickten sie selbst aus dieser Etappenstellung Patrouillen aus. Zur Entspannung spielten sie Volleyball, oder sie verfaßten unter Leitung ihrer Politoffiziere Aufsätze über den revolutionären Krieg. Sie mußten auch kriegerische Erlebnisse, natürlich in höchst patriotischem Stil, niederschreiben. Unter einer Bambushütte gab es Zeichenunterricht. Die Bo Doi griffelten in betrüblicher Einförmigkeit und im plattesten Stil des sozialistischen Realismus die Züge eines heldischen Kämpfers gegen den Imperialismus auf das Papier.

Wir wurden zu den ideologischen Schulungskursen eingeladen, die mindestens zwei Stunden pro Tag in Anspruch nahmen. Dabei wurde Selbstkritik geübt, gute Vorsätze wurden gefaßt. Die Zehn Gebote des Revolutionssoldaten wurden durchgesprochen und meditiert. Die ideologische Inbrunst wirkte fast religiös. Das war mehr als eine Lehrstunde in politischem Katechismus, hier wurde die marxistisch-leninistische Doktrin mit der Methodik geistlicher Exerzitien vertieft. Irgendwie schien der heilige Ignatius von Loyola Pate gestanden zu haben.

Wenn die Dämmerung hereinbrach, gingen wir zu den Soldaten, stolperten in der Dunkelheit über die Salat- und Gemüsebeete, die sie angelegt hatten, und suchten im Qualm des Lagerfeuers Schutz vor den Moskitos. Die Verständigung war schwierig. Die Nordvietnamesen waren eine keusche Gemeinschaft. Zum Teil standen sie seit sieben Jahren im Feld. Ihre besten Freunde hatten sie im Krieg verloren. Rangabzeichen trugen sie im Kampfgebiet nicht, obwohl in Hanoi das Offizierscorps mit breiten russischen Epauletten paradierte. Viele Angehörige dieser Eliteeinheit waren mit Tapferkeitsorden ausgezeichnet worden. Der Kontakt zu ihren Familien war spärlich. Eine Postkarte alle sechs Monate sei ein großer Glücksfall. Ihre Freundinnen und Bräute hätten sie seit Jahren nicht mehr gesehen. Welchen Beruf sie denn nach ihrer Entlassung aus dem Wehrdienst ausüben wollten, fragten wir diese jugendlichen Veteranen, die teilweise schon bei der Neujahrsoffensive von 1968 oder bei den Schlachten von Khe Sanh, von Tay Ninh und Kontum sowie längs der Straße 13 im vordersten Dreck gelegen hatten. Die Antwort lautete stereotyp: »Wir werden das tun, was die Partei von uns erwartet.« Natürlich hatten sie persönliche Wünsche. Und immer wieder kam das Gespräch auf die fernen Mädchen zu Hause. Wie lange sie noch die grüne Uniform des Revolutionssoldaten tragen würden? Die Antwort war einstimmig: »Bis ganz Vietnam wiedervereinigt und das Testament Ho Chi Minhs erfüllt ist.« Dabei klang dieses eingepaukte und fast unmenschliche Pathos spontan und ehrlich. Es waren beklemmende und ergreifende Stunden.

Am folgenden Morgen wurden wir eingeladen, einen Streifen der

»befreiten Gebiete« zu besichtigen und zu filmen. Vor dem Aufbruch war sogar ein Armeeschneider erschienen, um unsere Maße zu nehmen. Etwa dreißig Kilometer fuhren wir in russischen Lastwagen und chinesischen Jeeps nach Nordwesten in Richtung auf An Loc. Die Fahrzeuge quälten sich durch ein menschenleeres, von Bomben verwüstetes Gebiet, über das die tropische Natur schon wieder einen gnädigen Vegetationsmantel gebreitet hatte. Das Ziel unserer Reise war das Dorf Minh Hoa, in dem einst französische Plantagenbesitzer ihre Kautschuk-Kulis angesiedelt hatten. Unsere Betreuer wollten uns nach den ersten militärischen Impressionen, die wir bei der Befreiungsarmee gesammelt hatten, auch den zivilen Sektor der Revolution vorführen. Wir bewegten uns in Richtung auf die kambodschanische Grenze, in einem jener seltenen Gebiete, wo ein halbwegs normales Verwaltungsleben auf kommunistischer Seite in Gang gekommen war. Hier war der Osterangriff der Nordvietnamesen vor einem Jahr so überraschend vorgetragen worden, daß die lokale Zivilbevölkerung überrollt worden war. Zur Zeit unserer Festnahme kontrollierten die Kommunisten schon umfangreiche Gebietsteile Südvietnams. Aber nur fünf Prozent der Bevölkerung – etwa eine Million Menschen – siedelten in diesen peripheren und unwirtlichen »befreiten Zonen«. Auf der Fahrt begegneten wir den ersten Zivilisten. Sie waren von den Entbehrungen des Krieges viel härter gezeichnet als die Soldaten. Die Brücken waren zerbombt und durch notdürftige Übergänge oder betonierte Furten ersetzt. Autos sahen wir keine. Dagegen begegneten wir häufig Soldaten und Bauern, die schwer bepackte Fahrräder neben sich herschoben. Im niedrigen Monsunhimmel zuckten Blitze und Wetterleuchten.

Für die rund achthundert Einwohner des Dorfes Minh Hoa war unsere Ankunft eine Sensation. Seit Einmarsch der Revolutionstruppen hatten sie keine Weißen mehr gesehen. Die ehemaligen Kautschuk-Arbeiter machten einen verhärmten und abgerissenen Eindruck. Die grünen Militärs aus dem Norden gaben den Ton an, und über die Lautsprecher dröhnten Kampflieder und heroische Parolen durch die leere Hauptstraße. Vor einer Bambushütte, die speziell für uns hergerichtet worden war, wurden wir von den Partei- und Armee-Kadern offiziell begrüßt. Wir lächelten uns freundlich zu. Major Quoc war der Beauftragte für Propaganda, Major Hoang Befehlshaber des in Minh Hoa stationierten Bataillons. Hauptmann Thien war Reporter bei der Truppenzeitung. Zwischen dem Kameramann Oberleutnant Diet und unserem Team entstand sofort kollegiale Sympathie. »Wir möchten Sie als Freunde aus dem Ausland, aus Europa begrüßen«, beendete Major Quoc seine kurze Ansprache, und wir beklatschten uns gegenseitig. Ich sagte ebenfalls ein paar Sätze auf Englisch, die auf Tonband aufgenommen und – wie ich später erfuhr – vom Radiosender der Befreiungsfront am gleichen Abend ausgestrahlt wurden. Ich sprach von der Bewunderung, die der Tapferkeit der vietnamesischen Partisanen und Revolutionäre auch im Westen gezollt werde, und wünschte dem vom Krieg verwüsteten Land Frieden und Wiederaufbau. Für die Forderung der Vietnamesen nach Wiedervereinigung hätten wir als Deutsche und Angehörige einer zwangsweise gespaltenen Nation tiefes Verständnis. Wiederum klatschten wir alle und lächelten uns zu. Der Satz über die Wiedervereinigung wurde allerdings aus der abendlichen Rundfunksendung herausgeschnitten, wohl mit Rücksicht auf die Freunde und Gönner aus der DDR.

Am folgenden Morgen wohnten wir einer politischen Kundgebung bei. Jede Familie hatte mindestens einen Angehörigen entsandt. Der Chef der revolutionären Verwaltung war ein bewährter Untergrundkämpfer mit bulligem Gesicht. Er rief auf zur Erhöhung der Landwirtschaftsproduktion und zum Aufbau »aus eigener Kraft«. Die Atmosphäre dieses Meetings war gedrückt und verkrampft. Die obligaten Hochrufe wurden mit starren Mienen ausgebracht. Ein weißhaariger alter Mann verkündete wie ein Roboter die einstimmige Bereitschaft des Dorfes, am sozialistischen Aufbau mitzuwirken. Von revolutionärer Begeisterung war keine Spur vorhanden.

Das erste Lachen hörten wir am Rande der Kautschukplantage. Die Frauen und Mädchen ritzten die Gummibäume an und überprüften die Holznäpfe, in denen sich langsam der milchige Latex-Saft sammelte. Die französischen Pflanzer hatten sich rechtzeitig nach Saigon absetzen können. Jetzt wußten die Behörden der Befreiungsfront wohl kaum, was sie mit dem spärlichen Gummi-Ertrag anfangen sollten. Exportmöglichkeiten gab es nicht. Die jungen Plantagenarbeiterinnen aus dem Süden beobachteten kichernd, wie die Revolutionssoldaten sich um die Anpflanzung von Gemüse und Maniok in diesem unfruchtbaren Lateritboden mühten. Diese weibliche Heiterkeit schien die Bo Doi zu verunsichern.

In einem geräumigen Lagerschuppen, der als Schule diente, warteten die Kinder von Minh Hoa auf unseren Besuch. Es war eine aufgeweckte und vergnügte Klasse.

Die Kinder faßten schneller Tritt im sozialistischen Rhythmus der neuen Zeit. Wir ließen uns den Text eines ihrer Lieder übersetzen. »In der vergangenen Nacht haben wir im Traum den Onkel Ho Chi Minh gesehen«, so sangen sie, »den guten Onkel Ho mit dem langen Bart und den weißen Haaren. Er hat uns zugelächelt und uns ermuntert, brav und strebsam zu sein. Wir lieben den Onkel Ho, wir lernen fleißig, und am Ende wird uns der Onkel Ho das rote Halstuch der Jungen Pioniere verleihen.«

Neben den Kindern betrachteten die Kommunisten vor allem die jungen Frauen in den »befreiten Gebieten« als potentielle Träger der Revolution. In einer Erwachsenenschule wurde den jungen Arbeiterinnen Lesen und Schreiben beigebracht. Neben marxistischen Schnellkursen gehörte die Glorifizierung des vietnamesischen Nationalgedankens zur beherrschenden Thematik. Die Mädchen schrieben zum Diktat die legendäre Entstehungsgeschichte des vietnamesischen Volkes in ihre Notizblöcke, die Sage vom König Hung und der Königin Au-Cho, denen in grauer Vorzeit aus hundert Eiern – ähnlich der Drachensaat des Kadmos – fünfzig Söhne und fünfzig Töchter, die ersten Vietnamesen, entsprossen.

Gegen Abend bemächtigte sich unserer Begleiter eine leichte Nervosität. Irgendetwas Feierliches stand bevor. Wir hatten bereits eine Woche beim Vietcong verbracht, und unser unfreiwilliger Ausflug näherte sich dem Ende. Wir hatten den letzten Meter Film verdreht. Hauptmann Tac und Oberleutnant Trung hatten uns ein besonders reichhaltiges Nachtmahl gebracht: Hühnersuppe mit Fleischstückchen, Reis, Sardinen aus marokkanischen Konserven und einen Laib Brot, in dem es allerdings von Maden wimmelte. Zur großen Überraschung hatte Trung plötzlich zwei Flaschen Wodka hervorgezaubert. Er stammte aus Hanoi, war aus Reis gebrannt und trug neben dem vietnamesischen Markenzeichen ein Etikett in kyrillischer Schrift.

Der ungewohnte Alkohol beflügelte unsere Stimmung. Wir hatten in den vergangenen Wochen warmes, abgekochtes Wasser, bestenfalls bitteren Tee getrunken, der uns am Schlafen hinderte. Tac blickte jetzt angespannt in die Dunkelheit des Dschungels. Die Glühwürmchen hatten ihren Reigen aufgenommen. In der Ferne dröhnten wieder Kanonen. Da ratterte plötzlich ein Motor. Ein Jeep tauchte aus der Finsternis auf. Zwei ältere Offiziere der Partisanenarmee kletterten aus dem Fahrzeug und kamen in unsere Hütte.

Ihren Dienstgrad haben wir nie erfahren. Vermutlich standen sie im Rang von Obersten, der eine war mit ziemlicher Sicherheit ein Politischer Kommissar in hoher Position. Sie traten beide sehr selbstsicher auf und stellten sich als Tung und Hung vor. Wir hatten ein hochpolitisches Informationsgespräch erhofft, wurden jedoch enttäuscht. Die Geheimniskrämerei blieb oberstes Gebot auch dieser hochgestellten Bo Doi. Nicht einmal über die administrativen Strukturen der provisorischen Revolutionsregierung in den »befreiten Zonen« wollten sie sich äußern, aus guten Gründen, wie wir später entdeckten. Sehr bereitwillig hingegen erzählten Hung und Tung aus ihrem Leben. Der eine stand seit siebenundzwanzig Jahren im Untergrundkampf – er war jetzt siebenundvierzig Jahre alt –, der Jüngere hatte sich auch schon vor zwanzig Jahren dem Widerstand angeschlossen. Offensichtlich hatte diese schreckliche Zeit sie nicht zermürbt. Sie sprachen mit auffällig leiser Stimme, und das Lächeln wich nie von ihren Lippen. Das Schlimmste sei überstanden, bestätigten sie, seit die Partisanen nicht mehr bei Tag und Nacht wie Ratten unter der Erde leben müßten. Dennoch hätte der Krieg sie furchtbar geprüft. Von ihren Familien, die aus den südvietnamesischen Städten Camau und Can Tho stammten, waren sie seit vielen Jahren getrennt. Hung wußte nicht, was aus seinen beiden Töchtern geworden war. Tung hatte einen Sohn im Krieg verloren; ein zweiter war schwer verwundet. »It is a dignity and a glory.« Dann verschwanden die beiden Obersten so plötzlich, wie sie gekommen waren. Sie fanden zurück in ihr wahres Lebenselement der letzten zwanzig Jahre, in die Nacht und in den Dschungel.

Wir waren in unsere ursprüngliche Etappenstellung im Umkreis der Straße 13 zurückgekehrt und rüsteten uns für das Überschreiten der Linien. Es war noch Nacht, als wir die sieben Kilometer zwischen dem Camp und der Straße 13 zurückmarschierten. Schwerbewaffnete Soldaten begleiteten uns. Aber dieses Mal waren sie zu unserem Schutz erschienen. Der Morgen kam fahl und grau. Wir hatten bereits das ominöse Vietcong-Portal an der Straße 13 erreicht und versteckten uns im Gestrüpp der Böschung. Mit mysteriöser Präzision waren auch unsere beiden Limousinen zur Stelle mitsamt den Chauffeuren, die wir seit sieben Tagen nicht mehr gesehen hatten. Die Fahrer machten einen wohlgenährten Eindruck. Die Autos waren teilweise noch mit Tarnzweigen bedeckt. Im Morgendunst über uns knatterten südvietnamesische Hubschrauber nach Norden und versorgten die eingeschlossene Garnison von An Loc. Hauptmann Tac sprang auf den Asphalt. Er zeigte mit dem Gewehr auf den Konvoi von Motorrollern, der auch an diesem Morgen, aus der Ortschaft Chon Tanh kommend, pünktlich auf uns zufuhr. »Diese Honda-Fahrer sind Ihr bester Schutz, wenn Sie jetzt durch die Linien zu den Saigon-Truppen fahren«, flüsterte er; »wären Sie mit Ihren beiden Limousinen allein auf der Straße, liefen Sie Gefahr, von der Gegenseite beschossen zu werden. Keilen Sie sich mit Ihren Wagen zwischen diese Grenzgänger ein!« Wir umarmten uns wie alte Freunde. Es war ein Moment ehrlicher Ergriffenheit.

Tac riß die Autotüren auf und spornte unsere Chauffeure an. Wir machten eine Kurve um den Lehmwall unter dem Portal, in dem die Panzerminen steckten, und rumpelten durch einen Graben in Richtung auf die südvietnamesischen Vorposten. Rechts und links von uns knatterten die Hondas aus Chon Tanh, deren Fahrer uns verdutzt beobachteten. Wir hatten die Grenze des Vietcong-Gebiets und die Ehrenpforte noch keinen Kilometer hinter uns, da wurden wir durch wild schreiende Soldaten der Armee von Saigon gestoppt. Sie trugen amerikanische Stahlhelme und kugelsichere Westen. Das A-16-Gewehr hielten sie im Anschlag und feuerten in die Luft, als unsere Fahrer nicht sofort bremsten. Drei Soldaten zwängten sich neben uns auf die Sitze. Sie waren aufgeregt und richteten ihre Waffen auf uns. Nach und nach entspannte sich die Atmosphäre. Wir waren jetzt von Jeeps der Militärpolizei eskortiert und bogen in eine befestigte Regimentsstellung ein, über der die Fahne Südvietnams wehte. Ein Fallschirmmajor in elegant geschnittener Uniform erwartete uns. Er war schlank wie eine Wespe und trug ein hellblaues Seidentuch im Ausschnitt seiner Tarnbluse. »Seien Sie trotzdem bei uns willkommen«, grüßte der Major. »Sie sind es wahrscheinlich auch leid, mit Rattenfleisch abgefüttert zu werden, denn was Besseres gab es bei den Kommunisten wohl nicht.« Er reichte jedem von uns eine eiskalte Flasche Coca-Cola. Eine Woche lang hatten wir von eisgekühlter Coca-Cola geträumt, während wir unser warmes Wasser schlürften – ja, dieses US-Getränk, an dem uns normalerweise gar nichts lag, war zu einer Zwangsvorstellung geworden. Jetzt tranken wir die Flasche gierig aus, aber der braune Saft schmeckte schal.

Ein asiatischer Napoleon
Hanoi, im Februar 2004

Die vergilbte Fotografie hängt in einem billigen Holzrahmen an der Wand des altmodischen Salons. Aber sie beherrscht den Raum wie ein Altarbild. Die beiden jungen Asiaten, die dort im Jahr 1946 von einem Amateur abgelichtet wurden, könnten unterschiedlicher nicht sein. Auf der rechten Seite steht der vietnamesische Revolutionär und Staatsgründer Ho Chi Minh. Der ziegenbärtige, hagere Volksheld, dessen sehnige Beine in Sandalen stecken, trägt ein schlichtes Hemd und zerknautschte Shorts. Neben ihm, in Habachtstellung, reckt sich sein jüngerer Landsmann und Gefährte Vo Nguyen Giap, der in weißem Kolonialanzug, dunklem Schlips und schwarzen Schuhen sichtlich auf Eleganz bedacht ist. Giap hatte es unter der französischen Kolonialverwaltung Indochinas zum Geschichtslehrer an einem Gymnasium Hanois gebracht, ehe er sich 1944 der kleinen kommunistischen Widerstandsgruppe Ho Chi Minhs anschloß.

Giap war dreiunddreißig Jahre alt, als er von dem »Übervater« Ho beauftragt wurde, die Streitkräfte eines noch gar nicht existierenden Staates Vietnam aus dem Nichts aufzubauen. Als »asiatischer Bonaparte« hat er Geschichte gemacht. Er gelangte zu höchstem Ruhm, als seine Bauernkrieger nach der Erstürmung der Dschungelfestung Dien Bien Phu die französische Republik im Juli 1954 zur Preisgabe ihrer fernöstlichen Besitzungen zwangen.

Zwanzig Jahre später wurde Giap zum »stupor mundi« – er verblüffte die Weltöffentlichkeit, als seine »barfüßigen Soldaten« nach zehnjährigem mörderischen Abnutzungskampf die Supermacht USA aus Indochina vertrieben.

Heute ist Vo Nguyen Giap zweiundneunzig Jahre alt. Aus den Führungsgremien von Armee, Regierung und Partei ist er ausgeschieden. Aber von seinen Landsleuten und den Veteranen wird er weiterhin als eine Art nationaler Kriegsgott verehrt. Wir sind an diesem warmen Februartag in seine ockerfarbene Villa in der Hoang-Dieu-Straße bestellt worden. Das Haus war einst für hohe französische Kolonialbeamte gebaut worden. Seit deren Auszug hat sich wenig verändert. Die Möbel sind bescheiden, die Sofas und der Sessel durchgesessen. Ein mächtiger Ventilator ist immer noch nicht durch eine moderne Klimaanlage ersetzt worden.

Der Anwesenden bemächtigt sich feierliche Erwartung, als Vo Nguyen Giap den Raum betritt. Ich bin mir des Vorzugs dieser Begegnung voll bewußt, denn um die Gesundheit des Feldherrn, der lange Jahre in Dschungel und Wildnis verbrachte, ist es nicht gut bestellt. Der kleingewachsene Mann, den Alter und Entbehrung ausgezehrt haben, beeindruckt dennoch auf den ersten Blick. Er hat für unser Interview seine Uniform mit den breiten goldenen Epauletten angelegt, die noch in Schnitt und Farbe dem sowjetischen Modell entspricht. Ich begrüße Giap mit einer Anrede, deren ich mich in meinem Leben nur einmal zuvor bedient hatte, als ich General de Gaulle vorgestellt wurde. »Je vous présente mes respects, mon Général«, und diese Höflichkeit scheint Giap zu gefallen.

Das Gespräch kommt zwanglos in Gang. Der General formuliert seine Sätze in vorzüglichem Französisch. Wir unterhalten uns über seinen Werdegang, und ich vergleiche den Greis mit dem Bild an der Wand. So sehr hat sich sein breites, energisches Gesicht gar nicht verändert. Vor allem die Augen haben jene amüsierte Lebhaftigkeit bewahrt, die schon in frühen Jahren den jovialen Oberkommandierenden von den puritanischen, bärbeißigen Mitgliedern des vietnamesischen Politbüros vorteilhaft unterschied.

Wir wenden uns schnell militärischen Dingen zu. Mir geht es vor allem darum, seine Meinung zur amerikanischen Verstrickung in den Irakkonflikt zu vernehmen, der so oft und oberflächlich mit dem unglückseligen US-Engagement in Vietnam verglichen wird. Die Antwort kommt zögerlich und knapp. In Mesopotamien fände ein ungerechter Aggressionskrieg statt, und dazu enthalte er sich überflüssiger Kommentare. Viel bereitwilliger als mit dieser problematischen Gegenwart beschäftigt sich Giap mit der glorreichen Vergangenheit. Die Feiern zum 50. Jahrestag der Schlacht von Dien Bien Phu stehen unmittelbar bevor.

»Rückblickend muß ich immer wieder betonen«, so beginnt Giap, »daß allein unser Volk mit seinem unbändigen Freiheitswillen und seiner grenzenlosen Opferbereitschaft uns zum Triumph über die französische Kolonialmacht und über die Amerikaner verholfen hat. In Dien Bien Phu wollte uns der französische Oberkommandierende, General Navarre, zur Entscheidungsschlacht zwingen. Er wollte uns ausbluten. Er hatte sich zu weit vorgewagt, aber auch wir hatten uns damals auf fünfhundert Kilometern halsbrecherischer Fels- und Dschungelwege von unseren Versorgungsbasen entfernt.«

Schon damals waren die Fahrräder – mit bis zu zweihundert Kilogramm Munition und Proviant beladen – das unentbehrliche Transportmittel. Zweihunderttausend waren im Einsatz. Zweihunderttausend Hilfskräfte, Männer und Frauen, wurden aufgeboten, um diese einzigartige logistische Leistung zu erbringen. Die schweren Geschütze wurden in qualvollem Hauruckverfahren Zentimeter um Zentimeter über die von den Regengüssen des Monsuns aufgeweichten Steilhänge gehievt. Die französischen Stäbe hatten dem Vietminh allenfalls zugetraut, ein paar Granatwerfer bis in die Umgebung ihres Réduits zu befördern.

»Ich habe nie eine Offiziersschule oder gar eine Militärakademie besucht«, berichtet Giap mit amüsiertem Lächeln. »Vielleicht bestand darin meine Überlegenheit gegenüber jenen Absolventen der ›École Militaire‹, die nicht fähig waren, sich aus den Routinevorstellungen ihrer strategischen Ausbildung zu lösen.« Seinen militärischen Ruhm hat Giap, der sich stolz als militärischer Autodidakt präsentiert, als Meister der »revolutionären Kriegführung« erworben, und darin liegt seine immer noch beispielhafte Aktualität. Das Studium der Geschichte hat ihn inspiriert. Napoleon Bonaparte war sein oberstes Vorbild. Nicht etwa der Kaiser, der die strahlenden Siege von Wagram und Austerlitz errang, sondern der unbekannte Truppenführer Bonaparte. Der frühe Italienfeldzug war richtungweisend, als der noch junge Korse seinen Soldaten die Bewältigung der steilen Gebirgspässe mit den Worten befahl: »Wo eine Ziege ihren Weg findet, kann auch ein Mensch durchkommen. Dort, wo nur ein einzelner Soldat seinen Weg findet, passiert auch ein Bataillon.« Eine seltsame Faszination hat der »Empereur des Francais« auf den jungen Intellektuellen ausgeübt, der ansonsten viele Gründe hatte, die Kolonialmacht zu verabscheuen, war doch seine erste Frau, eine glühende Patriotin, in deren Kerkern umgekommen.

Von Clausewitz ließ sich Giap angeblich in dem Maße leiten, wie dieser das Erreichen politischer Zwecke als Meßlatte für den militärischen Erfolg definierte. Er griff auch auf die Anweisungen des chinesischen Philosophen Sun Tzu zurück, der schon im 4. Jahrhundert vor unserer Zeitrechnung eine Partisanentaktik beschrieb, an der auch Mao Zedong sich orientieren sollte. »Der Feind rückt vor«, so heißt es bei Sun Tzu, »dann weichen wir zurück. Der Feind schlägt ein Lager auf, dann setzen wir ihm zu. Der Feind ist ermattet, dann greifen wir an. Zieht der Feind sich zurück, dann verfolgen wir ihn.«

Der vietnamesische Autodidakt hatte bei seinem Studium auch auf ein Vorbild zurückgegriffen, das zwar in einem ganz anderen geographischen Umfeld agiert hatte, im Zeichen der Globalisierung jedoch als Parallele zitiert werden sollte. Giap bezog sich auf den britischen Orienthelden T.E. Lawrence, den Organisator des arabischen Aufstandes gegen das Osmanische Reich und auf dessen Buch *Die sieben Säulen der Weisheit*. Die Chancen einer Volkserhebung gegen einen weit überlegenen Gegner werden dort wie folgt beschrieben: »In der Regel stehen die Freischärler einer konventionellen Armee gegenüber, einer disziplinierten Besatzungstruppe, deren Mannschaftsstärke für den ihr vorgegebenen Raum nicht ausreicht und die unfähig ist, von ihren befestigten Stützpunkten aus die gesamte Region zu beherrschen. ... Eine Rebellion bedarf allenfalls der aktiven Beteiligung von zwei Prozent der Bevölkerung unter der Voraussetzung, daß sie sich auf eine Vielzahl passiver Sympathisanten stützen kann.«

Diese Guerilla-Maxime, die sich in den frühen fünfziger Jahren als erfolgreiches Rezept gegen die überlegene französische Kolonialtruppe bewährte und zehn Jahre später der amerikanischen Supermacht zum Verhängnis wurde, findet seit März 2003 beim heillosen Engagement der US Army zwischen Bagdad und Mossul, zwischen Faluja und Nedjef eine späte, sensationelle Bestätigung. Im Sommer 1946 war allerdings der Begriff »asymmetrischer Krieg« noch nicht geläufig.

Während einer Gesprächspause serviert uns ein Soldat ungesüßten grünen Tee. Dann wenden wir uns wieder dem Thema Dien Bien Phu zu. Welches denn seine schwierigste Entscheidung bei der Erstürmung dieses französischen Bollwerks gewesen sei? Giap zögert nicht. »Sie wissen, daß die Chinesen, die uns mit Material belieferten, mir auch hochrangige Militärberater zur Seite gestellt hatten.« Diese seien natürlich auf die Theorien Mao Zedongs eingeschworen gewesen und hätten auf die Anwendung jener Methode der »vagues humaines«, der menschlichen Sturmflut, gedrängt, die sich im Koreakrieg bewährt hatte.

Vergleichbare Mannschaftsreserven standen Giap im Frühjahr 1954 nicht zur Verfügung. Ein erster geballter Ansturm war überaus blutig abgeschlagen worden. Also ging der vietnamesische Oberkommandierende zum maulwurf-ähnlichen Ausbau endloser Laufgräben, Stollen und Tunnelsysteme über. Auf diese Weise wurden die verstreuten Hügelfestungen des Gegners in unermüdlicher, erschöpfender Sappen-Arbeit umklammert und erstickt. »Eine solche Leistung kann nur erzielt werden, wenn Sie sich auf das totale Engagement des Volkes verlassen können, wenn Ihre todesverachtenden Soldaten die Parole beherzigen: Sieg um jeden Preis.« Als der erbitterte Kampf nach fünfundfünfzig Tagen zu Ende ging und die rote Fahne mit dem gelben Stern über dem Befehlsbunker der Franzosen gehißt wurde, stand Vo Nguyen Giap seinem eigenen Erfolg noch mit einem solchen Staunen gegenüber, daß er von dem sich ergebenden General Castries verlangte, er solle sich förmlich ausweisen.

Giap hat sich während der Konversation zusehends entspannt. Eine gewisse Herzlichkeit kommt zwischen uns auf, obwohl er wissen muß, daß ich in der ersten Phase des französischen Indochinakrieges auf der anderen Seite gekämpft hatte. Die Höflichkeit gebietet, daß wir die Gastlichkeit des alten Feldherrn nicht überstrapazieren. Bevor wir uns erheben, vertraut er mir eine bislang unbekannte Anekdote an: »Nach unserem Sieg von Dien Bien Phu hat Ho Chi Minh mich in die Arme geschlossen und beglückwünscht. Dann hat er mir befohlen: ›Von nun an mußt du dich auf unseren nächsten Feldzug vorbereiten – gegen die Amerikaner.‹« Ganz anders hätten sich die großen kommunistischen Verbündeten verhalten. Nachdem die Pariser Regierung im Genfer Abkommen am 21. Juli 1954 endgültig ihre Ansprüche auf Indochina preisgegeben hatte, seien Peking und Moskau bei ihm vorstellig geworden und hätten ihn eindringlich davor gewarnt, sich jemals mit den Amerikanern anzulegen und mit diesem übermächtigen Gegner in einen Krieg verwickeln zu lassen.

Wie es so manchen Soldaten geschieht, die unendliches Blutvergießen und fürchterliche Zerstörungen in Kauf nahmen, gibt sich auch General Vo Nguyen Giap beim Abschied einer irenischen Wunschvorstellung hin: »Wir sollten mit dem Kriegführen ein für allemal Schluß machen. Ce qui compte pour l'humanité, c'est la paix – Worauf es für die Menschheit wirklich ankommt, das ist der Frieden. La paix, la paix«, wiederholt er eindringlich.

Atombomben für Dien Bien Phu?

Dien Bien Phu, im Februar 2004

Der Flug der Vietnam-Airlines-Maschine nach Dien Bien Phu verläuft auf enttäuschende Weise banal. Die zerklüftete Gebirgslandschaft Westtonkings ist durch Wolken verhüllt. Bei Erreichen des langgezogenen Beckens, in dem sich die Schlacht abspielte, klart das Wetter auf. Über eine Länge von neunzehn Kilometern und eine Breite von zehn Kilometern dehnt sich die Mulde des Nam-Yom-Flusses in Richtung Laos. Die Höhen, die den Kessel beherrschen, erscheinen relativ flach. Auf den ersten Blick erkennt man nicht, daß diese von dichtem Dschungel überwucherten Felsen dem Belagerer perfekte Tarnungsmöglichkeiten verschafften, während sie den Verteidigern eine undurchdringliche Mauer entgegensetzten.

Den Piloten der französischen Luftwaffe, die im April und Mai 1954 bei nächtlichem Himmel über Dien Bien Phu kreisten, hatte sich ein ganz anderes Schauspiel geboten. Ihnen muß mulmig zumute gewesen sein, wenn sie Munition, Verpflegung und ganze Bataillone von Fallschirmjägern in die grauenvolle, von Monsunregen durchpeitschte Dunkelheit auskippten. Am Boden zuckten damals die Mündungsfeuer der Vietminh-Artillerie wie die Grablichter eines riesigen Friedhofs. Was hatte den General Henri Navarre bewogen, im Hochland von Tonking, in diesem unscheinbaren Dorf, wo ein paar hundert Reisbauern vom Volk der Weißen Thai ihr Leben fristeten, die Entscheidung gegen die Revolutionsarmee Vo Nguyen Giaps zu suchen? Von Hanoi ist diese Festung zweihundertsiebzig Kilometer Luftlinie entfernt. Die steilen Schluchten und die grüne Wildnis dazwischen waren für eine europäische Truppe unpassierbar. Von Anfang an war Dien Bien Phu auf die Versorgung durch die begrenzten Mittel der französischen Luftwaffe angewiesen, und deshalb waren die Erfolgschancen minimal.

Man mag fragen, was uns heute Dien Bien Phu und die fernen Gespenster des französischen Kolonialkrieges in Indochina angehen. Aber hier wurde eine Probe aufs Exempel gemacht. Der verzweifelte Feldzug, der General Navarre im Mai 1953 als neuem Oberbefehlshaber auferlegt wurde, war schon zu jener Zeit Teil eines globalen amerikanischen Engagements, das sich – unter ständig wandelnden Facetten – bis auf den heutigen Tag weiterschleppt. Der Koreakrieg von 1950 bis 1953 hatte dem Pentagon zum ersten Mal die Grenzen seiner Allmacht vor Augen geführt.

Voller Sorge blickte Washington indessen auf die Entwicklung in Französisch-Indochina. Die Situation in Nordostasien war mit großer Mühe eingefroren und eine gewisse Stabilität erzielt worden. In Tonking hingegen drohten der Zusammenbruch der französischen Position und eine explosionsartige Ausweitung der kommunistischen Weltrevolution in ganz Südostasien. So sah es wenigstens die Eisenhower-Administration und entwickelte jene Dominotheorie, die zehn Jahre später von John F. Kennedy in vehementer Formulierung übernommen werden sollte. Falls der Dominostein Vietnam fiele, sei der Weg frei für eine Kettenreaktion, die Kambodscha und Thailand, Burma und sogar Indien in den roten Abgrund reißen könnte. Diese extrem simplifizierte Sicht der Weltlage kam der französischen Strategie zugute.

Die amerikanische Hilfe war seit der Präsenz der kommunistischen Chinesen an der Nordgrenze Tonkings unentbehrlich für die Fortsetzung einer recht aussichtslosen Kampagne, die von der Vierten Republik – verglichen mit dem späteren Kolossalaufwand der US-Streitkräfte in ihrem Vietnamkrieg – mit unzureichender Truppenstärke und lächerlich geringem Material geführt wurde. Ab 1951 lief die amerikanische Unterstützung massiv an. Die USA lieferten Waffen und Munition, Flugzeuge und Landungsschiffe, Tanks und Lastwagen, ja sogar Uniformen für das französische Expeditionscorps, in dem die Mutterland-Franzosen mit sechzigtausend Mann die Minderheit bildeten inmitten einer farbigen Heerschar von Algeriern, Marokkanern, Schwarzafrikanern und in zunehmendem Maße Vietnamesen der neu aufgestellten Bao-Dai-Armee. Einen besonderen Rang nahmen die Fremdenlegionäre ein, etwa dreißigtausend Mann, deren Regimenter sich zu achtzig Prozent aus Deutschen zusammensetzten.

General Navarre hatte nie in den Kolonien gedient und besaß keinerlei Erfahrung in der Bekämpfung von Partisanen. Vor seiner Entsendung nach Fernost hatte er eine hohe Stabsfunktion in der NATO ausgeübt. Ihm fehlte das Gespür für den »revolutionären Krieg«, mit dem er jetzt konfrontiert war. Dazu kam die ideologische Mobilisierung der Massen, die für den Saint-Cyrien Navarre ein fremder, ja anstößiger Begriff war.

Vor allem aber erlag dieser extrem korrekt auftretende Commandant-en-Chef dem unverzeihlichen Fehler, den so viele Feldherren vor und nach ihm begingen: Er unterschätzte den Gegner. Ausgerechnet in Dien Bien Phu wollte das französische Oberkommando dem Vietminh in offener Feldschlacht das Rückgrat brechen. Im November 1953 hatte sich der Himmel über dem Nam-Yom-Tal mit den Fallschirmtrauben französischer Paras gefüllt. In den folgenden Wochen bauten Pioniere eine Landebahn für Transportflugzeuge und ein Verteidigungssystem aus, das sich im wesentlichen auf die Befestigung von acht Hügeln, »Pitons«, wie die Franzosen sagten, konzentrierte.

Die Verantwortung für die Garnison von Dien Bien Phu, deren Stärke sich auf sechzehntausend Soldaten unterschiedlichster Herkunft und Qualität belief, wurde dem Oberst Christian Marie Ferdinand de la Croix de Castries übertragen. Es war eine totale Fehlbesetzung. Nicht daß es diesem Aristokraten, der bei internationalen Reitturnieren geglänzt hatte, an Schneid gefehlt hätte. Aber für Dien Bien Phu war er der falsche Mann. Für eine Kavallerieattacke wäre er außerordentlich qualifiziert gewesen. »Pour casser du Viet«, wie es damals hieß, fehlte ihm die Veranlagung des groben »baroudeur«. In den Augen des Historikers Giap war dieser elegante Herrenreiter, dieser Gentilhomme alten Stils, der für »la guerre en dentelles« des 18. Jahrhunderts prädestiniert gewesen wäre, nicht nur ein typischer Repräsentant des verhaßten Kolonialismus. Er war auch die geradezu karikaturale Verkörperung des Klassenfeindes.

Die Verblendung der hohen Generalität verdient herausgehoben zu werden. Seit dem Intermezzo de Lattre de Tassignys erschöpfte sich das Corps Expéditionnaire in ergebnisloser Hetzjagd auf den unfaßbaren Vietminh in den Bergen Annams. Andere Truppenteile erschlafften in der Behauptung einer Vielzahl von Betonbunkern, einer fernöstlichen Maginotlinie, die das fruchtbare Delta des Roten Flusses gegen kommunistische Überfälle abriegeln sollte. In Dien Bien Phu hoffte Navarre, den tückischen Gegner endlich zur offenen Konfrontation provozieren und seine Hauptstreitmacht aufreiben zu können. Dieser sträfliche Optimismus wurde nicht nur in den französischen Stäben vorgetragen und von der Pariser Regierung abgesegnet. Selbst die amerikanischen Militärexperten, die unter Anleitung des Generals John O'Daniel die Zusammenarbeit mit Navarre koordinierten, erhoben keinen Einwand gegen die Aktion von Dien Bien Phu. Am Rande sei erwähnt, daß der dortigen Garnison nur ein einziger Hubschrauber zur Verfügung stand. Als am 13. März 1954 von den umliegenden Höhen plötzlich massiver Artilleriebeschuß – Granaten von 75 und 105 Millimetern – über dem »Camp fortifié« niederging, die Rollbahn im Nu unbrauchbar wurde und die

Stellungen, die allenfalls gegen Mörsereinschläge geschützt waren, zerfetzt wurden, war die Niederlage de Castries' so gut wie besiegelt.

Es sollte erwähnt werden, daß nicht nur die Franzosen sich auf fremde, auf amerikanische Hilfe verließen, auch General Giap kam die massive Unterstützung durch eine verbündete Macht zugute. Die Volksbefreiungsarmee Pekings war mit Einheiten ihrer Luftabwehr auf den Höhen von Dien Bien Phu präsent. Die chinesischen Waffenlieferungen hatten es ermöglicht, daß mehr als hunderttausend Granaten über den befestigten Pitons der Franzosen niedergingen. Auf dem Höhepunkt der Schlacht wurde der Vietminh aus China und Rußland mit viertausend Tonnen Waffen und Nachschub pro Tag verstärkt. Unter den fremden Experten, die Giap in seinem spartanischen Hauptquartier als »Ratgeber« tolerieren mußte, befanden sich so hochgestellte chinesische Heerführer wie Chu Teh und Peng Tehuai. Im Hochland von Tonking ging es in Wirklichkeit um weit mehr als um eine anachronistische Kolonialagonie. Franzosen und Vietnamesen führten einen Stellvertreterkrieg, »war by proxies« würde man heute sagen. Die wirklichen Kontrahenten hielten sich im Hintergrund, zogen in Washington oder in Peking die Fäden und kalkulierten bereits die Folgen des unaufhaltsamen Desasters.

Bei der Fahrt durch die Ortschaft Dien Bien Phu stellt sich Ernüchterung ein. Vor fünfzig Jahren hatten hier nur ein paar Dutzend Strohhütten gestanden. In dieser Niederung lebten einst die Gebirgs-Thai in hölzernen Pfahlbauten, um vor den zur Monsunzeit anschwellenden Wassern des Nam Yom geschützt zu sein. An deren Stelle haben die Vietnamesen moderne und häßliche Zweckbauten gesetzt. In dem Trödelladen der Hauptstraße suche ich vergeblich nach irgendwelchen Souvenirs und Trophäen. Ich entdecke lediglich ein paar alte Piaster-Münzen. »République Française« und »Indochine Française« steht dort zu lesen. Die Marianne thront herrschaftlich über der Jahreszahl 1907.

Die Einwohner des Städtchens, so scheint mir, sind überwiegend Vietnamesen. Die ursprünglich in dieser Region ansässigen Bergvölker haben ihre malerische Stammeskleidung, die mir im Frühjahr 1951 bei meinem Ritt zur chinesischen Grenze aufgefallen war, durch Hemd und Hose europäischen Zuschnitts ersetzt. Früher unterschieden sich die

Stämme der Gebirgs-Thai durch die engen Mieder der Frauen – weiß, rot und schwarz –, die sie über knöchellangen, engen Röcken trugen. Die Meo oder Hmong, die auch heute noch auf den rauhen Höhen siedeln und vom Opiumertrag ihrer Mohnfelder leben, ebenso wie die Man, die angeblich von einem heldenhaften Hund der chinesischen Legende abstammen, entsprachen damals mit ihren gestickten Kitteln, dem schwarzen Turban, dem Silberschmuck der Frauen und den Steinschloßflinten der Männer den Vorstellungen von einer wilden, asiatischen Unberührtheit. All das ist verlorengegangen und taugt bestenfalls noch als Folklore für Touristen. Der Eindruck drängt sich auf, daß die Behörden von Hanoi bei den diversen fremden Ethnien eine systematische Assimilation an das vietnamesische Staatsvolk betreiben.

Eine junge Frau hat unsere Führung übernommen. Mich überrascht, daß der Sieg über die Franzosen nicht durch ein monumentales Denkmal glorifiziert wird. Nirgendwo finde ich Spuren eines fremdenfeindlichen Triumphalismus. In der Museumshalle, die dringend der Renovierung und Entstaubung bedarf, wird der Ablauf der Schlacht in aller Sachlichkeit geschildert. Im Hinblick auf das nahe Jubiläum werden ein paar Rekonstruktionen vorgenommen. So klettern wir in den Befehlsbunker des Generals de Castries, dessen Gefangennahme durch eine schlichte Bronzeplatte dargestellt wird. Unser weiblicher Guide, die weder Englisch noch Französisch spricht und von Mr. Quang übersetzt wird, hat uns zu der französischen Position »Eliane« geführt, die bis zuletzt ausgehalten hatte. Es sind Arbeiten im Gange, um zu Erinnerungszwecken diesen Piton genauso wiederherzurichten, wie er vor dem vernichtenden Beschuß des Vietminh und der unterirdischen Sprengung ausgesehen hatte. Sehr eindrucksvoll waren diese Schanzarbeiten der Kolonialarmee offenbar nicht gewesen. Ein altertümlicher Sherman-Panzer, der in Einzelteilen eingeflogen und in Dien Bien Phu wieder montiert wurde, steht ziemlich sinnlos am Rande des Hügels. Stacheldraht und Minen bildeten den wirksamsten Schutz der Verteidiger.

Bei der Besichtigung des Schlachtfeldes gerate ich in eine düstere Stimmung, ein Gemisch aus Bitterkeit und Wut. Wenn diese Männer doch nicht so sinnlos gestorben wären! In meinem Berufsleben bin ich von Krieg zu Krieg gereist, von Niederlage zu Niederlage, wurde zum

Gefährten des Rückzugs. Ich habe stets versucht, in aller Ehrlichkeit darüber zu berichten. Der Zorn, der mich dabei immer wieder überkommt, richtet sich nicht gegen die Tücke, die listigen Winkelzüge des Gegners, sondern gegen die grenzenlose Torheit der Regierenden und ihre Flucht aus der Verantwortung, ob sie nun in Paris, in Washington, in Moskau, in London oder in Berlin sitzen.

Jawohl, auch in Berlin, denn beim Blick über die weitgedehnte Mulde von Dien Bien Phu zwingt sich der Gedanke an die absurde, extrem gefährdete Situation auf, in die mehr als zweitausend Soldaten der Bundeswehr bei ihrem ISAF-Einsatz in Afghanistan durch die Ignoranz und den Opportunismus ihrer Parlamentarier gebracht werden. Mit ihrer Stationierung im »Camp Warehouse« an der Straße nach Jalalabad ist das Gros der internationalen Kabul-Brigade in eine Schlucht eingezwängt, die keine realen Verteidigungschancen, ja nicht einmal eine Evakuierungsmöglichkeit bietet – von den Außenposten in Kundus oder Faizabad ganz zu schweigen. Offenbar hat niemand daran gedacht, ein »worst case scenario« zu entwerfen. Man tut so, als sei die NATO am Hindukusch vor dem Aufbäumen des islamischen Widerstandes gegen die Präsenz bewaffneter Ungläubiger auf wundersame Weise gefeit.

Auf dem Rückweg zum Hotel kommen wir noch einmal am Befehlsbunker des Generals Christian de Castries vorbei. Dort hatte man im April 1954, als der Untergang sich abzeichnete, bis zuletzt auf ein massives amerikanisches Eingreifen gehofft. Es reichte nicht aus, daß französische Piloten die gut getarnten Artilleriestellungen Giaps mit Napalmbomben zu neutralisieren suchten. In Washington fanden Ende Mai dramatische Verhandlungen zwischen General Ely, dem damaligen Stabschef der französischen Streitkräfte, und seinem amerikanischen Counterpart, Admiral Arthur W. Radford, in Gegenwart von Präsident Eisenhower und Außenminister John Foster Dulles statt. In Anbetracht der verzweifelten Lage schien Radford bereit, die B-29-Bomber der US Air Force zur Vernichtung der Vietminh-Konzentrationen rund um Dien Bien Phu einzusetzen und – falls das nicht ausreichte – sogar auf taktische Atomwaffen zurückzugreifen. Operation »Vautour«, Unternehmen Geier, so hatten die französischen Stäbe dieses Untergangsszenario benannt. Ministerpräsident Georges Bidault, der sich vom fortschrittlichen Christdemokraten der Résistance zum bornierten Reaktionär und Hasardeur gewandelt hatte, plädierte händeringend in Washington zugunsten dieses nuklearen Vabanquespiels.

Präsident Eisenhower soll einen Moment gezaudert haben. Aber Ike war ein nüchterner Stratege und hatte weniger als ein Jahr zuvor mit dem Chinesen Mao Zedong einen Waffenstillstand in Korea ausgehandelt, der bei seinen hohen Militärs tiefe Frustration hinterließ. Seit die US Army sich vor den »human waves« der chinesischen Volksbefreiungsarmee beinahe fluchtartig von der Yalu-Grenze hatte zurückziehen müssen, wußte Eisenhower um die ungeheuren Risiken eines kriegerischen Engagements auf dem asiatischen Kontinent. Der damalige Oberkommandierende in Fernost, General Matthew Ridgway, der die »Freiwilligenarmee« Mao Zedongs in Korea mit äußerstem Kraftaufwand zum Stehen gebracht hatte, bestärkte seinen Präsidenten in dieser Zurückhaltung. John Foster Dulles informierte den französischen Botschafter in Washington, daß es keine Hoffnung für Dien Bien Phu mehr gab.

Der Elefant und die Ameisen
Saigon, im Februar 2004

Schon im Sommer 1976, ein Jahr nach der Wiedervereinigung Vietnams, wollte mir der Name Ho-Chi-Minh-Stadt nicht über die Lippen kommen. Damals hatte ich eine Fernsehdokumentation verfaßt über den »Bitteren Sieg«, den die Kommunisten Hanois im Vorjahr errungen hatten. Die Einwohner von Saigon – nicht nur das Bürgertum und die Offiziere der proamerikanischen Nationalarmee – sahen sich Peinigungen, Enteignungen, Zwangsverschickungen in unfruchtbare Wildnis, ja der Einweisung in Konzentrationslager durch ihre siegreichen Landsleute aus dem Norden ausgeliefert. Sie verfluchten insgeheim den »guten Onkel Ho«, die Eroberungsarmee der »Bo Doi« , die sich nunmehr unter der Fuchtel der »Can Bo«, der Politischen Kommissare, als Instrument kleinlicher Rachsucht und bornierter gesellschaftlicher Nivellierung mißbrauchen ließen.

Heute, im Februar 2004, erscheint die Umbenennung Saigons zu Ehren des großen ziegenbärtigen Revolutionärs aus ganz anderen Gründen vollends absurd. Mit einiger Verspätung ist die Demokratische Volksrepublik Vietnam in den Sog des Aufschwungs, des wachsenden Wohlstandes und der Öffnung nach außen geraten, die den sogenannten »Tiger-Staaten« der ostasiatischen Peripherie – Südkorea, Taiwan, Singapur, Malaysia – zu weltweiter Bewunderung verholfen hatten. Nachdem auch die gewaltige Volksrepublik China dank der vier Modernisierungen Deng Xiaopings einen fulminanten Aufstieg vollbrachte, konnten sich die roten Apparatschiks von Hanoi den Ratschlägen und dem Realismus ihrer eigenen Technokraten nicht länger verschließen.

Bei meinem letzten Aufenthalt in Vietnam vor einer Dekade waren mir die ersten positiven Wandlungen aufgefallen, aber seitdem haben sie mächtig an Elan gewonnen. Dem alten kolonialen Stadtkern von Saigon, »la perle de l'Extrême-Orient«, mit seiner eleganten Rue Catinat, der hochragenden Kathedrale in rotem Ziegelstein, dem farbenprächtigen Blumenmarkt und der idyllischen »Pointe des Blagueurs« am Ufer des Saigon-Flusses ist die forcierte Modernisierung allerdings nicht gut bekommen. Die geschäftige Millionenmetropole Cochinchinas war schon während des US-Krieges durch häßliche Bauten verunstaltet, die Rue Catinat zum Rotlichtviertel umfunktioniert worden. Die Skyline von Ho-Chi-Minh-Stadt wird heute mehr und mehr von modernen, eleganten Hochhäusern beherrscht, die zwar noch nicht mit Singapur oder Hongkong rivalisieren können, aber einen angemessenen Dekor abgeben für das pulsierende Leben, die neu entfesselte Dynamik, die sich gegen alle Verzögerungsmanöver der marxistischen Doktrinäre durchgesetzt hat.

Saigon ist eine gepflegte und erstaunlich saubere Stadt geworden, so stelle ich fest, während ich von der elegant möblierten Dachterrasse des Hotels Majestic den Blick schweifen lasse. Die Motorräder haben inzwischen die Velozipede verdrängt in Erwartung der Blechkolonnen von Privatautos, deren Überhandnehmen wohl nur eine Frage der Zeit ist. Die Kommunisten haben, soweit ich sehen kann, keine gigantischen Siegesmonumente errichtet.

Philippe de Noirac, mit dem ich mich auf der Terrasse des Majestic verabredet habe, entschuldigt sich für seine leichte Verspätung. »Sollen wir in Erinnerung an vergangene Zeiten einen Pastis oder einen Cognac Soda statt des üblichen Whiskys bestellen?« fragt er. Wir entscheiden uns für das milchige Anisgetränk. Ich hatte mich bei dem etwa vierzigjährigen Franzosen durch seine Verwandten in Paris anmelden lassen. Seinen Vater hatte ich 1968 unter denkwürdigen Umständen kennengelernt. Die Familie de Noirac besaß damals noch eine ausgedehnte Kautschukplantage in der Provinz Loc Ninh unmittelbar an der kambodschanischen Grenze. Es wimmelte von Vietcong in dieser Gegend, und es gehörte ein abenteuerlicher Geist dazu, die Stellung zu halten. Denis de Noirac, der Vater Philippes, bei dem ich zwei Tage verbrachte, ähnelte auf seltsame Weise jenem skurrilen französischen Außenseiter, den der Regisseur Francis Coppola in seinem Film »Apocalypse Now« in der ursprünglichen langen Fassung auftreten läßt. In den üblichen Kinovorführungen ist diese Passage herausgeschnitten worden. Der alte Baron de Noirac, ganz im Stile »vieille France«, hatte mitten im Partisanenkrieg einen feudalen Lebensstil aufrechterhalten. In seiner prächtigen Kolonialvilla, wo die natürliche Durchlüftung durch keine Klimaanlage ersetzt war, begab sich die Familie an den Abendtisch, als tafelte sie in einem Schloß der Sologne. Die vietnamesische Dienerschaft servierte devot Champagner, und man aß mit silbernem Besteck. Die Hausherrin achtete auf gute Manieren und die korrekte Kleidung ihrer beiden Töchter.

Philippe ist von einem ganz anderen Schlag als sein Vater. »Ich kümmere mich in Saigon ganz prosaisch um den Verkauf französischer Automobile«, sagt er lächelnd, »und versuche, mich gegen die japanische, südkoreanische und auch deutsche Konkurrenz zu behaupten. Dabei kommt mir zugute – da in Saigon und Hanoi die französische Sprache durch das Englische definitiv abgelöst wurde –, daß ich an einer amerikanischen Business School studiert habe.« Von der Höhe des Majestic schauen wir auf die gelben Wasser des Saigon-Flusses, auf die dort ankernden Schiffe, darunter ein verrosteter nordkoreanischer Frachter. Auf dem Gegenufer dehnt sich bis zum Horizont das Mangrovendickicht der Rungsat-Sümpfe. Das schmutzige Grün erstarrt bei sinkender Sonne in bedrohlichem Schwarz. Der Rungsat hatte den Anhängern Ho Chi Minhs erst gegen die Franzosen, dann gegen die Amerikaner als Sanctuarium gedient. Sie verhielten sich dort überwiegend defensiv und begnügten sich damit, ihre Agenten und Kommissare in das Gewirr von Bretterbuden und Wohndschunken einzuschleusen, das den stinkenden, von Ratten wimmelnden Nebenarm des Saigon-Flusses säumte. In diesen Elendsvierteln, die neuerdings gelichtet und notdürftig saniert werden, bewegten sich die roten Partisanen damals wie der vielzitierte »Fisch im Wasser«.

Unvermeidlich wendet sich unser Gespräch dem aktuellen »Krieg gegen den Terror« sowie der Operation »Iraqi Freedom« zu, deren umstrittene Analogie mit dem früheren Vietnam-Engagement der Amerikaner zu untersuchen ich nach Saigon zurückgekehrt bin. In militärischen Fachkreisen wird neuerdings wieder die Debatte geführt über zwei unvermeidliche und offenbar unvereinbare Methoden der Partisanenbekämpfung. Die eine heißt »search and destroy« – zu deutsch »aufpirschen und vernichten« –, die andere »clear and hold« – »säubern und festhalten«.

Ich verweise Philippe auf eine kürzlich erschienene Veröffentlichung des britischen Generals Sir Mike Rose, ehemaliger Kommandeur des »Special Air Service«, der bei seiner harschen Manöverkritik an der Kriegführung im Irak den Amerikanern vorwirft, sich auf eine Besatzungsoption festgelegt zu haben, ohne die dafür unentbehrliche Truppenstärke einzusetzen.

Aber sollte der US-Kongreß etwa wieder die Wehrpflicht einführen? Sollte das Pentagon wieder versuchen, mit einer halben Million GIs und einer gewaltigen Masse von Material eine extrem flexible Guerilla zu ersticken? »Elefanten können keine Ameisen zertrampeln«, hatte man schon zu Beginn der US-Intervention im Jahr 1966 bei den »Green Berets« im Grenzraum von Laos gespottet, als Präsident Johnson durch pausenlose Bombenteppiche seiner B-52 den Nachschub der Nordvietnamesen über den Ho-Chi-Minh-Pfad zu blockieren suchte. Die »Green Berets« verfügten übrigens in Indochina über eine weit höhere Professionalität als die US Special Forces, die heute an Euphrat und Tigris operieren. Das Dilemma erweist sich offenbar als unlösbar angesichts der sich mehrenden Regionalkonflikte spätkolonialen Typs, auf die sich die westliche Allianz und auch die russische Föderation rund um den Erdball eingelassen haben.

Die Franzosen hatten diese bittere Erfahrung schon lange vor den Amerikanern gemacht. Völlig unzureichend ausgerüstet, waren sie an der Untauglichkeit der überlieferten Pazifizierungsmechanismen verzweifelt. Als ich 1951 im südlichen Cochinchina die Asphaltstraße nach My Tho und Can Tho befuhr, war die Strecke von hölzernen Wachtürmen gesäumt, ein Anblick, der an römische Heerlager erinnerte. Diese Po, die sich in Sichtweite ablösten, um untereinander signalisieren zu können, gingen angeblich auf eine Erfindung des Generals Gallieni zurück, der im 19. Jahrhundert mit seiner »Ölfleck«-Strategie die Insel Madagaskar unterworfen hatte.

Die unzeitgemäßen Befestigungen waren durch messerscharfe Bambusverhaue abgeschirmt. Da diese Art von Sicherung zu viele Truppen immobilisierte, war das französische Oberkommando dazu übergegangen, die eigenen Soldaten durch vietnamesische »Hilfswillige«, durch antikommunistische Freiwillige, zu ersetzen. Sehr vertrauenerweckend wirkten die neuen Verbündeten nicht. Sie trugen die schwarze Tracht der Reisbauern. Bei Nacht vor allem wurden die Nerven der französischen Unteroffiziere und Gefreiten, die diese Beutepartisanen befehligten, auf eine harte Probe gestellt. Dann begann es nämlich in den Reisfeldern zu rascheln, zu kriechen und zu ballern. Lautsprecher brüllten plötzlich kommunistische und nationalistische Kampflieder oder Parolen aus der Finsternis und brachten die Ochsenfrösche zum Schweigen.

Dennoch befanden sich die Südprovinzen Vietnams und das fruchtbare Mekong-Delta relativ fest in französischer Hand. Als unzugängliche Refugien der kommunistischen Partisanen bewährten sich vor allem die »Ebene der Schilfrohre – Plaine des Joncs«, die von den Amerikanern später zur »free fire zone« deklariert wurde, sowie jene äußerste Halbinsel Camau, wo der Marineleutnant John F. Kerry sich an Bord eines »Swift Boat« auszeichnen sollte. Im Umkreis von Saigon-Cholon hatten sich die Franzosen in eine zutiefst unmoralische Kooperation mit einer Bande von Flußpiraten, den Binh Xuyen, eingelassen. Diesen Halsabschneidern wurde nicht nur die Polizeigewalt über Saigon übertragen, sondern auch die Verfügung über die kolossalen Profite der Spielhöllen des »Grand Monde« im nahen Cholon. Die Binh Xuyen waren bei der Bevölkerung verhaßt. Sie waren von abscheulicher Effizienz, und über ihre Verhörmethoden gingen grauenhafte Gerüchte um.

Nach dem Debakel von Dien Bien Phu bestand im Pentagon, wo die zuständigen Stäbe nolens volens die Pläne für eine eigene Militärintervention in Vietnam zu entwerfen begannen, verständlicherweise wenig Neigung, aus den Erfahrungen der französischen Verbündeten zu lernen. Das Projekt des Generals Navarre, die Entscheidung gegen Vo Nguyen Giap in einer isolierten Dschungelfestung zu suchen, wurde gelegentlich mit der Torheit des gallischen Heerführers Vercingetorix verglichen, der die vereinten keltischen Stammeskrieger im Bollwerk von Alesia zusammenzog und somit dem vernichtenden Zugriff der Legionen Julius Cäsars auslieferte.

Vor einiger Zeit hatte ich aus der *International Herald Tribune* einen Artikel ausgeschnitten, der auch Philippe de Noirac nicht entgangen war. Demnach hatte die amerikanische »Defense Intelligence Agency« nach der Versteifung des irakischen Widerstandes im Sunnitischen Dreieck ihr Augenmerk auf den französischen Algerienkrieg gerichtet, der zwischen 1954 und 1962 gewisse Parallelen zur eigenen Insurgenten-Bekämpfung in Mesopotamien aufzuweisen schien. Ausgesuchten Gruppen von Offizieren wurde im Pentagon der wirklichkeitsnahe Film »La Bataille d'Alger« des italienischen Regisseurs Gillo Pontecorvo zu Studienzwecken vorgeführt. Seinerzeit war es der Vierten, dann der Fünften Republik tatsächlich gelungen, durch Einsatz von einer halben Million Wehrpflichtigen die nordafrikanischen Départements weitgehend unter Kontrolle zu bringen und die »Fellaghas« der Algerischen Befreiungsfront in ein paar Réduits der Kabylei und des Aurès-Gebirges abzudrängen. Vor allem hatten es die »Paras«, die Fallschirmjäger des General Massu, geschafft, den zentralen Schwerpunkt des arabischen Widerstandes, die Kasbah von Algier, mitsamt den dort versteckten Bombenateliers durch extrem robuste Methoden lahmzulegen. 1960, so konnte die Armeeführung stolz nach Paris melden, schien dem maghrebinischen Aufstand das Rückgrat gebrochen zu sein, ja man konnte von einer fortschreitenden Pazifizierung reden. Doch Charles de Gaulle, der zu jener Zeit im Élysée-Palast herrschte, wußte um die Prekarität der dortigen Situation. Es bestand ja kein glaubwürdiges politisches »Dessin«, um die historisch und kulturell bedingte Gegensätzlichkeit zwischen den beiden Ufern des Mittelmeers zu überbrücken. Das Schlagwort »Algérie française« klang von Anfang an verlogen.

Wir wechseln das Thema, und ich fordere Philippe auf, über die wirtschaftliche Situation Vietnams zu berichten, die er täglich aus der Nähe bewerten kann. »Es ist noch viel zu früh, von einem Wirtschaftswunder oder ›Dong-Moi‹ zu sprechen«, meint Noirac, »aber die Fortschritte sind überaus eindrucksvoll nach einer langen Phase steriler sozialistischer Stagnation. Wer hätte sich vorstellen können, daß dieses Land, dessen übervölkerte Nordprovinzen früher von Hungersnöten heimgesucht wurden, nunmehr als erfolgreicher Reisexporteur auftreten kann?« Zu den großen Einnahmequellen des Landes gesellt sich schon heute der blühende Tourismus. Vietnam hat nicht nur landschaftliche Schönheit und herrliche Strände zu bieten, sondern auch eine garantierte Sicherheit. Hinter vorgehaltener Hand hat mir ein hoher Beamter in Hanoi lächelnd versichert: »Bei uns haben die Feriengäste ja nichts zu befürchten. Bei uns gibt es keine Muslime.«

Im wiedervereinigten Vietnam hat die Kommunistische Partei ihr Machtmonopol strikt aufrechterhalten. An der Spitze dieser »Partei der Arbeit« oder Lao Dong übt ein selbstbewußtes Triumvirat die Regierungsgewalt aus. Dessen Mitglieder haben jedem Personenkult abgeschworen. Den führenden Politikern der Einheitspartei, darunter Generalsekretär Nong Duc Manh als »primus inter pares«, Regierungschef Phan Van Khai und Parlamentspräsident Nguyen Van An, fehlen natürlich das Prestige und das Charisma der Revolutionshelden der ersten Stunde wie Pham Van Dong, Vo Nguyen Giap oder Le Duc Tho. Über ihre wahre Persönlichkeit ist wenig bekannt, und dem Gerücht, er sei ein natürlicher Sohn Ho Chi Minhs, begegnet Generalsekretär Nong Duc Manh mit der entwaffnenden Antwort: »Wir sind alle Söhne Ho Chi Minhs.« Die politischen Opponenten, die mit Verhaftung rechnen müssen, die aufmüpfigen Journalisten, denen der Mund verboten wird, die Unternehmer, die sich immer noch mit einer schwerfälligen Bürokratie plagen und allzu oft auch mit der Korruption der Behörden, werden natürlich der Behauptung Philippes, man habe es in der höchsten Führungsspitze Hanois mit »aufgeklärten Despoten« zu tun, vehement widersprechen.

»Sie werden nur wenige Vietnamesen treffen«, erklärt er, »die sich nach der integralen Übernahme des amerikanischen Modells sehnen. Eine Vielfalt von Parteien würde lediglich – wie neuerdings in Südkorea oder Taiwan festzustellen ist – die Bestechlichkeit der Behörden multiplizieren.«

Die vielgerühmte Globalisierung, die schrankenlose Auslieferung der Region an ausländisches Kapital könnte so destruktive und ausbeuterische Formen annehmen wie anläßlich der großen südostasiatischen Wirtschafts- und Finanzkrise der neunziger Jahre. Damals hatte es nur der Ministerpräsident von Malaysia, Mohammed Mahathir, gewagt, gegen den wütenden Protest der Megakonzerne und des Internationalen Währungsfonds für seinen boomenden Staat einen strikten Protektionismus zu verordnen. Während das Indonesien des Generals Suharto und die umliegenden Staaten sich in freiem Fall nach unten bewegten und den Umtrieben hemmungsloser Spekulanten ausgeliefert waren, verharrte Kuala Lumpur in eindrucksvoller Stabilität.

Wir beenden unseren sprunghaften Diskurs und verabschieden uns. Für die Rückfahrt zu meiner Bleibe im Sofitel winke ich eine Fahrradrikscha heran. An der Kathedrale biegen wir rechts ab, und ich erkenne auf der Gegenseite den umfangreichen Gebäudekomplex, in dem früher die amerikanische Botschaft amtierte und heute das US-Generalkonsulat untergebracht ist. Der Compound wird durch Betonmauern und Wachpersonal von allen Seiten geschützt. Philippe hatte nebenbei erwähnt, daß im Mekong-Delta intensiv und mit guten Aussichten nach Petroleum gebohrt wird. Wer dächte da nicht an die Fernsehbilder von den letzten US-Beamten, die sich in beschämender Flucht vom Dach ihrer Botschaft mit dem Hubschrauber evakuieren ließen, während die T-54-Panzer der siegreichen Nordarmee die Gitter des Doc-Lap-Palastes zertrümmerten? Ihre diversen Unterlagen und Dokumente hatten die Amerikaner in wüster Unordnung liegengelassen, sogar die Listen ihrer einheimischen vietnamesischen Kollaborateure und CIA-Zuträger. Aber die damals schon vorliegenden Forschungsergebnisse über Erdölvorkommen in Cochinchina hatten sie rechtzeitig und umsichtig in Sicherheit gebracht.

Irgendwie erinnert der Vorfall an die Okkupation Bagdads durch die US Army des Generals Tommy Franks im März 2003. Sämtliche Ministerialarchive und sogar die Schätze des irakischen Nationalmuseums waren schutzlos der Plünderung und sinnlosen Vernichtung durch den rasenden Mob ausgeliefert worden. Einzig und allein das Erdölministerium wurde von der ersten Minute an durch massives Panzeraufgebot vor jedem räuberischen Zugriff geschützt.

»The unquiet Americans«
Saigon, im Februar 2004

Zu früher Stunde haben wir die Kamera vor dem Rathaus von Saigon aufgebaut. Das weiße, verschnörkelte Gebäude würde jeder Präfektur eines französischen Mutterland-Départements zur Ehre gereichen. Vor der »Mairie« thront ein gütig lächelnder Ho Chi Minh in Bronze. Neben ihm steht ein Knabe, der voll Liebe und Ehrfurcht zum Gründer der Nation aufsieht. Dieser Platz im Herzen von Ho-Chi-Minh-Stadt ist symbolträchtig. Hier hatte schon die französische Kolonialmacht ihre Feiern zu Ehren der »République une et indivisible« inszeniert. An der Kreuzung der breiten Avenue, die zum Großen Markt führt, ragt ein Bürogebäude, das heute dem Hotel Rex angegliedert ist. Dort war einst der »Press and Information Service« der US-Streitkräfte untergebracht. Im großen Briefing-Saal des Erdgeschosses verkündete jeden Abend der diensthabende Offizier einer halben Hundertschaft gelangweilter Journalisten die maßlos übertriebene Zahl angeblich getöteter Vietcong. »Body count«, so hieß ganz offiziell diese abscheuliche Jagdstrecke, und jeder wußte, daß es sich bei den aufgezählten Leichen mehrheitlich um wehrlose Reisbauern handelte.

Zu dem Zeitpunkt, da in Bagdad das Pentagon, dann das State Department und die CIA krampfhaft bemüht sind, eine halbwegs glaubwürdige irakische Interimsregierung aufzustellen, liegt der Vergleich mit ähnlichen Bemühungen nahe, die nach dem Ausscheiden der Franzosen aus der aktiven Politikgestaltung Südvietnams den Repräsentanten Washingtons zufielen. Schon am 1. Juni 1954 war der amerikanische Luftwaffenoberst Edward G. Lansdale im Auftrage der Brüder Dulles – der eine war Außenminister, der andere CIA-Chef – mit seinem Mitarbeiterstab in Saigon eingetroffen, um ein neues, proamerikanisches Regime aus der Taufe zu heben und den letzten Einfluß Frankreichs auszuschalten, dessen koloniale Nostalgie als lästig und schädlich empfunden wurde. Lansdale genoß in jenen Tagen die Hochachtung seiner Vorgesetzten, weil es ihm gelungen war, den kommunistischen Aufstand der »Hukbalahap« auf der Philippinen-Insel Luzon niederzukämpfen.

Die Vierte Republik hatte es versäumt, taugliche und angesehene vietnamesische Politiker aufzuspüren, die den Marxisten von Hanoi das Wasser hätten reichen können. Die Nominierung des Kaisers Bao Dai zum Staatschef durch General de Lattre de Tassigny war ebenso erfolglos wie der Versuch der Kolonialverwaltung, in Conchinchina einen separatistischen Teilstaat von Frankreichs Gnaden auszurufen. Immerhin hatte de Lattre mit dem Aufbau einer vietnamesischen Nationalarmee begonnen. Man nannte das damals »le jaunissement«, die Gelbfärbung des multikulturellen Expeditionscorps in Fernost.

Colonel Lansdale hatte von Anfang an seinen eigenen Kandidaten für das höchste Staatsamt der antikommunistischen Republik Südvietnam parat in der Person des katholischen Mandarins Ngo Dinh Diem. Nachträglich ist diese Entscheidung, die in letzter Instanz von Präsident Eisenhower abgesegnet wurde, heftig kritisiert worden. Gemessen jedoch an den Präferenzen der amerikanischen Statthalter im heutigen Irak, war die Personalpolitik Washingtons in Saigon recht honorig gewesen. Der verschlossene Aristokrat Ngo Dinh Diem war ein Ehrenmann, ja eine Lichtgestalt, verglichen mit den dubiosen Figuren, die das Pentagon dem »Governing Council« von Bagdad, dann der dortigen Übergangsregierung in den Personen Ahmed Chalabis oder Ayad Allawis aufzwang.

Der Chronist muß sich hüten, nicht seinerseits dem Vietnamsyndrom zu erliegen. Die immer wieder aufflackernden Reibungen zwischen Washington und Paris lassen sich ganz bestimmt nicht auf jenen Sommer 1954 zurückführen, als Frankreich seine letzten Positionen in Indochina an den mächtigen transatlantischen Verbündeten abtreten mußte. Das Zerwürfnis reicht viel weiter zurück. Schon während des Zweiten Weltkrieges hatte Franklin D. Roosevelt aus seiner tiefen Abneigung gegen de Gaulle kein Geheimnis gemacht und ihn an der Spitze der provisorischen Regierung von Algier durch General Giraud zu ersetzen gesucht. Bei den Gaullisten der »France Libre« bleibt auch unvergessen, daß in gewissen Planungen für das befreite Frankreich eine Art Militärregierung vorgesehen war und daß die Franc-Währung durch Besatzungsgeld ersetzt werden sollte. Der unbeschreibliche Jubel, der de Gaulle schon bei seinem ersten Auftritt im normannischen Bayeux, dann vor allem auf den Champs-Élysées in Paris entgegenbrandete, hat all diese Bevormundungsabsichten der Roosevelt-Administration über den Haufen geworfen.

Nach der Abdankung des Generals im Januar 1946 hatten sich die ständig wechselnden Regierungen der Vierten Republik wohl oder übel an Amerika geklammert. Der Marshallplan erlaubte dem ausgelaugten Frankreich einen unverhofften wirtschaftlichen Aufschwung. Der Ausbruch des Ost-West-Konfliktes regte Präsident Truman zur Schaffung der Nordatlantischen Allianz an, und die erste Berlinkrise, vor allem aber der Koreakrieg machten die Unentbehrlichkeit des amerikanischen Schutzes überdeutlich. Nach Abschluß des Genfer Indochina-Waffenstillstandes im Sommer 1954 wurde die seit Lafayette gefeierte Solidarität jedoch arg strapaziert, zumal in Paris die Vorstellung um sich griff, den Vietnamesen sei am besten mit der Neutralisierung ihrer beiden unabhängigen Staatshälften gedient. US-Außenminister John Foster Dulles vertrat die Ansicht, daß jede Verweigerung, im Kalten Krieg Partei zu ergreifen, zutiefst unmoralisch sei. Das Postulat, das George W. Bush im Hinblick auf »Iraqi Freedom« formulierte: »Wer nicht mit uns ist, ist gegen uns«, klingt also nicht ganz neu.

Nur zwei Jahre nach der Demütigung Frankreichs in Fernost kam es zum spektakulären Eklat zwischen Washington auf der einen, Paris und London auf der anderen Seite. Als die beiden Entente-Mächte in sträflicher Verkennung des eigenen Potentials und der realen Verhältnisse im arabischen Orient zur Suez-Offensive gegen den ägyptischen »Rais« Gamal Abdel Nasser ausholten, richteten die Antagonisten des Kalten Krieges, der US-Präsident Eisenhower und der Generalsekretär der KPdSU, Nikita Chruschtschow, die ultimative Forderung an die Regierungen Großbritanniens und Frankreichs, ihr militärisches Abenteuer am Kanal unverzüglich abzubrechen. Von nun an trat eine fundamentale Divergenz im Verhältnis der Entente-Partner zu Amerika ein. Während England unter Verzicht auf eine eigene Rolle im Nahen und Mittleren Osten seine Diplomatie und Strategie einseitig auf die Leitfunktion der USA ausrichtete, verkapselte sich Frankreich in einer eigenbrötlerischen Sonderstellung, soweit die schwächliche Vierte Republik dazu überhaupt in der Lage war. In jenen Jahren wurde von dem sozialistischen Regierungschef Guy Mollet in aller Heimlichkeit der Bau einer französischen Atomwaffe in die Wege geleitet.

Charles de Gaulle, der unter dem Druck der putschenden Algerien-Armee im Mai 1958 die Macht in Paris übernahm, vollendete die nukleare Aufrüstung seiner neu ausgerufenen Fünften Republik gegen heftigen amerikanischen Widerstand. Nachdem er die Abspaltung Algeriens von der »Métropole« gegen den Aufruhr der eigenen hohen Militärs durchgesetzt hatte, ging er vollends auf Konfrontationskurs. Er ließ die US-Basen in Frankreich schließen, verwies die Stäbe der Atlantischen Allianz aus Fontainebleau nach Belgien und verwarf die Organisation des Bündnisses, die NATO, als unerträgliche Minderung der eigenen Souveränität. Was übrigens keineswegs ausschloß, daß dieser eigensinnige Mann sich in dramatischen Konfliktsituationen als überaus zuverlässiger Partner erwies. Auf dem Höhepunkt der Kubakrise erklärte er dem Sonderbeauftragten Dean Acheson, den John F. Kennedy nach Paris geschickt hatte, ausnahmsweise auf Englisch: »If there is a war we shall be with you« – Wenn es zum Krieg kommt, werden wir auf Ihrer Seite stehen.

Als die französische Trikolore über der Mairie von Saigon eingeholt wurde, war ich als Augenzeuge dabei. Unmittelbar danach wurde das weiße Stuckgebäude mit einer Vielzahl national-vietnamesischer Fahnen – gelber Grund, drei rote Streifen – geschmückt. Das riesige Porträt des Exkaisers Bao Dai war vom Giebel verschwunden. Noch hatte der

Monarch und Staatschef nicht abgedankt. Aber seine Tage waren gezählt. Dieser fette, alternde Playboy, der an der Côte d'Azur Wassersport trieb und im Elsaß jagte, während sein Land verblutete, wurde von allen verachtet und abgelehnt. Ein neuer Mann hatte das Schicksal National-Vietnams, bald würde man Südvietnam sagen, in die Hände genommen, der Mandarin Ngo Dinh Diem aus Hue, den man bereits den »Unbestechlichen« nannte. Diem stellte an diesem Morgen seine neue Regierung der Saigoner Bevölkerung vor. Zwei Kompanien der Nationalarmee waren in blütenweißer Galauniform angetreten. Doch das Volk war nicht gekommen. Unter den dreihundert Zuschauern waren die Geheimpolizisten wohl in der Mehrheit.

Ngo Dinh Diem war ein kompromißloser Patriot und deklarierter Feind der französischen Präsenz in Indochina. Nur unter Druck der Amerikaner hatte der letzte französische Hochkommissar, General Ely, dieser Berufung zugestimmt. Diem stammte aus einer der angesehensten Familien von Annam. 1933 war er vorübergehend Minister am Hof von Hue gewesen. Dann ließ ihn sein Nationalismus in ständiger Opposition verharren – Opposition gegen die Franzosen, gegen die Japaner, gegen Ho Chi Minh, gegen Bao Dai. Selbst für die Amerikaner – so munkelte man schon – würde er kein bequemer Verbündeter sein. Der neue Regierungschef trug einen weißen Anzug mit schwarzer Krawatte. Das Haar lag glatt und gescheitelt über dem vollen Gesicht. Er war ein korpulenter Mann. Am improvisierten Ehrenmal legte er einen Kranz nieder und kam mit dem watschelnden Gang der hohen Hofbeamten auf die Tribüne zurück.

Diem war zutiefst von der konfuzianischen Tradition geprägt, und dennoch war er Katholik, fanatischer Katholik, wie sich sehr bald herausstellte. Sein Bruder war Erzbischof von Hue. Ein jüngerer Bruder, Ngo Dinh Nhu, der zu seinen engsten Beratern zählte, hatte sich in das Studium der modernen katholischen Philosophie vertieft und galt als Anhänger des »Personalismus«. Die meisten Minister des neuen Kabinetts kamen aus dem Norden. Das war ein deutliches Indiz für die Entschlossenheit Ngo Dinh Diems, die Teilung seines Vaterlandes nicht zu akzeptieren. Für den Katholiken Diem war es eine persönliche Tragödie, daß mehr als eine Million Katholiken Gefahr liefen, unter kommunistische Herrschaft zu geraten. Eine gewaltige Flüchtlingswelle war in Gang gekommen, und die französische Flotte war in den kommenden Monaten voll damit beschäftigt, ganze christliche Dorfgemeinschaften nach Süden zu transportieren. Schon jetzt hieß es in Saigon, daß der Besitz eines katholischen Taufscheins unter dem neuen Regime des Unbestechlichen die Mandarinats-Prüfungen von einst ersetze.

Die Stadt Saigon wirkte in jenen Tagen, als der Vietminh Schritt für Schritt die Verwaltung des Nordens übernahm, frivoler und leichtsinniger denn je. In den letzten Kriegswochen waren die Regimenter des Vietminh in Eilmärschen nach Süden bis in das Mekong-Delta gestürmt. Sie rückten sogar nachts im Schein der Fackeln vor. Aber nun sah das Genfer Waffenstillstandsabkommen den Abzug der kommunistischen Einheiten nach Norden vor, und wider Erwarten schien Ho Chi Minh sich an diese Verpflichtung recht gewissenhaft zu halten. Allenfalls die Politischen Kommissare blieben auf ihren Posten. Sie tauchten in den Untergrund ab, organisierten ihre geheimen roten Zellen in Erwartung des Signals zum revolutionären Aufbruch, das über kurz oder lang von Hanoi ausgegeben würde.

Diem war Mandarin und hatte vom Hofe von Annam eine Auffassung der Staatsautorität ererbt, die mit dem feudal-religiösen Mosaik der französischen Herrschafts- und Korruptionsmethoden im Mekong-Delta nicht zu vereinbaren war. Die französischen Geheimdienste wußten sehr wohl um seine vertraulichen Konferenzen mit amerikanischen Verbindungsoffizieren unter Führung des Colonel Lansdale, den man »the unquiet American« nannte. Die ersten amerikanischen Militärs, die zur Beratung der Nationalarmee nach Saigon gekommen waren, benahmen sich sehr diskret. Nur die Matrosen der US Navy in ihren weißen Pyjama-Uniformen waren überall auf der Rue Catinat anzutreffen. Schon feilschten die Straßenhändler und Dirnen in Pidgin-Englisch. In den Vorzimmern Ngo Dinh Diems saßen die Sonderbeauftragten der CIA und bereiteten eine neue Phase der Indochinapolitik vor. Washington hatte dem Genfer Waffenstillstandsabkommen höchst widerwillig zugestimmt, und die amerikanische Unterschrift fehlte unter dem Dokument. Vor allem waren die US-Experten fest entschlossen, die für 1956 anberaumten gesamt-vietnamesischen Wahlen zu hintertreiben, nicht wissend, daß auch der marxistischen Regierung von Hanoi an dieser Pflichtübung in Formaldemokratie gar nicht gelegen war.

Zwischen den französischen und amerikanischen Geheimdiensten bahnte sich eine unerbittliche Rivalität im Zwielicht an. Washington arbeitete auf den möglichst schnellen Abzug der letzten französischen Truppen aus Vietnam hin. Erst dann würde die Regierung Ngo Dinh Diem nach außen hin ihre nationale Unabhängigkeit demonstrieren können und für die Länder der Dritten Welt ein akzeptabler Partner sein. Die Franzosen klammerten sich an das alte, vertraute Cochinchina, wiegelten ihre örtlichen Verbündeten gegen diesen steifen Mandarin aus Hue und seine US-Berater auf, ja sie spielten die Karte des Neutralismus. Sie wollten nicht wahrhaben, daß Frankreich in Fernost abgedankt hatte. Den forschen Amerikanern, die sich überall in den vietnamesischen Ministerien und Stäben einnisteten, begegneten die Franzosen wie betrogene Liebhaber. In den folgenden Monaten kam es in Saigon und am Rande der großen Schilfebene zum offenen Konflikt. Charles de Gaulle soll auf den sich schon damals abzeichnenden Einflußverlust Frankreichs mit dem ihm eigenen Sarkasmus reagiert haben: »A ceux qui dans nos anciennes possessions veulent prendre notre place, je leur souhaite bien du plaisir« – Denjenigen, die in unseren ehemaligen Besitzungen unseren Platz einnehmen wollen, denen wünsche ich viel Spaß.

Ein heroischer Suppenhändler
Saigon, im Februar 2004

Nguyen Huy Quang vom vietnamesischen Außenministerium läßt mir völlig freie Hand, unser Programm zu gestalten. Er fragt lediglich, ob ich bei meinem Filmprojekt nicht am unterirdischen Bunkersystem von Cu Chi interessiert sei, das, unweit von Ho-Chi-Minh-Stadt gelegen, jahrelang eine Bastion des Vietcong beherbergt hatte, ohne daß die Amerikaner es merkten. Aber durch die Stollen von Cu Chi, die für die Besichtigung durch dickleibige amerikanische und europäische Touristen ausgeweitet werden mußten, bin ich schon bei meinem letzten Vietnamaufenthalt gekrochen. Viele Besucher schrecken aus Klaustrophobie vor einem solchen Abstieg in die modrige Unterwelt des Widerstandes zurück.

Zögernd schlägt unser Cicerone den »Binh Soup Shop« vor. Meine erste Reaktion ist negativ. Ich hatte folgende Beschreibung in einem englischen Reiseführer gelesen: »Es klingt vielleicht seltsam, ein Restaurant für Nudelsuppe als Sehenswürdigkeit anzupreisen, aber dafür gibt es gute Gründe. Der ›Binh Soup Shop‹ war das geheime Hauptquartier des Vietcong in Saigon. Von dieser Stelle aus wurde der Angriff auf die amerikanische Botschaft und andere wichtige US-Einrichtungen in Saigon während der Tet-Offensive von 1968 geplant. Man muß sich darüber wundern, daß in dieser Nudelküche so viele US-Soldaten und CIA-Beamte zum Essen kamen, ohne zu ahnen, daß alle Bediensteten Vietcong-Partisanen waren. Die Nudelsuppe, ›Pho‹ genannt, schmeckt hier übrigens recht gut.«

Am Ende entschließe ich mich doch für eine TV-Sequenz in dieser banal wirkenden Verschwörungszentrale. Das Versagen des Pentagon in Vietnam und heute im Irak ist ja im wesentlichen auf die Dürftigkeit der eigenen »Intelligence«, auf das Scheitern der Nachrichtendienste zurückzuführen. Das kleine, bescheidene Restaurant liegt in einer verkehrsreichen, lärmenden Nebenstraße. Die wirkliche Sehenswürdigkeit – die Nudeln sind Nebensache – ist sein Besitzer, Binh Ngo Toai, der sich weiterhin um seine Kundschaft kümmert, obwohl er dreiundneunzig Jahre alt ist. Unter den wenigen Gästen befindet sich auch ein älteres amerikanisches Ehepaar. Der Mann ist vermutlich Vietnamveteran. Er mag damals dieses Land als »Hölle« verflucht haben, und heute stellt er nostalgisch fest, daß er hier die »best years of his life« verbrachte, jedenfalls die einprägsamsten.

Binh Ngo Toai, der trotz seines hohen Alters eine erstaunliche Beweglichkeit bewahrt hat, trägt ein ärmelloses T-Shirt über weit fallender Hose. Seinem pfiffigen, kaum verrunzelten Gesicht merkt man nicht an, welche konspirativen Gaben und wieviel Mut er damals entfaltet hatte, als er mit einer verschworenen Gruppe von Gleichgesinnten das ungeheuerliche Wagnis der Neujahrsoffensive von 1968 vorbereitete. Die Amerikaner neben uns werden höflich bedient, aber der Wirt setzt sich nicht zu ihnen an den Tisch. Bei uns ist das anders. Irgendwie scheint der Alte mich in sein Herz geschlossen zu haben. Er spricht weder Französisch noch Englisch. Mit großem Stolz verweist er immer wieder auf seine lange Lebensdauer. Auf ein Blatt schreibt er die Zahl 93, und ich schreibe mein eigenes Alter, achtzig Jahre, daneben. Schließlich sind wir nur durch dreizehn Jahre voneinander getrennt, wie er mit einer Subtraktion auf dem Papier darstellt.

Dann führt er uns die steile Treppe hinauf in eine Kammer des Obergeschosses. Hier hatten er und seine Genossen die Taktik und die Planung des Aufstandes vereinbart, während die US-Geheimdienstler unten ihre Nudeln schlürften. Eine Fotografie zeigt die Gruppe unscheinbarer vietnamesischer Zivilisten, die samt und sonders von der Besatzungsmacht später verhaftet, gefoltert und umgebracht wurden. Er selbst wurde ebenfalls auf grausamste Weise gequält und hat wie durch ein Wunder überlebt. Auf einem anderen Bild ist Binh Ngo Toai nach dem Einzug der Nordvietnamesen in Saigon und seiner Befreiung zu sehen. Er trägt da eine viel zu weite Offiziersuniform sowjetischen Zuschnitts mit der riesigen Tellermütze. Seine Brust hängt voller Orden.

Viel Neues erfahre ich nicht bei dem Gespräch, das ich mit dem ehemaligen Vietcong-Chef führe und das Mr. Quang übersetzt. Unser Kontakt beschränkt sich auf Freundlichkeiten. Er schüttelt mir immer wieder die Hand, und zum Abschied küßt er mich auf beide Wangen. Irgendwie ist dieses kurze Treffen dennoch aufschlußreich. Es weckt Assoziationen und regt zum Nachdenken an. Spätestens nach der Tet-Offensive im Januar 1968, die das »Jahr des Affen« einleitete, hätte Washington die Konsequenz aus seinem völlig unzureichenden Informationsstand ziehen müssen.

Am Anfang stand damals – wie heute im Irak – die Fehlanalyse durch die höchste Führung. Präsident John F. Kennedy kommt dabei nicht viel besser weg als die Neokonservativen der Bush-Administration, die zu Beginn des Feldzugs »Iraqi Freedom« davon faselten, das von Saddam Hussein erlöste Bagdad in einen »beacon of democracy« – einen Leuchtturm der Demokratie zu verwandeln und allen Ernstes zu glauben vorgaben, es würde im ganzen Nahen und Mittleren Osten eine Art »positiver Dominoeffekt« von Mesopotamien ausgehen. Alle Staaten dieser Region sollten in den unwiderstehlichen Sog eines idealisierten »American way of life« geraten.

Kennedy, der entgegen einer weitverbreiteten Legende die schwerste Verantwortung für das kriegerische Engagement der USA in Indochina trug, war von einer negativen, aber ebenso unreflektierten Dominotheorie ausgegangen. State Department und CIA glaubten um 1960 in unverzeihlicher Fehleinschätzung an die festgefügte Einheit des kommunistischen Blocks von der Elbe bis zum Mekong. Die Erkenntnis, daß Moskau und Peking sich bereits als virtuelle Todfeinde gegenüberstanden, daß China eifersüchtig darüber wachte, daß sein ehemaliger Vasallenstaat Vietnam nicht zu viel Eigengewicht gewönne, entsprach ja durchaus nicht einer magischen Sehergabe. Der Spruch »China und Vietnam sind so eng verbunden wie Lippen und Zähne« war damals schon pure Phraseologie. Aber das wollten die Ratgeber des Weißen Hauses, »the best and the brightest«, die dem als »Camelot« verklärten Kennedy zur Verfügung standen, offenbar nicht wahrhaben.

Als Kennedy zwei Jahre vor seiner Ermordung die ersten Vorauselemente seiner »Green Berets« in die Reisfelder des Mekong-Deltas ausschickte, hatte er folgende Fernseherklärung abgegeben: »Südvietnam wird angegriffen. Manchmal durch einen einzelnen Mörder, manchmal durch eine Guerilla-Bande. Neuerdings in Bataillonsstärke. Die friedlichen Grenzen von Burma, Kambodscha und Indien sind wiederholt verletzt worden. Das friedliche Volk von Laos läuft Gefahr, seine junge Unabhängigkeit zu verlieren. Niemand kann hier von Befreiungskriegen reden.«

Nach dem Mordanschlag von Dallas übernahm Lyndon B. Johnson die Präsidentschaft. In seinem Eifer, der roten Guerilla Indochinas durch den Einsatz Hunderttausender GIs ein Ende zu setzen, hatte er Formeln gefunden, die aus dem Munde George W. Bushs stammen könnten: »Amerika gewinnt seine Kriege«, prahlte er. »Da täusche sich niemand. Wir haben der Unwissenheit, der Armut und der Krankheit den Krieg erklärt. Und wir führen Krieg gegen Tyrannei und Aggression.« Als sich die ersten Rückschläge einstellten und »Victor Charlie«, so hieß der Vietcong in den amerikanischen Funksprüchen, sich als tückisches, unheimliches Phantom behauptete, hatte der damalige Verteidigungsminister Robert McNamara, der von der Allmacht der US Air Force und von der mörderischen Effizienz seiner Hi-Technology zutiefst überzeugt war, verkündet: »Wir werden so lange bleiben und soviel Hilfe leisten, bis die Schlacht gegen den kommunistischen Aufstand gewonnen ist.« Das klingt nach Donald Rumsfeld, der sich trotz des Scheiterns seines strategischen Konzepts im Irak weiterhin in der Rolle des »Doctor Strangelove« zu gefallen scheint.

Der Oberkommandierende der US-Streitkräfte in Südostasien, General Westmoreland, war ebenso wenig um große Sprüche verlegen wie vierzig Jahre später seine Nachfolger Tommy Franks, Ricardo Sanchez oder John Abizaid: »Wir sind außerordentlich zufrieden. Wir machen große Fortschritte. Wir sind alle sehr optimistisch.« Zumindest bei den US Marines hatte sich die trotzige Siegeszuversicht in jenen Jahren bereits zu einem religiös geprägten Patriotismus gesteigert. Da wurde im Dschungel »Onward Christian Soldiers« gesungen. Am 17. Breitengrad hatte ich der Predigt eines Feldgeistlichen gelauscht, dessen Vokabular den heutigen Aufrufen der Bellizisten in jeder Hinsicht entsprach: »Wir haben volles Vertrauen in unser amerikanisches System. Selbst hier in Vietnam verlassen wir uns auf die, die uns regieren. Wir bauen darauf, daß sie uns nicht im Stich lassen und daß dieses nicht ein endloser Krieg sein wird. Jawohl, in unserer Gesellschaft müssen wir den Glauben an unser Volk, den Glauben an unser Regierungssystem hochhalten.«

Ende 1967 kam tatsächlich der trügerische Eindruck auf, die Waagschale neige sich zugunsten der US Army. Die Partisanentätigkeit im Mekong-Delta ließ nach. Mehr und mehr Dörfer unterstellten sich der Autorität der südvietnamesischen Nationalregierung. Antikommunistische Milizen wurden angeworben, und diese Verbündeten der Amerikaner kontrollierten in schwarzer Pyjama-Tracht die großen Verkehrswege. Der Vietcong schien allenfalls noch fähig, mit Hilfe nordvietnamesischer Regulärer im Hochland von Annam zu nennenswerten Überfällen auszuholen. Die Euphorie im Stab von General Westmoreland wurde vorübergehend durch die Nachricht von extrem heftigen Kämpfen im Grenzdreieck Vietnam-Laos-Kambodscha erschüttert. Aber selbst die meisten Reporter in Saigon sahen darin nur einen verzweifelten Versuch »Victor Charlies«, den Konflikt, den er in den Ebenen von Annam und Cochinchina verloren hatte, auf Sparflamme fortzuführen. Daß sich der Schwerpunkt der Guerilla in das äußerste Randgebiet verlagerte, sei ein deutliches Eingeständnis der Schwäche. Nur ein paar eingefleischte Skeptiker warnten, daß es sich hier um ein großangelegtes Ablenkungsmanöver Hanois handeln könne.

Um klarzusehen, wollte ich mich an Ort und Stelle überzeugen. Zu jener Zeit war bei den amerikanischen Presseoffizieren noch nicht die Rede von »embedded journalism«. Mein Verhältnis zu den GIs, ob sie nun den Marines, der First Cav, den Special Forces oder den Luftlandetruppen angehörten, war überaus herzlich und kameradschaftlich. Von dem Mißtrauen und Autismus, denen die US-Streitkräfte im Irakfeldzug verfallen sollten, war in Indochina keine Spur vorhanden. So bestieg ich anstandslos die Herkules-Maschine nach Dak To. Im Gebirgsdschungel, ein paar Kilometer südlich dieser kleinen Ortschaft, war ein Bataillon der 172. Airborne Brigade beim Aufspüren feindlicher Kräfte im Umkreis des Ho-Chi-Minh-Pfades in einen Hinterhalt der Nordvietnamesen geraten. Die Männer drohten im Dickicht zu Füßen der Höhe 875 aufgerieben zu werden. Als ich an Bord eines Hubschraubers über der Schlucht eintraf, befanden sich die »Paratroopers« in höchster Bedrängnis.

Die Jagdbomber vom Typ F-100 hatten mit unglaublicher Präzision eine Schneise in den Urwald gewalzt, um den bedrängten Fallschirmjägern zu erlauben, eine provisorische Igelstellung zu beziehen. Plötzlich ließ sich unser Helikopter wie ein Fahrstuhl steil in diese verwüstete Lichtung fallen, wo gefällte Baumriesen den GIs als Deckung dienten. Die Soldaten hoben in aller Eile Schützenlöcher aus. Sie schanzten um ihr Leben. Ringsum dröhnte ohrenbetäubender Lärm. Ganz in der Nähe heulten Kampfflugzeuge im Sturzflug auf den unsichtbaren Gegner herunter und setzten ihre Bomben auf die Verstecke der Nordvietnamesen, die knapp zweihundert Meter von der amerikanischen Position entfernt waren.

Die überlebenden Paratroopers waren über und über mit Schlamm beschmiert. Sie hatten die Leichen ihrer Kameraden in grüne Plastikhüllen gezerrt und warfen jetzt diese makabren Pakete wie Postsäcke in aller Eile auf den schlingernden Chopper, der abhob, sobald die Maximalbelastung erreicht war. Der nächste Hubschrauber stand schon in Wartestellung über uns. Die Verluste der Amerikaner waren ungewöhnlich hoch. Die Verwundeten waren als erste aus dem Kessel geschafft worden. Den Männern standen die Erschöpfung und die Todesangst in den geweiteten Augen. Die Uniformen waren zerfetzt. Nur die kugelsicheren Westen hatten den Dornen des Dickichts standgehalten.

Als die Dunkelheit kam, schnatterten wir vor Kälte. Während der Nacht veranstalteten die F-100 im Umkreis der Höhe 875 ein unglaubliches Inferno. Das Gelände war taghell erleuchtet, und ganze Dschungelhänge loderten im Napalm. Der heißumkämpfte Berg war fast kahlgestampft, als der Morgen graute. Die Fallschirmjäger gingen unter starkem Feuerschutz zum Sturmangriff vor. Sie liefen gebückt durch die verkohlte und qualmende Vegetation dem Gipfel entgegen. Dreimal gerieten sie unter Granatwerferbeschuß des Gegners und büßten ein paar Mann ein. Dann standen sie vor leeren, ausgeräucherten Höhleneingängen, Fuchsbauten und unterirdischen Stollen, die für eine Rasse von Gnomen gebaut schienen. Die GIs richteten die Flammenwerfer auf die Löcher und warfen Sprengladungen hinein. Dann gruppierten sie sich zum Abtransport durch ein ganzes Hubschraubergeschwader, das aus Dak To heranknatterte. Der Himmel über dem Hochland von Annam war wieder zartblau. Die Kondensstreifen der Kampfflugzeuge zogen silberne Fäden. Die Soldaten blickten ausgepumpt über den endlosen grünen Dschungel. Die Höhe 875 hatten sie dem Feind entrissen, aber vor ihnen entrollte sich eine Landschaft, die Hunderte von ähnlichen Bergkegeln bereithielt. »Ob wir die alle noch erstürmen müssen?« fragte der Sergeant neben uns und reichte uns eine Büchse Coca-Cola.

Dem amerikanischen Nachrichtendienst konnte schwerlich ein Vorwurf daraus gemacht werden, daß er über die streng abgeschotteten, kontroversen Beratungen innerhalb des kommunistischen Politbüros von Hanoi keinerlei Kenntnis besaß. Diese Berufsrevolutionäre verstanden sich auf absolute Geheimhaltung. Zwei Fraktionen standen sich gegenüber, deren gegenseitige Abneigung gelegentlich in bissige Intrigen ausartete. Nur die unumstrittene Persönlichkeit Ho Chi Minhs bot die

Gewähr, daß die Rivalen am Ende auf eine einheitliche Linie eingeschworen wurden. General Vo Nguyen Giap war in seiner innersten Überzeugung Partisanenführer geblieben. Die massive, frontale Offensive von Vinh Yen, die 1951 von den Franzosen unter schweren Verlusten des Vietminh abgewiesen worden war, entsprach auch nicht seinem strategischen Konzept, sondern war vom prochinesischen Parteiflügel des Genossen Truong Chinh durchgesetzt worden.

Im Herbst 1967 konnte Giap, der in langen Zeiträumen dachte und auf die systematische Abnutzung und Demoralisierung des amerikanischen Gegners durch unermüdliche Guerilla spekulierte, nicht gegen die Ungeduld des Parteisekretärs Le Duan ankommen, der mit Zustimmung einiger hoher Militärs darauf drängte, einen revolutionären Massenaufstand in Saigon und im Mekong-Delta auszulösen, während reguläre nordvietnamesische Regimenter sich in Zentralannam der alten Kaiserstadt Hue bemächtigten. Le Duan war überzeugt, daß die bewaffnete Volkserhebung in fast allen Ortschaften Cochinchinas die Nationalregierung von Saigon als Marionetten-Clique bloßstellen und den USA die Aussichtslosigkeit einer Kriegsverlängerung vor Augen führen müßte. Vo Nguyen Giap, der sich des ungeheuren Potentials der US-Streitkräfte bewußt war, hatte sich diesem Vabanquespiel vergeblich widersetzt. Er wurde im Politbüro überstimmt, geriet sogar in den Ruf eines »Cunctators«, eines Zögerers. Der Parteidisziplin gehorchend, hatte der Sieger von Dien Bien Phu mit der ihm eigenen strategischen Begabung und unermüdlichen Energie die Generaloffensive des Tet-Festes 1968 dennoch in allen Einzelheiten vorbereitet. In jenen Tagen erhielt übrigens auch die Verschwörer-Gruppe des Nudel-Gastwirtes Binh Ngo Toai präzise Instruktionen, wie die US-Botschaft von Saigon und eine Vielzahl amerikanischer Militäreinrichtungen durch Trupps von Todesfreiwilligen besetzt und neutralisiert werden sollten.

Der Vietcong hatte die Feststimmung der buddhistischen Tet-Feiern zu Beginn des »Jahres des Affen« genutzt, um einen Generalangriff in ganz Südvietnam auszulösen, der die Amerikaner total überrumpelte. Ein Selbstmordkommando griff sogar die zur Festung ausgebaute neue US-Botschaft im Herzen Saigons an. Fast sämtliche Ortschaften des Mekong-Deltas gerieten vorübergehend in die Gewalt der Aufständischen, und die Stadt Ben Tre mußte, wie der offizielle Sprecher meinte, »zu ihrer Rettung vernichtet werden«. Die alte Kaiserstadt Hue wurde durch nordvietnamesische Einheiten besetzt, die aus Laos heranmarschiert waren. Die Soldaten aus Hanoi hißten die Fahne des Vietcong über der Zitadelle und behaupteten sich vier Wochen lang gegen die wütenden Gegenangriffe der US Marines.

Am Ende brach die Tet-Offensive zusammen. Die roten Revolutionäre hatten auf die Insurrektion der gesamten südvietnamesischen Bevölkerung spekuliert, auf den Aufstand der Massen. Aber in ihrer überwältigenden Mehrheit verhielten sich die Südvietnamesen völlig passiv. Keine einzige Einheit der Nationalarmee ging zu den Kommunisten über. Rein militärisch gesehen, war die Neujahrsoffensive 1968 ein Fiasko und ein fürchterlicher Rückschlag für Hanoi. Die bodenständigen Kampfverbände der Nationalen Befreiungsfront von Südvietnam wurden aufgerieben. Die Politischen Kommissare, Agenten und Aktivisten hatten sich zu erkennen gegeben und fielen in den kommenden Monaten einer gezielten Polizeiaktion gigantischen Ausmaßes zum Opfer. Die meisten westlichen Kommentatoren schrien: »Sieg!«

In Wirklichkeit hatte sich mit diesem tragischen Jahresauftakt das Schicksal endgültig zugunsten Nordvietnams entschieden. In den Vereinigten Staaten steigerte sich die angestaute Entrüstung gegen den »schmutzigen Krieg« zu einem Orkan, Studenten und Intellektuelle standen in der ersten Reihe der Auflehnung. Veteranen- und Frauenverbände zogen im Protest vor das Weiße Haus. Die US Army hatte in der Neujahrsschlacht einen glatten Abwehrsieg errungen. Den langfristigen politischen Erfolg konnte jedoch der nordvietnamesische Befehlshaber Vo Nguyen Giap für sich buchen. Seine unermüdlichen Truppen hatten den übermächtigen amerikanischen Gegner demoralisiert. Unter dem Eindruck des kommunistischen Amoklaufs, den das Pentagon nicht vorhergesehen hatte, resignierte Präsident Johnson und kündigte an, daß er die Bombardierung Nordvietnams einstellen und die amerikanische Truppenpräsenz in Südvietnam systematisch reduzieren werde. Washington erklärte sich bereit, Verhandlungen mit Hanoi aufzunehmen. Er selbst, so gab Johnson bekannt, beabsichtige nicht mehr, bei den kommenden Präsidentschaftswahlen zu kandidieren.

Ob die Geschichte sich im Hinblick auf den irakischen »quagmire« wiederholen wird? In eine so schändliche Hysterie wie bei den Antikriegsdemonstrationen der späten sechziger Jahre wird der Protest gegen »Iraqi Freedom« mit Sicherheit nicht ausarten. Aber die Ernüchterung ist deutlich. Ein opportunistischer Defätismus macht sich speziell bei jenen Kommentatoren und Auguren breit, die in den deutschen Medien noch unlängst als »Kriegslustige« die Besserinformierten als »Unken« oder Amerika-Feinde zu diffamieren suchten. Seit das Bagdad-Abenteuer der USA sich als Fiasko erweist und Präsident George W. Bush der flagranten Irreführung der öffentlichen Meinung überführt wurde, greift jedoch bei den breiten Volksmassen in Europa und speziell in Deutschland eine zunehmende Desillusionierung gegenüber dem großen transatlantischen Verbündeten um sich. Die Politiker werden dem über kurz oder lang Rechnung tragen müssen.

Vietnamisierung der Särge
Hue, im Februar 2004

Die alte Hauptstadt Hue ist in kalte Nebelschwaden gehüllt. Die Kaisergräber, die wir gleich nach unserer Ankunft besichtigen, sind vom Regen schwarz verfärbt. Diese Mausoleum-Anlage, die erst auf die Nguyen-Dynastie, also den Beginn des neunzehnten Jahrhunderts, zurückgeht – Bao Dai war bis 1945 ihr letzter Monarch –, ist eine getreue Replik chinesischer Vorbilder. Nur ist hier alles kleiner und bescheidener, selbst die Elefanten und die Fabelwesen, die die Trauerallee säumen. Steinerne Mandarine sind in strenger hierarchischer Ordnung aufgereiht. Nirgendwo wird deutlicher, daß die Vietnamesen nur durch ein schieres Wunder an Widerstandskraft ihrer totalen Einverleibung in das Reich der Mitte entgangen sind. Schrift und Kultur Chinas hatten sie bereits übernommen, ehe die europäischen Missionare die Transkription der vietnamesischen Sprache ins lateinische Alphabet vornahmen. Die Pagoden sind in Bambusgehegen und Parks verstreut. Im modriggrünen Wasser der quadratischen Teiche blühen Lotos und Seerosen.

Die Anlage ist mir seit langem bekannt. Das Wiedersehen ist enttäuschend. Damals, vor vierzig Jahren, war es ein prickelndes Wagnis, in die Einsamkeit dieser Nekropole vorzudringen. Hier befand sich Niemandsland, und der Vietcong konnte im nahen Dickicht lauern. Heute bestarren Kolonnen von Touristen die Sehenswürdigkeiten – Japaner, Taiwan-Chinesen, auch eine europäische Gruppe. Am Eingang wird ein Ticket gelöst. Mit der Gefahr ist der verschnörkelten Konstruktion der düstere Charme abhanden gekommen.

Ähnlich geht es mir mit dem »Fluß der Wohlgerüche«, der an diesem unfreundlichen Tag dunkelgrün gefärbt ist und seinem Namen keine Ehre macht. Unser Boot tuckert von Hue landeinwärts, und mir bleibt nur die ferne Vision des breiten, silbernen Bandes, das die »Rivière des parfums« einst durch hellgrüne Reisfelder und sanfte Hügel zog. Ich halte vergeblich Ausschau nach den malerischen Dschunken, deren Drachensegel im rauchigen Licht zitterten. Unser Ziel ist die Thien-Mu-Pagode, die zu den bedeutendsten nationalen Symbolen Vietnams zählt. Der siebenstöckige Turm im chinesisch-buddhistischen Stil mitsamt seinen Klosteranlagen wurde mehrfach zerstört. Erst unter Kaiser Thieu Tri im Jahr 1844 erhielt er seine jetzige Form. Wir begegnen drei Bonzen in erdbraunen Gewändern. Aber der Fremdenverkehr hat aller jenseitigen Besinnlichkeit ein Ende gesetzt. Nicht der lachende, feiste Buddha aus Bronze, der im zentralen Tempel thront, ist für mich die eigentliche Sehenswürdigkeit, sondern ein altes Automobil der Marke Austin, dessen Anblick mich wieder einmal in ferne Vergangenheit zurückversetzt.

Es war im Frühling 1963. Seit drei Jahren tobte in Südvietnam der Bürgerkrieg zwischen der Nationalarmee des Präsidenten Ngo Dinh Diem und den kommunistischen Aufständischen der »Nationalen Befreiungsfront«. Nach der Machtergreifung des katholischen Mandarins Diem hatte sich die Situation dramatisch verschlechtert. Auf militärischem Gebiet agierten die Partisanentrupps – von General Giap aus Hanoi ferngesteuert – so erfolgreich, daß die proamerikanische Südarmee beinahe ein Bataillon pro Woche einbüßte. Gleichzeitig fand in Saigon eine politische Erosion statt. Ngo Dinh Diem geriet in Opposition zu den eigenen Militärs und weiten Bevölkerungskreisen, so daß der US-

Botschafter und Statthalter John Cabot Lodge diesen katholischen Reaktionär als unerträgliche politische Belastung empfand. Der unbestechliche Mandarin aus Hue, das sollten mir später auch französische Geistliche bestätigen, hatte offenbar versucht, aus Südvietnam eine Art südostasiatische Dollfuß-Republik zu machen. Seine systematische Bevorzugung der konfessionellen Minderheit von zwei Millionen Katholiken hatte eine Gegenbewegung der Buddhisten ausgelöst.

Die Jünger Gautamas hatten sich verständlicherweise gegen die christliche Bekehrungskampagne Diems zur Wehr gesetzt und vollzogen den Schritt zur militanten politischen Opposition in Windeseile. Ganz von selbst war diese Mutation der bislang politisch passiven und neutralen Bonzen in eifernde Vorkämpfer des revolutionären Umsturzes bestimmt nicht gekommen. Im französischen Krieg hatte der Buddhismus nicht die geringste Rolle gespielt. Doch unter Diem hatte sich eine gezielte Unterwanderung der Pagoden durch Agenten des Vietcong vollzogen. Die Wandlung vom Kommissar zum Yogi, vom Vietcong-Agenten zum meditierenden Bonzen fand in aller Heimlichkeit statt.

Mit der Verstärkung des US-Engagements in Indochina waren ganze Rudel amerikanischer Journalisten in Saigon eingetroffen. Sie hatten im höchsten Stockwerk des modernen Hotels Caravelle, in einer unterkühlten, sterilen Bar ihr Stammquartier aufgeschlagen und waren sich schnell einig in der Beurteilung der Lage: Der Diktator Diem mußte weg, und die Buddhisten als wahre Repräsentanten des vietnamesischen Volkes würden zwischen dem Kleriko-Faschismus des »Unbestechlichen« und dem Kommunismus der Befreiungsfront den rettenden Weg zu Frieden und Demokratie weisen. Daß die Buddhisten überhaupt nicht repräsentativ für dieses zutiefst konfuzianische Volk waren, daß die Lehre Gautamas als Zufluchtsreligion der kleinen Leute nur am Rande existierte und in Cochinchina vor allem dank der kambodschanischen Nachbarschaft die Theravada-Richtung über eine relativ große Präsenz verfügte, war allenfalls ein paar Außenseitern der CIA bekannt, auf die niemand hörte.

An dieser Stelle gewinnt das als Museumsstück ausgestellte Austin-Automobil der Thien-Mu-Pagode von Hue seine schicksalhafte Bedeutung. Mit diesem Fahrzeug war nämlich der buddhistische Mönch

Thich Quang Duc nach Saigon aufgebrochen, um einen spektakulären und makabren Protestakt gegen das Diem-Regime zu inszenieren. Vor den Kameras der westlichen Presse kauerte er sich im Herzen der südlichen Metropole auf die Straße, übergoß sich mit Benzin, entzündete das Feuer und loderte wie eine menschliche Fackel. Ein paar seiner Jünger taten es ihm nach. Nach diesem Akt der Selbstaufopferung entlud sich die Empörung der amerikanischen Berichterstatter und übertrug sich auf ihre Leser. Madame Nhu, die mächtige und bildschöne Schwägerin des Präsidenten Diem, hatte dazu beigetragen, indem sie in einem Interview mit ihrem Tiger-Lächeln erklärte, sie könne die Bonzen ja nicht daran hindern, »ihr eigenes Barbecue« zu veranstalten.

Ausgerechnet Präsident Kennedy, der erste katholische Staatschef der USA, ordnete im Herbst 1963 den Sturz des katholischen Diktators Ngo Dinh Diem an und leitete eines der unrühmlichsten Kapitel der amerikanischen Diplomatie ein. Kennedy, so wird angenommen, hatte sich blindlings auf die Berichterstattung des *New-York-Times*-Korrespondenten David Halberstam verlassen, der ein engagierter Diem-Gegner war. Für mich war David ein alter Freund aus den Zeiten der Kongo-Wirren und Katanga-Feldzüge. Doch für die Hintergründigkeit Südostasiens hatte er wohl weniger Gespür als für die schicke und schöne Welt der amerikanischen Ostküste, die er geistreich zu schildern wußte. Am Ende fiel Ngo Dinh Diem einem amerikanischen Komplott zum Opfer, dessen Ausführung der südvietnamesischen Generalität oblag. Daß der Staatschef dabei ermordet wurde, mag eine Panne gewesen sein. In seinem Stolz und seiner Würde hatte Diem offenbar das Fluchtangebot amerikanischer Zwischenagenten abgelehnt und den Tod vorgezogen. Der Dolchstoß gegen diesen starren, aber aufrechten Patrioten lastete von nun an wie ein Kainsmal auf der gesamten amerikanischen Vietnampolitik.

Auf die Beseitigung Ngo Dinh Diems war das Vakuum gefolgt in Gestalt einer gold-chamarrierten Offiziersjunta unter Vorsitz des Generals Duong Van Minh, »Big Minh« genannt. Aber auch er war den Amerikanern schnell suspekt. Dieser phlegmatische Mann hatte in der französischen Armee seine ersten Galons verdient und der alten Kolonialmacht eine völlig unerwartete Loyalität bewahrt. Es dauerte nicht lange, bis Duong Van Minh durch einen neuen, von den Amerikanern inspirierten Putsch gestürzt und nach Bangkok exiliert wurde. Nunmehr fiel die Wahl des amerikanischen Botschafters auf den rundlichen General Khanh mit dem komischen Ziegenbart. Khanh war der Sohn eines Schauspielers und damit Angehöriger eines in Vietnam geringgeachteten Standes. Für die USA war er ein allzu bequemer, völlig unzulänglicher Verbündeter in dieser extremen Krisensituation.

Sein Nachfolger, der Fliegergeneral Nguyen Cao Ky, der mit seinem Schnurrbart wie eine asiatische Kopie des erfolgreichen deutschen Jagdfliegers Galland auftrat, traute seinen Ohren nicht, als ihm der Prokonsul aus den USA die Übernahme der höchsten Staatsgewalt antrug. Dieser draufgängerische Playboy, der gerade die hübscheste Stewardess von Air Vietnam geheiratet hatte, löste bei seiner Frau helle Heiterkeit aus, als er ihr von seiner Berufung berichtete. »Du als Staatschef!« hatte sie schallend gelacht. Immerhin erkannte Ky, daß die Buddhisten-Bewegung zwar zur Beseitigung des strengen Katholiken Ngo Dinh Diem getaugt hatte, daß sie ihrerseits jedoch zum Sammelpunkt oppositioneller Kräfte wurde und dem Vietcong eine nützliche Tarnung bot. Als es im Frühjahr 1965 im Umkreis der Thien-Mu-Pagode von Hue zu einer offenen Studentenrevolte kam, die sich auf die Lehre Gautamas berief, um gegen die Saigoner Behörden und die amerikanische Überfremdung Vietnams Stimmung zu machen und zu randalieren, ließ der Fliegergeneral überwiegend katholische Fallschirmjäger einfliegen, die sich ein Vergnügen daraus machten, die buddhistischen Bonzen prügelnd auseinanderzutreiben und die Rädelsführer zu verhaften.

Nguyen Cao Ky wurde seinerseits 1967 durch einen hohen Militär ganz anderen Kalibers abgelöst. Nguyen Van Thieu stammte aus einer bescheidenen Fischerfamilie in Südannam. Aber er hatte sich die Würde und die starre Miene eines konfuzianischen Hofbeamten zugelegt. Er zeigte sich häufig in Gesellschaft seiner Frau, die aus der Bourgeoisie kam, Katholikin war und sehr geschäftstüchtig agierte. Unter ihrem Einfluß und um seine Karriere zu beschleunigen, die er einst als Leutnant in der französischen Fernostarmee begonnen hatte, war Nguyen Van Thieu unter dem Diktator Ngo Dinh Diem zum Katholizismus übergetreten. Das hatte ihn nicht gehindert, maßgeblich am Generalsputsch gegen den gleichen Diem beteiligt zu sein. Südvietnam sollte von diesem steifen, kontaktarmen Mandarin in Uniform in seine schwerste Stunde geführt werden.

Warum ich anläßlich meines kurzen Aufenthaltes in Hue im Februar 2004 so ausführlich auf die Ränke und Intrigen der südvietnamesischen Offiziersclique amerikanischer Obedienz eingehe? Weil sich damals schon erwies, daß die USA offenbar unfähig sind, glaubwürdige, respektheischende Persönlichkeiten an die Spitze der von ihnen protegierten Staaten zu stellen, und statt dessen immer wieder zur Rekrutierung von »Quislingen« neigen. Gemessen an dem irakischen Defraudanten Ahmed Chalabi, der als Liebling des Pentagon und vor allem des Unterstaatssekretärs Paul Wolfowitz nach einem fast fünfzigjährigen Exil im April 2003 nach Bagdad zurückgeführt wurde und dort die Nachfolge Saddam Husseins antreten sollte, erscheinen die mehr oder weniger gefügigen Militärs von Saigon, vor allem der ermordete Präsident Diem, als recht honorige Gestalten. Inzwischen ist Chalabi, der die amerikanischen Nachrichtendienste mit Fehlinformationen überschüttet hatte, bei seinen ehemaligen Gönnern in Washington in Ungnade gefallen, wurde vorübergehend sogar des massiven Betruges beim Währungsumtausch und der Spionage für die Mullahkratie von Teheran bezichtigt. Sein Neffe Salem, der von dem amerikanischen Statthalter in Mesopotamien, Paul Bremer, als höchster Richter eingesetzt wurde und das Urteil über Saddam Hussein fällen sollte, geriet seinerseits sogar unter Mordanklage.

Keineswegs besser war es um den ersten Interims-Regierungschef der Arabischen Republik Irak bestellt. Ayad Allawi, der ursprünglich im Dienste der berüchtigten »Mukhabarat« Saddam Husseins tätig war, hatte sich nach seiner Entzweiung mit dem Diktator als Agent des britischen Geheimdienstes MI-6, dann der amerikanischen CIA anwerben lassen. Die Regierungsmethoden, auf die er zurückgriff und die von dem diskreten Nachfolger Paul Bremers am Tigris, Botschafter Negroponte, abgesegnet sein müssen, dürften von der Machtausübung seines früheren Chefs, des »Rais« Saddam Hussein, beeinflußt sein.

Die buddhistische Episode in Südvietnam besitzt einen zusätzlichen aktuellen Bezug. Allzuoft verweigerte sich die amerikanische Psyche dem Verständnis fremder Kulturen, weigerte sich sogar, sie überhaupt gelten zu lassen. So wie der Einfluß des Buddhismus bei den vietnamesischen Massen weit überschätzt wurde, so unterschätzt die Administration Bush heute die tiefe, unlösbare Verwurzelung der arabischen und auch afghanischen Bevölkerung in der Lehre des Propheten Mohammed. Doch damit stehen sie ja nicht allein.

Die Zitadelle von Hue, die einst den Kaiserpalast und die »Verbotene Stadt« umschloß, ist nur zum Teil restauriert worden. Die Festung war von dem Gründer der Nguyen-Dynastie, dem Monarchen Gia Long, errichtet worden. Französische Architekten haben diese Festungswälle im Stil des Baumeisters Vauban zu einer Zeit entworfen, als Gia Long sich noch mit Hilfe der späteren Kolonialmacht gegen die Übergriffe der chinesischen Zentralgewalt zur Wehr setzte. Der Cot-Co-Turm der Zitadelle bohrt sich mit seinem siebenunddreißig Meter hohen Flaggenmast in den dunkelgrauen Regenhimmel, und eine riesige rote Fahne mit dem gelben Stern wird vom nassen Sturm gepeitscht.

Der Film »Full Metal Jacket« hat diesen Schauplatz für die halbwegs realistische Darstellung eines der Höhepunkte des amerikanischen Vietnamfeldzuges gewählt. Es ging dabei wieder einmal um die Neujahrsoffensive 1968 und die blitzartige Eroberung Hues durch die regulären nordvietnamesischen Regimenter Vo Nguyen Giaps. Die US Marines mußten in die Bresche springen. Sie brauchten fünfundzwanzig Tage, um die kommunistischen Feinde aus der Zitadelle zu werfen, nachdem die Air Force die Paläste und Tempel dieser Hochburg vietnamesischen Nationalbewußtseins zertrümmert und die umliegenden Wohnviertel in Schutt gelegt hatte. Die Marines des Generals Westmoreland konnten sich vor den sie begleitenden Reportern nach der verlustreichen Schlacht rühmen, daß sie in diesem Konflikt niemals ein einziges Gefecht, geschweige denn eine Schlacht verloren hätten, was objektiv stimmte. Sie ahnten aber nicht, daß sie zu Beginn dieses »Jahres des Affen« bereits den Krieg verloren hatten.

Zu Füßen des finsteren Bollwerks und seiner wuchtigen Architektur erstehen vor mir die Bilder einer anderen schicksalhaften Kraftprobe, die sich in den Ostertagen des Jahres 1972 abspielte. Es war ein ähnlich kalter, regnerischer Tag. Zehntausende Flüchtlinge aus dem Norden waren in die Kaiserstadt geströmt, kampierten jämmerlich im Schlamm und schlotterten im nieselnden Dunst. Das Gespenst der Niederlage ging um. Die Soldaten der vietnamesischen Nationalarmee waren auf ihre amerikanischen Verbündeten schlecht zu sprechen. Schon fühlten sie sich von Washington im Stich gelassen. Vor dem Haupttor der Zitadelle waren zwei erbeutete Panzer der kommunistischen Nordarmee zwar als Trophäen ausgestellt, ein T-54 aus russischer, der T-59 aus chinesischer Produktion. Aber sie spendeten keine Zuversicht.

Die Sturmtruppen Hanois hatten genau an der Stelle angegriffen, wo niemand damit rechnete, an der schmalen und schwerbefestigten Demarkationslinie des 17. Breitengrades. Die Nationalarmee mußte hier den Bodenkampf allein führen. Als die Nordisten sich am Gründonnerstag nach vernichtender Artillerievorbereitung plötzlich mit Rudeln sowjetischer Panzer vom Typ T-52 und T-54 auf die Stellungen der Südisten stürzten, gab es kein Halten mehr. Die US Air Force war durch die niedrige Wolkendecke in ihrer Bodenintervention gehemmt. Die amerikanischen »Advisers« ließen sich mit Hubschraubern aus den umzingelten Stützpunkten der McNamara-Linie rund um Dong Ha und Cam Lo ausfliegen, was die Moral der Saigoner Truppe vollends untergrub. Schon hieß es, die Provinzhauptstadt Quang Tri sei gefallen. Zum gleichen Zeitpunkt war eine andere nordvietnamesische Panzerkolonne aus dem kambodschanischen Grenzraum nördlich von Saigon längs der Straße 13 nach Süden geprescht und hatte das Distriktstädtchen Loc Ninh im Handstreich erobert. Bei An Loc hingegen waren die im konventionellen Bewegungskrieg ungeübten Nordvietnamesen, die ihre Panzer ohne ausreichenden infanteristischen Schutz nach vorn geworfen hatten, auf die entschlossene Abwehr der südvietnamesischen Fallschirmjäger und deren panzerbrechende Waffen geprallt. Zwanzig Kilometer südlich von An Loc kam ihr Angriff zum Stehen.

Ich hatte in Hue einen uralten Citroën aufgetrieben, um in Richtung Quang Tri nach Norden zu fahren. Über der Zitadelle wehte die nördlichste amerikanische Fahne in Vietnam. Die US-Berater der Dritten südvietnamesischen Division waren dort gruppiert und hatten mit einer

Unzahl von Sandsäcken den Befehlsstand zu einer einigermaßen sicheren Höhle ausgebaut. Im Gegensatz zu den Schönfärbern in Saigon sahen die Advisers von Quang Tri der Zukunft mit bitteren Befürchtungen entgegen. Vor dem Befehlsbunker waren Pontons gestapelt. Jederzeit mußte damit gerechnet werden, daß feindliche Sabotagetrupps die Brücken der lebenswichtigen Straße 1 in die Luft jagten.

Zwei Stunden vor unserer Ankunft war ein solches Kommando von Sturmpionieren bis an den Stadtrand von Quang Tri vorgedrungen, wurde aber dort – knapp hundert Meter vor den ersten Brückenpfeilern – durch südvietnamesische Ranger gestellt und aufgerieben. Nun lagen zwei Dutzend Leichen wie blutverschmierte Puppen in ihren hastig ausgehobenen Schützenlöchern. Die grünen Tropenhelme mit dem roten Stern waren rundum verstreut. Die Bo Doi mußten durch Nahschüsse erledigt worden sein, denn die Köpfe waren durch schreckliche Löcher entstellt. Fünfhundert Meter östlich der Straße 1 entdeckten wir eine Kolonne von sieben nordvietnamesischen Panzern, die den Bazookas der Saigoner Marines zum Opfer gefallen waren. Wie wilde Büffel waren sie nach Süden gebraust und hatten die elementaren Regeln der Absicherung vernachlässigt. Zum ersten Mal gab die Generalität Hanois ihre Vorliebe für den klassischen Bewegungskrieg mit Tankeinsatz nach sowjetischem Vorbild zu erkennen.

Am Ende hatte sich die südvietnamesische Armee in diesen Frühlingswochen 1972 nach anfänglichen Auflösungserscheinungen doch noch gegen den kommunistischen Ansturm recht und schlecht behauptet. Die Amerikaner hatten den »dicken Knüppel« ihrer Luftwaffe herausgeholt, um Hanois Absichten zu durchkreuzen. Acht Flugzeugträger waren im Südchinesischen Meer versammelt. Quang Tri war nach der Einnahme durch die Nordvietnamesen in eine gespenstische Schutthalde, in eine Art konventionelles Hiroshima verwandelt worden, und die südvietnamesischen Marines hatten tatsächlich diesen Trümmerhaufen zurückerobert. In gewissen Provinzen Nordvietnams, so hatte man in jenen Tagen errechnet, seien auf jeden Quadratmeter Boden durchschnittlich drei amerikanische Bomben niedergegangen.

Präsident Nixon, der Lyndon B. Johnson inzwischen abgelöst hatte, pokerte weiter, indem er die Häfen von Tonking verminen ließ. In Wirklichkeit war das Team Nixon/Kissinger gewillt, mit der Intensivierung ihres Bombenkrieges die vermeintlichen Voraussetzungen zu schaffen, um mit Hanoi zügig über die Beendigung des Vietnamkonfliktes zu verhandeln. Wieder einmal war eine großangelegte Aktion der Nordvietnamesen, die Osteroffensive 1972, nach bescheidenen Anfangserfolgen im Sande verlaufen und nach rein militärischen Kriterien gescheitert.

Aller Welt war vor Augen geführt worden, daß das Heil der Südvietnamesen von der amerikanischen Luftunterstützung abhing. Der Abzug der US-Bodentruppen war seit Johnsons Verzicht auf eine weitere Amtszeit so systematisch betrieben worden, daß von ursprünglich 550 000 GIs im Frühjahr 1972 nur noch 50 000 in Südvietnam verblieben, und dabei handelte es sich im wesentlichen um Versorgungs- und Etappendienste. Während die Heimführung der Amerikaner unter dem Druck einer hemmungslosen Antikriegskampagne in den USA beschleunigt wurde, sickerten die regulären nordvietnamesischen Divisionen über die porösen Grenzen von Laos und Kambodscha weiter in Südvietnam ein.

Etwa 130 000 Mann reguläre Truppen mochte Hanoi bereits in den Dschungeln und Bergen südlich des 17. Breitengrades stehen haben. Ihren Abzug wollte Präsident Thieu erzwingen, ehe er sich auf konkrete Waffenstillstandsverhandlungen einließ. Aber in diesem Punkt blieb das Politbüro von Hanoi knallhart, leugnete die Präsenz seiner Streitkräfte im Süden rundum ab und zwang die USA zu einer heuchlerischen Vogel-Strauß-Politik. Die Opfer waren General Thieu und seine Armee. Der Waffenstillstand in Vietnam, den Henry Kissinger mit Le Duc Tho, dem Bevollmächtigten Hanois, in den kommenden Monaten mühselig ausarbeitete und dessen Abschluß im Januar 1973 von einer törichten nordischen Jury mit dem Nobelpreis prämiert werden sollte, war nichts anderes als Augenwischerei. Die Amerikaner verschafften sich ein Alibi und lieferten die Südvietnamesen ihrem tragischen Schicksal aus.

Auf dem Heldenfriedhof von Bien Hoa war die Diskussion über Erfolg oder Mißerfolg der Vietnamisierung des Krieges, die im nahen Saigon so angeregt geführt wurde, überflüssig geworden. Hier war sie vollzogen. Hier war sie gelungen, wie die Zyniker sagten, die Vietnamisierung der Särge. Rings um den Totenhügel von Bien Hoa, der von einer geschwungenen Pagode gekrönt war, trafen die südvietnamesischen Gefallenen der letzten Woche in einer ununterbrochenen Folge von Leichenzügen ein. Das Ausschaufeln der Gräber, so schien es, wurde mit mehr Eifer betrieben als der Stellungsbau und das Schanzen an der Front.

Ob Buddhist oder Katholik, ob arm oder reich, ob einsam oder von der spektakulären Klage der Hinterbliebenen mit dem weißen Stirnband der Trauer umgeben, diese Toten hatten eines gemeinsam: die gelbe Hautfarbe und die gelbe südvietnamesische Fahne mit den drei blutroten Streifen auf dem Sarg. Bei der angelsächsischen Presse war es Mode, die Kampfleistungen der Armee von Saigon zu schmähen. Wie viel Tapferkeit und stoisches Ausharren auch auf südvietnamesischer Seite aufgeboten wurde, zeigten diese Gräber. Jedenfalls war auf ihre Loyalität weit mehr Verlaß als auf die der irakischen Nationalgarde, die dreißig Jahre später in aller Eile von US-General Abizaid in Bagdad zusammengetrommelt wurde.

Ganz in der Nähe dieses südvietnamesischen Golgatha, im amerikanischen Mammut-Stützpunkt nahe von Bien Hoa, fand unaufhaltsam die Evakuierung der letzten GIs statt. Die Soldaten aus der Neuen Welt waren einst bei ihrer Ankunft von südvietnamesischen Ehrenjungfrauen bekränzt worden. Der Abgang verlief beinahe in Schande. Bärbeißige Militärpolizisten ließen das Gepäck der Heimkehrer von Spürhunden nach Rauschgift durchschnüffeln. Der Heroinkonsum unter den Amerikanern in Indochina hatte erschreckende Ausmaße angenommen, und nun befürchtete man, daß die Seuche auf die Heimat übergreifen könnte. Eine demoralisierte Armee machte sich hier aus dem Staub, und es wirkte grotesk, wenn gewisse Exhibitionisten vor dem Besteigen der Transportmaschine nach Guam vor versammelten Pressefotografen noch einen Champagnerkorken knallen ließen und das V-Zeichen für »Victory« machten. In den Bars der Tu-Do-Straße, wo die grünuniformierten Amerikaner und die Barmädchen sorgenvoll in die Zukunft blickten, klangen immer häufiger Protestsongs aus den Jukeboxes. »Bring them home«, hieß eines dieser Lieder. Die Boys sollten leben, die Vietnamesen sollten zusehen, wie sie zurechtkamen.

In der Nähe des »Eisernen Dreiecks«, wo der Vietcong durch nordvietnamesische Reguläre verstärkt wurde und das Gesetz des Handelns an sich gerissen hatte, hielt eine Nachhut der berühmten »First Cavalry Division« noch den Feuerstützpunkt »Melanie«. Sieben Jahre zuvor, als der amerikanische Vietnameinsatz so hoffnungsvoll begann, hatten sich die GIs in ähnlich sternförmigen Festungen verschanzt, als gelte es, einen neuen Indianerkrieg zu führen und ein modernes Wildwestabenteuer zu bestehen. Bei den letzten Hubschrauber-Kavalleristen von »Melanie«, deren Vorgänger – damals noch beritten – die mörderische Indianerschlacht am »Little Big Horn« lieferten, war von den trügerischen Siegeserwartungen nur der schale Nachgeschmack geblieben. Aus dem »Soldier Blue« der Indianerkriege war der »Soldier Green« von Vietnam geworden. Die Filmproduzenten von Hollywood entdeckten plötzlich, daß sich zwischen der Ausrottung der Indianerstämme durch die Blauröcke des neunzehnten Jahrhunderts und dem Massaker von My Lai durch die verstörten Grünröcke des feisten Leutnant Calley ein schauriger Zusammenhang konstruieren ließ. Die Außenposten der Ersten Kavalleriedivision waren zu Friedhofswächtern der verlassenen Monsterbasen rings um Saigon geworden. Sie hüteten die Trümmer eines verflüchtigten Riesenheeres. Auf den Schutthalden türmten sich kilometerweit Berge von Schrott, die Exkremente des Krieges. Auf einem Panzerwrack las ich die ungelenke Inschrift: »Give peace a chance!«

»Im Felde unbesiegt«, so hätte die US Army sich rühmen können. Aber inzwischen hat sich herausgestellt, daß Amerika offenbar nicht geschaffen ist für die Abnutzungskriege, »war of attrition«, die ihm von nun an weltweit bevorstanden. Das Scheitern in Indochina wirft ein trübes Licht auf die Partisanenbekämpfung, die »counter insurgency«, auf die Präsident George W. Bush sich nach dem 11. September 2001 rund um den Erdball eingelassen hat. Am Ende drohen Afghanistan und Irak, wo eine neue Weltordnung nach US-Vorstellung entstehen sollte, sich als »failed states« zu erweisen und die dort geführten Feldzüge als »failed wars«.

Die Krallen des Großen Drachen

Halong-Bucht, im Februar 2004

Der Vollmond zieht einen breiten Silberstreifen über die stillen Wasser der Halong-Bucht. Die Sonne war in mystischer Schönheit untergegangen. Aus der smaragdgrünen See ragten die dunkel bemoosten Inselfelsen – dreitausend insgesamt – wie bizarre Pagoden in diese asiatische Zauberwelt. Es ist, als wollte Vietnam, das in meinem Leben eine so bedeutende Rolle gespielt hat, mir ein grandioses Abschiedsspektakel bieten. Unsere Motor-Dschunke aus massivem Holz ist mit allem Komfort ausgestattet. Am Bug trägt sie – wie alle vietnamesischen Schiffe und Boote – zwei aufgepinselte Augen, die Zusammenstöße verhindern und böse Wassergeister bannen sollen. Ganz vorn reckt sich ein kunstvoll geschnitzter Drachenkopf.

Der ganze Golf von Tonking, dem die Halong-Bucht zugerechnet wird, ist ein Ort von hoher strategischer Bedeutung. In dieser Ausbuchtung des Südchinesischen Meeres hat der Vietnamkonflikt der Amerikaner seinen Anfang, zumindest den Vorwand zu seiner Entfesselung gefunden. Nicht nur der Irakkrieg wurde mit verlogenen Argumenten und Fälschungen vom Zaun gebrochen. Die irreführenden Äußerungen Colin Powells, des zuvor hochgeachteten US Secretary of State, im Weltsicherheitsrat, als er die angeblichen Massenvernichtungswaffen Saddam Husseins auflistete, sind noch in aller Gedächtnis, ebenso die absurde Behauptung Tony Blairs, der Irak sei in der Lage, binnen fünfundvierzig Minuten ein nukleares Inferno zu entfesseln.

In Südostasien wurde vierzig Jahre zuvor nicht weniger schamlos getrickst. Es war im Juli 1964. Laut Meldung der US Navy waren amerikanische Zerstörer auf offener See von nordvietnamesischen Schnellbooten angegriffen worden, hieß es damals. Darauf stützte sich Präsident Johnson, um die Bombardierung Nordvietnams anzuordnen. Die massive Landung von Bodentruppen folgte ein knappes Jahr später. In Wirklichkeit hatte sich 1964 alles ganz anders zugetragen, wie die 1971 veröffentlichten »Pentagon Papers« eindeutig enthüllen sollten. Der US Destroyer »Maddox«, mit modernstem Abhör- und Spionage-Equipment versehen, kreuzte schon seit Wochen in den nordvietnamesischen Hoheitsgewässern. Als Reaktion auf die militärische Unterstützung, die der Vietcong seit 1960 aus Hanoi erhielt, war Saigon dazu übergegangen, mit Hilfe amerikanischer Kriegsschiffe Sabotagekommandos von Rangern und Infiltranten an der Küste abzusetzen.

Zwei US-Zerstörer, »Maddox« und »Turner Joy«, befanden sich zur Zeit des Tonking-Golf-Zwischenfalles in unmittelbarer Küstennähe, und eine nennenswerte Gegenwehr der kümmerlichen Kriegsmarine Nordvietnams kam überhaupt nicht in Frage. Das hinderte den US-Kongreß jedoch in keiner Weise, am 10. August 1964 eine Resolution zu verabschieden, die Lyndon B. Johnson den Blankoscheck zur Entfesselung des Krieges ausstellte. Wer nach Parallelen sucht zwischen den beiden US-Engagements in Vietnam 1965 und im Irak 2003, sollte diesen Doppelfall gezielter Desinformation der eigenen öffentlichen Meinung, der eigenen Parlamentarier und des verbündeten Auslandes stets vor Augen haben.

Bekanntlich hinken alle Vergleiche, und man hüte sich vor pauschalen Beurteilungen. Aber es sind ja die amerikanischen Medien und Politiker, die das Vietnamtrauma im Zusammenhang mit der jetzigen desolaten Situation im Irak ständig neu anheizen. Man denke nur an den Ex-Verteidigungsminister Robert McNamara, der mit tragischer Verspätung in seinem letzten Buch sein »mea culpa« an die Brust schlägt. Bis zum Zeitpunkt der amerikanischen Präsidentenwahl im November 2004 waren an Euphrat und Tigris nicht viel mehr als tausend amerikanische Soldaten gefallen. In Indochina hingegen war die Verlustzahl am Ende auf mehr als 57 000 angeschwollen. Das Prestige der USA hatte durch das Versagen gegen einen drittklassigen Gegner in Südostasien schweren Schaden erlitten. In den Vereinigten Staaten selbst ging ein tiefer Riß durch die aufgepeitschte öffentliche Meinung.

Wirklich gravierende Konsequenzen hat die Niederlage von Saigon für die weltweite Vorrangstellung Amerikas dennoch nicht gehabt. Es war lediglich eine Außenposition am Rande Asiens verlorengegangen. Die strategische Verankerung in dieser Region war durch mächtige Basen auf den Philippinen, auf Guam, Okinawa oder Diego Garcia solide abgestützt. Ein wirtschaftlicher Verlust trat mit dem Rückzug aus Indochina nicht ein. Blieb die Befürchtung, das wiedervereinigte Vietnam könne auf die Nachbarstaaten, sogar auf Thailand, auszugreifen versuchen, zumal die Schaffung einer indochinesischen Föderation unter Einschluß von Laos und Kambodscha im Testament Ho Chi Minhs als nationale Aufgabe vorgegeben war.

Auch in diesem Punkt gab China den Ausschlag und bestätigte die bösen Ahnungen, die Vo Nguyen Giap im Politbüro beharrlich und oft vergeblich vorgetragen hatte. Fast automatisch fiel das Königreich Laos nach dem Sieg des Generals Van Tien Dung unter den Einfluß Hanois. In der Hauptstadt Vientiane am Mekong wurde mit Hilfe der Aufstandsbewegung Pathet Lao ein vietnamesisches Vasallenregime installiert. Unmittelbar vor dem Fall von Saigon hatten sich im nahen Kambodscha die »Roten Khmer« an die Macht gekämpft. Sie schufen ein absurdes, mörderisches Terrorsystem, den sogenannten Steinzeit-Kommunismus, und verjagten die Einwohner von Pnom Penh ohne Ausnahme aus der Hauptstadt. Die gesamte Bevölkerung wurde in Zwangs- und Konzentrationslagern zum kollektiven Reisanbau unter härtesten Bedingungen verurteilt. Die Roten Partisanen, oft noch im Kindesalter, verübten zahllose Massaker, wobei sie ihre Opfer – für die Gewehrmunition zu wertvoll war – mit Stöcken erschlugen oder mit Plastiktüten erstickten.

Zwischen diesen wahnwitzigen Horden des geheimnisumwitterten Oberbefehlshabers Pol Pot und den vietnamesischen Kommunisten hatte von Anfang an Mißtrauen, ja eine altüberlieferte Feindschaft bestanden. Diverse Grenzzwischenfälle nahm die Führung von Hanoi zum Anlaß, im Januar 1979 in Kambodscha einzufallen. Die vietnamesische Eroberungsarmee war 180 000 Mann stark. Sie verfügte mit ihren T-54 über ein veraltetes, aber unschlagbares Panzerkorps. Zudem besaß sie die Lufthoheit. Ihr standen nur 40 000 leicht bewaffnete Partisanen der »Khmers Rouges« gegenüber. General Van Tien Dung führte einen Blitzkrieg, und niemand zweifelte damals an der endgültigen Einverleibung Kampucheas in die expandierende Einflußzone Hanois.

In dieser Stunde voreiligen Triumphes holte der chinesische Drache am 17. Februar 1979 zum mächtigen Krallenschlag aus. Mit dem Einsatz von mehr als 200 000 Soldaten der Volksbefreiungsarmee leitete Peking seine »Strafaktion« gegen Vietnam ein. Bei allem Abscheu vor den

Greueln Pol Pots und seiner Gefährten, bei aller Kritik an deren ideologischem Irrwitz hatte Deng Xiaoping das Horrorregime Kampucheas unter seine Fittiche genommen. Oft genug hatte er gewarnt, daß China ein feindliches Vorgehen gegen Pnom Penh nicht tolerieren würde. Mit der Grenzoffensive der Volksbefreiungsarmee, so wurde feierlich versichert, würde kein dauerhafter Geländegewinn angestrebt. Es handele sich um eine räumlich und zeitlich limitierte Strafaktion gegen die »Revisionisten« und »Provokateure« von Hanoi. Sobald den vietnamesischen Kriegstreibern ein gehöriger Denkzettel verpaßt sei, würden sich die Soldaten Pekings auf ihre Ausgangsstellungen zurückziehen. Auf keinen Fall beabsichtige China gegen das Herzland von Tonking, das Delta des Roten Flusses oder gar gegen die Hauptstadt Hanoi vorzurücken.

Tatsächlich hatte Giap für den Extremfall vorgesorgt. Dem massiven Ansturm der chinesischen Divisionen begegnete er mit flexibler Verteidigung, dem Einsatz ortskundiger Milizen und einem unterirdischen Tunnelsystem, das sich bereits gegen die US Army bewährt hatte. Seine kampferprobten Bo Doi fügten den Chinesen hohe Verluste – mindestens 30 000 Tote – zu, während die eigenen Ausfälle relativ gering blieben. Zwei chinesische Divisionskommandeure, so hieß es, seien wegen Unfähigkeit degradiert worden. Nur siebzehn Tage hat diese »Strafaktion« gedauert, und sie war alles andere als ein chinesischer Triumph. Vo Nguyen Giap sah sich durch seinen Abwehrerfolg an der Nordgrenze Tonkings noch einmal bestätigt.

Obwohl der Partisanenkrieg der »Khmers Rouges« in den Dschungeln Kambodschas – vornehmlich im thailändischen Grenzgebiet und dem Elefanten-Gebirge – hartnäckig andauerte, ließ Giap sich dazu hinreißen, am 22. Juli 1979 in Pnom Penh den totalen Sieg über die abscheulichen Killer-Banden Pol Pots zu verkünden. Damit war er zum ersten Mal in seiner langen und glorreichen Karriere einer strategischen Fehlanalyse und einem schwerwiegenden Irrtum aufgesessen. Gegen eine fanatische Truppe von versprengten Guerilleros, gegen die »Roten Khmer«, hatte er sich aufgrund des erdrückenden materiellen Vorteils seiner eigenen Armee zu ähnlicher Überheblichkeit verleiten lassen wie seine französischen und amerikanischen Gegner in den Jahrzehnten zuvor, die er ob ihrer mangelnden Anpassungsfähigkeit an die neuen Gesetze des revolutionären Krieges so heftig und sachkundig kritisiert hatte. Der sporadische Widerstand der Pol-Pot-Anhänger – durch chinesische Waffenlieferungen gestärkt – zog sich mehrere Jahre hin, bis Hanoi am Ende die verheerenden psychologischen und wirtschaftlichen Folgen dieses Abnutzungskrieges erkannte und den militärischen Rückzug aus den »killing fields« von Kambodscha befahl.

Selbst auf dem Höhepunkt des heroischen Abwehrkampfes der Nordvietnamesen gegen die amerikanische Übermacht hatte Mao Zedong mit kaiserlicher Geringschätzung auf die Machthaber von Hanoi herabgeblickt. Die führende Quadriga des dortigen Politbüros – Pham Van Dong, Vo Nguyen Giap, Le Duan, Truong Chinh – soll er mit ätzendem Spott als »vier rote Bettelmönche« beschrieben haben, die »stets den leeren Napf hinhalten«.

Aber auch die Strategie des Großen Steuermannes entsprach nicht mehr den Erfordernissen der Gegenwart. Die überalterte Generalität, die Veteranen des »Langen Marsches« hätten am liebsten an den starren Prinzipien des Massenaufgebots und des Angriffs der »human waves« festgehalten, die sich in Korea bewährt hatten. Der modernen Technologie standen sie skeptisch, abweisend und ziemlich hilflos gegenüber. Erst in der kurzen, enttäuschenden Auseinandersetzung mit den Vietnamesen wurde ihnen unmißverständlich vor Augen geführt, daß die Ausrüstung und das ganze strategische Konzept ihrer Soldaten obsolet waren. Die mißlungene Strafaktion schuf die Voraussetzung für die mühsame Ingangsetzung der »vierten Modernisierung« Deng Xiaopings. Seitdem haben sich Geisteshaltung und Methodik der chinesischen Streitkräfte von Grund auf verändert. Das junge Offizierskorps ist von dem brennenden Ehrgeiz besessen, den immensen technischen Vorsprung der USA einzuholen und wettzumachen, selbst wenn dieser Kraftakt zwei oder drei Jahrzehnte in Anspruch nähme.

Und wie ist es um den Westen bestellt? Für die Partisanenbekämpfung, die »counter insurgency«, den Krieg gegen den Terror, der neuerdings in so vielen Köpfen spukt und sich zum Alptraum des globalen Imperial-Anspruchs der USA auswächst, fehlt jedes überzeugende Konzept. Mit den ethischen Vorstellungen der westlichen Welt ist jene grauenhafte Analyse absolut unvereinbar, die ich vor einigen Jahren in einer anonymen arabischen Veröffentlichung entdeckte. »Es gibt nur ein Mittel«, so heißt es da, »den Aufstand eines Volkes zu brechen, das sich um keinen Preis ergeben will. Man muß es ausrotten. Es gibt nur ein Mittel, ein Territorium zu unterwerfen, auf dem sich ein unbeugsamer Widerstand eingenistet hat. Man muß es in eine Wüste verwandeln. Wo diese extremen Methoden – aus welchem Grund auch immer – nicht angewendet werden können, ist der Krieg verloren.«

Die letzten Tage von Saigon
Saigon, im April 1975

Nie ist mir Saigon so asiatisch erschienen wie in diesen Tagen vor dem Fall. Sobald man von der Tu-Do-Straße und vom Blumenmarkt abweicht, treibt man schnell als einziger Weißer in einer kompakten gelben Masse. Die Vietnamesen haben den Ausländern gegenüber die Maske der Indifferenz aufgesetzt. Nur wenn sie sich unbeobachtet fühlen, spricht aus ihren Augen die Sorge und die Erwartung der nahen Katastrophe. Mein Fahrer Canh, den ich seit vielen Jahren kenne, ist noch nie so unachtsam und zerstreut durch das Verkehrsgewühl der Innenstadt gefahren. Als ich ihn zurechtweise, bricht die Angst aus ihm heraus: »Sie wissen doch, Monsieur: 1954 bin ich vor den Kommunisten aus Hanoi nach Süden geflohen, und jetzt holen sie mich wieder ein.« Die Vorsteherin des Telegraphenamtes, eine bedächtige Annamitin mit strengem Haarknoten, nimmt mich auf die Seite: »Stimmt es, Monsieur, daß die Nordvietnamesen die Beamten der Saigoner Regierung umbringen werden?« Im eroberten Da Nang hätten die Kommunisten in jedem Stadtviertel wahllos hundert Personen aufgegriffen und zur Einschüchterung öffentlich erschossen. So hat man ihr erzählt.

Für Vietnam geht das Kapitel der zweihundertjährigen Öffnung nach Westen mit einer schrecklichen Enttäuschung über den amerikanischen Partner zu Ende. Die flatterhafte Stadt Saigon, »la perle de l'Extrême-Orient«, schickt sich an, dem Luxus, der Korruption, der hektischen Betriebsamkeit und der sprudelnden Lebensfreude zu entsagen. Bald wird es puritanisch und langweilig zugehen wie in Hanoi. So ähnlich mag die Stimmung Shanghais gewesen sein, als die Soldaten Mao Zedongs im Jahr 1959 wie Menschen von einem anderen Stern auf das Babel am Wang Pu zumarschierten.

Die Bilder in den Illustrierten, mit den Menschen, denen das Grauen in den Augen steht, dürfen nicht darüber hinwegtäuschen, daß dieses Land mit einer Würde ohnegleichen seinen Schicksalsgang angetreten hat. Seien es die Flüchtlinge, deren scheinbare Resignation mit stählerner Energie und Überlebenswillen geladen bleibt, seien es die Regierungssoldaten, die ebenso gut wissen wie die ausländischen Reporter, daß der Krieg verloren ist, daß sie sich demnächst vor Volkstribunalen zu verantworten haben werden, und die dennoch eine unverständliche Gelassenheit bis in die vordersten Linien zur Schau tragen – sie alle wahren auf fabelhafte asiatische Weise das Gesicht. Dieses ist ein großes Land, das sich anschickt, unter dem strengen Regiment des proletarischen Sparta im Norden wiedervereinigt zu werden, wo eiserne Ordnung und mönchische Disziplin herrschen. Wie sollten die Amerikaner in einem solchen Land und mit einem solchen Volk zurechtkommen, das sie auf ihren stets irreführenden Briefings in »good guys« und »bad guys« einteilten?

Vor der amerikanischen Botschaft stauen sich täglich die Bittsteller. Sie möchten mit den letzten Flugzeugen herausgebracht werden. Die dort Schlange stehen, sind die kleinen Fische der Kollaboration, verschreckte Saigoner Bürger, Bräute von GIs, kleine Angestellte der unzähligen US-Dienststellen. Die wahren Profiteure und Haifische, die in den zehn Jahren amerikanischer Präsenz Vermögen ansammelten, haben längst für ihre Sicherheit gesorgt, die Drahtzieher des Schwarzmarktes, des Heroinhandels und der Prostitution. Sie haben sogar Komplizen auf amerikanischer Seite gefunden, die ganze Bordellbesatzungen nach Manila, Bangkok oder, wie man später erfuhr, nach Florida und Neu-Mexiko herausschafften. Ohne Papiere und Identität werden die evakuierten Freudenmädchen jeder Erpressung ausgeliefert sein. Jene hochanständigen Offiziere und Beamten des Saigoner Regimes, von denen es mehr gab, als die westliche Presse berichten wollte, und die es nicht über sich bringen, unter unwürdigen Bedingungen um einen Flugschein zu betteln, die bleiben zurück.

Gleich neben der US-Embassy befindet sich die französische Botschaft. Aus dem Élysée-Palast ist die Weisung gekommen, die Stellung zu halten. Zusätzlich wird Sicherheitspersonal eingeflogen. Rund zehntausend französische Staatsbürger leben im Raum von Saigon. Mindestens achtzig Prozent davon sind vietnamesischer Abstammung. Für sie sind Sammelzentren vorgesehen. Im Arbeitszimmer des Botschafters Mérillon herrscht eine trotzige Stimmung, als wolle man den Amerikanern nebenan zeigen, wie sich eine Nation mit historischer Überlieferung in Zeiten des Untergangs verhält. Amerika hat im Gegensatz zu den Franzosen bislang noch nie einen Krieg verloren. Vielleicht will auch das gelernt sein. Der kleine drahtige Mérillon, der schon während des »Schwarzen September« in Jordanien Courage bewiesen hat, wirft sich in Pose, zwinkert mir zu und deklamiert mit gallischem Pathos: »Ich bleibe hier auf Weisung meines Staatschefs, hülle mich in die Falten der Trikolore und sehe dem Unabänderlichen gelassen entgegen.«

Mit der Plötzlichkeit eines Taifuns ist die Niederlage über das Regime des Präsidenten Nguyen Van Thieu gekommen. Mitte März hatten die Nordvietnamesen im annamitischen Hochland die Ortschaft Ban Me Thuot mit Panzern und Artillerie angegriffen. Die Südisten hatten sich knappe vier Stunden halbherzig gewehrt. Dann waren die Soldaten Giaps Herr der Lage, und es gab kein Halten mehr. Die Festungen Kontum und Pleiku, die Südvietnam gegen die poröse Westgrenze mit Laos abschirmen sollten, wurden kampflos preisgegeben.

Aber ein geordneter Rückzug ist wohl die schwierigste militärische Operation und setzt perfekte logistische Vorbereitungen sowie eine hohe Kampfmoral der Truppe voraus. Beide waren nicht vorhanden. In Hue und Da Nang brach Panik aus. Die Garnison der alten Kaiserstadt hetzte wie die wilde Jagd auf den Hafen Da Nang zu. Am schamlosesten benahmen sich die kampferprobten südvietnamesischen Marines. Sie drängten die zivilen Flüchtlingskolonnen in die Straßengräben und schossen sich den Weg zu den Kais und den rettenden Schiffen frei. Es kam zu wüsten Szenen der Plünderung und Brutalität. An Bord der Transporter und Lastkähne, die zum Bersten überfüllt aus Da Nang ausliefen, nahmen die Marines den Zivilisten Geld und Schmuck ab. Sie vergewaltigten Frauen und Mädchen. Wer ihnen nichts bieten konnte, wurde über Bord gestoßen.

Unterdessen spielten die nordvietnamesischen Panzerkolonnen Blitzkrieg. Die Infanterie hatte Mühe, dem kampflosen Vordringen der motorisierten Spitzen zu folgen. Die Küstenstädte Annams, die Monster-Basen, die die Amerikaner – vollgepfropft mit Material – hinterlassen hatten, hißten die weiße Fahne, ohne daß ein Schuß abgefeuert wurde. Es fanden nicht einmal ordentliche Übergabeverhandlungen statt. Die ARVN – Army of the Republic of Vietnam – löste sich sang- und klanglos auf. Die Nordvietnamesen ihrerseits, die sich dreißig Jahre lang mit einem zermürbenden und entsagungsvollen Partisanenfeldzug hatten abplacken müssen, entdeckten plötzlich die Freuden des frisch-fröhlichen Krieges, den Rausch des siegreichen Nach-vorn-Stürmens. Eine hochmechanisierte Armee rollte nach Süden. Aus einem barfüßigen Partisanenheer war eine stählerne Dampfwalze nach russischem Modell geworden. Sogar die Marsch-Etappen richteten sich nach dem sowjetischen Reglement. Bei aller Hast ging man in Hanoi auf Nummer Sicher. Nur in einem Überlegenheitsverhältnis von drei zu eins wurde der Offensivbefehl erteilt. Ein Monat hatte genügt, um die Nordfront von der zermalmten Provinzhauptstadt Quang Tri am 17. Breitengrad in die unmittelbare Nachbarschaft von Saigon zu verlagern. Mit Leichtigkeit hätte General Dung seine Sturmtruppen gegen Saigon ansetzen können. Aber er überließ nichts dem Zufall und sammelte neue Kräfte vor dem Todesstoß.

Die Kriegsberichterstattung ist in den letzten Tagen eintönig geworden. Die einzigen Gefechte spielen sich im Umkreis der Straße 1 ab, die nach Osten in Richtung auf Xuan Loc führt. Sechzig Kilometer Fahrt an der verlassenen und verwahrlosten US-Basis Long Binh und am Luftstützpunkt Bien Hoa vorbei, und schon befindet man sich in Frontnähe. In der Gegend von Bien Hoa hatten sich nach dem Genfer Waffenstillstand von 1954 rund 300 000 katholische Flüchtlinge aus dem Norden angesiedelt und mit viel Fleiß bescheidenen Wohlstand geschaffen im Schatten ihrer schmucklosen Betonkirchen, Mariensäulen und Lourdes-Grotten. Jetzt sind diese Menschen, die fünfzehn Jahre lang das Rückgrat des vietnamesischen Abwehrkampfes gegen den Kommunismus gebildet haben, wieder auf der Flucht vor den anrückenden Divisionen Hanois. Wie im Jahr 1954 haben Geistliche und Nonnen die Führung der Evakuierungskolonnen übernommen, doch dieses Mal gibt es kein sicheres Asyl im Süden, sondern nur den Tagesmarsch bis in die übervölkerten Vororte einer bereits vom Untergang gezeichneten Metropole.

Die südvietnamesische Armee hat ein paar Batterien gruppiert und feuert auf einen unsichtbaren Gegner. Eine Verteidigungslinie ist nicht zustande gekommen. Für ernsthafte Gegenwehr fehlt jede Voraussetzung. Wir fahren weiter, bis die Straße 1 ganz leer wird, ein untrügliches Zeichen dafür, daß Gefahr im Verzug und der Gegner nahe ist. Die Regierungssoldaten geben sich bei aller Aussichtslosigkeit der Situation freundlich und scherzen sogar mit uns. Sie mahnen uns zur Vorsicht. Hinter dem nächsten Hügel, so warnen sie, befänden sich die Nordvietnamesen. Ich lasse den Wagen wenden und gehe mit dem Team zu Fuß bis zum letzten Beobachtungsposten. In den leeren Feldern bewegt sich nichts.

Die fremden Armeen haben Saigon verlassen. Sogar jene amerikanischen Militärratgeber, die als Zivilisten getarnt waren, sind, den Code-Signalen des US-Senders folgend, beinahe wie Verfemte nach Tan Son Nhut gefahren und ausgeflogen worden. Es bleibt nur noch eine letzte weiße Söldnertruppe zurück, die Kohorte der Journalisten. Die Vorboten der Katastrophe und das Nahen der ideologisch-puritanischen Säuberungswelle, die von Norden auf das sündige Saigon zuschwappt, wecken wohl auch bei dem bravsten Presseberichter tief vergrabene Landsknechts-Instinkte. Um acht Uhr trifft sich alles in den Zimmern des Hotels »Continental«. Eine vermoderte Kolonialatmosphäre ist in diesem altertümlichen Kasten im Herzen Saigons erhalten geblieben. Die Kellner und Zimmerboys sind noch die gleichen wie vor dreißig Jahren. Der junge Franchini, letzter Besitzer des »Continental« und eurasischer Erbe eines in Saigon wohlbekannten Namens, stand bei den französischen Korrespondenten als Liebhaber asiatischer Kunst und als kenntnisreicher Gesprächspartner in hohem Ansehen. Er hat mit seiner chinesischen Frau Saigon rechtzeitig in Richtung Hongkong verlassen. Das

Hotel übergab er der Treuhänderschaft seines alten Personals, runzlige, kleine Männlein, die vor Schwerhörigkeit kaum noch eine Bestellung entgegennehmen können, die den Tag auf ihren Matten in den Korridoren verschlafen und den Stammgästen bei Vorzeigen eines Piasterscheines lächelnde Zuneigung entgegenbringen. Bis spät in die Nacht wird getrunken, und immer die gleichen Geschichten werden erzählt, Episoden von der Tet-Offensive 1968, von der Frühlingsoffensive 1972, Anekdoten von Präsident Diem und Präsident Thieu, von Bonzen, Generalen und Ganoven.

Es ist viel über die angebliche französische Schadenfreude angesichts der amerikanischen Rückschläge in Indochina geschrieben worden. Zweifellos waren die Franzosen besser informiert, waren dem Land intimer verbunden, erkannten sehr bald, daß dieser Krieg von den USA nicht gewonnen werden konnte. Hinzu kam jedoch eine geradezu eifersüchtige Spannung zwischen dem alten, erfahrenen, abgehalfterten Liebhaber und dem reichen, gutgläubigen, brutalen, jugendlichen und doch schon impotenten Nebenbuhler aus der Neuen Welt. Die französische Armee, die in Dien Bien Phu besiegt worden war, blieb krank an Indochina. Sie litt am *mal jaune*, wie der Schriftsteller Jean Larteguy, ein ehemaliger Para-Offizier, es später nannte.

Am frühen Morgen haben wir wieder einmal in Richtung Xuan Loc auf der Straße 1 gekundschaftet. Die Nordvietnamesen sickern beiderseits dieser Rollbahn ein. Im nahen Tu Duc sind ihre Propagandatrupps bereits öffentlich aufgetreten und haben der Bevölkerung mitgeteilt, daß sie bis zum 1. Mai eine Schonfrist setzen würden; wenn aber bis dahin General Thieu nicht zurückgetreten sei, würde die Schlacht um Saigon beginnen, und dann solle jeder sehen, wo er bleibt. Auch in Saigon warten alle auf die Abdankung des Präsidenten Nguyen Van Thieu. Seine Ansprache zum großen konfuzianischen Ahnenfest der Vietnamesen, wo des mythischen Stammvaters Huong Vuong gedacht wird, hatte er in letzter Minute abgesagt. Dafür tritt er abends um acht Uhr im Fernsehen auf, während gerade die Ausgangssperre beginnt. Van Thieu, dieser unauffällige Mann mit dem unbeweglichen Pokerface, der zu Unrecht von so vielen westlichen Zeitungsschreibern dämonisiert worden ist, wächst in dieser Stunde des Abschieds von der Regierung über sich selbst hinaus. »Die Vereinigten Staaten haben ihre Versprechen nicht gehalten«, sagt er mit verhaltener Wut vor der Kamera. »Sie sind unfair; sie sind unmenschlich. Sie sind nicht glaubwürdig. Sie sind unverantwortlich. Ich habe nie geglaubt, daß ein Mann wie Henry Kissinger unser Volk einem so schrecklichen Schicksal ausliefern würde.« Mit seinen Anklagen gegen den amerikanischen Protektor, der ihn irregeführt hat, beweist er, daß er eben doch nicht nur eine Marionette war.

Für das abergläubische Volk von Saigon stand der Untergang Thieus seit dem letzten vietnamesischen Neujahrsfest, dem »Tet« des »Jahres der Katze«, ohnehin fest. Der Staatschef stand unentrinnbar im astrologischen Zeichen der Maus, und so mußte ihm das »Jahr der Katze«, das nunmehr unter dramatischen Vorzeichen begann, zum Verhängnis werden. War nicht auch der Maus-Mann Ngo Dinh Diem in einem anderen »Jahr der Katze«, nämlich 1963, gestürzt und ermordet worden? Wenn dieses Mal Thieu mit dem Leben davonkäme, dann würde er das vielleicht seiner Frau verdanken, die im Zeichen des Pferdes geboren war.

Mit einem Wagen des Diplomatischen Corps sind wir um Mitternacht trotz Sperrstunde durch die verwaiste Stadt gefahren. Polizeipatrouillen sperren die Straßenkreuzungen mit Stacheldraht und spanischen Reitern. Am Flugplatz Tan Son Nhut geht unter amerikanischer Regie die Evakuierung pausenlos und beklemmend weiter. Neben vietnamesischer Polizei und Feldgendarmerie tauchen neuerdings verdächtige Gestalten in den schwarzen Pyjamas der freiwilligen Miliz auf. Sie stellen wohl die letzte Reserve des Regimes dar. Diese unsicheren Kantonisten haben schon mit Plünderungen und Ausschreitungen begonnen. Je schneller und reibungsloser jetzt die Nordvietnamesen die Kontrolle über Saigon übernehmen, desto besser wird es für die Stadt sein.

Der totale Sieg fällt dem Politbüro von Hanoi früher als erwartet in den Schoß. Ziel der Hochlandoffensive war ursprünglich gar nicht die Eroberung von Saigon gewesen. Mit einigen spektakulären Erfolgen im Raum von Hue hätte sich General Dung wohl schon zufriedengegeben. Aber der Kollaps des Südens löste dramatische Überstürzung aus. Während die Nordvietnamesen in aller Hast ihre strategischen Reserven zu strahlenförmigen Stoßkeilen um Saigon zusammenziehen, verlagern sie auch die Schwerkraft ihrer Luftabwehr von Tonking nach Süden. Noch rechnet man in Hanoi mit einem Eingreifen der US Air Force in letzter Minute, um dem südvietnamesischen Verbündeten eine Galgenfrist zu gewähren. Aber Präsident Gerald Ford, der Richard Nixon im Gefolge von Watergate abgelöst hat, hat andere Sorgen.

Die zehn letzten Tage vor dem Fall Saigons vergehen in hektischer Spannung. Die Amerikaner haben den verbleibenden westlichen Ausländern den Evakuierungsplan für den Tag X mitgeteilt. Über den US-Sender von Saigon wird dann die Code-Ankündigung verlesen: »Die Temperatur hat 105 Grad Fahrenheit erreicht.« Anschließend würde eine Platte von Bing Crosby abgespielt: »I'm dreaming of a white Christmas«. Auf dieses Signal soll jedermann zu den Startplätzen der amerikanischen Hubschrauber eilen und sich zu den Schiffen der VII. US-Flotte ausfliegen lassen. Ich war fest entschlossen, an diesem verzweifelten Run nicht teilzunehmen. Ich wollte mich nicht wie ein Verstoßener im Schutz amerikanischer Marines aus diesem Land davonstehlen, das ich vor dreißig Jahren in Conquistadoren-Stimmung entdeckt hatte.

Mit einer Reihe von ausländischen Kollegen hatten wir beschlossen, uns in Saigon von den Nordvietnamesen überrollen zu lassen. Die Risiken waren kalkulierbar. Aber ein Kabel aus der Zentralredaktion hatte mir mitgeteilt, daß meine Sondersendung über Vietnam auf den 2. Mai anberaumt war. Schnitt und Endfertigung würden unter äußerstem Zeitdruck stehen. Am 26. April fand unser Rückflug statt.

Der Jumbo der Air France schraubte sich in steilen Kurven in den Himmel. Die nordvietnamesischen Vorhuten standen stellenweise schon am Rande von Groß-Saigon. Der Pilot wußte, daß längs der Straße 13 auch SAM-Raketen sowjetischer Bauart aufgefahren waren. Es war der letzte Linienflug, der Saigon verließ. Noch ahnte niemand an Bord, daß der Fall der Hauptstadt nur noch eine Frage von drei Tagen war. Aber jeder Passagier spürte, daß dies ein endgültiger Abschied war, daß selbst im Falle einer späteren Rückkehr die Stadt am Saigon-Fluß, das Land Südvietnam, daß Gesamt-Indochina total verwandelt und entfremdet sein würden. Die stämmigen Kollegen vom Kamerateam, die ich solcher Rührung gar nicht für fähig hielt, blickten mit bewegten und ernsten

Gesichtern auf die überfluteten Reisfelder und die breiten Wasseradern des Mekong-Deltas hinab, die unter den letzten Strahlen der Sonne aufleuchteten wie Gold und Blut, wie die Farben jener südvietnamesischen Republik, die in diesen Stunden im Abgrund der Geschichte verschwand. Der Steward servierte Champagner. Es kam keinerlei Erleichterung auf, der Tragödie entronnen zu sein. Jeder empfand Trauer und Schmerz, als würde er das Ende einer Liaison zelebrieren. Doch aus dem Lautsprecher des Jumbos tönte nicht »Les feuilles mortes« von Jacques Prévert, sondern ein französischer Schlager: »Elle court, elle court, la maladie d'amour«.

Vabanquespiel zwischen Golf und Maghreb

Kein Frühling in Arabien
Tunis, im Herbst 2011

Gewiß konnte niemand damit rechnen, daß die Selbstverbrennung eines jungen tunesischen Gemüsehändlers in einem fernen Provinznest zum revolutionären Aufbäumen einer überwiegend jugendlichen, städtischen Masse führen würde, die der verhaßten Diktatur Zine el-Abidine Ben Alis und dessen seit mehr als zwanzig Jahren konsolidierter Allmacht ein jähes Ende setzte. Daß dieser Despot fast ohne Gegenwehr und um sein Leben fürchtend mit dem total korrupten Trabelsi-Clan seiner Frau die überstürzte Flucht nach Saudi-Arabien antrat, führte vermutlich zu dem Fehlschluß, die Revolte, die sich in anderen Staaten der Ummat el-arabiya ankündigte, würde zu ähnlichen Panikreaktionen der Herrschenden führen und den Weg frei machen für einen fortschrittlichen Regimewechsel. Selbst der französische Nachrichtendienst DGSE, der über die Vorgänge im Palast von Karthago bestens hätte informiert sein müssen, war nicht in der Lage zu beurteilen, ob die demokratische Wahl, die der islamischen En Nahda-Bewegung zur Parlamentsmehrheit verhalf, sich mit einer moderaten religiösen Rückbesinnung auf den Islam begnügen würde, wie das der weitgehenden Europäisierung dieses ehemaligen französischen Protektorats entsprochen hätte.

Vorübergehend kamen Befürchtungen auf, daß in der Republik des Staatsgründers Habib Bourguiba, der sich trotz aller Okzidentalisierung als »Mujahid el akbar« feiern ließ, die blutige Saat der Jihadisten aufgehen könnte. Als Folge der zunehmenden Spannungen wird immerhin damit gerechnet, daß am Ende Armee und Polizei dem sektiererischen Treiben der Salafisten, die sich hier Ansar el-Scharia nennen und unter der schwarzen Fahne von El Qaida antreten, durch rigorosen Rückgriff auf die Zwangsmethoden Ben Alis Einhalt gebieten würden. Dabei wären die Ordnungskräfte der Zustimmung und des Beifalls jener liberalen Kräfte gewiß, die bei ihren früheren Kundgebungen den feierlichen Anspruch auf Meinungsfreiheit und Demokratie erhoben.

Haben die überschwenglichen Verheißungen von Freiheit und Demokratie, die sich auf der Avenue Bourguiba von Tunis entfalteten, jene Menschenmassen Ägyptens inspiriert, die im Zuge der Facebook-Revolution auf dem Tahrir-Platz von Kairo zusammenströmten und nicht nur die Absetzung, sondern auch die Hinrichtung des Militärdiktators Hosni Mubarak verlangten? Das ist kaum anzunehmen. Für eine solche Signalwirkung war Tunesien zu klein und unbedeutend im Kräftespiel rund um das Mittelmeer. Wer erinnert sich schon in Ägypten an die Invasion tunesischer und algerischer Berber, die aus dem Umkreis der heiligen Stadt Kairuan aufbrechend, im elften Jahrhundert wie ein Wirbelsturm die Libysche Wüste durchquerten und das Niltal unterwarfen? Das schiitische Kalifat der Fatimiden, das seinerzeit weite Teile des Orients beherrschte und sich zur Siebener-Lehre der Partei Alis, zur Abweichung der Ismaeliten bekannte, rivalisierte mit dem sunnitischen Kalifat der Abbassiden von Bagdad. Den Fatimiden verdankt Ägypten die Gründung seiner Hauptstadt El Qahira oder Kairo sowie jener El-Azhar-Universität, die heute – infolge einer seltsamen religiösen Umkehr – als höchste theologische Autorität des sunnitischen Islam gilt. Selbst in ihren Ursprungsregionen ist das Erbe der Fatimiden verschüttet und der vorübergehende Triumph eines nordafrikanischen Schiiten-Imperiums fast in Vergessenheit geraten.

Nicht in der Vergangenheit suchten die Blogger und Internauten der Tahrir-Revolution von Kairo ihre Inspiration. Sie bedienten sich der futuristisch anmutenden Elektronik des Internets, um den politischen Umsturz zu erzwingen. Die Welt blickte überrascht und voller Hoffnung auf den Untergang des Autokraten Mubarak, der wie ein Pharao über das Niltal geherrscht hatte und dank massiver Unterstützung durch CIA und Pentagon über eine unerschütterliche Machtbasis zu verfügen schien. Bevor es zur Massenversammlung auf dem Tahrir-Platz von Kairo kam, hatte eine heimliche Kommunikation und Konspiration der Aufrührer über Digitalsysteme und Facebook stattgefunden, und auf einmal schien es, als hätten die bislang unterwürfigen Massen der arabischen Welt das adäquate und zukunftsweisende Instrument entdeckt, um die etablierten Despoten ihrer Region quasi zwangsläufig zu Fall zu bringen.

Die damaligen Machenschaften zu durchschauen und zu werten fällt dem Beobachter schwer. Wie konnte es geschehen, daß die USA, die in Ägypten über ein dichtes Netz von Informanten und Agenten verfügten, die als Erfinder der elektronischen Technik jede verschwörerische Kommunikation von Anfang an hätten registrieren müssen, durch den Tumult von Kairo total überrascht wurden und in Ratlosigkeit erstarrten? Das gleiche gilt für die ägyptischen Mukhabarat, die allgegenwärtigen Geheimdienste, deren Spitzelsystem sämtliche Gesellschaftsschichten durchdringt und die – dank amerikanischer Hilfe – die technischen Mittel besitzen, die verdächtige Massenkommunikation per Facebook lückenlos aufzuzeichnen. Es wurde »foul« gespielt in Kairo, und eine krakenähnliche Desinformation – woher sie auch immer gesteuert wurde – führte die Berichterstattung der internationalen Medien in die Irre.

In Ägypten, das mit seinen neunzig Millionen Einwohnern und der Verfügung über den Suezkanal eine geographische Scharnierfunktion im mediterranen Raum einnimmt, stand mehr auf dem Spiel als im peripheren Tunesien. Mit welchen Schachzügen die USA und speziell Barack Obama dem revolutionären Durcheinander am Nil zu begegnen suchten, ist bisher nicht geklärt. Es gab in Washington zweifellos eine Fraktion, die sich von der Massenbewegung am Tahrir-Platz den Durchbruch westlicher Demokratiebegriffe, der Parteien- und Medienvielfalt versprach. Die Realisten hingegen mußten von Anfang an wissen, daß am Ende nur zwei Machtfaktoren eine Entscheidung herbeiführen konnten: die Armee, die das revolutionäre Aufbegehren zu dulden, zeitweise sogar zu unterstützen schien, und auf der anderen Seite die Massenbewegung der Muslimbrüder, deren Kampfruf »Allahu akbar« erst mit Verzögerung erschallte und die zunächst in Wartestellung verharrte.

Vergeblich hielt man Ausschau nach einem repräsentativen Volkstribun, der über die notwendige Autorität verfügt hätte, um die Revolution zu kanalisieren und ein überzeugendes Programm der nationalen Erneuerung vorzutragen. Die weltweit geachtete Figur des Friedensnobelpreisträgers Mohammed el-Baradei hatte wirklich nicht das Zeug zum polemischen Einpeitscher, und eines solchen hätten die Kinder von Facebook und Internet dringend bedurft. Seitdem wird gemutmaßt, ob die ägyptische Generalität, die der Bevormundung durch den greisen Diktator Mubarak überdrüssig war und vor allem dessen Absicht, den eigenen Sohn Gamal als Nachfolger zu installieren, durchkreuzen wollte, die aufgeregten Dilettanten am Tahrir-Platz gewähren ließ. Der Rücktritt Mubaraks machte den Weg frei für ein Übergangskomitee unter dem betagten Feldmarschall Tantawi, der natürlich in keiner Weise den Wunschvorstellungen der jungen Reformer entsprach.

Unterdessen hielt sich die Muslimbruderschaft weiterhin im Hintergrund und wartete auf ihre Stunde. Diese schlug, als die Offizierskamarilla mit den Wortführern der Tahrir-Demonstranten und dieses Mal auch mit den »Ikhwan el muslimin« übereinkam, daß in freien Wahlen ein neues Parlament und vor allem ein neuer Staatschef berufen würden. Der weitere Ablauf ist bekannt. Die Militärs hatten wohl fest damit gerechnet, daß Ahmed Shafik, ein ihnen nahestehender Kandidat, ehemaliger Premierminister unter Mubarak, also ein Mann des »ancien régime«, eine Mehrheit der Stimmen auf sich vereinen würde. Stattdessen setzte sich eindeutig der Wortführer der Muslimbrüder, Mohammed el-Mursi, durch, der längst nicht so islamisch-extremistisch ausgerichtet war, wie später behauptet wurde. Aber über Charisma, über die unentbehrliche Autorität eines Zaim verfügte dieser beleibte, bärtige Mann nicht. Sollte die amerikanische Diplomatie einen Moment lang vielleicht die Möglichkeit erwogen haben, der koranischen Rückbesinnung Rechnung zu tragen und auf deren Mäßigung zu spekulieren, so fand sie nach den ersten Unzulänglichkeiten und religiös orientierten Äußerungen Mursis wohl zu der Erkenntnis zurück, die einst der britische Statthalter in Ägypten, Lord Cromer, formuliert hatte: »Reformed Islam is no longer Islam.«

Ein Jahr lang war es dem stämmigen und unerschrockenen Präsidenten el-Mursi vergönnt, das Experiment einer relativ behutsamen Islamischen Republik einzuleiten. Es zeigte sich bald, daß er der Aufgabe nicht gewachsen war. Den säkularen und liberalen Kräften, die die Tahrir-Revolte geschürt hatten, aber vor allem der hohen Generalität erschien sein koranisch geprägter Regierungsstil unerträglich. Der Verdacht bestand weiter, daß die höchsten Instanzen des Islam am Ende doch die Errichtung einer islamischen Theokratie im Niltal anstrebten. In Wirklichkeit erlag Mursi dem systematischen Boykott des etablierten Beamten- und Staatsapparats, der Juristen und auch der Wirtschaftskräfte, die samt und sonders privilegierte Positionen unter Mubarak eingenommen hatten. Die Polizei und sämtliche Sicherheitskräfte verschwanden aus dem Straßenbild, so daß eine ungehemmte Kriminalität einsetzte. Der Boykott der großen Unternehmen und Finanzkreise ließ die Preise selbst für die notwendigsten Lebensmittel in die Höhe schnellen. Die ägyptische Währung verfiel rapide. Der Tourismus, die unentbehrliche Einnahmequelle des Staatshaushaltes, kam zum Erliegen. Die intrigante Riege der Mukhabarat-Experten löste jene Tamarod-Strömung aus, die angeblich die völlig unglaubwürdige Zahl von zwanzig Millionen Unterschriften sammelte, um den Rücktritt des demokratisch gewählten Präsidenten zu erzwingen.

Jetzt zahlte sich aus, daß das Pentagon sämtliche höheren Offiziere der ägyptischen Armee zu Ausbildungskursen in die Militärakademien der USA eingeladen hatte und daß dabei enge Beziehungen entstanden. Unter dem Kommando des Generals Abdel Fattah el-Sisi putschten die Streitkräfte, setzten Mohammed Mursi an einem geheimen Ort fest und gingen zur Inhaftierung der gesamten Führungsmannschaft der Muslimbrüder über. Allzu früh verstieg sich der amerikanische Außenminister John Kerry zu der Behauptung, die Ausschaltung Mursis könne einer demokratischen Entwicklung dienlich sein. In Washington hütete man sich, das Wort Coup auszusprechen. Ein solcher durfte nicht stattgefunden haben, sonst hätte der amerikanische Tresor, der bislang die ägyptische Armee mit einer Summe von 1,5 Milliarden US-Dollar pro Jahr subventionierte, keine finanziellen Zuwendungen an Kairo mehr ausschütten dürfen.

Pro forma hatte General Sisi eine Übergangsregierung von Zivilisten unter dem Rektor Ali Mansur einberufen, während er für sich das Amt des Verteidigungsministers beanspruchte. Doch jedermann wußte, daß er der starke Mann hinter dem Staatsstreich war. Die Bruderschaft der Ikhwan hatte versucht, ihre Anhängerschaft zu gewaltigen Gegendemonstrationen aufzubieten. Sie sah sich sofort und völlig zu Unrecht der Anklage des Terrorismus ausgesetzt. Unterdessen ging die Truppe mit Tränengas und scharfer Munition gegen jene Moscheen vor, in denen sich der Protest gegen die Entmachtung Mursis konzentrierte. Schon beim Abtransport in die Gefängnisse fanden zahlreiche Hinrichtungen statt. Die Truppe kannte jetzt keine Hemmungen mehr. Die Zahl ihrer Opfer wird auf eintausenddreihundert geschätzt.

In dem Komitee, das den Führungswechsel legitimieren sollte, hatte sich auch der Papst der koptisch-christlichen Kirche Ägyptens eingefunden, was dazu beitrug, Anschläge islamischer Fanatiker gegen christliche Kirchen anzuheizen. Bei den Kopten, einer uralten Gemeinde der Christenheit, deren Gründung auf den Evangelisten Markus zurückgeführt wird und die immerhin rund zehn Prozent der gesamtägyptischen Bevölkerung ausmachen, hatte der befürchtete Übergang zu einer betont islamischen Staatsform schlimme Ahnungen geweckt. Mohammed el-Baradei, der als Vizepräsident der provisorischen Putschregierung amtierte, erkannte rechtzeitig deren totalitären Charakter. Er demissionierte und floh ins Ausland, ehe er selbst der Verdächtigung des Landesverrats ausgesetzt war.

Dem unerbittlich gegen die Muslimbrüder durchgreifenden General Sisi schwebte offenbar das Vorbild Gamal Abdel Nassers vor, der trotz seiner fatalen militärischen Rückschläge bei der Bevölkerung weiterhin höchstes Ansehen genießt. Im Jahr 1965 war es mir vergönnt gewesen, diesen Volkshelden persönlich zu interviewen. Der Oberst, der der maroden Monarchie des Königs Faruk den Gnadenstoß versetzt hatte, verfügte zweifellos über eine beachtliche Ausstrahlung, die durch die Schlichtheit seiner Uniform und seines Auftretens sowie durch seinen bescheidenen Lebensstil noch betont wurde. Bei den ersten öffentlichen Kundgebungen von General Abdel Fattah el-Sisi, die ich im Fernsehen verfolgte, erinnerte mich der neue Militärdiktator mit den vielen Goldschnüren und Lametta an seiner Uniform, mit der Sonnenbrille zumal, die er stets trug, eher an Oberst Qadhafi von Libyen als an den legendären Rais, der einst den Suezkanal verstaatlicht hatte. In der Bekämpfung der Ikhwan verfolgte Sisi die Politik der radikalen Ausmerzung, die auch Nasser betrieben hatte, nachdem er einem Attentat dieser damals noch gewalttätigen Verschwörer knapp entgangen war und die Bruderschaft sich als radikaler Gegner des von ihm beförderten Panarabismus und Sozialismus zu erkennen gab. Nasser hatte Tausende von ihnen in Konzentrationslager gesperrt. Die prominentesten Führer und Prediger – darunter der heute noch einflußreiche Theologe Sayyid Qutb – wurden zum Tod am Galgen verurteilt. Der Bikbaschi, wie seine Gegner Nasser damals nannten, hatte diese Kraftprobe unbeschwert überstanden. Sisi erhoffte sich wohl eine ähnlich radikale Ausschaltung seiner koranischen Gegner, indem er sie pauschal als Attentäter und Mörder diffamierte.

Bei näherem Zusehen scheinen die Hintergründe des Coup d'État von Kairo in einem schmuddeligen Zwielicht. »Sisi is clear« – Sisi ist sauber, hieß es bei seinen Anhängern, die die Ablösung des greisen Despoten Mubarak durch einen radikal durchgreifenden jüngeren General mit Jubel begrüßten. Aber wie kam es dann, daß der neue Zaim seinen Kumpan und früheren Mentor, General Farid el-Tohamy, zum obersten Chef des gefürchteten Sicherheitsapparates ernannte? Der sechsundsechzigjährige Tohamy war zur Zeit Mubaraks als »Tugendwächter« zur Aufdeckung allzu krasser Korruption eingesetzt worden. Doch er hatte genau das Gegenteil bewirkt, wie einer seiner Ankläger, Oberst Fathi, öffentlich bekundete. Tohamy hatte die Veruntreuungen zahlreicher Militärs zu kaschieren versucht und den damaligen Premierminister Ahmed Shafik vor jeder Strafverfolgung geschützt. Das gleiche galt angeblich für die engste Verwandtschaft Hosni Mubaraks, zumal für die extravaganten Ausgaben seiner beiden Söhne.

Hatten die Muslimbrüder bislang durch ihre soziale und karitative Tätigkeit, durch den Bau von Krankenhäusern und Schulen bei der armen Bevölkerung eine breite Popularität gewonnen, so wurde ihnen unter Sisi jede gesellschaftliche Fürsorge untersagt. Es war Präsident Anwar es-Sadat, der in jungen Jahren selbst der Bruderschaft angehört, der ihr nach dem Tod Nassers wieder einen gewissen Spielraum eingeräumt hatte. Selbst unter Mubarak waren die Ikhwan, die ihrer ursprünglichen Gewaltbereitschaft entsagt hatten, durch ein paar Abgeordnete der ihnen nahestehenden »Partei für Freiheit und Gerechtigkeit« im Parlament vertreten. In den zwanziger Jahren waren die Ikhwan im Kampf gegen die morsche Monarchie und gegen die letzten am Suezkanal stationierten britischen Garnisonen kämpferisch und gewalttätig aufgetreten. Aber davon hatten sie sich unter der obersten Führung des Scheikh Mohammed Badie längst losgesagt. Die Attentate gegen Touristen und Christen sowie die Ermordung des Präsidenten Sadat nach seinem Friedensschluß mit Israel waren das Werk extremistischer Splittergruppen – ob sie sich nun »Gamaat el islamiya« oder »Takfir wa el-higra« nannten –, die den Ikhwan ihre Mäßigung und angebliche Anpassung an das Regime zum Vorwurf machten. Für diese Extremisten dürfte demnächst wieder die Stunde schlagen, seit General Sisi beschlossen hat, seine koranisch inspirierten Gegner total auszumerzen.

Irgendwie erinnert mich die Situation an Algerien um das Jahr 1990. Damals hatte der Chef der dortigen Militärjunta, die seit der Unabhängigkeit und der Verhaftung Ben Bellas wie ein Bleideckel jede unabhängige politische Entfaltung erstickte, in einer seltsamen Verkennung der wirklichen Volksstimmung und auf Drängen General Shedli Ben Jedids freie Wahlen zugelassen. Die toleranten Parteien des Systems, zumal die ruhmreiche »Befreiungsfront« FLN, wurden in jenen Tagen mit einer Formation konfrontiert, die unter dem Namen »Islamische Heilsfront«, FIS oder »Jibhat el islamiya lil inkadh« ähnlich vorsichtig agierte wie die Ikhwan des Niltals. Als sich herausstellte, daß die Heilsfront einen deutlichen Sieg errungen hatte und die Mehrheit der Abgeordneten stellen würde, haben die Generale von Algier – anders als ihre Kameraden in Kairo – auf jede Form von Übergangsregierung verzichtet, sofort die staatliche Macht, le Pouvoir, konfisziert und gegen die Führungsmannschaft der Heilsfront – obwohl diese jedem Terror abgeschworen hatte – eine schonungslose Hetzjagd eingeleitet.

Unter den verfolgten Oppositionellen bildeten sich kampfkräftige, radikale Gruppen heraus – oft unter dem Kommando von Veteranen des Afghanistan-Krieges gegen die Sowjetunion. Diese sogenannten »Groupes islamiques armés« oder GIA führten einen unerbittlichen Partisanenkrieg gegen die Repression der Regierungsarmee. Auf beiden Seiten wurde mit grauenhafter Brutalität gekämpft, die zweihunderttausend Opfer forderte. Am Ende sollten die weit überlegenen Kräfte des Pouvoir die Partisanen der GIA ausbluten und eine heute noch prekäre Waffenruhe erzwingen. Inzwischen regt sich jedoch – obwohl die Bevölkerung weiterhin unter den traumatischen Folgen des Gemetzels leidet – die Rebellion einer neuen extremistischen Untergrundbewegung, die unter dem Namen »El Qaida des islamischen Maghreb« auftritt und über die Grenzen Algeriens hinaus auch in den Nachbarländern Libyen, Tunesien und Mali operiert.

In Ägypten, wo die Proteste gegen den Coup längst nicht verstummt sind, stellt sich die Frage, ob die Muslimbrüder wie zuvor die algerische Heilsfront auf den Putsch ebenfalls mit Gewalt, mit bewaffnetem Widerstand reagieren werden, ob der flache, schutzlose Schlauch des Niltals sich für einen Partisanenkrieg, wie er im Atlas-Gebirge stattfand, überhaupt eignet. General Sisi ist beileibe kein Gamal Abdel Nasser, den die Eliminierung der Ikhwan nicht ernsthaft gefährden konnte. Aber für die neuen Usurpatoren von Kairo dürfte sich die enge Zusammenarbeit mit Israel, die sich bei der Niederwerfung eines Beduinenaufstandes auf der Sinai-Halbinsel konkretisierte, negativ auswirken. Vor allem ist Ägypten in seiner unmittelbaren arabischen Nachbarschaft nicht mehr rundum abgeschirmt. Kurioserweise entdeckten das Königreich Saudi-Arabien und die Golf-Emirate, die in koranischer Tugend baden und die Scharia, die islamische Gesetzgebung, zur ausschließlichen Richtlinie ihrer Staatsführung erhoben, ihre Zuneigung zu den Generalen von Kairo, denen sie mit der gewaltigen Summe von fünfzehn Milliarden US-Dollar den Rücken stärkten. Diese seltsame, widersprüchliche Allianz zwischen den intoleranten Frömmlern der Petro-Monarchien auf der Arabischen Halbinsel einerseits und der nationalistischen Offizierskamarilla im Niltal andererseits bedarf noch mancher Untersuchung.

Am Ende gelangt man zu dem Schluß, daß den reaktionären Eiferern des saudischen Wahhabiten-Staats die Volksbewegung der »Ikhwan el muslimin« zu egalitär, zu aufgeschlossen, ja – sagen wir es ruhig – zu liberal erschien. Riad befürchtet offenbar die Rückwirkung jeder Form von gesellschaftlicher Lockerung, wie sie von den Muslimbrüdern im Vergleich zu den Saudis zweifellos vertreten wird, auf das verkrustete Königreich. Die Ikhwan wurden von den Korangelehrten Saudi-Arabiens deshalb mit dem Bannfluch belegt. Die Dynastie paktierte mit allen Gegenkräften, insgeheim auch mit Israel.

Ich habe oft genug mit renommierten Wortführern der Muslimbrüder in Ägypten und auch in Jordanien diskutiert, um zu wissen, daß ihnen eine gewisse koranische Erneuerung vorschwebt, daß sie als Grundlage ihres Glaubens vier religiöse Quellen anerkennen: natürlich den Heiligen Koran, dann die Sammlung des Hadith, der beglaubigten Berichte aus dem Leben des Propheten, soweit deren Ursprung, deren »Isma'«, hieb- und stichfest erscheint. Dazu kommt der »Ijma'«, das heißt die spontane Einstimmigkeit der Gläubigen in Fragen des Dogmas. Schließlich nimmt die umstrittene Formel des »Ijtihad«, der behutsamen, flexiblen und kasuistischen Interpretation des ungeschaffenen Wortes Gottes, das durch Mohammed unwandelbar offenbart wurde und dennoch der elementaren Anpassung an die Gegenwart bedarf, eine Schlüsselfunktion für die Zukunft des gesamten Islam ein. Früher oder später wird die Umma erkennen müssen, daß sie nicht mehr in einem sozialen Umfeld von Karawanen, Kaufleuten und Beduinen lebt, wie das vor fünfzehn Jahrhunderten im Umkreis von Mekka und Medina der Fall war.

Piraten und Derwische
Tripolis, im Juli 1958

Im Sommer 1958 hatte ich zum ersten Mal Libyen bereist. Mit dem Autobus war ich entlang der tunesischen Südküste gefahren. Als wir die Grenze überquerten, hatte mich ein »Alim« der Zeituna-Universität, der neben mir saß, auf ein paar Betonbunker aufmerksam gemacht, Reste jener Mareth-Linie, mit der die Franzosen im Winter 1939 ihre nordafrikanischen Besitzungen gegen die Divisionen Mussolinis abschirmen wollten. Am Rande der tripolitanischen Asphaltbahn entdeckte ich die verlassenen Siedlungen der italienischen Kolonisten, die das faschistische Regime in die Wüste geschickt hatte, um an die grandiose Agrar-Tradition des antiken Rom anzuknüpfen. Die Felder, die dort unter unsäglichen Mühen der Wüste abgerungen worden waren, versanken längst wieder im Sand. Die schmucken weißen Häuschen waren verlassen, die Türen zerbrochen. Schwarze Ziegen suchten nach spärlichen Grasbüscheln.

Im Juli 1958 war Tripolis noch eine europäisch geprägte Stadt. Das urbanistische Talent der Italiener hatte anspruchsvolle Verwaltungsbauten und vor allem eine herrliche Hafenpromenade hinterlassen. Unter den hochgewölbten Arkaden des Geschäftsviertels ging es fast neapolitanisch zu. Der greise König Idris el-Senussi war ein gefügiges Werkzeug des Westens. Die Briten bildeten seine Armee aus und verfügten über Basen in der Cyrenaika, während die Amerikaner vor den Toren der Hauptstadt den gewaltigen Luftstützpunkt Wheelus Field ausgebaut hatten. Die Franzosen übten im südöstlichen Wüstengebiet die Verwaltung der Provinz Fezzan mit der Hauptstadt Sebha aus. Kein Wunder, daß sich unter den jungen libyschen Offizieren, in der aufsässigen Kaufmannschaft, auch bei den Beduinen der Wille nach tatsächlicher Unabhängigkeit regte und der Wunsch, am großen Aufbruch des Arabismus teilzuhaben.

Im Hotel »Mehari«, dessen Fenster sich auf die tiefblaue Bucht öffneten, erreichte mich die große Nachricht des Tages. Der irakische König Feisal war in der Nacht ermordet worden. Mit der Machtergreifung radikaler arabischer Nationalisten in Bagdad war das gesamte amerikanische Bündnissystem im Nahen und Mittleren Osten ins Wanken geraten. Der alte Gewährsmann der Briten im Zweistromland, Premierminister Nuri Said, wurde bei seinem Fluchtversuch, den er in Frauengewändern unternahm, erkannt und ermordet. Seine verstümmelte Leiche wurde durch die Straßen geschleift. Die Sympathisanten des ägyptischen »Rais« Gamal Abdel Nasser triumphierten an Euphrat und Tigris. Dem haschemitischen Königreich Jordanien, dessen Herrscher Hussein zu seinem Vetter Feisal in Bagdad engste Beziehungen pflegte, drohte ein ähnliches Debakel. Britische Fallschirmjäger wurden unter Benutzung des israelischen Luftraums nach Amman eingeflogen und sorgten dort für Stabilität.

Im Libanon, wo Teile der muslimischen Bevölkerung ebenfalls in den Taumel der nasseristischen Begeisterung geraten waren, rief der christliche Präsident Camille Chamoun die Amerikaner ins Land, weil in Beirut und im Gebirge offener Bürgerkrieg drohte. Am Tage meiner Ankunft in Tripolis waren die US Marines, die »Ledernacken«, an der libanesischen Küste angetreten, und der ganze Maschreq, der ganze arabische Orient, vibrierte vor Empörung und Wut. In der libyschen Hauptstadt hatten die Korangelehrten und die panarabischen Nationalisten den Generalstreik ausgerufen. Ich ließ mich zur Altstadt fahren, die jenseits der malerischen türkischen Zitadelle begann. Sämtliche Läden waren geschlossen. Kaum ein Mensch war zu sehen. Während ich einsam durch die verwaisten Gassen schlenderte, dröhnte fast aus jedem Haus eine wohlbekannte Stimme. Gamal Abdel Nasser hatte die Menschenmassen des Niltals zusammengerufen. Der Rais stand damals auf dem Höhepunkt seines Ansehens. Nun donnerte er gegen die amerikanische und britische Intervention im Libanon und in Jordanien. Sein mächtiger Aufruf zum nationalen Widerstand hallte nicht nur durch Ägypten, sondern durch die ganze arabische Welt von Marokko bis zum Persischen Golf. »Saut el Arab«, Stimme der Araber nannte sich der überall hörbare Rundfunksender von Kairo. Die Libyer hatten ihre Radiogeräte auf maximale Lautstärke gestellt und vernahmen gebannt die Worte des großen Volkshelden vom Nil.

Ich mußte an die Szene im Film »Der große Diktator« denken, wo Charlie Chaplin durch die verödeten Straßen einer Provinzstadt hetzt, verfolgt von der Stimme des entfesselten und tobenden Tyrannen. Eine ähnliche Psychose herrschte in den vereinsamten Gassen von Tripolis. Ganz unbedenklich wäre es nicht gewesen, in dieser Stunde antiimperialistischer Aufwallung als westlicher Ausländer erkannt zu werden. Als ich auf einem stillen Platz im Schatten einer kleinen Moschee schließlich eine Gruppe Männer entdeckte, die, um das Radio geschart, der Botschaft aus Kairo lauschten und dabei ihren Kaffee schlürften, ging ich schnurstracks auf sie zu und setzte mich zu ihnen. Auf die Frage, woher ich käme, gab ich an, ich sei Druse, ein »Darsi« aus dem Libanon. Das reichte aus, um mich akzeptabel zu machen, obwohl sicher keiner der Anwesenden über die geheimnisvolle und recht abseitige Sekte der Drusen auch nur annähernd Bescheid wußte.

Man bot mir eine Tasse Kaffee an, und schon war ich einbezogen in die brüderliche Stimmung islamisch-arabischer Frontstellung gegen die verderblichen Machenschaften der westlichen Aggressoren. An jenem Tag im Juli 1958 hatte ich geahnt, daß dem Regime des Königs Idris, der der stolzen Überlieferung seiner Vorfahren den Rücken gekehrt hatte, ein baldiges Ende gesetzt würde, auch wenn ich nicht wissen konnte, daß eine Gruppe junger Offiziere der libyschen Armee, angeführt von einem Beduinensohn namens Qadhafi, bereits fieberte, dem nasseristischen Beispiel zu folgen, und den Putsch vorbereitete, der in der folgenden Dekade das Schicksal der Senussi-Dynastie besiegeln sollte.

Wer vor den grandiosen Ruinen von Leptis Magna steht, wird daran erinnert, daß das heutige Libyen einst zu den Kornkammern des Römischen Reiches zählte. Er muß feststellen, daß nach den Stürmen der Vandalen und der Wiederherstellung der byzantinischen Herrschaft durch den General Belisarius der Einbruch immer neuer kriegerischer arabischer Beduinenstämme die blühende landwirtschaftliche Produktion zugunsten einer kargen Nomadengesellschaft von Hirtenvölkern reduziert hat. Etwa zweihundert Familien der Banu Hilal und Banu Sulaim hatten um das Jahr 1000 nicht nur den arabischen Sprachgebrauch, sondern eine gründliche Islamisierung eingeleitet.

Hatte der Malteserorden noch versucht, einige Küstenstädte als Vorposten des Abendlandes zu halten, setzte die osmanische Eroberung jeder europäischen Präsenz am Golf von Sirte ein Ende. Ab 1500 verwandelten sich die Mittelmeerhäfen von Tripolis, Algier und Tunis zu gefürchteten Bastionen muslimischer Korsaren. Das hemmungslose Piraten-Unwesen, das die christliche Schiffahrt in Geiselhaft nahm, sollte bis ins späte neunzehnte Jahrhundert andauern. In der heutigen Hauptstadt Libyens hatte – im Auftrag des Sultans und Kalifen von Istanbul – die albanische Dynastie Karamanli die Oberhoheit über die Seeräuber an sich gerissen, während im Hafen und im Hinterland von Algerien die Rivalität zwischen einem Kontingent von Janitscharen, also zwangsrekrutierten Christen, und dem Kommandeur der Kaperflotte, des »Amir el-Riyasat«, der nominellen Statthalterschaft des osmanischen »Dey« einen prekären Vorrang sicherte.

Von dauerhafter Bedeutung war die Expansion der strenggläubigen

Senussi-Bruderschaft, die – 1837 in Mekka gegründet – ihren Schwerpunkt im Djebl Akhdar in der Cyrenaika etablierte und von dort aus mit ihren Kultstätten der »Zawiya« in Tripolitanien und auch jenseits der Sahara auf die diversen Emirate der Sahelzone übergriff. Der französische Oberst Ordoni hielt in seinen Memoiren folgendes über die Senussiya fest: »Die Bedeutung dieser bedrohlichen Bruderschaft ist bemerkenswert. Sie zählt mindestens 150 weit verstreute Zawiya, und die Lehre dieser ›Tariqat‹ läßt sich wie folgt resümieren: ›Reinigung des islamischen Glaubens und Befreiung sämtlicher muslimischer Länder, zumal in Afrika, von der Herrschaft der Ungläubigen.‹«

Die Besitzungen des Osmanischen Reiches im Maghreb – das Sultanat Marokko wurde nie unterworfen – wurden ab 1830 von den Franzosen erobert. Nachdem der Dey von Algier den französischen Konsul, der sich wegen flagranter Piraterie bei ihm beschwerte, mit seinem Fächer geschlagen hatte, war die Armee des Bürgerkönigs Louis-Philippe in Sidi Ferruch gelandet und hatte in langen Kämpfen gegen die Krieger des Emirs Abd el-Kader Schritt für Schritt das heutige Algerien erobert. Der Bey von Tunis, dem Paris eine frei erfundene Invasion des Stammes der Krumir in Ost-Algerien anlastete, mußte seinerseits das Protektorat Frankreichs akzeptieren.

Blieb also noch das heutige Libyen als locker verwalteter osmanischer Besitz. Dem setzten die Italiener ein Ende, die ihren Anteil an der nordafrikanischen Beute haben wollten und 1911 einen Krieg gegen die Hohe Pforte vom Zaun brachen. Die türkische Armee und die libyschen Wüstenkrieger, denen der spätere Gründer der modernen Türkei, Kemal Pascha oder Atatürk, als Befehlshaber zur Seite stand, wehrten sich verbissen. Erst Mussolini gelang es, im Jahr 1931 den Widerstand der Senussi zu brechen und deren legendären Führer, Scheikh Omar el-Mukhtar, der seitdem als Nationalheld gefeiert wird, gefangenzunehmen. Während die Franzosen seinerzeit den Emir Abd el-Kader nach Damaskus ins Exil schickten, endete Omar el-Mukhtar am Galgen. Die Hälfte der Bevölkerung der Cyrenaika wurde von den Faschisten in öde Landstriche deportiert.

Das italienische Joch endete mit der Niederlage Mussolinis im Zweiten Weltkrieg. Doch trotz der Unabhängigkeitserklärung am 1. Januar

1951 verharrte das Königreich der Senussi in quasi kolonialer Abhängigkeit. Der Militärputsch von 1969, als dessen Führer sich sehr bald der junge Offizier Muammar el-Qadhafi durchsetzen sollte, wurde von der Masse der arabischen Bevölkerung als Befreiungsschlag empfunden. Etwas Grundsätzliches hatte sich in dieser bettelarmen Wüstenfläche, deren Einwohner damals zu 94 Prozent Analphabeten waren und deren einzige staatliche Einnahme in der Pacht bestand, die Araber und Briten für ihre Stützpunkte zahlten, geändert, als im Jahr 1966 die Libyan American Oil auf immense Reserven an Erdöl und Erdgas stieß. Binnen kurzer Zeit wurde Libyen zu einem der wichtigsten Petroleum-Exporteure, verfügte bei einer Bevölkerung, die von damals drei Millionen auf heute 6,5 Millionen angewachsen ist, über die Möglichkeit, den rückständigen Nomadenstämmen und den Städtern der Küste eine wesentliche Verbesserung ihrer Lebensbedingungen zu verschaffen.

Qadhafi hatte vergeblich versucht, die panarabischen Pläne Nassers fortzuführen. Dieser blendend aussehende junge Oberst, der sich gegen eine ganze Serie von Verschwörungen behauptete, verwandelte sich in den vier Jahrzehnten seiner bizarren Alleinherrschaft zu einem Schreckgespenst für jede Opposition im Innern und eine Vielzahl seiner Nachbarn, die er zu unterwandern, teilweise sogar – wie die Republik Tschad – zu annektieren suchte. Der Beduinensohn aus Sirte sah sich als Imperator einer permanenten Revolution, erklärte sein *Grünes Buch* und dessen Grundthesen zur Basis allen politischen Denkens und den Islam zur Staatsreligion, die Scharia zur offiziellen Gesetzgebung. Qadhafi gebärdete sich als eifernder Muslim, aber gegenüber den islamischen Fundamentalisten, den Anhängern einer koranischen Theokratie, den Salafisten, wie man heute sagt, ging er auf Distanz, betrachtete sie sogar – insbesondere die El Qaida Osama bin Ladens – als persönliche Todfeinde. Er stellte sie paradoxerweise als »Knechte des Imperialismus« dar, als Gegner des Fortschritts, des Sozialismus und der arabischen Einheit.

Die europäischen Medien waren anfangs fasziniert von diesem Sohn der Wüste, wenn er auf einem weißen Hengst angeritten kam und schwärmende Journalistinnen zum Tee in sein Zelt einlud. Die arabischen Staatschefs hingegen hatten ihn von Anfang an als gefährlichen

Gaukler und Querulanten entlarvt. Da Qadhafi sich selbst die Rolle eines »Imam« anmaßte und den Koran sehr eigenwillig interpretierte, setzte er sich der Empörung der »Rechtgläubigen« aus. Von König Hassan II. von Marokko wurde er sogar als »Abtrünniger« geschmäht. Die politischen und gesellschaftlichen Schachzüge des Gründers der »Jamahiriya« nahmen im Laufe der Zeit so wirre und blutrünstige Formen an, daß der ägyptische Rais Anwar es-Sadat, ein Intimfeind des libyschen Revolutionsführers, die Vermutung aussprach, er sei als Kind vom Kamel gefallen, mit dem Kopf aufgeprallt und habe sich davon nie erholt.

Afrikanische Ambitionen
Tripolis, im Herbst 2011

Den westlichen Geheimdiensten blieb schon damals nicht verborgen, daß der missionarische Ausdehnungsdrang des libyschen Volksführers, der innerhalb der arabischen »Umma« gescheitert war, sich nunmehr nach Süden, auf die afrikanische Sahelzone, richtete. Muammar el-Qadhafi hatte mit der »Weißen Garde« der Senussi-Krieger, die ihrem König in der Cyrenaika die Treue halten wollten, kurzen Prozeß gemacht und diese Tariqat unermüdlich verfolgt. Aber nun überfiel ihn selbst jener revolutionär-religiöse Taumel, der einst die fromme Bruderschaft zu ihren Waffentaten befähigt hatte. Die Propagandisten aus Libyen schwärmten neuerdings in die Sahel-Staaten aus. Die Petrodollars flossen in Strömen. 1976 hatte Qadhafi stillschweigend den Aouzou-Streifen im nördlichen Tschad annektiert, wo Uranium vermutet wurde. Seine Agenten schürten den Aufstand der kriegerischen Nomadenvölker in der Tibesti-Wüste gegen die zu jener Zeit überwiegend christliche Regierung des Tschad.

Vielleicht schwebte dem Oberst von Tripolis schon damals die Schaffung einer weitgezogenen »Islamischen Sahel-Republik« vor. Jedenfalls rekrutierte die libysche Jamahiriya eine »Islamische Legion«, in der sich Freiwillige aus einer Vielzahl schwarzafrikanischer Staaten einfanden. Die algerische Abwehr hatte rechtzeitig erfahren, daß die Werber Qadhafis beim Wüstenstamm der Tuareg aktiv geworden waren und daß sie diesen verschleierten Nomaden libysche Pässe aushändigten. Die Tuareg, so argumentierte der Oberst, seien libyschen Ursprungs, und sie hätten auf dem Höhepunkt der Senussi-Bewegung sich diesem »Jihad« begeistert angeschlossen. Von nun an waren die Algerier hellhörig geworden, denn nicht nur im Norden von Mali und Niger nomadisierten die Tuareg; auch im südlichsten Algerien lebten versprengte Gruppen dieser einst so gefürchteten Rasse, deren kriegerische Instinkte offenbar wieder erwacht waren.

In dem Maße, wie der libysche Oberst sich mit seinen arabischen Brüdern überwarf und seine anmaßende Irrationalität unerträglich wurde, wandte er sich seinen Glaubensbrüdern in Schwarzafrika zu. Seine Extravaganzen erklärte der sudanesische Staatschef Omar el-Bashir mit zunehmender Schizophrenie. Andere sprachen von Neigungen zu Paranoia. Im Laufe der Jahre ging eine fast furchterregende Verwandlung mit diesem einst attraktiven Beduinen vor sich. Man munkelte, daß er sich – um das fortschreitende Alter zu verbergen – chirurgischen Eingriffen unterzog. Wenn dem so war, müssen die Schönheitsoperationen völlig mißlungen sein. Seine kühnen Gesichtszüge wurden schwammig und aufgedunsen, fast abstoßend, so daß der Verdacht aufkam, er habe sich dem Drogenkonsum ergeben.

Die Sucht, in immer neuen, immer bizarreren Verkleidungen aufzutreten, ließ Qadhafi fast als Transvestiten erscheinen. Es ging noch an, wenn er den Burnus oder den Baracan, den braunen libyschen Wollmantel der Nomaden, und zur Abwechslung die Gandura der Beduinen anlegte. Aber mehr und mehr verfiel er auf weiße Marschall-Uniformen mit zahllosen Orden und Tressen. Die Augen verdeckte er durch eine Sonnenbrille. Um seine negroiden Freunde zu beeindrucken, hüllte er sich in knallbunte Boubous und stülpte die bei ihnen übliche goldene Häuptlingskrone auf sein tiefschwarz gefärbtes Kraushaar. Dieser Mann, der zweifellos über eine beachtliche Intelligenz und sogar über eine gewisse Bildung verfügte, nahm offenbar gar nicht wahr, wie lächerlich, ja grotesk seine Kostümierungen wirkten.

In der Folgezeit vermehrte er seine pompösen Staatsbesuche in den Sahel-Staaten, die er mit großzügigen Spenden und Projekten in seine Abhängigkeit brachte. Mit dem Dutzend Offizieren, die 1969 seine

Komplizen beim Staatsstreich gegen König Idris waren, hatte er sich überworfen. Sogar sein engster Vertrauter, Oberst Jallud, wurde kaltgestellt. Statt dessen übertrug er die Verwirklichung der ambitiösen Afrikapolitik seinem Sohn Seif el-Islam, »Schwert des Islam« in der Übersetzung. Im Gegensatz zu seinem Vater zeigte dieser sich nur in der britischen Eleganz von Savile Row. Seif el-Islam freundete sich mit Prinz Andrew aus dem Hause Windsor an. Er kontrollierte diverse einträgliche »Holdings«, die in der »Qadhafi-Foundation« zusammengefaßt waren. Besonders enge Beziehungen knüpfte die Jamahiriya zu führenden Politikern aus Südafrika und Burkina Faso.

Die libysche Investitionsgesellschaft Laaico war in fünfundzwanzig Ländern tätig. In der Republik Mali entstanden fünf Luxushotels. Dank der Gründung eines »joint venture« unter dem Namen Malibya wurden hunderttausend Hektar Savanne zum Anbau von Reis, Zuckerrohr und Mais erschlossen. Auch der Name Timbuktu taucht in dieser Einflußnahme auf, denn dort ließ Seif el-Islam, um den Zugang zum Niger-Strom wiederherzustellen, einen Kanal von vierzehn Kilometer Länge aus dem Sand schaufeln. Der im Westen geschmähte Despot von Zimbabwe, Robert Mugabe, gehörte zu den engsten Freunden des libyschen Regimes. Daß der Revolutionsführer auch an den heillosen Zuständen in der ostsudanesischen Provinz Darfur beteiligt war, wird durch seine enge Bindung an seinen ehemaligen Gegner, den Präsidenten der Republik Tschad, Idriss Déby, verdeutlicht. Déby gehört dem wichtigsten der in Darfur gegen das Regime von Khartum aufbegehrenden Stämme an und hat angeblich ein beachtliches Kontingent seiner Tschad-Soldaten zur Unterstützung des befreundeten Diktators ausgeschickt, als sich 2011 der »libysche Frühling« abzeichnete. Von englischen Studenten nach seinem Urteil über die Massaker in Darfur befragt, hat Qadhafi geantwortet, daß es sich dabei in erster Linie um eine tribale Angelegenheit handele. »Der Ursprung dieses Konfliktes war der Streit um ein Dromedar«, fügte er schnoddrig hinzu, »ein Konflikt, der sich zu einer internationalen Streitfrage steigerte.«

Was nun seine angebliche Absicht betrifft, Europa zum Islam zu bekehren, so beteuerte er vor einem wohlwollenden Forum in Rom, daß er niemals ein solches Vorhaben verfolgt habe. Vor seinen Glaubensbrüdern an der sakralen Stätte des Islam von Timbuktu führte er jedoch eine ganz andere Sprache. »Der Glaube Mohammeds wird über alle anderen Religionen triumphieren, ob das den Christen und Juden gefällt oder nicht«, so äußerte er sich. »Um den Islam zu verbreiten, brauchen wir weder das Schwert noch die Bombe.

Fünfzig Millionen Muslime leben bereits in Europa, und binnen weniger Dekaden werden sie Europa in einen islamischen Kontinent verwandeln. Gott wird es fügen, daß die Türkei der Europäischen Union beitritt, und die Zahl der europäischen Muslime wird auf weit über hundert Millionen anwachsen. Das gleiche gilt für Bosnien, dessen Bevölkerung zu fünfzig Prozent muslimisch ist. Die Statistiken zeigen, daß es Tausende von Moscheen in Europa gibt und daß die koranischen Organisationen sich dort rapide vermehren. Europa und die Vereinigten Staaten stecken in einer Falle: Entweder akzeptieren sie, daß sie in Zukunft islamische Nationen werden, oder sie müssen den Muslimen den Krieg erklären.« Gegen Ende seines *Grünen Buches* behauptet Qadhafi, daß »die Schwarzen eines Tages die Welt beherrschen werden«, wozu der libanesische Autor Alexandre Najjar in einer vorzüglichen Studie ironisch bemerkt, diese Prophezeiung sei bereits in Erfüllung gegangen, seit Barack Obama zum Präsidenten der größten Weltmacht gewählt wurde.

Die Abgründe des Atlas
Tunis, im August 1958

Man mag mir vorwerfen, daß ich meinen Blick intensiver auf die Vergangenheit als auf die Zukunft richte. Aber wie anders lassen sich die Konvulsionen der arabischen Welt deuten, die Amerika und Europa mit voller Wucht aus ihrer Lethargie rissen? Ich drehe die Zeit auf den August 1958 zurück. Seit vier Jahren befand sich Algerien im Zustand des bewaffneten Aufstandes gegen Frankreich. Als ich in einer französischen Offiziersrunde meine Absicht kundtat, in den kommenden Tagen von Bône nach Tunis zu fliegen, wurde ich eigenartig gemustert. »Sie gehen also zum Feind«, schien jeder Blick zu sagen. In Tunis hatte nämlich die »Nationale Befreiungsfront Algeriens« ihr Hauptquartier aufgeschlagen.

Aus dem Bullauge der DC 4 versuchte ich krampfhaft, dort unten in der Gegend von Soukh Ahras in den grau-grünen Korkeichen-Wäldern eine Kampftätigkeit auszumachen. Im Vorfeld der französischen Morice-Linie waren Lager der »Fellaghas« – wie die Franzosen die Aufständischen nannten – dicht an die französischen Außenposten herangeschoben. Aber die hölzernen Wachtürme um den Flugplatz von Bône mit ihren Scheinwerfern und Maschinengewehren blieben die letzte kriegerische Vision. Die Natur hatte keine Trennungslinie zwischen Algerien und Tunesien gezogen. Die weißen Schaumkronen des Meeres pulsierten ohne Unterbrechung am sandigen Küstenstrand.

Dann landete die Maschine in Tunis, und auf einmal war der Druck fortgenommen. Man hatte sich so daran gewöhnt, die schußbereiten Posten neben jedem Flugzeug stehen, die Rollfelder von Drahtverhau und Mirador-Ketten eingezäunt zu sehen, daß die Nonchalance des tunesischen Personals und die Stille des Abends verwirrten. Der Frieden kam wie ein Schock. An lila blühenden Hecken vorbei war der Bus nach Tunis eingefahren. Durch die feierlichen Palmenwedel drang der Gestank der Abwässer des Chalk-el-Wadi. An der breiten, baumbestandenen Avenue Bourguiba warteten die kleinen Renault-Taxis – rot und weiß lackiert – in langer Reihe. Dennoch hatte sich einiges geändert in Tunis seit meinem letzten Besuch im Herbst 1953. Neben jede französische Reklame schmiegten sich jetzt die Schnörkel der arabischen Schrift. Auf den Café-Terrassen der Innenstadt vor den italienischen Pizzerias saßen überwiegend tunesische Gäste. Die jungen Araber waren in die kleidsame weiße Gandura gehüllt, um deren Frische man sie beneidete und in die sie sich wie in eine römische Toga zu drapieren verstanden. In dem maltesischen Restaurant, wo unter trostloser Neonbeleuchtung die bescheidenen europäischen Familien schweigend ihre Ravioli aßen, drang aus dem Nebenzimmer lautes arabisches Rufen. Dann sangen die tunesischen Studenten, und durch das Speiselokal hallte ein zügiger Rhythmus, der an den libanesischen »Dabke« erinnerte.

In diesem »Mat'am« habe ich mich mit Hans-Jürgen Wischnewski verabredet. Seit längerer Zeit war ich mit dem SPD-Politiker, einem engen Vertrauten Helmut Schmidts, befreundet. Daran hatte der Umstand nichts geändert, daß Wischnewski – »Ben Wisch« genannt – sich mit voller Energie für die algerische Unabhängigkeit einsetzte und so sehr das Vertrauen der »Befreiungsfront« genoß, daß sie ihm vorübergehend die Aufbewahrung ihrer Kriegskasse anvertraute. Was mich betraf, so betrachtete ich von Anfang an das Engagement einer halben Million französischer Soldaten zur Erhaltung oder zur Schaffung der »Algérie francaise« als einen fatalen Irrtum, aber meine Sympathie für die dort eingesetzten »Paras« war mir natürlich erhalten geblieben. Das trübte mein Verhältnis zu Ben Wisch nicht, der seine Aktion ohne jeden antifranzösischen Affekt durchführte. Er vermittelte mir den Zugang zu den führenden Kommandeuren des algerischen Widerstandes, die sich in Tunis aufhielten.

So trat Si Mohammedi, als Oberst Naceur im Maquis von Algerien bekannt, an unseren Tisch. Der herkulisch gebaute Kabyle mit dem sanguinisch roten Gesicht wirkte fast europäisch. Er war ein Mann des Untergrundkampfes, noch nicht an die Salons von Tunis gewöhnt. Si Mohammedi hatte während des Zweiten Weltkrieges in einer muslimischen Sondereinheit der deutschen Wehrmacht als Feldwebel gedient. Er war im Sommer 1942 dabei, als das deutsche Oberkommando zum großen Zangengriff nach dem Orient – über Ägypten im Süden und den Kaukasus im Norden – ausholen wollte. Er hat später in der Kalmücken-Steppe gekämpft und wurde zur Zeit des Tunesien-Feldzuges hinter den alliierten Linien in Ost-Algerien bei Tebessa in deutschem Auftrag abgesetzt. Si Mohammedi war ein rauher Sohn des Krieges. Aber er hielt sich an die Weisung größter Höflichkeit und offizieller Mäßigung, die der militärische Befehlshaber Krim Belkassem ausgegeben hatte. Hans-Jürgen Wischnewski hatte Si Mohammedi auf die Seite genommen und sprach mit ihm über die beschleunigte Rückführung desertierender Fremdenlegionäre.

Tunis wimmelte von Agenten, Spionen und Geheimpolizisten. Die Perfektion des tunesischen Spitzelsystems knüpfte an eine lange türkische Tradition an. In den trüben Bars der Avenue Bourguiba, wo sich die Partisanen auf Stadturlaub trafen, unter dem trostlosen Neonlicht eines entzauberten Orients, bewegten sich die verdächtigen Gäste – Aufständische, Waffenhändler, Nachrichtenübermittler – wie Krebse in einem Tümpel. Jeder beobachtete und überwachte jeden. Die Statisterie eines drittrangigen Spionagefilms war hier versammelt. Bevor ich durch ein mittelalterliches Stadttor die engen Straßen der Medina, der Araber-Stadt, betrat, blieb ich verdutzt unter zwei blauen Straßenschildern stehen. Da hieß der größte, repräsentative Platz der tunesischen Hauptstadt weiterhin »Place de France«, und an ihm entlang verlief die »Rue du Général de Gaulle«. Die Tunesier sind ein liebenswürdiges Volk, und die Unabhängigkeit war ihnen nicht zu Kopf gestiegen. Selbst die polemischen Inschriften zur staatlich angeordneten Sauberkeitskampagne: »Befreit Euch vom Schmutz, wie Ihr Euch vom Kolonialismus befreit habt!« waren nicht ganz so böse gemeint. Zum ersten Mal seit meiner Ankunft in Nordafrika besuchte ich eine Medina ohne die geringste Beklemmung und ohne böse Vorahnung. Wie unendlich weit erschien hier die erstickende Kasbah von Algier. Im Vorbeigehen fiel mir auf, daß über den meisten Buden und maurischen Cafés neben dem Bild des Staatspräsidenten Bourguiba und dem roten tunesischen Fähnchen auch der grün-weiße Wimpel der Algerischen Befreiungsfront flatterte.

Bei der algerischen Vertretung in der Rue de Corse herrschten Mißmut und Empörung. Die militärischen Meldungen, die über die Grenze drangen, klangen nicht gut. Das Oberkommando der Befreiungsarmee hatte seine ehrgeizigen Pläne aufstecken müssen. Den teilweise in Bataillonsstärke operierenden Partisanen war der Befehl erteilt worden, sich wieder in kleine Trupps, in »Kataeb«, aufzulösen und den individuellen Terror zu aktivieren. Die Franzosen hatten längs der Grenze elektrische Zäune und Minenfelder angelegt. Diese »Barrage«, die sogenannte Morice-Linie, erwies sich als ein mörderisches Hindernis für die Infiltranten. Mit einiger Sorge sah man der großangekündigten französischen Offensive gegen die fünf Gebirgs-Bollwerke der Rebellen von den Nementscha bis zu den Höhen um Tlemcen entgegen.

»Bestehen Sie weiterhin vor jeder Verhandlung mit Paris auf Anerkennung der algerischen Unabhängigkeit durch Frankreich?« hatte ich im Hauptquartier der FLN in Tunis gefragt. »Für uns ist die Unabhängigkeit nicht irgendeine Verhandlungsfrage«, wurde mir geantwortet, »sie ist überhaupt der letzte Sinn unseres Kampfes. Wenn Frankreich einmal unsere Unabhängigkeit anerkannt hat, dann sind wir bereit, über alles andere zu diskutieren. Aber von der ›Istiqlal‹ können wir nicht abgehen.« Aus der Sicht des zum Meer offenen Tunis mit seinen geschmeidigen Menschen wirkte der Aufstand der algerischen Hinterwäldler, die vom Raffinement des arabischen Orients kaum einen Hauch verspürten, dafür aber auf den Arbeitsplätzen in Frankreich den Dampf marxistischer Ideologie eingesogen hatten, wie ein Sturm entfesselter Derwische.

In einer Journalistenrunde wurde ich damals von einem Pariser Kollegen, der den üppig süßen Duft einer Jasminblüte einatmete, gefragt: »Kennst du die letzte Geschichte vom Besuch des tunesischen Botschafters Masmoudi bei de Gaulle?« Masmoudi hatte den General in einer persönlichen Audienz gebeten, Ahmed Ben Bella freizugeben. Ben Bella wurde von den verhandlungsbereiten Kreisen in Paris als geeigneter Gesprächspartner angesehen. »Warum soll ich Ben Bella schon entlassen?« soll de Gaulle geantwortet haben. »Es geht ihm nicht schlecht. Er lebt als politischer Häftling unter vergünstigten Bedingungen. Er kann mit seinen algerischen Freunden kommunizieren. Er ist in Sicherheit und behält sein Prestige bei seinen Landsleuten. Im übrigen verfügt er über eine reiche Bibliothek und kann endlich etwas für seine Bildung tun.« Der General erinnerte sich wohl daran, daß er den Feldwebel Ben Bella, der im Italien-Feldzug der Franzosen mit großer Bravour gekämpft hatte, persönlich mit einem hohen Tapferkeitsorden ausgezeichnet hatte.

Unruhe bei den Kabylen

Algier, im Mai 2011

»Algier ist eine ganz weiße Stadt«, hatte Georges Duroy, jener Gelegenheitsjournalist, der als »Bel Ami« in die Literatur eingegangen ist, in der Novelle Maupassants mühsam zu Papier gebracht, als er mit Hilfe einer Mätresse seine Nordafrika-Erlebnisse in einer Reportage zusammenfassen wollte. Die heutige Hauptstadt hat nach Jahrzehnten der Verwahrlosung, die unmittelbar nach der Unabhängigkeit stattfand, einen Teil dieses hellen Scheins zurückgewonnen, mit Ausnahme der malerischen, dumpfen »Kasbah«, die nur mit äußerster Mühe als »Kulturerbe der Menschheit« restauriert werden könnte. Wenn Algier wieder weiß geworden ist, so ist das teilweise der Tünchung der Mauern in den ehemaligen europäischen Vierteln zu verdanken, im wesentlichen jedoch dem Entstehen völlig neuer Wohnkasernen, die von chinesischen Arbeitern in Rekordzeit erstellt werden. Diese Neubauten gleichen »en miniature« den gewaltigen Appartement-Blocks, wie sie in den Metropolen des Reiches der Mitte aus dem Boden geschossen sind.

45 000 Chinesen sollen in Algerien tätig sein. Ihnen ist neben einer Vielzahl von Infrastrukturprojekten der Bau der endlosen Autobahn zu verdanken, die sich von der marokkanischen bis zur tunesischen Grenze hinzieht. »Diese Chinesen arbeiten wie Ameisen«, verwundern sich die jungen Algerier, die schätzungsweise zu dreißig Prozent ohne Job sind. Statt selbst Hand anzulegen, sieht man sie reihenweise an den Hauswänden lehnen. »Ils soutiennent les murs – Sie stützen die Mauern ab«, spotteten einst die »Pieds-noirs«, die Algier-Franzosen, über diese Form des Müßiggangs. Dabei schweifen die Blicke der jungen »Chômeurs« heute sehnsuchtsvoll über das Mittelmeer in Richtung auf die alte Metropole Frankreich, wo sie bei ihren naturalisierten Familien unterkommen könnten und sehr bald in den Genuß der großzügigen französischen Sozialgesetzgebung kämen.

Den Fahrer Raschid und den komfortablen Peugeot habe ich im Hotel angemietet. Ich hege keinen Zweifel, daß Raschid mich im Beobachtungsauftrag irgendeines Sicherheitsdienstes begleitet, aber der stämmige Araber wirkt zuverlässig, und irgendwie muß er ja seinen Unterhalt verdienen. Zudem spricht er fließend Französisch, wie übrigens die Mehrzahl der städtischen Algerier sich mit dem Hocharabischen schwerer tut als mit der Sprache Corneilles. Als Ausflugsziel gebe ich das Küstenstädtchen Tipasa an. Wir legen die hundert Kilometer Strecke zügig zurück trotz der zahlreichen Kontrollposten von Militär und Gendarmerie. Die Sperren geben davon Kunde, daß der Aufstand der GIA und der »Salafistischen Front für Predigt und Jihad«, die sich neuerdings den reißerischen Namen »El Qaida des islamischen Maghreb« zugelegt hat, noch nicht ausgemerzt ist, ja mit vermehrten Überfällen von sich reden macht. Auch in Algerien kommt es gelegentlich zu Protestkundgebungen, aber wenn eine Gruppe von dreißig Regimekritikern sich zusammenrottet, so heißt es, seien gleich dreitausend bewaffnete Ordnungshüter zur Stelle, um den Spuk auseinanderzutreiben.

Mit dem idyllischen Strand von Tipasa verbindet mich ein Gefühl der Nostalgie. Im Sommer 1953 hatte ich dort im Kreis von Freunden gegrillte Krabben und Rotwein genossen, bevor wir in das strahlend blaue Meer eintauchten. Jetzt hat sich der einheimische Massentourismus dieser lieblichen Bucht bemächtigt. In der Nachbarschaft sind scheußliche Mietskasernen entstanden. Sie werden von der silbern glänzenden Blechkuppel einer riesigen Moschee überragt. In ausgedehnten Gärten, die zum Meer führen, bewegen sich lärmende Schulklassen, Jungen und Mädchen, unter der Aufsicht ihrer Lehrer. Was wird ihnen wohl erzählt von der Größe des Römischen und des Byzantinischen Reiches, die sich hier mit ihren eindrucksvollen Ruinen verewigt haben? Das Amphitheater ist noch intakt, und auf dem ehemaligen Forum ragen Säulenstümpfe. Vor allem aber das Christentum hat seine Spuren hinterlassen mit den Särgen seiner Bischöfe und den Grundmauern einer wuchtigen Kathedrale. Wer denkt im heutigen Algerien daran, daß der Kirchenvater Augustinus, ein gebürtiger Kabyle, in der östlich gelegenen Hafenstadt Annaba, die bei den Franzosen Bône und zur Zeit der Römer Hippo Regius hieß, als Bischof waltete? Am algerischen Strand war der heilige Augustinus rastlos auf und ab gewandert in dem verzweifelten Versuch, das Geheimnis der Dreifaltigkeit zu ergründen.

In den frühen neunziger Jahren – der grausame Bruderkrieg gegen die revoltierenden Islamisten war bereits im Gange – war ich im Restaurant »Romana« mit einem algerischen Arzt ins Gespräch gekommen. Er äußerte sich mit erstaunlicher Offenheit. Als ich ihn auf die Ähnlichkeit dieser nordafrikanischen Küstenlandschaft mit gewissen Gegenden Siziliens verwies, antwortete der Arzt mit einem bitteren Lachen. »Sie wissen gar nicht, wie recht Sie haben«, bemerkte er. »Wir haben vor allem im öffentlichen Leben sizilianische Verhältnisse, seit hier die Mafia in Politik und Wirtschaft den Ton angibt.« Der Arzt bedauerte die Entwicklung zutiefst. Die Bevölkerung wirke jetzt völlig verstört und verstockt. »Mein Verhältnis zu den Islamisten ist gespalten«, fuhr er fort. »Wie Sie merken, bin ich von der Erziehung her durchaus westlich ausgerichtet. Ich habe sogar ein paar Studienjahre in Montpellier zugebracht. Aber die Situation hier ist so verfahren, daß mir ein revolutionärer Umbruch – selbst wenn er im Zeichen Allahs und seines Propheten vollzogen würde – beinahe wünschenswert erscheint. Algerien befindet sich in einer Sackgasse. Die islamische Revolution ist vielleicht die unentbehrliche Katharsis, die Läuterung im alten griechischen Sinne, um zu neuen Lebensformen und hoffnungsvollen Perspektiven zu gelangen. Ich mache mir dennoch keine Illusionen. Die Einheit von Religion und Staat, die Wiedererweckung des idealen Gottesstaates, wie ihn der Prophet und seine Gefährten in Medina vorlebten, ist wohl ein Irrweg und wird mit ziemlicher Gewißheit ebensowenig menschheitserlösend wirken wie die so spektakulär gescheiterten Heilsversprechen des Marxismus-Leninismus. Aber wenn wir auf die jungen Leute meiner Heimat blicken, auf diese Masse von Verbitterung und Verzweiflung, dann meine ich manchmal, daß wir die Probe aufs Exempel machen sollten. Man muß die politische Utopie ausleben, um sie eventuell überwinden zu können.«

Von meinem Fahrer Raschid kann ich im Mai 2011 keine solche Regimekritik erwarten. Wider Erwarten ist er bereit, bei der Rückfahrt nach Algier die Inland-Straße durch die Mitidja einzuschlagen. Diese einst sumpfige, versteppte Gegend war von den französischen Kolonisten in ein blühendes Paradies verwandelt worden. Die Fahrt stimmt mich melancholisch. Nach der Unabhängigkeit und Kollektivierung waren diese fruchtbaren Gärten zu öden Distelfeldern verkommen. Aber seit meinem letzten Aufenthalt in dieser Region hat man mit dem Anbau von Zitrusplantagen begonnen. Die katholischen Kirchen sind verrammelt und verlassen, wenn sie nicht abgerissen wurden. Statt dessen ragen überall die Minarette und Kuppeln der Moscheen über flachen Dächern empor. Viele von ihnen sind noch im Bau. Leider zeugen diese Gebetsstätten des islamischen Kults von architektonischer Einfallslosigkeit.

Ob ich nicht einen Abstecher zu jenem pyramidenförmigen, dichtbewaldeten Hügel machen wolle, den man – aus welchem Grund auch immer – »le tombeau de la Chrétienne«, das »Grab der Christin« nennt. Man täte besser daran, hatte mir ein alteingesessener »Pied-noir« gesagt, von einem »tombeau de la Chrétienté, einem Grab des Christentums« zu sprechen. Immerhin haben die Behörden der unabhängigen Republik die hoch über die Hauptstadt aufragende Basilika mit dem mächtigen Kreuz über der Kuppel restaurieren lassen. »Notre Dame d'Afrique« heißt dieses massive Bauwerk, dessen Erhalt religiöse Toleranz andeuten soll.

Zwei Tage später frage ich ihn, ob er mich in die wichtigste Ortschaft der Kabylei, nach Tizi Ouzou fahren würde. Etwas zögerlich stimmt er zu, denn es ist bekannt, daß die dort lebenden Berber in instinktiver Ablehnung der arabisierten Behörden verharren und den Respekt vor ihrer eigenen Kultur fordern. Am Vorabend hatte ich einen mir seit langem bekannten Universitätsprofessor aufgesucht, der der offiziellen Kabylen-Partei »Front der sozialistischen Kräfte« angehört. Er beklagte die Abwesenheit ihres historischen Führers Ait Ahmed, der im Aufstand gegen die französische Fremdherrschaft von der ersten Stunde an eine entscheidende Rolle spielte und jetzt in Marokko Asyl gesucht hat.

Bei aller Frontstellung gegen die ehemaligen Kolonisten sind die Berber Algeriens durch die lange französische Präsenz nachhaltig geprägt. Den strengen Islamisten sind diese Nachkommen der Numidier, überhaupt alle Kabylen, die angeblich in prä-islamischen Bräuchen verharren, zutiefst suspekt. Auch bei den Kader-Politikern der Nationalen Befreiungsfront und der ihr eng verwandten Nationalen Befreiungsarmee begegnet man den Berbern mit Mißtrauen. Die Offiziere, die in Algier den Ton angeben, betrachten die Weigerung der meisten Kabylen, sich total arabisieren zu lassen, und ihre Forderung, die angestammte Sprache »Tamazight« zu erhalten, fast als einen Akt nationalen Verrats. Der Professor antwortete auf diese Verdächtigung mit deutlichen Worten. Die einzige fleißig arbeitende Schicht in Algerien seien doch die Berber. Die Araber seien von Natur aus faul, und man könne sie nur mit dem Knüppel regieren.

Schon im weiten Umkreis von Tizi Ouzou ist die Spannung zu spüren, die hier seit der Niederschlagung der Partisanenbewegung GIA nie nachgelassen hat. Im Marktviertel vermisse ich auf den Reklame- und Straßenschildern die seltsamen Zeichen der Kabylenschrift, die man dort einst zugelassen hatte und nun durch die arabische Schrift ersetzt. Fast an jeder Straßenkreuzung hat die Darak, die Gendarmerie, ihre blau angestrichenen Straßenpanzer stationiert, und die Armee baut befestigte Stellungen aus. Als ich Raschid auffordere, in das nahe Djurdjura-Gebirge zu fahren, dessen Felskrone sich am Horizont abhebt, lehnt er ab und drängt zum Aufbruch nach Algier. Jeder Versuch, von der Autobahn abzuzweigen, die Tizi Ouzou mit der relativ nahen Hauptstadt verbindet, scheitert an der höflichen, aber energischen Weigerung irgendwelcher Sicherheitsorgane. Am folgenden Tag erfahre ich aus der Zeitung *El Watan*, daß kurz nach meinem Besuch sowohl in Tipasa als auch in Tizi Ouzou Sprengsätze der islamistischen Rebellen hochgegangen sind. Die Anschläge gelten den Soldaten und Polizisten des Regimes, aber die meisten Opfer hat die Zivilbevölkerung zu beklagen.

Algerien hat sich immer noch nicht von den Traumata seines langen Befreiungskampfes gegen Frankreich erholt. Da tauchen Gespenster aus der Vergangenheit auf. Meine Verwunderung ist groß, als plötzlich eine heftige Polemik über die Person Ahmed Ben Bellas ausbricht. Dieser Mann mit dem Löwenkopf, der beansprucht, den Aufstand des 1. November 1954 vorbereitet und ausgelöst zu haben, hat sich im Alter von neunzig oder vierundneunzig Jahren – genau weiß er das nicht – gebieterisch zu Wort gemeldet. Die offiziellen Regierungsorgane von Algier haben eine gehässige Kampagne gegen den ersten Präsidenten der Republik entfesselt, der nur knapp drei Jahre lang – von 1963 bis 1965 – die Gestaltung seines Landes zu einem sozialistischen System »sui generis« ausrichtete und sich in der Außenpolitik als revolutionärer »Tiersmondist« gebärdete. Am 19. Juni 1965 wurde er von den Verfügungstrupps des Oberst Boumedienne auf heimtückische Weise verhaftet. Bis zum November 1982 verharrte er in einem algerischen Kerkerdasein, neben dem die Internierung in Frankreich wie ein Kuraufenthalt wirkte.

Jetzt hat sich dieser immer noch rüstige Mann mit einer Philippika an sein Volk gewandt, um nicht nur das heutige Zwangsregime abzukanzeln, sondern auch mit seinen ehemaligen Gefährten der Befreiungsfront alte Rechnungen zu begleichen. »Le semeur de Fitna«, so macht ein Blatt der Hauptstadt auf, »Der Säer der Zwietracht«. Das Wort »Fitna« steht für ein Grundübel der islamischen Gemeinschaft, für die endlose Folge religiöser und politischer Spaltungen, die die koranische Gesellschaft seit dem Tod des Propheten heimgesucht hat.

Ich muß an den Nachmittag 1981 zurückdenken, als ich den vorübergehend in Frankreich lebenden »Zaim« Ben Bella in seiner Wohnung von Neuilly besuchte. Es war unmöglich, nicht mit diesem athletischen Mann zu sympathisieren. Das pausbäckige Schlagersänger- und Sportlergesicht von einst war durch drei Jahre der Prüfung kantiger geworden. Am meisten beeindruckte mich die Heiterkeit, die Gelassenheit, die aus seinen großen Maghrebiner-Augen sprach. Er redete ohne Komplexe von seiner Entmachtung. Während der ersten, härtesten Jahre der totalen Isolation in den algerischen Gefängnissen habe man ihn wohl um seinen Verstand bringen wollen. »Aber sie haben mir nichts antun können«, betonte er. »Ich habe mich in meiner kahlen, winzigen Zelle jeden Tag einem eisernen Programm an Leibesübungen unterworfen, aber was mir tatsächlich erlaubt hat, einen klaren Kopf zu bewahren und mein Innenleben zu vertiefen, das war die Religion, die Gottergebenheit des Islam und der Koran, den man mir als einzige Lektüre gestattet hatte.«

»Mysterium fidei« hätte man früher in der christlichen Welt gesagt, als man noch die Geheimnisse des Glaubens gelten ließ. Ben Bella war tatsächlich dem Kernproblem des Islam nähergekommen. Es werde immer eingewandt, so führte der ehemalige Präsident aus, der Koran sei vor 1400 Jahren offenbart worden. Aber die Sunna erlaube eine ständige Anpassung des ewigen, ungeschaffenen Wortes Allahs an die veränderten Umstände. Es gebe doch den »Ijtihad«, die fromme Bemühung des einzelnen und der Gemeinschaft um eine fortschrittliche Auslegung der heiligen koranischen Schrift.

Seine Kritiker hat Ben Bella bei seiner jüngsten Proklamation aufs äußerste gereizt, als er erklärte, er sei zwar im algerischen Grenzgebiet geboren, aber seine Eltern seien beide Marokkaner gewesen, als ob die Zugehörigkeit zum Scherifischen Reich von Fez, Marrakesch und Rabat einen besonderen Adel gegenüber den geschichtslosen Algeriern verleihe.

Befehlshaber der Gläubigen
Marokko, im Mai 2011

So sind wir also auf Umwegen nach Marokko gelangt, zum »Maghreb el aqsa«, zum »äußersten Westen«, wie das Scherifische Reich auf Arabisch genannt wird. Die Marokkaner blicken im Gegensatz zur tribalistischen Zersplitterung der übrigen Völker Nordafrikas von alters her auf eine imponierende staatliche, ja imperiale Vergangenheit zurück. Von den Osmanen, die bis Tlemcen in Ost-Algerien vorrückten, wurden sie nie unterworfen. Sie erkannten auch kein fremdes Kalifat an, sondern verehrten den eigenen Sultan als geistliches Oberhaupt, als »Befehlshaber der Gläubigen«. In mancher Beziehung gleichen die kriegerischen Berberstämme des Hohen Atlas den Paschtunen Afghanistans. Eine komplette Kontrolle haben der Sultan von Rabat und der Emir von Kabul niemals über ihr Land ausgeübt. Das dem Herrscher unterworfene Territorium – hier »Bled Maghzen«, dort »Hukuma« genannt, beschränkte sich in Marokko auf die arabisierte Küstengegend und die Städte, während die Berber des Atlas im »Bled Siba«, wie die Paschtunen am Hindukusch, im sogenannten Yagestan, ihre Selbständigkeit zu verteidigen wußten.

Erst die Franzosen, die 1911 ihr Protektorat in Marokko etablierten, haben dank der klugen Zurückhaltung des Generalresidenten Lyautey dem »Maghreb el aqsa« zur administrativen Einheit verholfen. Der Sultan hat die Bevormundung durch Paris stets in Grenzen zu halten gewußt. Das ging unter Mohammed V., den das Volk abgöttisch liebte, so weit, daß er sich während des Zweiten Weltkrieges weigerte, die antisemitische Gesetzgebung der Kollaborateure von Vichy zu übernehmen, und den jüdischen Untertanen, die in großer Zahl in ihren »Mellahs« lebten, seinen persönlichen Schutz gewährte. Von de Gaulle wurde Mohammed V., der vorübergehend von engstirnigen Politikern der IV. Republik nach Madagaskar verbannt worden war, bevor er die volle Unabhängigkeit seines Reiches wiederherstellte, mit der höchsten Ehrung des »Freien Frankreich« ausgezeichnet, mit dem Titel eines »Compagnon de la Libération«.

Zu Marokko besitze ich eine recht persönliche Beziehung. Ich war in Rabat zugegen und habe das Land unter recht abenteuerlichen Bedingungen erforscht, als Gilbert Grandval, der französische Hochkommissar im Saarland, zum Generalresidenten von Marokko ernannt wurde. Er sollte dort durch liberale Reformen einen reibungslosen Übergang zum »Istiqlal« einleiten. In jenen Tagen hatte ich mich mit dem Führer der sozialistischen Opposition, Mehdi Ben Barka, angefreundet, der später in seinem Pariser Exil auf Befehl des Sohnes Mohammeds V., des Königs oder »Malik« Hassan II. – wie der Sultan nunmehr genannt wurde –, unter abscheulichen Umständen ermordet wurde. Ich war im Sommer 1955 nicht sonderlich überrascht, als das Experiment Grandval an einem völlig unerwarteten Aufstand der Berberstämme scheiterte. Ein paar Jahre später, nach meinem Studium im Libanon, hatte der Quai d'Orsay mir nahegelegt, mich – mit Zustimmung der Scherifischen Regierung – als »politischer Ratgeber« eines marokkanischen Provinzgouverneurs anwerben zu lassen. Ich hatte die Wahl zwischen Meknes und Ouarzazate, kann aber dem Schicksal dankbar sein, daß sich dieser Plan sehr bald zerschlug.

Angesichts des »Frühlings«, der in der arabischen Umma vielerorts »aufgeblüht« ist, stellt sich immer wieder die Frage, ob die alawitische Dynastie Marokkos, die eine Abstammung vom Propheten Mohammed beansprucht, ebenfalls in den Strudel des Wandels und der Rebellion hineingerissen wird. Der jetzige König Mohammed VI. genießt angeblich eine gewisse Beliebtheit bei seinen Untertanen und kann sich stets auf seine geistliche Führungsrolle als »Amir el Mu'minin« berufen. Ob das auf Dauer ausreichen wird angesichts einer brodelnden proletarischen Masse im Slum Sidi Moumen am Rande von Casablanca und der ererbten Aufsässigkeit der Berber in ihren »Ksur« des Atlas? Sein Vater Hassan II., der sich durch hohe Intelligenz, durch persönlichen Mut, aber auch durch Grausamkeit auszeichnete, hatte diversen Komplotten und Revolten standgehalten. Ich befand mich gerade in Rabat, als ein befreundeter französischer Diplomat mir das ungewöhnliche Drama schilderte, mit dem eine königliche Sommerparty geendet hatte. Auf den Höflingen lastet heute noch die Erinnerung an das Attentat von Skhirat im Juli 1971.

Hassan II. hatte das diplomatische Corps und die Oligarchie des Scherifischen Reiches zu einem prunkvollen und etwas lasziven Gartenfest in seinem Sommerpalast nördlich von Rabat versammelt. Man trank Champagner und aß Kaviar. Ein Orchester spielte modernen Beat aus den USA. Die Frauen trugen Bikini, die Männer bunte Strandkleidung. Der König selbst ging in Bermuda-Shorts und Hawaii-Hemd unter seinen Gästen umher. Da geschah plötzlich das Unfaßbare. Ein heiliger und schrecklicher Sturm brach über diese frivole und sündhafte Gesellschaft herein. Unter dem Ruf des Heiligen Krieges »Allahu akbar« waren die Unteroffiziersschüler aus Ahermumu im Rif unter Anleitung ihres Kommandeurs auf Lastwagen in Skhirat angerollt, hatten sich mit ihren Waffen den Weg zum Palastinneren und zum Swimmingpool freigeschossen und begannen ein Gemetzel unter den Notabeln, den Diplomaten und Generalen, die der Einladung Hassans gefolgt waren. Blankes Entsetzen entstand unter den Gästen.

Die jungen, fanatischen Soldaten gebärdeten sich wie ihre Vorväter, die im Gefolge der eifernden islamischen Erneuerungsbewegung der »Almohaden – El Muwahhidun« im 12. Jahrhundert aus den rauhen Höhen des Atlas in die Ebene der Verweichlichung vorgestoßen waren, um im Namen der Einzigkeit Gottes den lasterhaften und abtrünnigen Epigonen der Almoraviden-Dynastie ein Ende zu setzen. Die entfesselten Aufrührer aus Ahermumu, die – wie sich später herausstellte – von Agenten aus Libyen aufgewiegelt worden waren, hatten sich vorgenommen, den König zu ermorden. Schon wähnte man Hassan II. unter den Toten. In Wirklichkeit hatte sich der Monarch geistesgegenwärtig in eine Umkleidekabine geflüchtet. Als die Soldaten ihre systematische Suche fortsetzten und die verschlossenen Türen erbrachen, wobei auch die Dienerschaft wahllos niedergemäht wurde, hatte Hassan II. sich gefasst. Er hatte eine weiße Jellabah über seine Bermuda-Shorts gestülpt, öffnete den Aufrührern selbst den Zugang, ging ihnen aufrechten Hauptes entgegen, hob die Hände zum Gebet und rezitierte die »Fatiha«, die Eröffnungssure des Koran: »Bismillahi rahmani rahim –

Im Namen Gottes des Gnädigen, des Barmherzigen ... Herrscher der Welt, König am Tage des Letzten Gerichts ...« Das löste eine erstaunliche Reaktion aus: Die Mörder, die eben noch wild um sich schossen, erstarrten im Angesicht ihres Kalifen, des Befehlshabers der Gläubigen, des Nachkommen des Propheten, ließen die Waffen fallen und stimmten in das Gebet ein: »Ihdina sirata el mustaqim – Führe uns den Weg der Rechtschaffenen, derjenigen, denen Du Dein Wohlwollen schenkst, und nicht den Weg derjenigen, denen Du zürnst, den Weg der Irrenden.«

Das Attentat von Skhirat war an der verblüffenden Geistesgegenwart des Monarchen gescheitert. General Oufkir, der auf seltsame und verdächtige Weise vom Gemetzel verschont wurde, hatte endlich die treu ergebene Palastwache mobilisiert. Die Unteroffiziersschüler ließen sich fast wehrlos abführen. Sie wurden umgehend erschossen.

Der jetzige Herrscher, Mohammed VI., hütet sich, durch frivole Auftritte den Zorn der Gläubigen zu wecken. Aber die Pessimisten blicken auf die nördlichen Küstengebirge des marokkanischen Rif, das zur Zeit des französischen Protektorats von Spanien annektiert worden war. In den Jahren 1921 bis 1925 erhob sich die herrische Figur des »Rogi«, des Emirs Abdel Krim im Hohen Atlas und rief seine Berber-Gefolgschaft zum Heiligen Krieg gegen einen nachgiebigen Sultan und die Präsenz ungläubiger Besatzer auf. Fast hatten seine wilden Krieger die spanische Garnison überrannt und ins Meer geworfen. Daraufhin bot Frankreich in aller Eile eine beachtliche Streitkraft auf und unterstellte sie dem Befehl des damals hochangesehenen Verteidigers von Verdun, des Marschalls Pétain. Mit erdrückender Übermacht kämpften die Franzosen den Aufstand des Rogi nieder.

Könnte sich heute Ähnliches wiederholen? Hassan II., der gefürchtet, aber unbeliebt war, hatte in einer Krisensituation das ganze marokkanische Volk zum »Jihad« mobilisiert und auf diese Weise hinter sich geschart. Er setzte den »Grünen Marsch« der frommen Massen in Bewegung, die unbewaffnet, aber den Koran in der Hand, die spanischen Grenzstellungen des Sakhiet-el-hamra geradezu überschwemmten und die Annexion des bislang spanischen Küstenstreifens der West-Sahara am Atlantik ohne Blutvergießen vollzogen.

Würde sein Sohn, Mohammed VI., in einer Stunde der Bedrängnis und zur Stärkung seiner Position dem Vorbild seines Vaters folgen und ein ähnliches Aufgebot gegen die winzigen spanischen Besitzungen am Mittelmeer, die »Presidios« von Ceuta und Melilla, versammeln, um die letzten Relikte europäischer Kolonialpräsenz in Afrika, auf die Rabat stets Anspruch erhob, seinem Staat einzugliedern? Madrid scheint fest entschlossen zu sein, an seinen Presidios festzuhalten, aber die uneinige Europäische Union sähe sich in einen Konflikt involviert, dessen tragischer Ausgang vorgezeichnet ist. An den »Säulen des Herkules«, wie es im Altertum hieß, an der Straße von Gibraltar könnten eines Tages die Warnsignale flackern. Wir wollen nicht unnötig dramatisieren, aber an dieser Stelle hatte im Jahr 711 der Feldherr Tariq Ibn Sijad mit seinem Berber-Heer übergesetzt, um Spanien – auf Arabisch »El Andalus« – für den Islam zu erobern.

Das Ende eines Schurkenstaates
Libyen, im Herbst 2011

Nirgendwo hat sich die Heuchelei der atlantischen Diplomatie schamloser enthüllt als in ihren Beziehungen zu dem libyschen Diktator Muammar el-Qadhafi. Als das überwiegend jugendliche Aufbegehren der sogenannten Arabellion im Februar 2011 auch auf die Hauptstadt Tripolis und den östlichen Landesteil der Cyrenaika übergriff, hielten die Staatsmänner des Westens die Stunde für gekommen, dem Unruhestifter Qadhafi ein für allemal das Handwerk zu legen. Seit vierzig Jahren hatte er seine Untertanen unterjocht und darüber hinaus – im Gegensatz zu den anderen orientalischen Potentaten – auch einen internationalen Terrorismus betrieben, der von Nordirland bis zu den Süd-Philippinen reichte. Wieder einmal sollten die strategischen Planer in Washington, London und Paris – obwohl sie doch über die Allwissenheit der Elektronik verfügten – unverzeihlichen Fehleinschätzungen erliegen.

Vollends zum Schurkenstaat oder »rogue state« war die Jamahiriya Libyen geworden, als über dem schottischen Städtchen Lockerbie im

Dezember 1988 eine Linienmaschine der PanAm explodierte und zweihundertsiebzig Menschen in den Tod riß. Der Verdacht der Täterschaft richtete sich eindeutig auf Agenten des libyschen Geheimdienstes. Ein ähnlicher Anschlag fand ein Jahr später gegen ein französisches Passagierflugzeug der Linie UTA statt, das über der Republik Niger abstürzte. Hundertsiebzig Passagiere kamen dabei ums Leben. Durch Zahlung enormer Entschädigungssummen an die Familien der Opfer – die Scharia sieht in solchen Fällen bei Einverständnis der betroffenen Familien das sogenannte Blutgeld vor – hatte sich der libysche Tyrann noch einmal freikaufen können.

Die zahlreichen Sanktionen und Embargos, die über Libyen verhängt wurden, konnten dem Machthaber wenig anhaben, verfügte er doch dank der immensen Petroleumvorkommen, die das Land besitzt, über die Möglichkeit, sich immer wieder neue Klienten und Komplizen zu verschaffen. Wirklich ernst wurde es für ihn, als die westlichen Nachrichtendienste feststellten, daß dieser globale Unruhestifter sich über das pakistanische Netzwerk des Wissenschaftlers Abdel Kader Khan anschickte, eine eigene Atombombe zu bauen. Sehr weit ist er damit nicht gekommen. Hingegen arbeitete er seit einiger Zeit ein umfassendes Programm zur Entwicklung chemischer Kampfstoffe aus.

Daß in Fragen nuklearer und chemischer Aufrüstung die Amerikaner keinen Spaß verstanden, ja teilweise über ihre eigentlichen Ziele hinausschossen, mußte Qadhafi zur Kenntnis nehmen, als George Bush senior den Feldzug »Desert Storm« sowie vor allem sein Sohn George W. seine Offensive »Iraqi Freedom« auslösten. Für Saddam Hussein gab es von dem Moment an keine Überlebenschance, in dem er in den Verdacht nuklearer Aufrüstung geriet. Der Libyer wußte, was ihm blühte, und er kroch zu Kreuze. Den Amerikanern wurde jede Freizügigkeit gewährt, die verdächtigen Produktionsstätten zu durchsuchen und ihre Sprengung oder Auslagerung zu beaufsichtigen. Um zusätzliche Absolution warb der Diktator von Tripolis, indem er sich auf dem Gebiet der Erdölförderung und -belieferung außerordentlich entgegenkommend zeigte. Kurzum, aus einem »bad guy« wurde im Handumdrehen ein »good guy«.

Die Nachgiebigkeit, ja der plötzliche Schmusekurs des Westens gegenüber einem notorischen Verbrecher, einem Tyrannen, der in Wirklichkeit internationale Aburteilung verdient hätte, gehört zu den schändlichsten Kapiteln einer verlogenen Menschenrechts-Diplomatie. Washington hatte diesen neuen Kurs vorgezeichnet. Libyen wurde von der Liste der den Terrorismus begünstigenden Staaten gestrichen. Die Ölkonzerne aus den USA nahmen ihre Prospektionsarbeit in den Wüstenregionen wieder auf. Die engste Vertraute des Präsidenten George W. Bush, Außenministerin Condoleezza Rice, entblödete sich nicht zu verkünden: »Libyen ist ein wichtiges Vorbild in einer Welt, die von den Regierungen Irans und Nordkoreas eine gründliche Umkehr erwartet. Wir verlangen dringend von den führenden Politikern in Iran und Nordkorea, daß sie strategische Entscheidungen treffen, die dem Einlenken Libyens entsprechen und zudem heilsam für ihre eigenen Völker wären.«

Die Europäer hatten sich ebenfalls unter das Caudinische Joch dieses Erpressers gebeugt. Wieder einmal war es der britische Premierminister Tony Blair, der den Reigen anführte, indem er Qadhafi als »soliden Partner des Westens« lobte. Der deutsche Bundeskanzler Gerhard Schröder, wie so manch anderer Regierungschef, reiste im Oktober 2004 ebenfalls nach Tripolis. Der Franzose Nicolas Sarkozy bereitete Qadhafi in Paris einen aufwendigen Staatsempfang. Unter dem Schutz seiner weiblichen Leibgarde in Tarnuniform ließ der Beduinensohn sein riesiges Zelt im Garten des Palais Marigny aufrichten. Sarkozy mußte sehr bald feststellen, daß seine Huldigung an den libyschen Tyrannen ebenso unmoralisch wie ergebnislos war. Nachdem der Revolutionsführer seinen gallischen Gastgeber zudem mit ätzenden Beleidigungen traktiert hatte, war man in Paris fest entschlossen, ihm diese Impertinenz bei der ersten sich bietenden Gelegenheit heimzuzahlen.

Nach dem Rücktritt des Ägypters Mubarak vermehrten sich ab Februar 2011 auch in Libyen die ersten Ansammlungen oppositioneller Demonstranten, die den Sturz Qadhafis forderten. Sie wurden von den Sicherheitskräften zusammengeschossen. Seit seinem Militärputsch im September 1969 sah sich Qadhafi dem Ingrimm der Islamisten jeder Couleur ausgesetzt, zumal er sich eine sehr eigenwillige Auslegung der koranischen Lehre anmaßte. Seine Gegner schmähten ihn mit dem

Ruf: »Es gibt keinen Gott außer Gott, und Qadhafi ist ein Feind Gottes.« Der unberechenbare, zunehmend paranoide Staatschef der Jamahiriya gehörte seinerseits dem nicht sonderlich angesehenen Stamm der Qadhafa an, der im Raum von Sirte siedelte oder nomadisierte.

Der Führer der Jamahiriya, wie er das von ihm konzipierte Staatsgebilde Libyen populistisch nannte, hatte gute Gründe, mit der Nachsicht der westlichen Staatenwelt zu rechnen, als er auch gegen die Rebellen des Jahres 2011 mit ruchlosen Methoden vorging und seine Luftwaffe einsetzte, um den Aufruhr der Senussi im »grünen Gebirge«, im Djebl akhdar der Cyrenaika, zu zerschlagen. Hatte er nicht mehrfach die würdelose Nachgiebigkeit der Amerikaner und Europäer ausgenutzt? Als sich dennoch im Sicherheitsrat der Vereinten Nationen eine Resolution abzeichnete, die den Arabischen Frühling auch in Libyen förderte, eine Flugverbotszone über Tripolitanien und die Cyrenaika verhängte und die Bombardierung der libyschen Stützpunkte zuließ, wurde sich der Diktator seiner prekären Lage bewußt. Die Veto-Mächte Rußland und China, die ihn hätten retten können, flüchteten in Stimmenthaltung. Die Bundesrepublik Deutschland richtete sich – als einziges Mitglied von NATO und EU – auf die passive Haltung Moskaus und Pekings aus. Der Ansehensverlust, der dadurch für die Berliner Diplomatie entstand – zumal keinerlei militärische Beteiligung an der Aktion gegen Libyen gefordert wurde –, wirkt wohl weiter fort und hat das Mißtrauen der USA gegen ihren bedeutendsten und bislang gefügigsten Trabanten in Europa geweckt.

Angesichts der sich abzeichnenden Intervention der Atlantischen Allianz hatte der Libyer in einem Interview mit einer französischen Zeitschrift einen feierlichen Appell an die Europäer gerichtet. »Wenn ihr mich bedrängt und destabilisieren wollt, werdet ihr Verwirrung stiften, El Qaida in die Hände spielen und bewaffnete Rebellenhaufen begünstigen. Folgendes wird sich ereignen: Ihr werdet von einer Immigrationswelle aus Afrika überschwemmt werden, die von Libyen aus nach Europa schwappt. Es wird niemand mehr da sein, um sie aufzuhalten. El Qaida wird sich in Nordafrika einrichten, während Mullah Omar den Kampf um Afghanistan und Pakistan übernimmt. El Qaida wird an eurer Türschwelle stehen. In Tunesien und Ägypten ist ein politisches Vakuum entstanden. Die Islamisten können heute von dort aus bei euch eindringen. Der Heilige Krieg wird auf eure unmittelbare Nachbarschaft am Mittelmeer übergreifen ... Die Anarchie wird sich von Pakistan und Afghanistan bis nach Nordafrika ausdehnen.«

Wieder einmal hatten die westlichen Nachrichtendienste versagt. Die Kampfkraft der Qadhafi-Armee und der hochgerüsteten Söldnertruppe, die er unter den Sahel-Völkern seiner südlichen Nachbarschaft, vor allem bei den kriegerischen Tuareg, rekrutiert hatte, erwies sich als wesentlich schlagkräftiger, als man bei der NATO vermutet hatte. Schon sah es aus, als könne es dem Diktator binnen zwei Wochen gelingen, auch ohne Einsatz der eigenen Luftwaffe die aufrührerische Cyrenaika und die Hochburg der Revolution in der Hafenstadt Misrata mit seinen Panzerkolonnen zu zermalmen. In vierzig Jahren Alleinherrschaft hatte er es als authentischer Beduinensohn verstanden, die zahlreichen Stämme Libyens gegeneinander auszuspielen und zu neutralisieren. Der Westen sah die Chance schwinden, diesen Anstifter des internationalen Terrors seinem verdienten Schicksal zuzuführen.

Es waren dieses Mal nicht die Amerikaner, sondern die Briten und vor allem die Franzosen, die auf ein unverblümtes militärisches Eingreifen auf Seiten der Rebellen drängten. Immerhin hatte die US Air Force die stark bestückte Luftabwehr Qadhafis ausgeschaltet, so daß keine französische oder britische Maschine bei ihrem extrem präzisen Bombardement oder Strafing abgeschossen wurde. Den Auftakt gab Nicolas Sarkozy, der ständig über Landkarten und Zielangaben gebeugt war. Die Panzerkolonnen des immer noch soliden Regimes von Tripolis näherten sich den Vororten von Bengasi, wo unter aktiver Mitwirkung amerikanischer Agenten eine oppositionelle Übergangsregierung gebildet worden war. Daß ihr prominente Mitarbeiter und Minister Qadhafis angehörten, irritierte die libyschen Islamisten zutiefst. Mit der Rückeroberung Bengasis durch Qadhafi wäre der Arabische Frühling Libyens endgültig ausgelöscht worden.

Noch bevor die Beratungen in Paris abgeschlossen waren, erteilte Sarkozy den Befehl zum unverzüglichen Eingreifen der französischen Luftwaffe. Hunderte von gepanzerten Fahrzeugen der Qadhafi-Armee wurden bei dieser exakt ausgeführten Operation zertrümmert. Aber das genügte nicht, um die Lage zugunsten der Revolution zu wenden. Die sogenannten Freiheitskämpfer verfügten zwar über eine Vielzahl von Infanteriewaffen, aber im Gegensatz zu den in permanenten Stammeskriegen erprobten Afghanen erwiesen sie sich als untaugliche, undisziplinierte Kämpfer.

Es blieb kein Geheimnis, daß hochprofessionelle Kommandos des britischen Special Air Service, der französischen Forces Spéciales und auch Agenten der amerikanischen CIA an der heiß umkämpften Küstenstraße Libyens, die die Lebensader des Landes ist, auftauchten, um den Aufständischen den Umgang mit Waffen beizubringen und notfalls auch unmittelbar in die Gefechte einzugreifen.

Den Flugstaffeln der beiden vorgepreschten Entente-Mächte gingen die Bomben und die Munition aus. Schon erinnerten einige Pessimisten an das britisch-französische Vorgehen gegen Gamal Abdel Nasser im Jahr 1956, als die geplante Unterwerfung Ägyptens nach dem ersten Fallschirmeinsatz von Port Said abgebrochen werden mußte, weil Moskau und sogar Washington sich dieser Eigenmächtigkeit widersetzten. In Libyen offenbarte sich, daß Briten und Franzosen zwar über eine vorzüglich ausgebildete Air Force verfügten, daß das begrenzte Rüstungsbudget der beiden Verbündeten jedoch bei jeder nachhaltigen Militäraktion aufs Schwerste belastet und überstrapaziert würde.

Washington hatte sich bei dieser Aktion bemerkenswert zurückgehalten und praktizierte eine neue Strategie, die man als »leading from behind« – aus dem Hintergrund führen – bezeichnet. Am Ende – dank Belieferung durch die amerikanischen Streitkräfte – brach der Widerstand der Qadhafi-Armee zusammen, die vor allem in der Hafenstadt Sirte, im Kerngebiet des Qadhafa-Stammes, ein bemerkenswertes Ausharrungsvermögen bewiesen hatte. Der Diktator, der dorthin zu seinen Getreuen geflüchtet war, wurde bei einem Ausbruchsversuch nach Süden durch französische Jäger unter Beschuß genommen. Er suchte in einer Kanalröhre Deckung und wurde von entfesselten Freischärlern nach grauenhaften Torturen gepfählt und getötet, sein Leichnam der verschreckten Öffentlichkeit zur Besichtigung ausgestellt. Ganz offensichtlich war es der Atlantischen Allianz von Anfang an nicht nur – wie vor der UNO behauptet – um den Schutz der bedrohten Zivilbevölkerung der Cyrenaika gegangen, sondern um einen radikalen Regimewechsel in Tripolis.

Aus Rücksicht auf die Weltöffentlichkeit hatten sich Russen und Chinesen bei der Abstimmung im Weltsicherheitsrat der Stimme enthalten. Von einer militärischen Operation großen Stils und von einer politischen Neugestaltung Libyens war ja nicht die Rede gewesen. Moskau und Peking fühlten sich »über den Tisch gezogen«. Noch einmal würden sie sich nicht übertölpeln lassen, wie sich ein paar Monate später am Beispiel Syriens herausstellte.

Welche Narren hatten davon ausgehen können, daß es sich bei dem verzweifelten Aufbäumen der Hafenstadt Misrata und vor allem der östlichen Landeshälfte Cyrenaika um ein demokratisches Erwachen, um eine Ausrichtung auf westliche Regierungsmodelle und Menschenrechte handelte? Über Nacht versank Libyen in Chaos und Anarchie. Die Medien Europas und Amerikas blamierten sich wieder einmal zutiefst, als sie eine Wende zum Guten diagnostizierten. Mit Hilfe manipulierter Wahlen wurde der liberale Exilpolitiker Ali Zeidan zum Staatschef ausgerufen. In Bengasi kämpften unterdessen jihadistische Kataeb um die Macht, ermordeten den amerikanischen Botschafter, dem es angesichts dieses Ausbruchs zügelloser Fremdenfeindlichkeit auch nicht half, daß er ein vorzüglicher Orientalist war.

Einen Eindruck des Absackens Libyens zum »failed state« konnte ich persönlich gewinnen, als ich im Herbst 2011 mit dem Auto die Fahrt von Misrata, der total zertrümmerten Hochburg des Widerstandes, bis zur tunesischen Grenze antrat. Immer wieder wurden wir von bewaffneten Partisanen angehalten. Es waren wilde Gestalten, die mit ihren Kalaschnikows wie Wegelagerer wirkten, uns aber dank einer einflußreichen Begleitperson mit wachsamer Freundlichkeit begegneten. Wie viele dieser entfesselten Kampfgruppen es insgesamt gibt, hat niemand festgestellt. Niemals wußten wir, welchem Stamm und welcher Katiba sie angehörten. Es hatten sich Hunderte von Clans gebildet, die durch familiäre Verflechtung, angeborenen Sippengeist und die ungebrochene Tradition des Tribalismus zusammengehalten wurden.

An den Straßensperren lösten sich die unterschiedlichsten Schattierungen ab, von den Anhängern diverser Sufi- oder Derwisch-Orden – in

Nordafrika Zawiya genannt – bis zu den bärtigen Salafisten, die dem Extremismus von El Qaida nahestanden. Sogar von Berbermilizen wurden wir aufgehalten, die aus dem Djebl Nafus zur Küste vorgedrungen waren.

Was nun die Neugestaltung der brodelnden Jamahiriya betraf, so bildeten die Vorschriften der Scharia wohl den einzigen gemeinsamen Nenner. Jenseits der Luxushotels von Tripolis wurden alte Fehden ausgetragen. An mißliebigen Kollaborateuren und vor allem an den schwarzen Söldnern Qadhafis wurde eine grauenhafte Lynchjustiz ausgeübt.

Vorübergehend war selbst die Hauptstadt Tripolis zum Schlachtfeld geworden. Regierungsmitglieder wurden entführt oder ermordet. Die kampferprobte Katiba von Misrata hielt die von westlichen Ausbildern hastig aufgestellte Regierungsarmee in Schach. Die südliche Wüstenregion des Fezzan entzog sich von Anfang an jeder Kontrolle. Von dieser unendlichen Weite aus Sand und Fels, wo die kriegerischen Nomadenvölker der Tuareg und Toubou das Sagen haben, weitete sich die staatliche Auflösung auf die südliche Sahelregion aus und den ehemals französischen Sudan. Sogar im algerischen Grenzgebiet überfielen entfesselte Banden von Thuwar, von sogenannten Revolutionären, im Verbund mit Extremisten der »El Qaida des islamischen Maghreb« die umfangreichen Erdölförderungsanlagen von In Amenas, von denen man angenommen hatte, sie seien durch die algerische Armee wirksam geschützt.

Als die Thuwar der Sahelzone – vereint oder rivalisierend – gemeinsam mit den Salafisten von Ansar ed-Din und der separatistischen Tuareg-Bewegung Azawad auf Bamako, die Hauptstadt der Republik Mali, vorrückten, holte die französische Armee zum vorbildlich geplanten und durchgeführten Blitzfeldzug Serval aus und warf die Wüstenkrieger auf ihre libyschen Ausgangspositionen zurück. Dabei dürfte man sich im französischen État Major keine Illusionen gemacht haben. Die düstere Prophezeiung Qadhafis schien sich zu bewahrheiten. Die erfolgreichen Angreiftruppen der Paras, der Fremdenlegionäre und Marine-Infanteristen sahen sich der Gefahr der Verzettelung in dem kontinentalen Großraum von Sahara und Sahel ausgesetzt, der von Dakar am Kap

Verde über Niamey am Niger und Bangui am Ubangi zur Flottenbasis Djibouti am Ausgang des Roten Meeres reicht.

Leere Drohungen an der »roten Linie«

Damaskus, im Dezember 2011

Die syrische Tragödie unterscheidet sich grundsätzlich von den anderen Tumulten der Arabellion. Das Wort Arabischer Frühling mag man schon gar nicht mehr hören. In Tunesien war es tatsächlich zu einer spontanen Explosion gegen das Zwangsregime Ben Alis gekommen. In Kairo konnte man allenfalls – im Hintergrund der freiheitlichen Tahrir-Revolution – die geheime Manipulation der Mukhabarat, der Geheimdienste und vor allem der Armee vermuten. In Libyen waren die USA recht zögerlich zur Hilfestellung für die dortigen Thuwar angetreten. In Bengasi, wo angeblich das Volk sich erhoben hatte, um Demokratie und Meinungsfreiheit zu fordern, galt es zu verhindern, daß die wenig zimperliche Streitmacht Qadhafis in der Cyrenaika ein grausames Gemetzel veranstaltete.

In Syrien lagen die Dinge ganz anders. Die USA – im Verbund mit Saudi-Arabien und Israel – hatten nicht die ersten Protestdemonstrationen von Deraa gegen die Diktatur Bashar el-Assads und seiner alawitisch dominierten Baath-Partei abgewartet, um die Grundlagen des Staates zu unterwühlen. Schon lange vorher hatte eine hemmungslose Kampagne, eine systematische Hetze in den amerikanischen und europäischen Medien gegen diese Arabische Republik eingesetzt, die – bei aller Brutalität, die auch sie zu praktizieren pflegt – das einzige säkulare Staatswesen im gesamten arabischen Raum darstellt. Verglichen mit den Vorzugsverbündeten des Westens – seien es nun Saudi-Arabien, Qatar, die Vereinigten Emirate oder Kuweit –, bot die Hauptstadt Damaskus ein Bild religiöser Toleranz und eines fast westlichen Lebensstils, seit Bashar el-Assad das Erbe seines unerbittlichen Vaters Hafez el-Assad angetreten hatte.

Irgendwo, an geheimen Kommandostellen, in diskreten Fabriken der Desinformation, die von angelsächsischen Meinungsmanipulatoren meisterhaft bedient wurden, war die Losung ausgegangen, daß Syrien sich den amerikanischen Vorstellungen einer trügerischen Neuordnung im Nahen und Mittleren Osten zu unterwerfen habe. Gerüchteweise hatte ich vernommen, daß sich in North Carolina eine solche Zentrale der gezielten Fälschung befände, was die Existenz ähnlicher Institute in den USA, in Großbritannien und in Israel keineswegs ausschließt.

Jedenfalls wurde schon lange vor Ausbruch der lokalen Revolten in Deraa und Homs die unermüdliche Forderung nach Vernichtung des Regimes von Damaskus erhoben. Als ich mich im Dezember 2011 in Damaskus aufhielt, war dort von den Kämpfen noch nichts zu spüren. Die lange Strecke zum Flugplatz unterlag keiner sichtbaren Kontrolle. Die Autofahrt nach Norden in Richtung Aleppo schien nicht ernsthaft gefährdet. Ein Regierungsfahrer transportierte mich sogar in die kleine christliche Ortschaft Maalulah, deren Einwohner sich noch teilweise auf Aramäisch verständigen, die Sprache, die Jesus benutzte. Die Häuserzeilen von Maalulah wirkten verwaist, aber die griechisch-orthodoxe Kirche war weiterhin in diesem Sanktuarium präsent. Die schwarzgekleideten, leichenblassen Nonnen kamen mir verschüchtert und verängstigt vor. Zu Recht, denn keine zwei Jahre später sollte sich eine Horde fanatischer Jihadisten ihres abgelegenen Klosters bemächtigen, die Kirchen verwüsten und die frommen Frauen in Geiselhaft entführen. Die westlichen Medien, stets um Entschuldigungen für die Aufständischen bemüht, hatten diesen Gewaltakt ignoriert oder herunterzuspielen gesucht. Nach der Rückeroberung Maalulahs durch die Assad-Armee wurden die Nonnen nach endlosen Verhandlungen freigelassen.

Was nun den späteren Ablauf der syrischen Tragödie und ihre grausige Eskalation betrifft, so verfüge ich über die Aussagen des Majors Suliman von der »Freien Syrischen Armee«, der mit großer Objektivität diese Intervention der unterschiedlichsten ausländischen Einflußgruppen anschaulich schilderte. Sie hatten den Konflikt zu einem Stellvertreterkrieg gemacht und schürten die Gewalt im Hinblick auf ihre eigenen Interessen.

Entgegen den Behauptungen ausländischer Propagandisten bestand bei der sunnitischen Mehrheitsbevölkerung Syriens, die auf siebzig Prozent geschätzt wird, keine einstimmige, rabiate Ablehnung des Assad-Regimes. Die städtische Mittelschicht lebte in relativem Komfort und in Sicherheit. Das Kleinbürgertum blickte zudem mit Schrecken auf die blutrünstigen Fehden, die Libyen in den Abgrund rissen, sowie auf das gnadenlose Vorgehen der ägyptischen Generale gegen die sunnitischen Muslimbrüder des Niltals. In dem Maße, wie die islamischen Extremisten in den Ortschaften der syrischen Ost- und Nordprovinzen, deren sie sich bemächtigt hatten, eine rigorose Anwendung der Scharia und eine frömmelnde Scharfmacherei betrieben, wandten sich sogar die einheimischen Fellachen von den barbarischen Fremdlingen ab. Mit ihren exemplarischen Strafen, mit Steinigung, Enthauptung und Verstümmelung, lösten die bärtigen Jihadisten Entsetzen aus. Zwischen ihnen und der gemäßigten Freien Syrischen Armee häuften sich die bewaffneten Zusammenstöße.

Hatten die Militärexperten und Agenten des Westens nach dem revolutionären Aufbegehren von Deraa und Homs noch gewettet, daß Bashar el-Assad binnen Monatsfrist beseitigt sein würde, so sahen sie sich wieder einmal einer blamablen Fehleinschätzung überführt. In Washington kamen Verwirrung und Ratlosigkeit auf, als man sich bewußt wurde, daß infolge der hemmungslosen Kampagne des Westens gegen Damaskus die Todfeinde der USA, die Gesinnungsbrüder der Terroristen von Nine Eleven, die Oberhand gewannen. Ohne es zu ahnen, hatten die USA dem großen Wunschtraum der Umma, der Errichtung eines neuen Kalifats mit Schwerpunkt in der traditionellen Omayyaden-Hauptstadt Damaskus, Vorschub geleistet.

Wer die tatsächlichen Anführer, die Emire der diversen jihadistischen Gruppierungen sind, läßt sich auf Grund der recht eigenwillig gewählten Pseudonyme nur schwer definieren. An der Spitze der ambitioniertesten Bewegung, die über zwölftausend Kämpfer verfügen soll und die meisten ausländischen Freiwilligen rekrutiert, profiliert sich der irakische Prediger Abu Bakr el-Baghdadi, dessen Zielsetzung durch die Namensgebung »Islamischer Staat« vorgegeben wird. Immer wieder taucht der Name des aus Ägypten stammenden Afghanistan-Veteranen Ayman el-Zawahiri auf, der als politischer Ratgeber und engster Vertrauter Osama bin Ladens bei der CIA auf der Topliste der zu liquidierenden El Qaida-Kombattanten steht. Am Ende fanden sogar die in Syrien wütenden islamistischen Extremisten, daß die Ideologie von El Qaida, soweit diese überhaupt existiere, für ihre gnadenlose Zielsetzung zu gemäßigt sei.

Bashar el-Assad konnte sich seinerseits auf den loyalen Kern seiner Armee und deren überlegenes Aufgebot an Flugzeugen und Artillerie verlassen. Daneben stand ihm die gefürchtete alawitische Miliz der Shabiha zur Verfügung. Unter dem Druck der Ereignisse hatte sich ein Zusammenrücken der synkretistischen Sekte der Alawiten, der er angehört, mit den Zwölfer-Schiiten des Iran ergeben, obwohl die beiden Konfessionen sich im Grunde nur durch ihre gemeinsame Verehrung für den Imam Ali verbunden fühlen. Die alawitische Minderheit, die schon unter der osmanischen Herrschaft gnadenloser Verfolgung ausgesetzt war, wußte, was ihr im Falle eines Sieges der sunnitischen Fundamentalisten blühte. Ihr drohte die systematische Ausrottung, ein Genozid. Deshalb würden diese Sektierer bis zum letzten Atemzug kämpfen. Als großzügige Waffenlieferanten und verläßliche Partner der Regierungstruppen erwiesen sich Rußland und die Islamische Republik Iran, wobei Teheran so heimlich wie möglich mit Elitesoldaten ihrer El Quds-Brigade in kritischen Situationen dem Assad-Regime beistand.

Als überragender Verbündeter zeigte sich die straff gegliederte, kampferprobte Schiitenmiliz des Libanon, die Hizbullah oder »Partei Gottes«. Unter der Führung des charismatischen Scheikh Hassan Nasrallah war sie zu einer hochspezialisierten, todesmutigen Formation ausgebaut und motiviert worden, so daß von ihr behauptet wurde, sie stelle nach Zahal, der Armee Israels, den bedeutendsten militärischen Faktor in der ganzen Levante dar. Die Israeli blickten mit zunehmender Sorge auf die schlagkräftige Partisanen-Armee an ihrer Nordgrenze. Deren Kämpfer hatten eine wahre Meisterschaft im sogenannten »asymmetrischen Krieg« entwickelt. Mit ihren perfekt getarnten Sprengsätzen, den »improvised explosive devices«, hatten sie im Jahr 2000 die Soldaten des Judenstaates, die damals noch den Südstreifen der Zedernrepublik zwischen Merjayoun und Bint Jbeil besetzt hielten, während der Amtszeit des Ministerpräsidenten Ehud Barak zum Rückzug nach Galiläa bewogen. Sechs Jahre später bestand die Hizbullah eine sensationelle Kraftprobe. Drei Wochen lang tobte die Schlacht mit Schwerpunkt Bint Jbeil, nur knapp sieben Kilometer von der Nordgrenze Israels entfernt. Zahal war mit sträflicher Hybris auf einen Gegner gestoßen, dem es in Sichtweite seiner vorgeschobenen Beobachtungsposten gelungen war, ein weitverzweigtes Netz von Stollen in den Fels zu treiben und perfekt getarnte Abschußrampen für seine Raketen anzulegen. Die Israeli walzten mit ihrer Luftwaffe die ganze Region platt, erlitten jedoch schmerzliche Verluste und mußten feststellen, daß selbst die Merkava-Panzer nicht unverwundbar waren. Am Ende sah sich Benjamin Netanjahu veranlaßt, seiner siegesgewohnten und plötzlich entzauberten Armee den Rückzug auf das eigene Staatsgebiet zu befehlen. Die Blauhelme der Vereinten Nationen stationierten ihre multinationalen Kontingente in einer vereinbarten Pufferzone.

Der amerikanische Präsident Barack Obama sah sich einem peinlichen Dilemma ausgesetzt. Er hatte mehrfach mit dem Eingreifen der US Air Force, mit der Verhängung einer Flugverbotszone gedroht, falls eine von ihm gezogene »rote Linie« überschritten würde. Dieser Punkt war bedrohlich nahe gerückt, als in Ghouta, einem östlichen Vorort von Damaskus, etwa tausend Leichen aufgereiht wurden, die der Einwirkung von Giftgas erlegen waren. Die westlichen Regierungen, begleitet vom einstimmigen Verwünschungschor der Medien, machten sofort die Regierung Assads für dieses abscheuliche Verbrechen verantwortlich. Die Diskussion über die wirklichen Urheber ist nicht abgeschlossen. Dem juristischen Prinzip »cui bono« zufolge fiele der Verdacht zunächst auf die Rebellen. Da ohnehin die syrischen Loyalisten als Täter angeprangert würden, müßte sich eine exemplarische militärische Bestrafung durch die USA und ihre Verbündeten gegen das Regime von Damaskus richten. Bashar el-Assad persönlich, der vielleicht skrupellos ist, aber über beachtliche Intelligenz verfügt, käme schwerlich für eine solch fatale Schädigung der eigenen Interessen in Frage. Allenfalls könnte ein lokaler Kommandeur in seinem Übereifer den Einsatz von Sarin oder Senfgas befohlen haben. Plausibler erscheint dennoch die Annahme, daß die zunehmend bedrängten Aufständischen präzis zu dem Zeitpunkt, als Obama seine »rote Linie« zog, sich zu dieser Provokation entschlossen in der Erwartung, daß nunmehr die vernichtende Vergeltung der amerikanischen Luftwaffe über Damaskus hereinbräche.

In Washington blickte man mit wachsender Beklemmung auf eine Entwicklung in der Levante, die sich so gar nicht in die Schablonen der amerikanischen Nah- und Mittelost-Planung einfügen ließ. Der internationalen Öffentlichkeit wurde unterdessen eingeredet, chemische Kampfstoffe seien seit dem Ersten Weltkrieg, also seit hundert Jahren nicht mehr zum Einsatz gekommen, mit Ausnahme jenes Verbrechens Saddam Husseins, das in dem aufsässigen Kurdendorf Halabja mehrere tausend Zivilisten hinraffte. Diese Behauptung entspricht jedoch nicht der Wahrheit. Im Irak hatten zur Zeit des britischen Mandats Flugzeuge der Royal Air Force chemische Substanzen über abgelegenen kurdischen Gebirgsdörfern abgeworfen, um deren Widerstand zu brechen. Die Faschisten Mussolinis setzten Gasgranaten bei der Eroberung Äthiopiens ein, und selbst der Ägypter Gamal Abdel Nasser benutzte bei seinem gescheiterten Feldzug im Jemen dieses Instrument. Im Vietnamkrieg der Amerikaner, so berichteten glaubwürdige Augenzeugen, bediente sich die US Army tödlicher Reizstoffe, um den Vietcong in seinen weitverzweigten Tunnelsystemen auszuräuchern und zu ersticken, ganz zu schweigen von den Verwüstungen, die durch den massiven Einsatz von »Agent Orange« verursacht wurden. Nicht weniger abscheulich als die Verwendung von Giftgas erscheint zudem der Abwurf von Napalmbomben, auf die in sämtlichen Konflikten der Neuzeit zurückgegriffen wurde und in deren Flammenmeer zahllose Kombattanten und Zivilisten einen grauenvollen Tod fanden.

Noch hantierte Washington unentschlossen und unzureichend informiert mit dem Schreckgespenst der »roten Linie«, da gelang dem russischen Außenminister Sergej Lawrow ein brillanter diplomatischer Schachzug. Er überzeugte Bashar el-Assad davon, daß der Kampfwert von Chemikalien ohnehin gering und sogar kontraproduktiv wäre. Syrien erklärte sich ohne Gegenleistung bereit, seine beachtlichen Vorräte an Sarin oder Senfgas internationaler Kontrolle zu unterwerfen und deren Vernichtung anzuordnen. In der Stunde einer wirklich kritischen Eskalationsgefahr bewährte sich plötzlich wieder das diskrete Zusammenspiel zwischen Washington und Moskau, als befände man sich noch in der Patt-Situation des Kalten Krieges. Unter den Wortführern der Europäischen Union hatte vor allem der französische Präsident François Hollande auf eine militärische Aktion der Atlantischen Allianz in Syrien gedrängt. Er wollte offenbar den sunnitischen Petroleum-Despoten der Arabischen Halbinsel gefällig sein. Vor allem versuchte er, der eigenen französischen Wählerschaft, die sich mit Mißachtung von ihm abgewendet hatte, als Chef de guerre zu imponieren. Nun sah sich Hollande durch die Direktabsprache zwischen Lawrow und Kerry zutiefst blamiert. Der Einfluß Frankreichs in der Levante wurde auf seinen geschrumpften diplomatischen Stellenwert reduziert.

Wieder einmal bestätigte sich die Regel, daß bei der hohen Generalität eine weit größere Zögerlichkeit vorherrscht, sich in unberechenbare Abenteuer zu stürzen, als bei einer sich martialisch gebärdenden Kategorie von Politikern, die leichtfertigen Kraftakten zuneigen. Als Barack Obama den Vorsitzenden der Joint Chiefs of Staff, General Martin Dempsey, nach den Erfolgschancen einer massiven Intervention in der Levante befragte, erhielt er eine ernüchternde Auskunft. Natürlich sei er in der Lage, so argumentierte Dempsey, die syrische Luftwaffe binnen weniger Stunden auszulöschen, die strategisch relevanten Flugplätze und Basen zu vernichten und eine strikte »no fly zone« zu verhängen. Aber er rechnete dem Präsidenten auch vor, wie viele Milliarden Dollar pro Tag ein solches Unternehmen kosten würde. Am Ende würde man – auf Grund der internen Zerrissenheit der Aufständischen – nicht vermeiden können, zumindest mit Spezialkommandos der eigenen Armee einzugreifen, »to put the boots on the ground«, wie es im Jargon der US Army heißt. Was schließlich erreicht würde – man blicke nur auf den heutigen Zustand von Bagdad, Kabul und Bengasi –, unterliege der totalen Unberechenbarkeit der ständig changierenden Kräfteverhältnisse, so warnte General Dempsey. Man wünschte sich, daß die zuständigen Planungsstäbe der Bundeswehr mit ähnlich robuster Offenheit und Illusionslosigkeit den deutschen Ministern und Parlamentariern ein ungeschminktes Bild der Gefährdungen und Ungewißheiten entwürfen, denen die kampfuntauglichen Armeen Europas in naher Zukunft ausgesetzt sein dürften.

Bomben auf Teheran

Betrachtungen im Dezember 2011

Der amerikanischen Strategie in diesem »great game« der Neuzeit liegt eine zutiefst trügerische Analyse zugrunde. Bis auf den heutigen Tag bleiben die Regierungen Washingtons und Jerusalems bedingungslos auf eine fragwürdige These eingeschworen. Seit der Revolution des Ayatollah Khomeini hat die westliche Welt sich einreden lassen, daß die alles beherrschende Gefährdung des Friedens und der globalen Sicherheit von der Mullahkratie Teherans und deren nuklearen Ambitionen ausgehe. Man unterstellt der Islamischen Republik Iran, den Judenstaat mit nuklearer Zerstörungskraft auslöschen zu wollen. Die maßlose Polemik des früheren Staatspräsidenten Mahmud Ahmadinejad, seine absurde Leugnung des Holocaust zumal, haben eine geradezu hysterische Iran-Feindlichkeit selbst bei gemäßigten Kommentatoren geschürt, und niemand scheint sich bewußt zu sein, daß ähnliche, ja schlimmere Verwünschungen des Judenstaates zum üblichen rednerischen Repertoire einer Vielzahl arabischer Politiker zählen.

Ich glaube behaupten zu dürfen, daß ich im persönlichen Kontakt den wahren Absichten Ruhollah Khomeinis nähergekommen bin als manch anderer. Von Judenhaß konnte bei ihm nicht die Rede sein. Bei der Unterstützung der Palästinenser, ihres Anspruchs auf El Quds und die El Aqsa-Moschee, ging es dem schiitischen Klerus Irans vor allem darum, die unmittelbar betroffenen semitischen und sunnitischen Blutsbrüder der Ummat el-arabiya, die sich zusehends mit dem territorialen Status quo im Heiligen Land abzufinden schienen, ins Unrecht zu setzen und ihnen Komplizenschaft mit den Zionisten zu unterstellen.

Wer hätte zu Beginn des syrischen Bürgerkrieges geahnt, daß »the grand design« – der große Entwurf, der zwischen Washington und Jerusalem abgekartet war – am Widerstand des Präsidenten Assad und seiner Alawiten scheitern könnte. Denn es besteht kein Zweifel, daß die strategischen Ziele der USA und Israels darauf ausgerichtet waren, nicht nur den Bau einer iranischen Atombombe mit allen Mitteln zu verhindern – »all options are on the table« –, sondern auch den schiitischen Gottesstaat, den Khomeini nach der Vertreibung von Schah Mohammed Reza Pahlevi ins Leben gerufen hatte, wieder durch ein prowestliches Regime zu ersetzen, zumindest dessen Dynamik durch drakonische Sanktionen auszulaugen. Amerikaner und Israeli waren von der Zwangsvorstellung geplagt, daß zwischen Afghanistan und der libanesischen Küste des Mittelmeers ein iranisch und schiitisch dominierter Großraum entstünde, der den arabisch-sunnitischen Vasallen Amerikas und den eigenen Interessen zum Verhängnis werden würde. Als Folge des sinnlosen Feldzuges »Iraqi Freedom«, den George W. Bush inszenierte, war ja in Bagdad nicht etwa ein »beacon of democracy«, ein Leuchtturm der Demokratie entstanden, sondern die schiitische Bevölkerungsmehrheit Mesopotamiens hatte in freier Wahl den Vorrang ihrer Glaubensrichtung unter der Regierung Nuri el-Malikis durchgesetzt. Zu diesem Zeitpunkt entbrannte ein mörderischer Konfessionskrieg zwischen Schiiten und Sunniten, der der Entfaltung der Terroristenorganisation El Qaida – zumal in den Provinzen Anbar und Salah ad-Din – freie Bahn ließ.

In dem Machtkampf, den sich Perser und Araber um die Vorherrschaft am Golf liefern, steigerte sich die ererbte Gegnerschaft von Sunniten und Schiiten zu mörderischem Haß. Eine fundamentale Umschichtung fand statt. Es zeichnet sich eine Konsolidierung der Assad-Diktatur von Damaskus ab, mit der niemand gerechnet hatte, während die syrischen Revolutionäre eine Hinwendung zum Terror der El Qaida-Föderation vollzogen.

Die Absicht des Westens, die Arabische Republik Syrien aus dem nahöstlichen Dominospiel herauszubrechen und den Erben Khomeinis den Zugang zum Mittelmeer zu verwehren, wurde damit in Frage gestellt.

Daneben kam es zu einer widernatürlichen Interessengemeinschaft zwischen dem Königreich Saudi-Arabien und dem Staat Israel, die sich zumindest in ihrer resoluten Koalition gegen eine persische Hegemonie über den »Fruchtbaren Halbmond« und die Golfregion einig waren. Die gemeinsame Entrüstung in Jerusalem und Riad richtete sich nun gegen Barack Obama, von dem sich beide Staaten – so unterschiedlich sie sein mögen – hintergangen, ja sogar verraten fühlten, als er sich nach fast vierzigjähriger Eiszeit zu einem Gespräch mit dem neuen iranischen

Präsidenten Hassan Rohani bereitfand. Noch sind die Würfel nicht gefallen.

Den unversöhnlichen Feinden der Islamischen Republik Iran ist es gelungen, eine vage UNO-Deklaration zu verabschieden, um Bashar el-Assad als Kriegsverbrecher der Verurteilung durch den Internationalen Gerichtshof von Den Haag auszuliefern. Es mag durchaus sein, daß der syrische Staatschef sich schuldig gemacht und gegen die elementarsten Menschenrechte verstoßen hat. Aber die Perspektive, den Rest seines Lebens in einer holländischen Gefängniszelle zu verbringen, oder die wahrscheinlichere Annahme, im Falle eines Sturzes der Lynchjustiz seiner entfesselten Gegner ausgeliefert zu sein und wie der Libyer Qadhafi zu Tode gefoltert zu werden, dürfte Assad nicht zur Nachgiebigkeit stimmen.

Es ist übrigens an der Zeit, diesen Internationalen Gerichtshof als Instrument der Heuchelei und Diskriminierung zu entlarven. Dort entscheiden oft Richter und Staatsanwälte, deren Heimatländer sämtliche Begriffe von Gerechtigkeit und Menschenrechten mit Füßen treten, über das Schicksal der Angeklagten. Die Union der Afrikanischen Staaten hat sich bereits dagegen verwahrt, daß vorzugsweise Tyrannen und mörderische Warlords des schwarzen Kontinents auf die Anklagebank gezerrt werden. Dazu gesellen sich noch ein paar notorische Gewaltverbrecher aus dem Balkan. Aber man wird vergeblich darauf warten, daß gegen Politiker oder hohe Verantwortliche aus den USA, aus England, Rußland, China oder anderen Groß- und Mittelmächten Anklage erhoben wird, obwohl es auch bei denen an Verbrechen gegen die Menschlichkeit nicht mangelt. Die quasi-anonyme Tötung von Terroristen durch ferngesteuerte Drohnen und die damit verbundene Inkaufnahme sogenannter Kollateralschäden lassen sich schwerlich mit den Normen des Kriegsrechtes vereinbaren, von den an höchster Stelle abgesegneten Foltermethoden und Water-Boardings ganz zu schweigen, wie sie in Abu Ghraib, in Bagram und in manch anderen geheimen Kerkern praktiziert wurden.

Der amerikanische Präsident hat zu erkennen gegeben, daß er das Schwergewicht der amerikanischen Diplomatie und Strategie von Europa und Vorderasien weg in den pazifischen Raum zu verlegen gedenkt. Der Territorialkonflikt, der zwischen China und Japan um die Felsenriffe der Senkaku-Inseln aufgeflackert ist, dürfte dem Stillen Ozean und der Eindämmung der chinesischen Kräfteentfaltung zusätzliche Priorität schaffen. Ob angesichts dieser Umschichtung ein israelischer Alleingang gegen die Islamische Republik Iran noch Sinn ergibt und Aussicht auf Erfolg hätte, ist extrem ungewiß. Zu Zeiten Saddam Husseins und dessen nuklearen Ambitionen hatte die israelische Luftwaffe mit perfekter Planung und Präzision die Anreicherungsanlagen von Osirak vernichtet. Die Atomanlagen des Iran sind doppelt so weit entfernt und wurden teilweise so tief in das Felsgestein getrieben, daß selbst die gewaltige Explosionskraft amerikanischer Bunker-Buster ohne entscheidende Wirkung bliebe. Darüber hinaus muß mit einer hochentwickelten iranischen Luftabwehr gerechnet werden und mit den Repressalien, mit denen Teheran nicht nur gegen Israel Vergeltung üben, sondern dem weltweiten Wirtschaftsgefüge und dessen Versorgung mit Erdöl immensen Schaden zufügen könnte.

Unmittelbar bedroht fühlt sich der Staat Israel durch die Präsenz der schiitischen Hizbullah des Libanon an seiner Nordgrenze. Mit dem Bestreben, dieser akuten Bedrohung zu entgehen oder zumindest diesen Gegner zu isolieren, läßt sich die Aufwiegelung des syrischen Hinterlandes erklären und der Versuch, die bis zum Mittelmeer vorgeschobene Bastion der Schiat Ali zu neutralisieren. Mit großer Wahrscheinlichkeit wäre die gefürchtete Miliz der »Partei Gottes«, die im Gegensatz zu den Schiiten des Irak weiterhin auf die revolutionäre Ideologie des Ayatollah Khomeini eingeschworen ist, in der Lage, die großen jüdischen Küstensiedlungen in Panik zu versetzen. Nicht ohne Grund waren israelische Bombenangriffe auf syrischem Gebiet gegen vermeintliche Transporte von Raketen und Chemikalien gerichtet, die die Kampfkraft der Hizbullah aufzustocken drohten.

Es gibt Stimmen in Israel, die den obsessiven Konfrontationskurs gegen Iran als einen tragischen Irrtum bezeichnen. Ein namhafter Militärwissenschaftler der Hebrew University gestand sogar, daß er, wenn er Iraner wäre, angesichts der Einkreisung seines Landes durch feindlich gesinnte Nuklearmächte und -flotten für die eigene atomare Abschreckung plädieren würde. Einer amerikanischen Analyse zufolge geht es der Regierung Israels in erster Linie darum, das nukleare Monopol, über das der Judenstaat im Nahen und Mittleren Osten verfügt, um jeden Preis zu erhalten. Welche entsetzlichen Ungewißheiten im Umkreis des Mittelmeers und an der Schwelle Europas entstünden, wenn die atomare Proliferation auf Ägypten, Algerien oder Saudi-Arabien übergriffe, was auch diesen Staaten das ultimative Instrument der Erpressung in die Hand gäbe, läßt sich in der Tat schwer ermessen.

Wie nahe sich der Orient vor vierzig Jahren am Rande der Apokalypse bewegte, geht aus den Enthüllungen hervor, die lange nach dem Yom-Kippur-Krieg von 1973 die breite Öffentlichkeit erreichten. Als die ägyptischen Angriffskeile die israelische Bar-Lew-Linie am Suezkanal durchbrochen hatten und im Begriff standen, tief in den Sinai vorzustoßen, als die Panzerkolonnen des syrischen Staatschefs Hafez el-Assad nach Überwindung der Golanhöhen sich in Richtung Galiläa bewegten, soll der damalige Verteidigungsminister Israels, Moshe Dayan, der legendäre Held des Sechstagekrieges, die Vorbereitung zum Einsatz israelischer Atomwaffen angeordnet haben. Zu jenem Zeitpunkt befand ich mich in Kairo und wurde von den ägyptischen Behörden – wie alle anderen Kollegen – von jeder Information oder Berichterstattung über die militärische Lage resolut ausgeschlossen. Von meinem Zimmer im Hilton-Hotel konnte ich lediglich das Karussell dickbäuchiger sowjetischer Antonow-Maschinen beobachten, die unermüdlich Waffen und Munition für die Armee des Rais Anwar es-Sadat einflogen. Um jedem Rückgriff Zahals auf sein Atomarsenal vorzubeugen, so hieß es damals streng vertraulich, hätten die Sowjets unter ausschließlich russischer Bewachung eigene taktische Atomwaffen ins Niltal transportiert. Dem damaligen ägyptischen Verbündeten Moskaus habe man die Fähigkeit einer begrenzten Abschreckung verleihen wollen.

Der kühne Gegenangriff Ariel Sharons über den Suezkanal, die Einkreisung und drohende Vernichtung der Dritten Ägyptischen Armee in der Sandwüste des Sinai haben damals das Kriegsglück gewendet. Unter Vermittlung und auf Druck der Supermächte wurde der Waffenstillstand erzwungen. Im Norden mußten sich auch die Syrer auf ihre Ausgangsstellungen bei Kuneitra zurückziehen. Der ägyptische Präsident Sadat, der wenig später vom sowjetischen ins amerikanische Lager überwechselte, entschloß sich sogar zu dem Risiko eines Friedensschlusses mit der »zionistischen Einheit«, wie Israel in der arabischen Presse bislang geheißen hatte. Längs der Demarkationslinie, die am östlichen Hang der Golanhöhen zwischen Damaskus und Jerusalem vereinbart wurde, sollte in den folgenden vierzig Jahren kein einziger Zwischenfall gemeldet, kein einziger Schuß abgefeuert werden. Das war gewiß nicht der passiven Präsenz eines bescheidenen Kontingents überwiegend österreichischer Blauhelme der Vereinten Nationen zu verdanken.

Das Assad-Regime von Damaskus hat trotz fortdauerndem syrischen Anspruch auf Rückerstattung der Golanhöhen den Waffenstillstand mit Israel peinlich genau respektiert. Ob dieses Abkommen Bestand haben wird, falls demnächst revolutionäre islamistische Fanatiker der Jibhat el-Nusra oder anderer El-Qaida-Verbände in den Ruinen von Kuneitra auftauchen, ist eine Perspektive, die das israelische Oberkommando beunruhigen müßte. Im Rückblick dürfte man dann der feindseligen, aber jeden offenen Konflikt scheuenden Präsenz des Assad-Regimes in Damaskus als dem weit geringeren Übel nachtrauern. Jerusalem sollte sich bewußt sein, daß sich im Westen zunehmender Überdruß eingestellt hat, in die unaufhörliche Folge konfessioneller und territorialer Streitigkeiten des Orients – oft um winzige Territorien – verstrickt zu werden, die nur durch den Rückgriff auf uralte Mythen zu erklären sind.

Für manche handelt es sich da um Gegensätze – vergleichbar mit den anarchischen Balkan-Querelen des späten 19. und frühen 20. Jahrhunderts –, von denen Bismarck sagte, sie seien ihm nicht die »Knochen eines einzigen pommerschen Grenadiers wert«. An konfusen Intrigen nationalistisch und religiös exaltierter Phantasten hatte sich damals mit den Schüssen von Sarajewo die unsagbare Tragödie des Ersten Weltkriegs entzündet. Dort wurde das Signal gesetzt zum Niedergang unseres Kontinents. Das heillose Verwirrspiel zwischen Iran und Saudi-Arabien, zwischen der Türkei und Ägypten, um nur sie zu nennen, könnte eines Tages den Hedonismus der europäischen Sybariten, ihren hemmungslosen Kult des Götzen Mammon, mit schicksalhaften Herausforderungen konfrontieren, denen sie gar nicht mehr gewachsen wären. Unterdessen wendet sich ein amerikanischer Präsident afrikanischer Abstammung von diesem ihm fremden Kontinent der ehemaligen europäischen Kolonialmächte sowie von den ruchlosen Ränken orientalischer Potentaten ab, um den Vorrang der Vereinigten Staaten in den immensen Weiten des Pazifischen Ozeans zu konsolidieren, während an dessen westlicher Küste der chinesische Koloß seine Wiederauferstehung als Reich der Mitte feiert.

Der lange Schatten der Assassinen
Wohin treibt Syrien?

Immer wieder wird von Ignoranten die Forderung erhoben, Syrien solle doch endlich nach der langen Assad-Diktatur zur Demokratie zurückfinden. Als ob dieses Land jemals irgendwelche politischen Freiheiten genossen hätte. Vor etwa sechshundert Jahren hatte das Osmanische Reich die reiche Region, die sich halbwegs von den Verwüstungen der Mongolenstürme zu erholen begann, unter die Herrschaft des Sultans und Kalifen von Istanbul gezwungen und für den ganzen »Fruchtbaren Halbmond« eine Epoche eingeleitet, die rückblickend in den Annalen als »Epoche der Düsternis« bezeichnet wird. Das französische Mandat zwischen den beiden Weltkriegen war alles andere als eine koloniale Glanzleistung, verschaffte jedoch diesem uralten Siedlungsgebiet am Orontes einen rauhen, aber heilsamen Schub in die Moderne.

Die Unabhängigkeit der Republik von Damaskus, die im April 1946 proklamiert wurde, offenbarte sich von Anfang an als Spielball von Militärputschen und mörderischen Verschwörungen. Die sozialistische Baath-Partei, die von dem griechisch-orthodoxen Christen Michel Aflaq gegründet worden war, zeichnete sich durch arabischen Nationalismus, säkulare Staatsdoktrin und radikalen Sozialismus aus, versank aber immer wieder in blutigen Intrigen. Die gleiche Bewegung setzte sich übrigens kurz danach auch im benachbarten Irak durch und wurde von Saddam Hussein als Instrument seiner tyrannischen Willkür mißbraucht. Nach dem Einmarsch der Amerikaner in Bagdad 2003 wurde die Baath in ihren sämtlichen Strukturen aufgelöst. Die ideologische Gemeinsamkeit zwischen Damaskus und Bagdad schloß nicht aus, daß zwischen den beiden Flügeln dieser »Partei der arabischen Wiedergeburt« die alte Todfeindschaft des Kalifats der Omayyaden und der Abbassiden fortzuleben schien.

Ich will an dieser Stelle nicht auf meine erste Erkundung Syriens im Sommer 1951 eingehen, als in Damaskus der kurdische Oberst Schischakli mit eiserner Faust regierte und dafür bekannt war, daß er den Rücken niemals einer Tür oder Fensteröffnung zuwandte, um nicht, wie sein Vorgänger Husni Zaim, hinterhältig erschossen zu werden. Schischakli, dessen Sohn oder Enkel heute innerhalb der in sich zerstrittenen Cliquen der Anti-Assad-Opposition eine gewisse Rolle spielen soll, hatte seinerzeit eine Gruppe ehemaliger Wehrmachtsoffiziere unter Oberst Kriebel beauftragt, die vorgeschobenen Stellungen der syrischen Armee auf den Golanhöhen, die die fruchtbare israelische Senke des Hula-Sees bedrohlich überragten, gegen einen Überraschungsschlag des eben gegründeten Judenstaates zu befestigen. Dort hatte ich die Chance, einen ersten Blick auf das Heilige Land zu werfen.

Viel wichtiger erscheint mir im Rückblick eine Expedition, die mich im April 1982 in Begleitung eines syrischen Arztes, eines nestorianischen Christen namens Samuel, in das Herzland der Alawiten führte, in den Gebirgszug und Küstenstreifen, der sich von Lattaqiyé im Norden bis Tartuz im Süden erstreckt. Die ärmlichen Behausungen dieser Sektierer waren zu stattlichen Dörfern ausgebaut worden, seit einer der Ihren, der Fliegergeneral Hafez el-Assad, sich zum Diktator aufgeschwungen hatte. Im September 1970 war ich Augenzeuge des Putsches gewesen und konnte feststellen, wie schnell die bislang von der sunnitischen Mehrheit verachtete und unterdrückte Minderheit von Häretikern entscheidenden Einfluß auf die Partei- und Staatsführung gewann. Vor allem in der Armee und bei den Mukhabarat, den allgegenwärtigen Geheimdiensten der Republik von Damaskus, errangen die Alawiten einen disproportionierten, dominanten Vorrang.

Kaum eine Offenbarungslehre des Orients ist so verkapselt, in sich verschlossen wie die der Alawiten. Bei unserer Fahrt machte Samuel mich auf die Heiligengräber dieser Sekte aufmerksam – Ziara genannt –, grüne Kuppelbauten im Stil maghrebinischer Marabus, die stets von breit ausladenden Bäumen überschattet waren. In synkretistischer Verbindung mit dem Islam hatte sich offenbar eine Art Naturkult bei den Alawiten erhalten. Was ich von dieser Gemeinschaft wußte, ging auf den Vortrag eines ehemaligen Offiziers der französischen »Forces Spéciales du Levant« in unserem Sprachinstitut von Bikfaya zurück. Commandant Floriol machte kein Hehl daraus, daß die französische Mandatspolitik in der Levante nach dem uralten Rezept des »Teile und herrsche« einen Ministaat der Alawiten ins Leben rufen wollte. Im Gegensatz zu den Drusen des Djebl Drus, die erst nach schweren Kämpfen von der Fremdenlegion unterworfen wurden, fügten die Alawiten sich in das von Paris ausgeklügelte System. Sie waren stets geknechtet und gedemütigt worden. Der türkische Sultan Selim I. hatte im 16. Jahrhundert zu einem Ausrottungsfeldzug gegen diese Ketzer ausgeholt. Sie lebten an den steinigsten Hängen als Pächter und Tagelöhner sunnitischer Großgrundbesitzer. Der Umstand, daß diese Ausbeuter vornehmlich in Hama beheimatet waren, erklärt vielleicht die Unerbittlichkeit des Strafgerichtes, das über die aufsässige Stadt im Februar 1982 niederging.

Major Floriol glaubte wenigstens einen Zipfel der Alawiten-Geheimnisse gelüftet zu haben. Im 9. Jahrhundert, so hieß es, hatten sie sich von den vorherrschenden schiitischen Glaubensrichtungen des Islam abgespalten. Ihr Inspirator soll ein persischer Fürst gewesen sein. Wieder einmal wiesen die Spuren des Mystizismus in das Land des Zarathustra. Ali, der Vetter und Schwiegersohn des Propheten, sei größer als Mohammed in der Vorstellung dieser Sekte. Ali sei beinahe Gott und Bestandteil einer seltsamen Dreifaltigkeit, der natürlich der Prophet von Mekka, aber auch ein gewisser Salman angehörte. Salman leite sich wohl von dem arabischen Namen Suleiman ab und sei mit dem biblischen König Salomon identisch, hatte Floriol gemutmaßt.

Mit ihrem gnostischen Astralkult huldigte diese esoterische Lehre einem verschwommenen Pantheismus. Neben christlichen Relikten schienen sogar Elemente der Seelenwanderung vorhanden, denn die Bösen wurden als Tiere wiedergeboren. Eine erbliche Priesterkaste, die Schuyukh, wachte darüber, daß der Zugang zu den Mysterien und zum »Tor«, zum »Bab« der Offenbarung, auf die Eingeweihten beschränkt blieb. Die weltliche Feudalschicht kriegerischer Clan-Chefs rivalisierte gelegentlich mit den geistlichen Führern. Der Commandant hatte uns seine Erkenntnisse mit vielen Vorbehalten vorgetragen. Nachdrücklich wandte er sich gegen die böswilligen Verleumdungen, mit denen die sunnitischen Ulama diese Häretiker zu diskreditieren suchten. Demnach beteten die Alawiten die Sonne, den Hund, die weiblichen Genitalien und gewisse Bäume an, ja ihre religiösen Feste würden zu wilden Orgien ausschweifen.

Diese ewig bedrängte Minorität hatte die Chance mit beiden Händen ergriffen, die ihnen die französische Mandatsmacht in den zwanziger Jahren bot. Die Alawiten drängten sich in die militärische Laufbahn und verschafften sich somit nach Proklamation der syrischen Unabhängigkeit Zugang zu den Schlüsselpositionen der jungen Republik. Andere hatten sich als Lehrer ausbilden lassen, und zwar nach dem Modell des französischen Schulunterrichtes, und folgten nicht dem bei den Sunniten vorherrschenden System der Medressen, der Koranschulen. Die säkular ausgerichteten Halbgebildeten schlossen sich sehr bald der sozialistischen Bewegung der Baath-Partei an, die sie systematisch unterwanderten. An der Revolution der »Partei der arabischen Wiedergeburt« von 1963 hatten die Alawiten maßgeblichen Anteil. Ihre wirkliche Stunde schlug im Herbst 1970, als Hafez el-Assad sich im Präsidentenpalast von Damaskus installierte.

Trotz ihrer frühen Abspaltung von den traditionellen schiitischen Glaubensrichtungen – sie hatten ursprünglich der sogenannten Siebener-Schiia angehört, die statt der zwölf Imame der persischen und der mesopotamischen Gläubigen nur sieben anerkennt – fühlten sich die Alawiten, wie ihr Name besagt, der Partei Alis weiterhin verbunden. In Ruhollah Khomeini erkannten sie einen fernen Bruder im Glauben und in der iranischen Revolution von 1979, die ja vorrangig den Enterbten, den Mustaza'fin zugute kommen sollte, einen Parallelfall zu ihrer eigenen Auflehnung gegen die Vorherrschaft der Reichen und Hochmütigen, der Sunniten.

Die schiitische Übung der Verheimlichung, der Taqiya, erlaubte es den Alawiten, ihre religiöse Revanche über die Rechtgläubigen der Sunna unter dem Tarnmantel einer säkularen, nationalarabischen und sozialistischen Reformbewegung zu entfalten. Kein Wunder auch, daß die Alawiten von Damaskus im libanesischen Bürgerkrieg für die Schiiten der neugegründeten El Amal Partei ergriffen, sich später mit der gefürchteten Hizbullah, der schiitischen Partei Gottes, solidarisierten und in den Reihen dieser Taifa bereitwillige Verbündete fanden. Schiitische Libanesen kämpften auf seiten der Pink Panther des Generals Rifaat el-Assad, der sich später mit seinem Bruder, dem Präsidenten Hafez el-Assad, tödlich verfeindete, und fanden sich bereit, Mordanschläge im Auftrag des Geheimdienstes von Damaskus auszuführen, die für die Syrer selbst allzu kompromittierend gewesen wären.

Am Ende meiner damaligen Reise mit dem Nestorianer Samuel stand eine grandiose, heroische Vision: der Krak des Chevaliers, auf arabisch Qalaat el Hosn, die gewaltigste, klotzigste Festung, die die Kreuzritter im Umkreis des Heiligen Landes hinterlassen hatten. An sonnigen Tagen paßte dieses gigantische Bauwerk nicht in die liebliche Mittelmeerlandschaft unter dem blauen Himmel der Levante. Aus den Nebeln des Abendlandes, aus der ungestümen, himmelstürmenden Frömmigkeit des fränkischen Rittertums und den keltischen Legenden war diese Gralsburg aufgetaucht. Die rauhen Barone aus dem christlichen Abendland waren als Barbaren in den Orient eingefallen. Dem Zivilisationsstand der Byzantiner, die sie verachteten, und der Muslime, die sie als Gegner respektierten, waren sie weit unterlegen. Aber welch kolossale Kraft äußerte sich in der Aufschichtung des trutzigen Monuments! Die byzantinische Kirche von Konstantinopel hatte ihre Mönche und Kleriker stets zum Waffenverzicht und zur Friedfertigkeit verpflichtet. Die streitbaren Ordenskrieger – Templer, Deutscher Orden und Johanniter –, die die Ungläubigen mit Schwert und Feuer bekämpften und notfalls ausrotteten, waren Ausdruck jener germanisch-lateinischen Verschmelzung, die die Nachfolger Karls des Großen zu ihrem historischen Adlerflug befähigte.

Der Arzt Samuel, der sich mehr und mehr als Fremdenführer bewährte und auf Grund seines hohen Alters keine großen politischen Rücksichten mehr nehmen wollte, widersprach mir, als ich ihn auf die scheinbare Unvereinbarkeit der bescheidenen alawitischen Dörfer der Nusairi-Region und der hoch darüber schwebenden König-Artus-Vision des Krak des Chevaliers ansprach. Kreuzritter und Alawiten hätten im 12. und 13. Jahrhundert in enger Beziehung gestanden, auch wenn diese bäuerlichen Sektierer, die sich oft durch blonden Haarwuchs und blaue Augen auszeichneten, nicht die Nachkommen germanischer Eroberer seien, wie das häufig behauptet würde. Der nahe Djebl Ansariye habe in jenen Zeiten eine furchterregende Bedeutung genossen. Dort hatte sich der »Alte vom Berge« – sein wirklicher Name war wohl Sinan Ben Salman – in seinem Adlernest verschanzt. Der ganze Orient zitterte damals vor seinen Mörderbanden, den »Assassinen«.

Wer konnte sich noch zurechtfinden in den religiösen, konspirativen Abgründen der islamisch-schiitischen Mystik? Denn in Persien hatte man mir ebenfalls von einem »Alten vom Berge« erzählt, der aus seiner Gebirgsfestung Alamut heraus gewütet hatte. Hassan el-Sabah hieß dieser Schiitenführer, den man zu Unrecht mit dem Ayatollah Khomeini verglichen hat. Hassan el-Sabah – im 11. Jahrhundert in der heiligen Stadt Qom geboren – wechselte von der Zwölfer-Schia zur Siebener-Schia über, die heute in der harmlosen Glaubensrichtung der Ismaeliten den mondänen Lebemann Aga Khan als Sachwalter, als Naib jener heiligen Imame verehrt.

Hassan el-Sabah hatte fanatische Jünger um sich gesammelt, die er in seiner klösterlichen Kaserne ausbildete. Als Terroristen schwärmten sie aus, um im Namen Allahs und einer im Koran verankerten Gerechtigkeit die Mächtigen und die Reichen dieser Welt heimzusuchen und umzubringen. Fünfunddreißig Jahre lang hatte ganz Persien vor dem alten Wüterich gezittert, dessen blutrünstige Erfolge sich auf den Volksaufstand der Entrechteten stützten, der Leibeigenen, der Geschundenen. Hassan el-Sabah war nicht nur ein schiitischer Fanatiker. Als Vorkämpfer gegen die Fremdherrschaft der türkischen und sunnitischen Seldschuken ist er auch als iranischer Nationalist in die Geschichte eingegangen.

Ich erwähnte Samuel gegenüber diese seltsame Parallelität zwischen Persien und Syrien, die ja neuerdings im Zeichen des syrischen Bürgerkriegs wieder voll aufgelebt ist. Aber der Nestorianer wollte mir nicht zustimmen. »Die Perser mögen ihren Alamut-Helden als Alten vom Berge verehren, aber der wahre Scheikh el-Djebl war hundert Jahre später bei uns in Syrien beheimatet.« Er habe gewiß die Kreuzritter heimgesucht. Vor allem aber habe er die damaligen muslimischen Fürsten und Korangelehrten das Fürchten gelehrt. Sinan Ben Salman sei ebenfalls Siebener-Schiit, also ein Ismaelit und aus Mesopotamien gebürtig gewesen. Manche würden behaupten, er gelte den Alawiten von heute weiterhin als eine Art Leitbild und Prophet. Die geheimnisvolle Figur Salman, die in der alawitischen Dreifaltigkeit verehrt und oft mit König Salomon verwechselt würde, sei in Wirklichkeit identisch mit der Schreckensgestalt des Djebl Ansariye. Angeblich habe er seine verzückten Gefolgsleute, die sich – nur mit dem Dolch bewaffnet – unter Preisgabe des eigenen Lebens auf ihre Opfer stürzten, durch den Genuß von Haschisch und die Vorspiegelung paradiesischer Visionen in Trance versetzt. Deshalb habe man diese Attentäter als Haschischinen bezeichnet, woraus die fränkischen Kreuzritter das Wort Assassinen gemacht hätten.

Der alte Nestorianer schweifte in die Gegenwart. »Aufs Morden verstehen sich auch unsere Alawiten«, flüsterte er, nachdem er sich vergewissert hatte, daß niemand ihn hören konnte. »Die wilden Männer aus den Bergen sind in den sunnitischen Städten zu Recht verhaßt und gefürchtet. Denken Sie nur an das Grauen von Hama und das Massaker an der dortigen Bevölkerung.« An seinem Vorläufer aus dem 12. Jahrhundert gemessen, sei jedoch Hafez el-Assad ein Dilettant. Damals seien der Fatimiden-Kalif el-Amir in Kairo und der Abbassiden-Kalif El Mustarshid in Bagdad, die beiden Statthalter Allahs auf Erden, von den Haschischinen erdolcht worden. Unter den christlichen Fürsten seien König Konrad von Jerusalem und Prinz Raimund von Antiochia den Assassinen zum Opfer gefallen. Sogar der sieghafte Sultan Saladin, Herrscher über Syrien und Ägypten, sei nur mit knapper Not einem Anschlag entgangen und habe von nun an seine Nächte in einem streng bewachten transportierbaren Holzturm verbracht. »Ein einziger Krieger zu Fuß«, so hieß es in den Heldenliedern der Terroristen, »wird zum Entsetzen des Königs, auch wenn dieser über hunderttausend bewaffnete Reiter verfügt.«

Von den höchsten Zinnen des Qalaat el Hosn blickten wir nach Süden. Die libanesische Grenze von Akkar war mit bloßem Auge zu erkennen. »Meinen auch Sie, daß der jüdische Staat eines Tages unter dem geballten Sturm der Araber untergehen wird, wie seinerzeit die christlichen Fürstentümer der Levante?« fragte ich Samuel. Bei dem alten Nestorianer kam die assyrische Verachtung der kultivierten Städter gegenüber den Arabern, diesen räuberischen Söhnen der Wüste, zum Durchbruch. »Es waren keine arabischen Heere, die über das Kreuz des Abendlandes siegten«, antwortete er mit hintergründigem Lächeln. »Saladin, Salah ud-Din, wie wir ihn nennen, der Jerusalem zurückeroberte, war Kurde aus Tikrit. Baibars, der den Krak zur Übergabe zwang, war Mameluke, also vermutlich kaukasischer Herkunft, möglicherweise ein Tschetschene oder Aware. Die Kriegsscharen, die im Dienste der Fatimiden, der Ayyubiden oder der Abbassiden den Krummsäbel schwangen, setzten sich mehrheitlich aus türkischen Söldnern zusammen.«

Als wir am späten Abend die Stadtgrenze von Damaskus erreichten, war die Autobahn durch Armeekonvois verstopft. Ein alawitischer Ordnungshüter, Angehöriger der heute berüchtigten Shabiha-Miliz, den lediglich die Kalaschnikow als Wächter des Assad-Regimes auswies, inspizierte unseren Kofferraum nach Waffen und Sprengstoff. Mit einem Grinsen wünschte er uns »Bon voyage«.

Iran – Ein von der Geschichte ausgelaugtes Land

Zwischen Erzurum und Teheran

Persien, im Sommer 1951

An meine erste Begegnung mit Persien im Jahre 1951 kann ich nur mit einem Lächeln zurückdenken. Zwei Tage lang war ich von Erzurum bis zur aserbaidschanischen Grenzstation Maku gefahren. Hier war die östliche Endstation der transanatolischen Eisenbahn. In Richtung Persien war ich nun auf klapprige Reisebusse angewiesen und auf Schotterstraßen, die die Knochen strapazierten. Die Piste zog sich in unmittelbarer Nachbarschaft der sowjetischen Grenze – anders gesagt der Grenze zur Sowjetrepublik Armenien – entlang. In dieser Gegend hatten im Ersten Weltkrieg die Massaker von Hunderttausenden christlicher Armenier stattgefunden. Nachdem Atatürk den letzten osmanischen Kalifen ins Exil geschickt hatte, war es hier zur kurzlebigen Revolte des Scheikh Said gekommen, dessen kurdische Gefolgschaft sich im Namen des Islam gegen die laizistische Republik Kemal Paschas auflehnte. Ein Teil der kurdischen Bevölkerung war aus Sicherheitsgründen ausgesiedelt worden. Seitdem herrschte eine prekäre Ruhe und Ordnung in Erwartung späterer Revolten, die von der sozialistischen Bewegung PKK nicht mehr im Namen koranischer Religiosität, sondern des kurdischen Nationalismus motiviert und ausgetragen wurden.

Im Norden des bescheidenen Flecken Karaköse, wo wir auf Holzpritschen übernachteten, war die weiße Kuppe des gewaltigen Ararat-Berges im Licht der untergehenden Sonne wie eine mystische Vision aufgeleuchtet. Vor unserer Terrasse trieben kurdische Frauen in der typisch knallroten Tracht ihre Herden und verschwanden in Staubwolken. Bei der Weiterfahrt am folgenden Tage gaben die türkischen Offiziere und Soldaten den Ton an. Sie kehrten vom Kurzurlaub bei ihren Familien zu den schwer befestigten Grenzgarnisonen zurück. Seit einem Jahr tobte in Fernost der Koreakrieg, und die Konfrontation zwischen Moskau und Washington drohte tatsächlich in einen weltweiten Konflikt auszuarten. Die türkischen Militärs blätterten in grell illustrierten Zeitungen, die die Waffentaten und den Heldenmut ihrer nach Korea entsandten zwei Divisionen glorifizierten. Der Stolz war berechtigt. Unter der blauen UNO-Fahne hatte sich diese Truppe von fünfundzwanzigtausend Mann unter schwersten Verlusten den angreifenden »Menschenwellen« der chinesischen Volksbefreiungsarmee Mao Zedongs entgegengeworfen und sie in ihrem Sektor zum Stehen gebracht.

Außer mir hatte noch ein anderer Ausländer die Erkundungsfahrt durch Kurdistan angetreten. Ein etwa fünfzigjähriger, distinguierter Engländer hatte sich mir als Lord Kinross vorgestellt, und ich sollte später erfahren, daß er zu den qualifiziertesten Kennern der modernen Türkei zählte. Insgeheim träumte er vielleicht davon, die Rolle eines »Lawrence of Anatolia« zu spielen.

Am Ende unseres Gerumpels durch die trostlose Hochebene erreichten wir die persische Grenzstation Maku. Die Stimmung hier veränderte sich schlagartig. Ich wurde von dem iranischen Chef der Kontrollstation zum Tee geladen und beobachtete amüsiert einen persischen Polizisten, der mit hochgekrempelten Hosenbeinen durch ein herrliches Blumenbeet stelzte und seine Gießkanne leerte. Auf dem Kopf trug er würdevoll eine schwarze Pickelhaube mit blitzender Spitze und dem goldenen iranischen Löwen. Der persische Grenzkommissar, ein stoppelbärtiger Polizeioffizier, bemerkte meine Belustigung. »Wir sind keine wilden Berserker wie unsere türkischen Freunde nebenan«, sagte er in fließendem Englisch. »Ich stamme aus Schiras, der Stadt der Rosen und Gedichte. Wenn ich schon nach Aserbaidschan verbannt bin, so will ich wenigstens von Blumen umgeben sein.«

Unterdessen trug ein kurzsichtiger Schreiber mit seltsam verbogenen Schriftzeichen meine Personalien in eine dicke Kladde ein. Eine Stunde später rollte der Autobus – nur fünf Kilometer von der sowjetischen Grenze entfernt – in den sinkenden Abend. Die Schotterstraße war fürchterlich. Der Chauffeur sang mit rauher Kehle aserbaidschanische Kriegslieder, und die unrasierten Passagiere mit dem stechenden Blick stimmten im Chor ein. Sie sahen furchterregend aus, diese Aserbaidschaner, die sich ausdrücklich auf Türkisch artikulierten, aber sie überschütteten mich, den einzigen Fremden, mit Trauben, Melonenscheiben und Salatgurken. Die Landschaft war kahl, und die untergehende Sonne überzog die schroffen Felsen mit rotem Glanz. Die Straße schlängelte sich über schwarze, erstarrte Lavaströme, die der Berg Ararat wohl ausgespien hatte. Alle zehn Kilometer wurden wir angehalten. Persisches Militär, in Khaki gekleidet und reichlich verwahrlost, kontrollierte umständlich die Passagiere. Von der türkischen Exaktheit war hier keine Spur mehr. Stets wurde an den Sperren Tee serviert, aber das Mißtrauen war mit Händen zu greifen.

Nicht weit von Khoj hielten wir in der Dunkelheit. Die Frauen waren tief verschleiert und unermüdlich mit Wasserschleppen beschäftigt. Sie trugen die Krüge mit biblischer Geste auf der Schulter. Am Ende der Route, deren Schlaglöcher sich pausenlos und schmerzvoll aneinanderreihten, erlitt unser Gefährt einen Achsenbruch, der uns beinahe eine steile Felswand hinuntergeschleudert hätte. Auf einem Lastwagen erreichte ich schließlich Tabriz, die Provinzhauptstadt von Iranisch-Aserbaidschan. Die Gassen waren noch vom jüngsten Bürgerkrieg gezeichnet. Die Russen hatten während des Zweiten Weltkriegs die turksprachigen und kurdischen Separatisten begünstigt. Nach 1945 hatten sie sogar eine pro-sowjetische Volksrepublik Aserbaidschan und in Mahabad einen kurdischen Satellitenstaat proklamiert. Durch äußersten Druck – man sprach dabei sogar von atomarer Drohung – hatte Präsident Truman Ende 1946 von Marschall Stalin den Abzug der Roten Armee ertrotzt, aber auch nach der sowjetischen Evakuierung hatten die örtlichen Kommunisten den vorrückenden Persern hartnäckigen Widerstand geleistet. Die Soldaten des Schahs hatten in Tabriz die marxistischen Führer, deren sie habhaft wurden, am Galgen aufgeknüpft. Zur Zeit meiner Ankunft war die Unsicherheit überall zu spüren. Es kam gelegentlich zu Demonstrationen unter roten Fahnen. Mir fielen Zivilgefangene auf, die unter strenger Militäreskorte abgeführt wurden. Ich kam in der einzig akzeptablen Herberge »Metropol« unter. Das Hotel lag unweit der zyklopischen Wälle, die angeblich die Horden Dschinghis Khans hinterlassen hatten. Im Restaurant spielten armenische Musikanten, die sich durch französische und englische Sprachkenntnisse auszeichneten und dem seltenen Ausländer eine verdächtige Aufmerksamkeit widmeten.

Den späten Abend verbrachte ich beim französischen Konsul, einem älteren Lothringer, der das Pech gehabt hatte, Marschall Pétain noch anläßlich der amerikanischen Landung in Nordafrika seiner Treue zu versichern und der deshalb nach 1945 auf diesen verlorenen Posten verschickt wurde. Hinter der abweisenden Lehmmauer eröffnete sich ein herrlicher Garten, und ein idyllischer Kachelbrunnen spendete Kühle. Wir lagerten auf Kissen und Teppichen. Der Lothringer sah mich prüfend an. »Ich weiß nicht, in welcher Mission Sie hierhergekommen sind, aber was sich im Iran dieser Tage abspielt, ist hochdramatisch, ja ich möchte von historischer Bedeutung sprechen. Seit der persische Regierungschef Mohammed Mossadeq das abenteuerliche Wagnis eingegangen ist, vor ein paar Monaten die bislang allmächtige Anglo-Iranian Oil Company zu verstaatlichen, ist Aserbaidschan zum Tummelplatz des Kalten Krieges geworden. Die Geheimdienste des Westens und des Ostens liefern sich hier eine Schlacht im Dunkeln. Wenn nur die Amerikaner etwas diskreter wären. Die Sowjets sind zwar weg, aber ihr Informationsbüro ist auch nach der Zwangsschließung des russischen Konsulats äußerst aktiv geblieben. Moskau will aus dem Erdöl-Konflikt, der zwischen London und Teheran entbrannt ist, Vorteile ziehen, und niemand weiß heute, ob Ministerpräsident Mossadeq mit seiner Nationalisierung nicht am Ende den Sowjets in die Hände spielt. Jedenfalls klammert sich Großbritannien verbissen an seine bislang dominante Machtposition ›East of Suez‹.«

In der Hauptstadt Teheran eingetroffen, logierte ich in einer jugoslawischen Pension und führte bis in die späte, heiße Nacht Tagebuch. Für politische Analysen gab es überreichen Stoff. Mohammed Mossadeq, der den britischen Wirtschaftsimperialismus am Persischen Golf auf Leben und Tod herausgefordert hatte, beherrschte die Schlagzeilen der westlichen Presse fast in gleichem Maße wie dreißig Jahre später der Ayatollah Khomeini.

Der »Urknall«: Die CIA stürzt Mossadeq

Teheran, im Sommer 2010 – ein Rückblick

Auch Persien hatte seinen Atatürk, aber das nationale Temperament ist in beiden Ländern zutiefst unterschiedlich. Fünfzehn Jahre lang hatte Reza Schah Pahlevi, der erste authentisch persische Herrscher seit der fernen, sagenumwobenen Epoche der Achämeniden, mit eiserner Faust versucht, das Land zu modernisieren. Aus dem verlausten Marktflecken Teheran machte er eine halbwegs moderne Hauptstadt, die, abgesehen von der mangelnden Kanalisation, den Vergleich mit Ankara aushielt, wenn sie mehr dargestellt hätte als den steingewordenen Willen eines Despoten, wenn sie wirklich eine nationale Erneuerung symbolisiert hätte, wie das in Ankara zweifellos der Fall war.

Was half es Reza Schah, daß er Eisenbahnen baute, Straßen anlegte, Hotels entwarf? Wo sich ihm Widerstand entgegenstellte, brach er ihn mit allen Mitteln. Er stellte ein einheitliches Heer auf, unterwarf die aufsässigen Stämme der Kurden, Bakhtiaren und Kaschgai, die das Land unsicher machten, und setzte die Bevölkerung unter den Druck seiner allmächtigen Polizei. Das Volk fügte sich. Die reichen Großgrundbesitzer zitterten, der Schwung einer patriotischen Begeisterung wurde nie wach. Unter der Knute des Schahs sahen sogar die Mullahs ihren religiösen Einfluß schwinden. Die Frauen in Teheran hörten auf, sich zu verschleiern, die Gesetze des Korans machten einem modernen Lebensstil Platz. Insgesamt jedoch blieb die iranische Masse das, was sie war: ein altes, dekadentes Volk, das paradoxerweise nie reif geworden war. Diejenigen, die es leiten sollten, führten ihr nutzloses Feudalleben weiter, ohne von der importierten Zivilisation mehr als den blinkenden äußeren Schein zu übernehmen.

Als daher 1941 Engländer und Russen, die ohnehin die Versuche einer Wiedergeburt Persiens und die Sympathien Reza Schahs für das Dritte Reich mit Mißtrauen verfolgten, das Land besetzten, den Herrscher zugunsten seines Sohnes zur Abdankung zwangen und ihn nach Südafrika deportierten, brach auch sein Werk wieder auseinander. Das Land atmete auf, als das eiserne Regime verschwand, aber die Straßen verfielen, die Verwaltung kehrte zum alten Schlendrian zurück, die

Stämme begannen zu rumoren, die Mullahs gewannen wieder ihren Einfluß über das dumpfe Volk, und die reiche Großgrundbesitzer- und Händlerschicht bildete an der Stelle der erbarmungslosen, aber wirksamen Diktatur eine korrupte Oligarchie, die das breite Volk in unsagbarem Elend und erbärmlicher Unwissenheit stagnieren ließ.

Man kann die Lage Irans im Sommer 1951 ohne diese Vorgeschichte nicht verstehen und noch weniger ohne das Wissen um die sowjetische Besatzung im Norden des Landes, die binnen fünf Jahren den Iran in unmittelbaren Kontakt mit dem Kommunismus brachte. In Teheran hatte die Bevölkerung Gelegenheit, die russische und die englische Besatzung zu vergleichen, und der Vergleich fiel – oh Wunder! – nach allgemeinem Urteil zugunsten der Sowjets aus. »Das sind nicht die ›Nikolai‹ von früher«, sagten die Perser, die sich noch der zaristischen Einfälle entsannen. Nach Kriegsende wurde das Land gleichzeitig im Norden und Süden geräumt, und als die aserbaidschanische Revolte 1946 zu Ende ging, blieb von der russischen Besatzung kaum mehr als die Drachensaat der marxistischen Ideologie, die bei vielen jungen Intellektuellen auf fruchtbaren Boden gefallen war.

Die Russen gingen, aber die Engländer behielten eine diskrete Präsenz bei. Sie stützten sich auf zahllose Konsuln, Kaufleute, Erdölspezialisten und Geheimagenten, die zwar hier nicht mehr das Vorfeld Britisch-Indiens schützten, der angeschlagenen britischen Nachkriegswirtschaft jedoch das kostbare Erdöl von Abadan und eine reiche Dollarquelle offenhielten. 1946 schien es, als hätte England alle Trümpfe in der Hand. Es gab kaum einen Abgeordneten in den Majlis, im iranischen Parlament, der nicht direkte Einkünfte von der Anglo-Iranian bezogen hätte. Wenn trotzdem die Regierung nicht gefügig war, hielten sich die Stämme des Südens als altbewährtes Druckmittel zur Verfügung. Der Intelligence Service scheute sich nicht, sogar unter den Arbeitern der großen Städte kleine, rötlich gefärbte Unruhen in Szene zu setzen, um der herrschenden Clique mit dem Gespenst des Kommunismus Angst einzujagen.

Damit aber auch von dieser Seite keine unerwarteten Sorgen auftauchten, wurde der schiitische Klerus mit Nuancen unterstützt. Der Islam, so schien es manchen englischen Spezialisten, würde hier dem

Bolschewismus eine unüberwindliche Mauer entgegensetzen, gleichzeitig aber jeder modernen und radikalen Erneuerung auf nationaler Grundlage den Wind aus den Segeln nehmen. Der Sohn Reza Schahs war zudem aus einem viel weicheren Holz als sein Vater geschnitzt. Sein Bild, das in jedem öffentlichen Gebäude dutzendweise hing, täuschte nicht über seine stark verminderte Stellung als konstitutioneller Monarch hinweg. Im Ausland interessierte man sich vor allem für die galanten Abenteuer des schüchternen Playboys. Unterdessen schritt die Auflösung der iranischen Staatsgewalt unerbittlich voran. Die sozialen, wirtschaftlichen und religiösen Mißstände häuften sich unter diesem jungen Schah, der den Namen Mohammed Reza Pahlevi trug, zu einem explosiven Gemisch.

Die modernistische Auflehnung, zu der sich der Nationalist Mossadeq aufgerafft hatte, paßte schlecht zu diesem im feudalen Mittelalter erstarrten Land, zu dieser phantastischen Wüstenlandschaft und ihren rosa, gelben, schwarzen Felsen, zu diesen Lehmdörfern, deren Bewohner durstig an einem Brunnen oder Qanat hockten. Sie kontrastierte mit den goldenen oder smaragdgrünen Kuppeln der Moscheen, die wie steingewordene Ekstasen über der trostlosen Steppenlandschaft leuchteten. Was verstanden diese Menschen, denen die hochentwickelte Technologie der Bohrtürme unheimlich und unverständlich blieb, von der wirtschaftlichen Rolle des Petroleums, wenn sie in Isfahan und Schiras unter revolutionären Transparenten oder grünen Fahnen demonstrierten und Solidaritätstelegramme an Ministerpräsident Mossadeq schickten?

Für die Masse gehörte der Streit mit der Anglo-Iranian in eine orientalische Fabelwelt. Selbst im Bazar von Teheran wurde die Auseinandersetzung mit den Engländern weniger durch Förderzahlen und Statistiken belegt als durch plumpe Zeichnungen mystifiziert. So wurde der britische Imperialismus durch einen Drachen dargestellt, dessen bluttriefendes Maul die iranische Bevölkerung verschlang. Eine andere Karikatur zeigte Ministerpräsident Mossadeq, der mit kühner Geste eine Kapitalistengestalt mit Zylinder und Zigarre – Symbol der Anglo-Iranian – erdolchte, aber aus dem Hintergrund feuerten bereits finstere Verschwörer-Gestalten ihre Revolver auf den Helden der Nationalen Erneuerung ab. In der Vorstellung der Orientalen vollzog sich hier ein Kampf der Gespenster, der Ungeheuer, der okkulten Kräfte. Wo das müde persische Temperament der nationalen Leidenschaft nicht fähig war, steigerte es sich zu anglophober Hysterie.

Auch das Programm der revolutionären Regierung war von Wunschdenken geprägt. Man sollte die Männer in der Umgebung Mossadeqs nicht für naiver halten, als sie waren. Eine tief eingefleischte Geheimniskrämerei beherrschte ihre politischen Winkelzüge. Die internationalen Korrespondenten, die sich an der Bar des Hotel Ritz trafen, diskutierten lange. Ein »old hand« der Region belehrte mich folgendermaßen: »Wenn Sie nicht um die Taqiya wissen, my young friend, dann verstehen Sie nichts von der iranischen Revolution.« Taqiya, so heißt bei den Schiiten, mit denen wir es in Persien zu tun haben, die Kunst der Verheimlichung der innersten Überzeugung, die Gewohnheit instinktiver Verstellung, nicht nur, wenn es um die Mysterien des Glaubens geht.

Ähnlich äußerte sich übrigens der stellvertretende iranische Ministerpräsident Fatemi, der mich in einem pompösen, altmodischen Spiegelsaal empfing. Er räumte ein, daß der Ursprung des Petroleumkonflikts in den unbeschreiblichen sozialen Mißständen des Landes zu suchen sei und daß der Ansturm gegen die korrupten Feudalherren, die die Majlis beherrschten, aus zwei Richtungen kam. Da waren einerseits junge religiöse Fanatiker, die ursprünglich von den Engländern in ihrer Ablehnung der Pahlevi-Dynastie unter der Hand aufgewiegelt worden waren. Diese schiitischen Extremisten schlossen sich in der Fedayin-Gruppe zu einer blindwütigen Terroristenorganisation zusammen, der trotz ihrer koranischen Grundüberzeugung angeblich nihilistische Züge anhafteten. Zu spät wurden sich die Briten bewußt, daß sie dank ihrer Förderung der islamischen Kräfte im Nahen und Mittleren Osten ein selbstmörderisches Manöver eingeleitet hatten. Auf der anderen Seite stießen die Großgrundbesitzer und Finanzherren, die komplottierenden Generale und Stammesfürsten, die die Wandelgänge des Parlaments bevölkerten, auf die rabiate Opposition einer kleinen Gruppe bürgerlicher und verwestlichter Abgeordneter, die meist in Teheran gewählt waren und sich unter dem Sammelnamen »Nationale Front« der Öffentlichkeit vorstellten. Dieses kleine Fähnlein von Intellektuellen, die in London oder Paris studiert hatten, war fest entschlossen, das Herrschaftsmonopol der feudalistischen und kaufmännischen Oligarchie zu brechen.

Mit dem kühnen Überraschungsschlag der Verstaatlichung der Anglo-Iranian Oil Company hatte die Minderheitsbewegung der Nationalen Front es im Frühjahr 1951 geschafft, die Regierung Persiens zu übernehmen, und nun diente dieser Konflikt dazu, die Gruppe von nur acht Abgeordneten an der Macht zu halten. Natürlich wäre es dem greisen Mossadeq, der auf Grund seiner rhetorischen Gaben die Nationale Front beherrschte, nie gelungen, sich die Führungsstellung zu erkämpfen, wenn nicht die islamische Massenbewegung unter Führung des listenreichen Ayatollah Kaschani ihr Gewicht in die Waagschale geworfen hätte. Die letzte Entscheidung zugunsten Mossadeqs fiel in der Stunde, als der englandfreundliche Regierungschef Razmara mit seinem Erziehungsminister den Kugeln der »Fedayin-e-Islam« zum Opfer fiel. Razmara war gerade damit beschäftigt, seinen eigenen Staatsstreich anzuzetteln, um die Proklamation einer nationalen Diktatur vorzubereiten. Die schiitischen Fedayin waren ihm zuvorgekommen, und nun fand sich niemand mehr unter den Parlamentariern, der bereit gewesen wäre, das tägliche Risiko einer solchen Nachfolge auf sich zu nehmen, mit Ausnahme der kleinen Fraktion der Nationalen Front, der die Drohung religiöser Fanatiker ihr Regierungsmandat verschaffte. Die Gefolgsleute Mossadeqs bezeichneten sich oft als Sozialisten, aber das war ein großes Wort für diese disparate Fraktion aufbegehrender Intellektueller, die sich fortschrittlich und liberal gebärdeten.

Mossadeq selbst stammte aus einer Großgrundbesitzerfamilie, war angeblich sogar mit jener Khadjaren-Dynastie verwandt, die der Emporkömmling Reza Schah erst 1925 mit seinen Kosaken vom Thron gejagt hatte. Insgeheim trug er vielleicht – jenseits der großen nationalen Anliegen – eine familiäre, eine persönliche Fehde gegen den Pahlevi-Kaiser, diesen Usurpator auf dem Pfauenthron, aus. Auch Mossadeq war ein wahrer Sohn seines Landes und des schiitischen Glaubens. Bevor er den kühnen Entschluß zur Verstaatlichung des iranischen Erdöls faßte, so verkündete er dem Volk, war ihm im Traum ein von Allah entsandter Engel erschienen. Unterdessen verbreiteten die britischen

Geheimdienste, das Minderheitsregime Mossadeqs sei ohnehin eine Übergangserscheinung und öffne den Weg für eine kommunistische Machtergreifung im Iran. Bei ihren amerikanischen Verbündeten, den angelsächsischen »cousins«, fanden sie mit diesen finsteren Prognosen bereitwilliges Gehör.

Von ihren verschwommenen sozialen Absichten hatte die Nationale Front noch kein Jota in die Tat umgesetzt. Wie konnte sie auch? Ihre Selbstbehauptungstaktik in den Majlis bediente sich des Erdölstreits wie einer Peitsche, und für jedes andere Programm würden ihr die Abgeordneten die Zustimmung entziehen. Als der Wirtschaftsminister ein paar Tage nach der Nationalisierung dem Volk versprochen hatte, in Zukunft würden jedem persischen Staatsangehörigen aus den Einkünften des Petroleums täglich 200 Rial ausbezahlt, gab er sich der Lächerlichkeit anheim. »Mein Programm ist das Erdöl«, erklärte Mossadeq hingegen, »und das Erdöl allein.« Dennoch gelang es dem alten, kahlköpfigen Aristokraten, der seine Besucher am liebsten in einer Art Pyjama empfing, das Volk in Trance zu versetzen. Ein religiöser Schwärmer war er nicht. Der britische Intelligence Service versuchte sogar, ihn gegenüber den amerikanischen Vettern als einen verkappten Kommunisten darzustellen, der die Petroleumquellen des Golfs den Sowjets in die Hände spielen würde.

Bemerkenswert in jenem Sommer 1951 war die Tatsache, daß ich als einsam reisender Ausländer, der für einen britischen oder amerikanischen Agenten hätte gehalten werden können, von den ausschließlich iranischen Passagieren meiner Reisebusse mit außerordentlicher Zuvorkommenheit und Hilfsbereitschaft behandelt wurde. Ich fuhr kreuz und quer durch das Land. Isfahan war damals noch frei von Touristen. Ich bewunderte die smaragdgrüne, die zartblaue Zauberwelt der Moscheen, rastete im Schatten der endlos geblümten Kuppeln und gab mich ihrer mythischen Verzückung hin. Dabei wunderte ich mich, wie sich ausgerechnet in diesem von der Geschichte ausgelaugten Land eine so machtvolle Architektur entfalten konnte.

Persepolis lag einsam und tragisch unter der erbarmungslosen Sonne. Ich stand ganz allein vor dem gewaltigen Marmorsockel der Königsburg. Die enthaupteten Säulen beherrschten die weite, einst fruchtbare Ebene. Schwarze Zelte der Kaschgai duckten sich vor den Felsgräbern der Monarchen, vor denen einst die griechischen Hopliten zitterten. Ich verweilte lange vor den steinernen Reliefprozessionen der bärtigen Priester und Satrapen, die in steifer, hieratischer Haltung dem König der Könige huldigen. Der geflügelte Gott mit dem Menschenhaupt unter der Mitra, die Symbole des Zarathustra-Kultes, die alles überragende Figur des Herrschers, der immer wieder mit gewaltiger Faust den Löwen niederschmettert, waren Relikte einer versunkenen Welt, besaßen nicht den geringsten Bezug zum hektischen, aufgewühlten Iran von heute und seiner islamischen Verkrampfung. Weder die iranischen Busreisenden noch die nomadisierenden Stämme verschwendeten einen Blick auf den monumentalen Sarkophag Kyros des Großen. Nur die wenigen Altertumspilger aus dem Ausland gedachten des Weltreichs der Achämeniden.

In Schiras suchte ich vergebens nach den Rosengärten, die einst der Dichter Hafiz besungen hatte. Ich traf dort einen jungen deutschen Arzt, der in Khuzistan praktizierte. Der blonde Deutsche wurde nicht müde, von seinen amourösen Abenteuern im Land der Scheherezade zu erzählen. Es muß wohl Nacht werden, ehe man etwas vom Zauber des alten Persiens und seiner Dichter nachempfinden kann. Dann verwandelt der Mond die kahlen Gebirge in pures Silber. In den Straßen von Schiras kreisen die Pferdekaleschen, und die verhüllte Matrone auf dem Rücksitz bietet ihre blutjunge Begleiterin für einen Besuch im Palmenhain am Stadtrand an. Ich saß mit dem deutschen Arzt auf der Hotelterrasse, und wir tranken den schweren, süßen Rotwein, den schon Omar Khayyam besungen hatte. Über den düsteren Häuserzeilen zeichneten sich die Kuppeln der Heiligtümer gegen den Sternenhimmel ab. Aus den verwahrlosten Gärten, wo sich zu dieser Stunde die Paare zu käuflicher Liebe vereinten, kam ein schwüler Wind auf und täuschte den Duft längst verwelkter Rosen vor.

Der Deutsche schwieg und seufzte. Dann zitierte er in singendem Farsi den wehmütigen Vers des großen Dichters Hafiz: »Die Vielerfahrenen auf den Wegen der Liebe sind im tiefen Ozean geschwommen, aber die Wellen haben sie nicht genetzt.«

Das Experiment Mossadeq sollte nicht lange dauern. Die Welt befand sich damals in einer extrem angespannten Phase des Kalten Krieges, und die Amerikaner waren nicht gewillt, in Teheran die geringste marxistische Infiltration zu dulden. Von nun an war es die Central Intelligence Agency und nicht mehr der britische MI6, die unter der Anleitung des Urenkels des Präsidenten Theodore Roosevelt das Komplott schmiedete. Mossadeq hatte den Fehler begangen, mit der kommunistischen Tudeh-Partei Kontakt aufzunehmen, deren Sympathisanten später bei der deutschen 68er-Generation eine beachtliche Rolle spielen sollten. Der amerikanische Geheimdienst stützte sich auf die unterschiedlichsten Elemente, um der anklagenden Larmoyanz Mossadeqs ein Ende zu setzen. Neben kriminellen Schlägertrupps wurden in Teheran auch die legendären Keulenschwinger der Zurkaneh sowie Teile des schiitischen Klerus in den Dienst des gewaltsamen Regimewechsels gestellt. Die korrupte und intrigierende Generalität hatte ohnehin niemals die geringste Sympathie mit den aufbegehrenden iranischen Nationalisten empfunden. Von nun an würde Washington systematisch darauf hinarbeiten, im »Land der Arier« am Persischen Golf eine Bastion der eigenen Hegemonie im Mittleren Osten zu errichten.

Die Episode Mossadeq hat sich tief in das nationale Gedächtnis der Iraner eingegraben. Wenn ihnen heute oder auch schon zur Zeit des Schah-Regimes vorgeworfen wurde, sie würden den westlichen Vorstellungen der Demokratie nicht genügen, konnten sie glaubwürdig darauf verweisen, daß ein säkulares, ein parlamentarisches System ja bereits unter Mossadeq, wenn auch mit völlig unzulänglichen Mitteln, in die Wege geleitet worden war und daß dieser Versuch an der Intervention der Vereinigten Staaten von Amerika scheiterte. Die Behauptung mag überzogen klingen, aber sie wirkt wie ein Urknall fort, steht sie doch am Anfang jener Auseinandersetzung mit den USA, die nach der Machtergreifung des Ayatollah Khomeini zur Schicksalsfrage der gesamten Region werden sollte.

Glanz und Elend der Pahlevi

Teheran, im Sommer 2010

Die Amerikaner, die sich nach der Restaurierung der Pahlevi-Dynastie als Gönner und Waffenbrüder Teherans gebärdeten, sind sich bis heute nicht bewußt geworden, daß der Putsch gegen den exzentrischen Regierungschef Mossadeq von breiten Schichten der Bevölkerung auch weiterhin als Demütigung und Schmach empfunden wird, auch wenn Washington manche Kompensation zu bieten hatte. Die vergammelten Streitkräfte Irans wurden auf den Stand moderner Kriegführung gebracht und mit Rüstungslieferungen überschüttet. Der Erdölboom des Jahres 1973 verschaffte dem Monarchen beachtlichen finanziellen Aktionsraum. Mit Ermutigung aus Washington hatte die iranische Marine im Handstreich die Eilande Tumb und Abu Musa annektiert, die bislang zum arabischen Emirat Ras-el-Khaima oder Scharja gehörten – ganz genau wußte das wohl niemand –, und verfügte nunmehr am Ausgang des Persischen Golfs, am Nadelöhr der Straße von Hormus, über eine einzigartige strategische Stellung.

König Feisal von Saudi-Arabien hatte zwar gegen die persische Eigenmächtigkeit protestiert, nahm aber mit Befriedigung zur Kenntnis, daß seine iranischen und schiitischen Rivalen mit gewaltigem Aufwand einen revolutionären Brandherd im südöstlichen Küstengebiet von Dhofar – im Ursprungsland der großen Weihrauch-Karawanen – erstickten. Dort hatte sich – so bizarr es klingt – eine marxistisch orientierte Partisanenbewegung herausgebildet, die die auf China ausgerichteten Grundsätze des *Roten Buches* Mao Zedongs als oberste Richtschnur ihrer eigenen ideologischen Verirrung feierte. Die Niederschlagung des Aufruhrs in Dhofar, das unmittelbar an die mit Moskau verbündete sozialistische Republik Südjemen grenzte, konsolidierte vor allem die Position des Sultans Qabus von Oman und ordnete ihn in das imperiale Dispositiv der USA ein.

Nicht alles im Iran des Großkönigs Mohammed Reza Pahlevi war so negativ, wie die von Rudi Dutschke zu tosenden Protestdemonstrationen aufgewiegelten Berliner Studenten bei dessen offiziellem Staatsbesuch in Berlin es darstellen wollten. Die Weiße Revolution, auf die sich der persische Monarch im Innern zu stützen suchte und die tatsächlich – zumal auf dem Gebiet der Frauenemanzipation und sogar der Bodenreform – nennenswerte Erfolge erzielte, hatte der Modernisierung des immer noch archaischen Landes kräftige Impulse gegeben. Es wurde auch eine breite akademische Schicht herangezüchtet, aber gerade aus den Reihen dieser aufsässigen Intellektuellen sollte sich eine brodelnde Opposition gegen die anmaßende dynastische Autokratie herausschälen und ihr am Ende zum Verhängnis werden.

Der Monarch, so meinten die Kritiker, sei sich vermutlich seines mangelnden Charismas, seiner geringen Autorität beim kleinen Volk bewußt geworden und kompensiere jene Schwäche nun durch einen ausschweifenden Personenkult. Er ließ sich als Prophet darstellen, der über den Wolken schwebte, und führte bei Hof eine Unterwürfigkeit ein, die mit der Kynesis, der hündischen Huldigung am Hof der frühen Achämeniden, verglichen wurde. Jeglicher Aufsässigkeit begegnete er mit dem fürchterlichen Terrorinstrument der Savak.

1974 traf ich ihn zum Gespräch. In einem überdimensionalen Arbeitszimmer des Niavaran Palastes im Norden von Teheran, das mit viel Stuck, Spiegeln, Kacheln, aber vor allem mit einer ganzen Sammlung wertvollster Naim-Teppiche ausgestattet war, warteten wir. Der Mann, der mir mit sportlichem Schritt im eleganten, grauen Anzug entgegentrat, übersah die tiefen Verbeugungen seiner Höflinge, reichte mir die Hand und lud mich in perfektem Französisch ein, auf dem Sessel Platz zu nehmen, der seinem Schreibtisch gegenüberstand. Es fiel mir auf, daß Mohammed Reza Schah kleiner und zierlicher wirkte als auf den meisten Bildern. Sein Blick war ernst, ein wenig traurig, geprägt von jener Einsamkeit, die bei den Herrschenden wohl mit Menschenverachtung einhergeht. Jedermann in Teheran wußte, daß der Schah darunter litt, weiterhin im Schatten seines kolossalen und gewalttätigen Vaters zu stehen, der angeblich zutiefst enttäuscht gewesen war, einen schwächlichen und scheuen Sohn gezeugt zu haben. Ich hatte Mühe, mir vorzustellen, daß der nicht unsympathische Mann zu den umstrittensten Persönlichkeiten seiner Zeit zählte, als blutrünstiger Tyrann galt, der seine gefürchtete Geheimpolizei Savak auf jede Form von Opposition losließ und seine Gegner zu Tode folterte. Auf der Lichtseite dieses zwiespältigen Charakters stand die Figur eines fleißigen und ehrgeizigen Monarchen, der mit Sicherheit das Beste für sein Volk wollte, aber den unmittelbaren Bezug zu seinen Landsleuten verloren hatte. Er sprach besser Französisch als seine Muttersprache.

Meine Interviewfragen stießen auf korrekt formulierte und intelligente Plattitüden. Den arabischen Nachbarn Irak, wo die Baath-Partei Saddam Husseins eine tyrannische Herrschaft an sich gerissen hatte, betrachtete er als seinen weitaus gefährlichsten Gegner. Mindestens ebenso unerbittlich trat er jeder Hinwendung der Bevölkerung zur islamischen Theokratie entgegen. »Sire«, hatte ich ihn gefragt, »wir beobachten in der gesamten arabischen Welt eine Wiedergeburt des Islam. Kündigt sich eine vergleichbare Entwicklung auch im Iran an?« Der Kaiser reagierte kategorisch. Er sei zwar persönlich ein gläubiger Muslim und sei sogar nach Mekka gepilgert. Aber jedes Mal, wenn die Mullahs und religiösen Eiferer versucht hätten, politischen Einfluß zu gewinnen, sei das Ergebnis katastrophal gewesen, und ein solcher Irrlauf sei im Obskurantismus geendet.

Mit wachsender Konsolidierung seines Thrones steigerte sich auch die Megalomanie des Herrschers, der – vermutlich bereits von einer unheilbaren Krankheit gezeichnet – den Kontakt mit den Massen fürchtete und sich in eine arrogante Isolation begab. War er sich überhaupt bewußt, wie erbärmlich zahllose seiner Untertanen, die sich in Ermangelung von Ochsen oder Pferden selbst vor den Pflug spannten, dahindarbten? Während die neugegründete elitäre Partei Rastakhiz grandiose Huldigungskundgebungen veranstaltete – so hatte ich es in Kerman erlebt –, sammelten sich auf den Tribünen die Privilegierten des Regimes, die korrupten und skrupellosen Spekulanten, die geschickten Jongleure mit den Krediten, die ihnen der unbeliebte Ministerpräsident Hoveyda – angeblich eine Schlüsselfigur der ketzerischen Bahai-Sekte – so freizügig verteilte. Besonders protzig traten die Frauen der speichelleckenden Höflinge auf. Sie hüllten sich in edelste Pelze und brüsteten sich mit ihren Juwelengeschmeiden. Solange sie jung waren, rivalisierten sie mit den Prinzessinnen von Tausendundeiner Nacht. Aber mit zunehmender Reife und Fettleibigkeit wurden die durch Kleister gestrafften Gesichter zu starren, bösartigen Masken.

In Kerman fiel mir der zerlumpte Knabe ein, dem ich eine Woche zuvor unter dem Zelt einer Nomadenschule begegnet war. Der junge Kaschgai-Nomade, offenbar der Sprecher seiner Klasse, verfügte über schauspielerische Begabung, als er mit ungewollter Komik das Loblied auf den König der Könige, Schah-in-Schah, anstimmte und dabei mit kahlgeschorenem Schädel die schlotternden Ärmel seines Gewandes zu ausschweifenden Gesten bewegte. Seine schrille Stimme trug folgendes Poem vor: »Oh Schah! Unsere Herzen sind von Liebe zu Dir erfüllt. Gott, der Mächtige, sei Dein Beschützer. Oh Arm Allahs, Du hast unser Land gerettet, den Armen geholfen, unserem Leben einen Sinn gegeben und das Elend beseitigt. Oh Kaiser! Wie schwer mußt Du gekämpft und gelitten haben, um aus dem alten Iran einen neuen Iran zu machen.«

Die Hybris des Herrschers verlor offenbar jedes Maß. Der Gipfel war erreicht, als Mohammed Reza Pahlevi zum 2500jährigen Bestehen des persischen Großreiches in Persepolis sich als Nachfolger des großen Achämeniden-Kaisers Darius gebärdete und vor einer grotesken Karnevalskostümierung nicht zurückschreckte. In sämtlichen Gesellschaftsschichten dieses historisch bedeutsamen Landes regten sich Überdruß, Verachtung, ja Haß gegen die dynastischen Ausschweifungen. Selbst die amerikanische Diplomatie nahm allmählich zur Kenntnis, daß die Basis des Regimes zu bröckeln begann. Die Experten und Thinktanks in Washington schwankten – wie ihnen das so oft passieren sollte – zwischen dem Beharren auf ihren unverhohlenen imperialen Expansionsinstinkten und einer oft heuchlerisch verbrämten Mahnung an ihre Verbündeten, größere Toleranz und ein Minimum an Demokratie zu gewähren. Im Niavaran-Palast von Teheran, wo mit der Schahbanu Farah Diba eine umsichtige und energische Frau eingezogen war, nahm man die amerikanischen Stimmungsschwankungen deutlich und argwöhnisch zur Kenntnis. Der Schah erkannte, daß er sein Umfeld absichern müßte.

Im Sommer 1975 kamen die Regierungen von Teheran und Bagdad endlich überein, ihren uralten Erbstreit, der bis auf das babylonische Altertum und die ersten Jahrzehnte des Islam zurückging, durch einen Modus vivendi zu unterbrechen, der beiden Teilen Vorteile brächte. Im Norden des Irak dauerte seit Jahren der separatistische Aufstand der

Kurden an. Der Iran hatte den Freiheitskampf dieses indoeuropäischen und sunnitischen Volkes systematisch mit Waffen beliefert und gegen die überlegene Armee Bagdads am Leben erhalten. Jetzt zeigte sich der neue starke Mann des Irak, Saddam Hussein, jedoch bereit, dem Schah im Hinblick auf die Schiffahrt im Schatt el-Arab, wo Tigris und Euphrat einen gemeinsamen Strom bilden und in den Golf münden, substantielle Zugeständnisse zu machen. Als Gegenleistung würde Mohammed Reza Pahlevi mit zynischer Rücksichtslosigkeit die kämpfenden Kurden des Irak, Peschmerga genannt, dem Baath-Regime von Bagdad ausliefern.

Kaum einer nahm die Nebenklausel wahr, die bei dieser Gelegenheit vereinbart wurde. Sie betraf einen streitbaren persischen Mullah namens Ruhollah Khomeini, der sich der Pahlevi-Dynastie mit flammenden Predigten entgegenstellte. Der Schah hatte sich damit begnügt, den störrischen Widersacher in den Irak abzuschieben, nach Nedjef, in die Nähe des Mausoleums des Gründer-Imams Ali Ibn Abi Talib. Dreizehn Jahre lang sollte dieser Störenfried seinen theologischen Studien in Mesopotamien nachgehen. Sein politischer Einfluß auf die frommen Schiiten des Iran schien zu verblassen. Aber Saddam Hussein, der selbst sunnitischer Muslim war, ein überwiegend säkulares Regime in Bagdad errichtet hatte und eine akute Spannung zur schiitischen Mehrheitsbevölkerung seines eigenen Staates zu zügeln suchte, erschien der Mullah keineswegs geheuer. Der Theologe aus dem iranischen Qom hatte eine spezielle Theorie des schiitischen Gottesstaates entworfen. Jetzt drängte Saddam darauf, den Unruhestifter aus dem Irak und aus der Nachbarschaft der dortigen schiitischen Sanktuarien zu entfernen.

Der irakische Geheimdienst hatte den persischen Kollegen vorgeschlagen, den eigensinnigen schiitischen Greis nach Tripolis oder Algier ausreisen zu lassen. Aber Teheran widersprach. Bei Präsident Boumedienne von Algier oder gar bei Oberst Qadhafi von Libyen hätte Khomeini angeblich eine revolutionäre Plattform gefunden, wäre zu einem bedrohlichen Fackelträger der islamischen Auflehnung geworden. Also ließ Teheran in Paris beim Quai d'Orsay anfragen, ob die Fünfte Republik Giscard d'Estaings bereit sei, diesem kaum bekannten schiitischen Prediger ein Einreisevisum nach Frankreich zu erteilen. Die französischen Behörden stimmten zu und ahnten wohl ebensowenig wie ihre Kollegen von Teheran, daß sie damit die Büchse der Pandora öffneten. In Tripolis und Algier wäre Khomeini einer unter vielen Exilpolitikern gewesen. Im lähmenden Netz der argwöhnischen lokalen Sicherheitsorgane wäre er möglicherweise ermordet oder zumindest unter Hausarrest gestellt worden. In Frankreich hingegen, in unmittelbarer Nachbarschaft der Weltstadt Paris, wo man ihm eine extrem bescheidene Unterkunft in dem Dorf Neauphle-le-Château zugewiesen hatte, wurde der Ayatollah Khomeini über Nacht zu einem exotischen Kuriosum und – womit niemand gerechnet hatte – zum Auslöser eines politischen Erdbebens.

Im September 1978 hatte ich – aus Afghanistan kommend – in Teheran Station gemacht. Die Verblendung in den gehobenen Kreisen der Hauptstadt, die sich des revolutionären Grollens im eigenen Land offenbar überhaupt nicht bewußt waren, wirkte verblüffend. Dabei verging kein Tag, ohne daß die studentische Opposition zu Kundgebungen gegen den Schah aufrief. Es wurden Schaufenster zertrümmert, ja ganze Häuserzeilen niedergebrannt. Es hieß, daß die gefürchtete Savak ihre Provokateure ausgeschickt hatte. Die gefangenen Aufrührer wurden in den Gefängnissen schrecklich gefoltert. Im Umkreis der Teheraner Universität hatten Militär und Polizei mehrfach das Feuer auf die jugendlichen Demonstranten eröffnet. Es war zu einem »blutigen Freitag« gekommen, und die Zahl der Opfer, so berichteten die teils islamischen, teils marxistischen Aufrührer, gehe in die Tausende. In den von der Sommerhitze ausgetrockneten Rinnsteinen der Innenstadt floß Blut.

Am Tag meiner Zwischenstation befand sich Hua Guofeng, der Parteivorsitzende und Regierungschef der Volksrepublik China, in der iranischen Hauptstadt. Er stattete dem Schah einen offiziellen Staatsbesuch ab und gab damit zu erkennen, daß die Kommunisten Pekings ihn weiterhin als einen verläßlichen und soliden Gesprächspartner betrachteten. Selbst die Russen, die sehr diskret mit ihren Gefolgsleuten der iranischen Tudeh-Partei im Untergrund konspirierten, bauten offenbar auf die Permanenz des Pahlevi-Regimes und begegneten dem Herrscher mit größter Ehrerbietung. Der Schah war für den Herbst nach

Ost-Berlin eingeladen. Die Geschäftsleute aus den USA und aus Westeuropa wollten nicht an eine iranische Götterdämmerung glauben. In der politischen Lagebeurteilung der westlichen Industrievertreter und auch Nachrichtendienste paarte sich ökonomisches Wunschdenken mit konservativer Nostalgie.

Zwar beklagte man sich über die flegelhafte Anmaßung der persischen Hof- und Wirtschafts- Kamarilla, seit das Land im Erdölreichtum schwamm. Aber man blieb weiter überzeugt, daß der Iran längst nicht reif sei für den Aufstand der Massen.

Am späten Abend traf sich im Garten des Hotels Hilton die Creme der iranischen Geschäftswelt. Die Männer trugen weißen Smoking. Die Frauen hatten sich Dior-Abendkleider aus Paris kommen lassen. Auf den gewagten Dekolletés glitzerten kostbare Juwelen. Es war kaum vorstellbar, daß zur gleichen Stunde ein paar Straßenzüge entfernt Rotten von Jugendlichen und Regimegegnern Todesrufe gegen den Kaiser ausstießen und die Losung »Margbar Schah« – Tod dem Schah auf die Mauern pinselten. Es herrschte keine Weltuntergangs- oder auch nur Katastrophenstimmung bei den Reichen, den Günstlingen und Schönen des Hofes. Man protzte noch ein wenig demonstrativer als sonst, und wenn man schon nicht selbst bereit war, um den eigenen Besitz und die eigenen Privilegien zu kämpfen, so verließ man sich auf die braven Soldaten der Armee und die Treue des Offizierskorps zu ihrem Monarchen. Eine Jazzband spielte den neuesten amerikanischen Beat. Die Champagnerpfropfen knallten.

Es fehlte nur noch ein Feuerwerk, um die Feststimmung zu vollenden. Aber dafür sorgten ein paar verzweifelte Revolutionäre in den Nebengassen der Reza-Schah-Avenue mit ihren Maschinenpistolen und Molotow-Cocktails. Ein alteingesessener deutscher Großindustrieller nahm mich spöttisch auf die Seite. »Dieses Mal werden Sie mit Ihren Kassandrarufen nicht recht behalten. Vielleicht zögert der Schah zu lange, seine Panzer rollen zu lassen, doch wenn sich erst seine Präsidialgarde, ›die Unsterblichen‹, in Bewegung setzt, dann wird dieser Krawall schlagartig zu Ende gehen.« Ich bin anschließend in mein im obersten Stockwerk gelegenes Zimmer gegangen und habe in die Nacht gelauscht. Ein gewaltiger Chor von Stimmen dröhnte aus den Straßen zu mir herauf, und er lautete: »Allahu akbar – Khomeini rachbar« – Gott ist groß, und Khomeini ist unser Führer.

Rotköpfe und Janitscharen
Ardabil, im Sommer 1995

Bei den dramatischen Ereignissen, die aus dem nah- und mittelöstlichen Raum zu uns dringen, konzentriert sich die Aufmerksamkeit der Medien und der Politik auf den schwelenden Konflikt im Umkreis des Persischen Golfs, wo sich das Königreich Saudi-Arabien und die Islamische Republik Iran, anders ausgedrückt, wo sich Sunniten und Schiiten in eine tödliche Feindschaft verrannt haben. Persien, so wird allgemein angenommen, sei das Ursprungsland und das streitbare Zentrum der »Partei Alis«, wo doch in Wirklichkeit diese mystische Interpretation der koranischen Lehre in Mesopotamien, im heutigen Irak, ihren Ursprung nahm. Elf der zwölf heiligen Imame sind an Euphrat und Tigris bestattet.

Was den Anspruch Saudi-Arabiens betrifft, mit der Scharia die einzig wahre und gottgefällige Staatsform der koranischen Offenbarung und Sunna zu praktizieren, so steht diese Anmaßung der unduldsamen Potentaten der Arabischen Halbinsel auf schwachen Füßen. Schon die osmanischen Kalifen in Istanbul, die sich als Statthalter Gottes auf Erden betrachteten, bekämpften die Wahhabiten des heutigen Königreichs Saudi-Arabien als ketzerische Außenseiter. Die konfessionellen, politischen und ethnischen Gegensätze, die in dieser weiten Region immer wieder hochgespielt werden, blicken auf einen verschlungenen mystischen Werdegang zurück.

Als ich im Sommer 1995 beim iranischen Ministerium für »rechte Leitung« oder »Erschad« den Antrag stellte, im äußersten Nordwesten von Iranisch-Aserbaidschan, unweit der dortigen Metropole Tabriz, die hochgelegene Pilgerstätte Ardabil aufzusuchen, eine Art Gralsburg schiitischer Frömmigkeit, war ich auf freudige Zustimmung gestoßen. Man hatte mir sogar die Begleitung eines renommierten Geschichtsprofessors der Universität Tabriz angeboten, der selbst kein Perser, sondern ein aserbaidschanischer Türke war, ein frommer Schiit gewiß, der sich jedoch seiner turanischen Abstammung bewußt blieb. Während wir zum Heiligtum des Scheikh Safi-ud-Din emporkurvten und einen Blick auf das Kaspische Meer erhaschen konnten, habe ich ihm die Frage gestellt, wie denn der iranische Staat mit seinem beachtlichen Anteil an allogenen Völkern indoeuropäischen oder turanischen Ursprungs über die Jahrhunderte seinen Zusammenhalt wahren konnte.

Der Professor holte zu einer kurzen Vorlesung aus: »Sehen Sie sich in der Islamischen Republik Iran einmal genau um. In Tabriz behauptet man, das türkische Bevölkerungselement – mit den dynamischen Azeri an der Spitze – stelle mindestens ein Viertel, vielleicht sogar ein Drittel der Gesamtbevölkerung dar. Jedenfalls sind die Aserbaidschaner in den höchsten geistlichen und staatlichen Führungspositionen präsent. Ayatollah Khamenei, der oberste geistliche Führer, ist einer von uns, auch wenn er das Persische meisterhaft beherrscht. So setzt sich die Einflußnahme der Türken auf allen Ebenen fort. Ihr Hang zum Kriegerischen kommt ihnen bei den Streitkräften und dem Korps der Revolutionswächter besonders zugute. Wer im Westen bedenkt schon, daß Persien seit dem Zusammenbruch des Sassaniden-Reiches unter den Schlägen der arabisch-islamischen Eroberer bis hin zum Staatsstreich des Kosakenfeldwebels Reza Khan fast dreizehn Jahrhunderte lang von Monarchen, Emiren, Khanen und Tyrannen beherrscht wurde, die arabischen, mongolischen oder türkischen Ursprungs waren. Die arischen Perser hingegen spielten in dieser Herrschaftsfolge eine kaum wahrzunehmende Rolle.«

In Ardabil führen alle Wege zum Heiligtum Safi-ud-Dins, der im Volksmund überwiegend als »Scheikh Safi« verehrt wird. Dieser Mystiker war 1334 im Alter von zweiundachtzig Jahren gestorben. Aus jener Zeit rührt die Grabstätte, die immer wieder verwüstet und erneuert wurde. Das Gebäude wird durch zwei eigenartige breite Türme gekrönt, die wie kunstvoll dekorierte Silos aussehen. Kuppeln und Ornamentik, vor allem die geometrische Anordnung der grünen, blauen und gelben Fayencen, verweisen auf die Seldschuken-Architektur. Scheikh Safi sei nicht nur ein landläufiger Sufi gewesen, bemerkte der Professor. Man müsse ihn als »Aref« bezeichnen, denn er habe unmittelbaren Zugang zur Offenbarung gefunden. Hingegen sei es unklar, ob man diesen türkischen Eremiten, der sich in die frostige Einsamkeit des Ardabil-Plateaus in 1300 Meter Höhe zurückgezogen hatte, als Sunniten oder Schiiten bezeichnen könne. Nach der arabischen Eroberung Persiens, nach der Unterwerfung des Sassaniden-Reiches durch den Kalifen Omar, hatte eine massenhafte Zwangsbekehrung zum sunnitischen Islam stattgefunden. Die schiitische Gemeinschaft – damals überwiegend in Mesopotamien ansässig – habe erst in den folgenden Jahrhunderten Zuflucht in den unzugänglichen Gebirgsgegenden Aserbaidschans gesucht, um sich den Verfolgungen ihrer sunnitischen Todfeinde, der Abbassiden von Bagdad, zu entziehen.

Nach dem Tod des »Aref« müssen sich seltsame Dinge abgespielt haben. In geistiger Anlehnung an den großen Sufi von Ardabil hatte eine Zusammenballung schiitischer Gläubiger türkischer Volkszugehörigkeit in diesem Hochland stattgefunden. Unter dem Urenkel Scheikh Safis, der als Schah Ismail I. in die Geschichte eingegangen ist, kam es zum offenen Konflikt mit der Großmacht der Osmanen, die sich nach der Unterwerfung des Balkans nun auch nach Ostanatolien in Richtung Persien auszudehnen trachteten.

Zwei türkische Völker, die Osmanen und die Azeri, holten zum unerbittlichen Bruderkrieg aus. Nicht die ethnische und linguistische Einheit gab hier den Ausschlag, sondern die konfessionelle Spaltung in Sunniten auf der einen, Schiiten auf der anderen Seite. Nachdem der ostpersische Dichter Ferdowsi fast fünfhundert Jahre zuvor eine kulturelle Wiedergeburt Persiens unter Berufung auf die prä-islamischen, auf die zoroastrischen Helden des *Schahnameh*, des *Buchs der Könige* eingeleitet hatte, waren es jetzt seltsamerweise türkische Aserbaidschaner, die sich auf die persische Dichtung und Kultur stützten und einen neuen iranischen Staatsgedanken aus der Taufe hoben. Im Zentrum dieses mystischen Aufbegehrens stand das Bekenntnis zur »Partei Alis«, die Exaltierung des schiitischen Glaubensweges.

Die geschichtlichen Abläufe, die mir Professor Ibrahim Dschibraili aufzeichnete, klangen wie eine Chronik des Horrors. Es war sehr grausam zugegangen in diesem neugegründeten Persien der Safawiden. So nannte man die Dynastie, die Ismail I. begründet hatte und die sich auf die Heilige Stiftung des weltentrückten Scheikh Safi-ud-Din Ardabili berief. Es seien nur einige besonders befremdliche Ereignisse erwähnt. Etwa hundertfünfzig Jahre nach dem Tod des weisen Scheikh Safi hatte dessen Nachkomme eine fanatisierte Heerschar türkisch-aserbaidschanischer Schiiten um sich versammelt. Als äußeres Kennzeichen trugen die Derwische eine rote Mütze, die mit zwölf Zipfeln oder Troddeln das Bekenntnis zu den Imamen der Zwölfer-Schia bekräftigte. »Kizylbasch« hießen von nun an diese »Rotkappen« oder »Rotköpfe«, ein Titel des Ruhms in der iranischen Legendenbildung, wo sie verherrlicht werden, ein unflätiges Schimpfwort für jene sunnitischen Osmanen, die mit dem Wort Kizylbasch heute noch die Vorstellung von »Blutschande« verbinden. Im zarten Jünglingsalter stürzte sich Ismail I. bereits in den heiligen Glaubenskrieg gegen den Sultan von Istanbul. Im Jahr 1502 ließ er sich zum ersten Schah, zum König der Safawiden-Dynastie krönen.

Die entscheidende Schlacht seines Lebens, den Zusammenprall mit den Janitscharen des osmanischen Sultans bei der Ortschaft Dschaldoran, hat Ismail I. auf katastrophale Weise verloren. Seine glaubenstrunkenen Rotkappen, die noch mit mittelalterlicher Bewaffnung als Bogenschützen und Lanzenreiter gegen den Feind stürmten, wurden durch die Kanonen und Arkebusen der Sultans-Armee, die damals über das modernste Rüstungsarsenal verfügte, reihenweise niedergestreckt. Die Schlacht von Dschaldoran endete mit der totalen Vernichtung des schiitischen Safawiden-Aufgebots. Die Historienschreiber haben sich dieses Ereignisses bemächtigt und aus dem kriegerischen Desaster ein Heldenepos gemacht.

Der schmächtige Professor aus Tabriz geriet in Verzückung, als er vom Untergang der Kizylbasch berichtete. Sie hätten sich bis auf den letzten Mann abschlachten lassen. Ihr Tod für die gute Sache umgebe sie mit dem Glorienschein des Martyriums. Die Schuhada, die Märtyrer seien von jenem Tage an, als der heilige Imam Hussein sich mitsamt seinen Getreuen bei Kerbela durch die Schergen des teuflischen Omayyaden-Kalifen Yazid in Stücke hacken ließ, stets die wahrhaft Auserwählten der schiitischen Glaubensgemeinschaft gewesen. Die Niederlage in der Nachfolge Alis sei doch der höchste Triumph, der Untergang der schönste Sieg. Deshalb bezeichne man auch die Schlacht von Dschaldoran als »zweites Kerbela«. Ähnlich, so fügte Ibrahim nachdenklich hinzu, müsse auch der vergebliche Ansturm der Revolutionswächter Khomeinis und des kindlichen Aufgebots der Bassidji im Krieg gegen den irakischen Despoten Saddam Hussein gewertet werden. »Diese Freiwilligen des Todes wurden in den feindlichen Minenfeldern zerfetzt, sie erstickten und verbrannten im Giftgas der materiell weit überlegenen Streitkräfte der Arabischen Republik Irak. Ihre Opfer waren kaum zu zählen, und ihr klares Ziel, die Rückgewinnung der heiligen Stätten von Kerbela von Nedjef, haben sie nicht erreicht. Zu Hunderttausenden verbluteten sie, krepierten im schrecklichsten Sinne des Wortes in den Sümpfen des Schatt el-Arab. Aber irgendwie verleiht ihnen die vergebliche Selbstaufopferung, ihr Scheitern im Auftrage Allahs und der Zwölf Imame, die Aura höchster Heiligkeit.«

Ein seltsamer Herrscher war dieser Schah Ismail I. Er, der türkische Schiit aus Aserbaidschan, ließ sich im Kampf gegen den osmanischen Imperialismus von drei Prinzipien leiten, die er als oberste Richtschnur an seine Gefolgschaft weitergab. Der Azeri aus Ardabil sah sich berufen, die Macht und Einheit Persiens wiederherzustellen. Der Urenkel des Scheikh Safi-ud-Din ordnete an, daß das schiitische Glaubensbekenntnis von nun an – notfalls durch Zwangsbekehrung – zur Staatsreligion des Iran erhoben wurde. Schließlich empfahl er seinen Untertanen das intensive Studium des *Buchs der Könige*, jener prä-islamischen Legenden, die mit der Verherrlichung der frühpersischen Heroen das iranische Nationalbewußtsein wiederbelebt hatten.

Ein halbes Jahrhundert später erklomm die Safawiden-Dynastie unter Schah Abbas den Höhepunkt ihres kulturellen und militärischen Ruhms. Um sich der Bevormundung der arrogant gewordenen Kerntruppe der Rotkappen im rauhen Aserbaidschan zu entziehen, hatte Schah Abbas, der im Jahre 1587 den Thron bestieg, die Hauptstadt des Reiches nach Isfahan verlegt. Auf seine Weisung entstanden dort zierliche, elegante Paläste und vor allem jene wundervollen Moscheen, deren geheimnisvolle Zauberwelt jeden Besucher in Verzückung versetzt. Schah Abbas war kühner Eroberer und grausamer Despot zugleich. Er verjagte die Portugiesen aus ihrer strategisch beherrschenden Festung

Hormus am Persischen Golf. Seine Rotkappen waren in westlicher Richtung bis Ankara vorgedrungen.

Das Schicksal der persischen Safawiden bietet ein typisches Beispiel für die Willkür orientalischer Despotie. Auf die desaströse Niederlage von Dschaldoran erfolgte um 1600 der phänomenale Siegeszug Schah Abbas des Großen. Er unterwarf weite Teile Afghanistans, Armeniens und Georgiens, doch seinen höchsten Ruhm erntete er in Mesopotamien, als er die schiitischen Heiligtümer von Nedjef und Kerbela mit den Gräbern Alis und Husseins seinem Imperium einverleibte.

Trotz seiner demonstrativ praktizierten Frömmigkeit geriet der Hof Abbas des Großen sehr bald in den Ruf von Ausschweifung, Trunkenheit und Laster. Kein Wunder, daß vier Jahrhunderte später die Revolution des Ayatollah Khomeini sich von dieser finsteren Erbschaft kategorisch lossagte. Die Tatsache, daß die Nachfolger Ismails I. sich den Titel eines »Mursched«, des höchsten geistlichen Führers, zulegten, wo doch der Gang der Welt den geheimen Ratschlüssen des Verborgenen Imam unterworfen war, mußte Khomeini zutiefst verbittern.

Unter Schah Hussein, dem letzten Herrscher der Dynastie, versackte das Reich vollends im Chaos. Finsterer Fanatismus und blinder Aberglaube machten sich breit, führten zu Massakern unter den christlichen Armeniern, denen einst die Gunst Abbas des Großen gegolten hatte. Die Mullahs nutzten die Schwäche des Staates zu ihrem Vorteil. Vor allem aber waren die Derwische des Kizylbasch-Ordens, die ursprünglich als Eiferer einer egalitären Erneuerung aufgetreten waren, zum ständigen Ferment der Rebellion geworden. Die letzten Rotköpfe, deren Kommandeur den Hof tyrannisierte und deren ursprüngliche Religiosität abscheulicher Grausamkeit gewichen war, führten sich als unberechenbare Prätorianer-Garde auf. Die persische Anarchie brachte zu Beginn des 18. Jahrhunderts die afghanischen Eroberer ins Land. Die wilden sunnitischen Krieger des Hindukusch brandschatzten sogar die Städte Isfahan und Qom.

Auf unserer Rückfahrt von Ardabil nach Tabriz hatte unser Fahrer das Radio laut aufgedreht. Ein süßlicher Schlager nistete sich in mein Ohr. Ich verstand nur die zwei sich endlos wiederholenden Wörter »Leila« und »Majnun«, die Namen eines legendären Liebespaares der aserbaidschanischen Dichtung, eine kaukasische Variante von *Romeo und Julia*. Der Dichter Nizami habe einen großen Teil seines Lebens in Schuscha verbracht, wurde mir erklärt, und plötzlich wurde mir die ganze Zerrissenheit dieser südlichen Kaukasusregion bewußt, wo heute noch der Konflikt zwischen Aserbaidschanern und Armeniern um den Besitz der Enklave Nagorny Karabach ausgetragen wird. Schon Zarin Katharina II. war in diese Südregion des Kaukasus vorgedrungen, und Josef Stalin hatte – wohl um den dauerhaften Zwist zwischen den dortigen Gebirgsvölkern wachzuhalten – absurde Grenzen und geographische Exklaven entworfen. Es ist bezeichnend, daß der türkische Dichter Nizami seine Verse auf Persisch verfaßte. »Majnun! Majnun! Majnun!« steigerte sich der Sänger mit schmalzigem Tremolo. Das Wort stammt aus dem Arabischen und bedeutet »verrückt«. Der Verehrer der schönen Leila war offenbar hoffnungslos seinem Liebeswahn verfallen.

Für mich verband sich mit dieser Klage eine ganz andere Erinnerung. »Insel des Wahnsinnigen«, Majnun, hieß jene Sandbank im Schatt el-Arab, die die iranischen Pasdaran und Bassidji im Jahr 1983 nach schrecklichen Verlusten bei ihrem Vorstoß auf die Straße Basra–Bagdad besetzt hatten. Im Sommer 1982 hatte ich an dieser Stelle die Front besichtigt. Es war ein deprimierendes Erlebnis. Die Hitze, die über der Sumpflandschaft des Schatt el-Arab lastete, erreichte nahezu fünfzig Grad, und die extrem hohe Luftfeuchtigkeit war vollends unerträglich. Bis zum Horizont dehnte sich eine trostlose Schilfebene, aus der Myriaden von Moskitos aufstiegen. Das brackige Wasser war mit einer schillernden Ölschicht bedeckt, denn in diesem Abschnitt ging es nicht nur um den strategischen Durchbruch, sondern auch um den Zugang zu reichen Ölreserven. Im glühend heißen Bunker erklärte uns ein bärtiger Pasdaran-Führer anhand der Landkarte die Frontlage. Ein Major der regulären iranischen Armee hob sich durch seine fast elegante Khaki-Uniform, den soignierten Schnurrbart und urbanes Auftreten vom rüden Erscheinungsbild des Revolutionswächters deutlich ab. Den Lagevortrag verfolgte er mit einem vorsichtig überlegenen Lächeln.

Die Stimmung am Schatt el-Arab war zutiefst bedrückend. Die Iraner hatten quer durch die Sümpfe lange Holzstege gelegt, auf denen sie ihre selbstmörderischen Sturmangriffe nach vorn trugen. Die schwankenden Bretter verloren sich irgendwo im urweltlichen Schlamm, aus dem – wie mir schien – jederzeit vorsintflutliche Ungeheuer auftauchen konnten. Wir hatten auf der Insel Majnun, der blutigsten Opferstätte des iranisch-irakischen Krieges, die vorderste Stellung der vergeblichen Gegenoffensive der Khomeini-Truppen erreicht. Als der Landrover zur Rückfahrt nach Ahwas wendete, kam von irakischer Seite sporadisches Artilleriefeuer auf.

Das Scheitern des Persischen Frühlings

Teheran, im Sommer 2010

Es war im Januar 1982, als ich von General Zaher Nejad, dem militärischen Berater Khomeinis, zu einer Frontbesichtigung am Schatt el-Arab eingeladen wurde. Mein Vertrauensverhältnis zu diesem hohen Offizier ging auf die turbulenten Tage zurück, als ich seine 62. Division, die einen begrenzten kurdischen Aufstand zwischen Urmia und Mahhabad bekämpfte, mit einem deutschen Kamerateam begleitet hatte. Jetzt wurde ich mit zwei Obristen der regulären iranischen Armee und einem persischen Team nach Khuzistan geflogen, wo die Offensive der irakischen Panzerdivisionen Saddam Husseins von den todesmutigen Revolutionswächtern vernichtet und über die Grenze zurückgeworfen worden war.

Die Hafenstadt Khorramshar sah aus wie nach einem Atomangriff. Schon vor Beginn der iranischen Gegenoffensive hatten Saddams Pioniere Haus um Haus, Mauer um Mauer gesprengt. Die Hochbauten aus Beton waren dem Erdboden gleichgemacht, die Stahlgerüste zu wirren Knäueln verbogen. Innerhalb dieser Verwüstung war lediglich die Freitagsmoschee ausgespart, aber deren Kuppel war geborsten, und das Sonnenlicht fiel grell auf ein Spruchband, das persisch und arabisch beschriftet quer über den Mihrab gespannt war: »Ya Allah, ya Allah«, entzifferte ich, »ahfaz lana Ruhollah Khomeini hatta el thaura el Imam el Mehdi« – Oh Allah, erhalte uns Ruhollah Khomeini bis zur Revolution des Imam Mehdi. Für die Wiederkehr des Verborgenen Imams auf Erden war das Wort »thaura«, auf Persisch »enqelab«, verwendet worden.

Als »Revolutionär« sollte der zwölfte Imam Mehdi seiner mystischen Entrückung ein Ende setzen und seine Herrschaft der göttlichen Gerechtigkeit antreten. Bis dahin, so hofften die Getreuen in ihrem himmelstürmenden Glauben, möge Khomeini ihnen als sein Sachverwalter erhalten bleiben.

Diese Hoffnung der iranischen Gotteskrieger hat sich nicht erfüllt. Am Ende eines achtjährigen Gemetzels stimmte Khomeini blutenden Herzens einem Waffenstillstand mit dem irakischen Erzfeind zu. Wenig später starb er und wurde von einer Millionenmasse hysterischer Trauernder in Behest-e-Zara zu Grabe getragen. Ursprünglich hatte Khomeini den Ayatollah Mohammed Beheshti, der ein paar Jahre lang die schiitische Moschee an der Hamburger Außenalster verwaltet hatte, zu seinem Nachfolger auserkoren. Aber Beheshti fiel 1981 einem spektakulären Sprengstoffattentat zum Opfer. Die hohe schiitische Geistlichkeit einigte sich schließlich auf die Person Ali Khameneis, einen relativ farblosen Mujtahid und gebürtigen Azeri, dem man nur zögerlich die absolute Vollmacht des Faqih an der Spitze der Islamischen Republik übertrug und den höchsten Titel eines Marja-e-Taqlid, einer »Quelle der Nachahmung« verlieh.

Anfangs spotteten die stets zu Kritik aufgelegten Perser über diesen neu ernannten Obersten Führer. Aus einer Katze, so hieß es, könne man keinen Tiger machen. Aber nach und nach erwies sich Khamenei als geschickter Taktierer und Strippenzieher, der sich auf die Prätorianer-Garde der Pasdaran stützte, um die extrem komplizierte Verfassungskonstruktion, die der Gründer-Imam hinterlassen hatte, funktionsfähig zu erhalten. Bei den jeweiligen Wahlen eines Staatspräsidenten, der dem Faqih strikt untergeordnet bleibt, wurden natürlich nur Kandidaten zugelassen, die die schiitische Theokratie nicht in Frage stellen würden. Aber nach einer systemkonformen Auslese konnte das Volk in relativ freier Wahl über die Berufung des künftigen Staatschefs entscheiden.

Es konnte nicht ausbleiben, daß das ständige Pochen auf die revolutionäre Mission Irans in der islamischen Welt durch eine Reihe hoher Geistlicher und Politiker in Frage gestellt wurde. Khomeini, das wurde auch im arabischen Feindeslager anerkannt, hatte zum ersten Mal bewiesen, daß eine gewaltsame Auflehnung gegen die amerikanische Hegemonie in Nah- und Mittelost Erfolg und Bestand haben konnte. Doch als Modell für irgendeinen sunnitischen Staat der islamischen Umma konnte die Formel Vilayet-e-Faqih, der Statthalterschaft im Namen des Verborgenen Imam, überhaupt nicht in Frage kommen und stieß auf Ablehnung oder Spott.

Nach einem Interregnum des Hodschat-ul-Islam Hashemi Rafsandjani, des reichsten Großgrundbesitzers der Region, kam der hochgebildete Außenseiter Mohammed Chatami zum Zuge. Dieser Intellektuelle, der mit dem Westen vertraut und allen religiösen Exzessen abgeneigt war, weckte die Hoffnung auf Liberalisierung des theokratischen Systems und begeisterte breite Schichten der Bevölkerung, vor allem die Jugendlichen. Chatami erwies sich jedoch als zwar redlicher, aber extrem zögerlicher Reformer. Er enttäuschte sehr bald seine Anhänger.

Eine Kontrastfigur sollte ihm folgen. Mahmud Ahmadinejad hatte als Bürgermeister von Teheran einen guten Ruf erworben. Nun gab er sich als religiöser Eiferer zu erkennen, der nicht die geringste Kenntnis der übrigen Welt besaß. Dieser ungebildete Tölpel aus dem einfachen Volk sollte sich mit seinen antiimperialistischen Verwünschungen, besonders mit der Leugnung des Holocaust, zum Paria der internationalen Gemeinschaft machen. Vor allem war Ahmadinejad der Wirtschaftskrise nicht gewachsen, die auf Grund der drakonischen Sanktionen jede Entfaltung des iranischen Außenhandels lähmte. Hatte seine erste Berufung zum Präsidenten einem knappen Mehrheitswillen vor allem der frommen Land- und Provinzbevölkerung entsprochen, so löste seine dubiose Wiederwahl im Jahr 2009 einen Sturm der Entrüstung aus. Die Resultate dieses Urnengangs waren mit verdächtigem Eifer publiziert worden. Die zweite Amtsphase stieß nicht nur bei den gehobenen Schichten des Teheraner Eliteviertels Shemiran, sondern auch im Bazar und in den Majlis auf heftigen Widerspruch. Die Jugend Teherans und der Mittelstand rafften sich zu einer gewaltigen revolutionären Kundgebung auf, und schon mutmaßten viele Experten über den unvermeidbaren Zusammenbruch der iranischen Mullahkratie.

Die tosenden, protestierenden Massen in der Hauptstadt verfügten jedoch weder über ein konkretes Regierungsprogramm noch über einen charismatischen Wortführer. Der große freiheitliche Aufstand brach nach ein paar Tagen in sich zusammen. Dazu hatte es nicht einmal der Intervention der Pasdaran bedurft. Ali Khamenei ließ der Jugendorganisation der Bassidji freie Hand, um mit Knüppeln auf ihren Motorrädern die Demonstranten auseinanderzujagen. Dabei kam offenbar eine Form des Klassenkampfes zum Vorschein, gehörte doch die Masse der Gegner Ahmadinejads dem Bürgertum und der gehobenen Bevölkerungsschicht an, während die Bassidji sich beim einfachen und weiterhin religiösen Jugendproletariat rekrutierten.

Hatte die Welt in jenen Tagen des Tumults bereits auf einen »Persischen Frühling« gehofft, so dürfte selbst die Klasse der iranischen Besitzenden und Privilegierten heute dem Verborgenen Imam danken, daß diese freiheitliche Bewegung nicht zum Durchbruch kam. Seitdem haben sich nämlich die Abgründe und blutigen Verwerfungen des sogenannten Arabischen Frühlings aufgetan, und jeder wußte jetzt, daß am Ende einer solchen Scheinemanzipation Bürgerkrieg oder Militärdiktatur stehen würden.

Heimkehr des Ayatollah

Zwischen Paris und Teheran, Februar 1979

Der Passagiere in der Air-France-Sondermaschine Paris-Teheran hatte sich Unruhe bemächtigt. War die Zeit für das Morgengebet bereits gekommen, und wie ließ sich die Richtung bestimmen, in der Mekka lag? Nicht nur die Mullahs unter den schwarzen und weißen Turbanen zeigten sich besorgt, auch die Laien unter den islamischen Revolutionären, die schlecht rasierten Männer in zerknitterten Anzügen und mit offenen Hemdkragen nahmen an der Beratung teil. Sadeq Tabatabai gab uns ein Zeichen. Er war mit seinem jungenhaften Lächeln die steile Treppe heruntergekommen, die zu dem Kuppelraum des Jumbo führte. »Der Imam erwartet Sie«, sagte er, »Sie sind die einzigen, denen es erlaubt ist, ihn beim Morgengebet zu filmen.«

Ayatollah Ruhollah Khomeini hockte auf einer braungemusterten Air-France-Decke. Er trug den schwarzen Turban, der ihn als Nachkommen des Propheten auswies. Er hatte höchstens zwei Stunden geschlafen seit dem Start in Paris, aber der achtzigjährige Greis schien in keiner Weise ermattet. Seinen braunen Umhang hatte er sorgfältig um sich drapiert. Als er uns sah, lächelte er uns zu. Es war das erste Mal, daß ich Khomeini lächeln sah. Er wirkte entspannt, fast heiter. In seinem schäbigen Häuschen in Neauphle-le-Château bei Paris hatten wir ihn bei Pressekonferenzen und Interviews immer nur mißmutig, abweisend, fast argwöhnisch erlebt. Wenn er zu seinen Getreuen in der notdürftigen Moschee sprach, die im Garten unter einer Zeltplane improvisiert worden war, nuschelte und brummelte er zwar nicht mehr in sich hinein wie bei seinen Antworten an die Journalisten. Seine Stimme festigte sich dann, wurde gebieterisch und klar. Aber sein Gesichtsausdruck blieb streng, fast zornig, und er schüchterte alle ein. Später sollte ich ihn auf zahllosen Plakaten in Teheran lächeln sehen, aber diese gestellte und unnatürliche Pose der Leutseligkeit bekam ihm nicht. Der lächelnde Khomeini wirkte furchterregend.

Warum gab sich der Imam jetzt so gelockert, so gelassen und freundlich, während seine Maschine in zehntausend Meter Höhe auf die Hauptstadt des Iran zusteuerte? War es das Gefühl des Triumphes, über den »satanischen« Schah obsiegt zu haben, die Genugtuung, nach fünfzehn Jahren Exil wieder nach Hause zu kommen? Khomeini wußte natürlich, daß er den Sieg noch keinesfalls in der Tasche hatte. Seit die Boeing das persische Hoheitsgebiet erreicht hatte, mußte jeden Moment damit gerechnet werden, daß die Abfangjäger der iranischen Luftwaffe mit vernichtendem Bordfeuer auf die Sondermaschine niederstoßen würden. Erst viel später kam mir eine andere Erklärung für das friedliche Lächeln Khomeinis. Vielleicht rechnete er insgeheim mit einem tragischen Ausgang seines Unternehmens, und die Perspektive des Märtyrertodes konnte ihn nicht schrecken. Sein Tod durch die Hände gottloser Feinde hätte ihn als »Schahid« bestätigt, hätte ihn eingereiht in die lange Reihe der heiligen schiitischen Blutzeugen.

Der Imam überreichte Tabatabai eine Reihe von Dokumenten – darunter eine gelbe Mappe – und erhob sich zum Gebet. Er hob die Hände, murmelte die Verse des »salat-es-subh«, verbeugte sich nach Südwesten, kniete nieder und berührte die Air-France-Decke, die ihm als Gebetsteppich diente, mit der Stirn. Ich blickte zum Bordfenster hinaus. Die aufgehende Sonne erleuchtete eine wildzerklüftete, völlig unbewohnte Gebirgswelt und tauchte den Schnee der Gipfel in flüssiges Gold.

Über dem Flugplatz von Teheran ging der Jumbo tief nieder, wohl um zu prüfen, ob nicht doch eine Flak-Batterie das Feuer eröffnen würde, vor allem aber, um sich zu vergewissern, daß die Rollbahn nicht blockiert war, und startete zweimal durch. In diesem Moment trat Sadeq Tabatabai zu mir, nahm mich beiseite und überreichte mir die gelbe Dokumentenmappe, die ich kurz zuvor in den Händen Khomeinis gesehen hatte. »Nehmen Sie bitte diese Papiere an sich und verstecken Sie sie«, sagte er. »Falls wir nach der Landung verhaftet werden, behalten Sie sie. Wenn uns nichts passiert, geben Sie sie mir bitte zurück.«

Die Ankunft verlief ohne Zwischenfall. Als unsere Iraner feststellten, daß keine Soldaten der Kaiserlichen Garde die Rollbahn umstellten, löste sich die unerträgliche Spannung, und Siegesstimmung kam auf. Die Masse der Teheraner Bevölkerung – es mochten drei oder vier Millionen Menschen zusammengeströmt sein – war in beachtlicher Entfernung vom Flugplatz durch ein Aufgebot islamischer Miliz blockiert worden. Bis zu uns drangen jedoch die nicht enden wollenden, dröhnenden Sprechchöre: »Allahu akbar, Khomeini rachbar« – Allah ist groß, Khomeini ist unser Führer. Sadeq Tabatabai verabschiedete sich brüderlich von mir und nahm die ominöse gelbe Mappe wieder an sich. Erst acht Monate später offenbarte er mir, was diese Papiere enthielten. Es war Khomeinis Verfassungsentwurf für die »Islamische Republik Iran«.

Nach seiner triumphalen Landung in Teheran hatte Khomeini in seiner Eigenschaft als von Gott berufener Faqih den tugendhaften und integren Politiker Mehdi Bazargan zum ersten Regierungschef der Islamischen Republik ernannt und damit breite Zustimmung genossen. Bazargan hatte stets in Opposition gegen den Schah gestanden. Ihm hatte Khomeini meinen Freund Sadeq Tabatabai als Stellvertreter und offiziellen Regierungssprecher an die Seite gestellt. Das Verhältnis zwischen den beiden gestaltete sich trotz des großen Altersunterschiedes harmonisch. War es mit Zustimmung Khomeinis geschehen, als Bazargan sich in Algier mit dem amerikanischen Sicherheitsbeauftragten Zbigniew Brzezinski traf in der Hoffnung, ein halbwegs normales Verhältnis zu den USA herzustellen? Jedenfalls hatte er angenommen, im Sinne des Imam zu handeln. Dabei unterschätzte er wohl den sich zur Hysterie steigernden Argwohn weiter Teile der Bevölkerung gegen die gerade gestürzte Monarchie, während der amerikanische Präsident Jimmy Carter, der den Ereignissen von Teheran ohnehin verständnislos gegenüberstand, mit Entrüstung die Chance von sich wies, mit dem neuen islamischen Regime von Teheran unter gewissen Vorbehalten Kontakt aufzunehmen. Dann geschah der große Eklat.

Am 22. Oktober 1979 war Mohammed Reza Pahlevi aus seinem Exil in Mexiko nach New York übergesiedelt, um dort seine Krebserkrankung behandeln zu lassen. Der Aufenthalt des Schahs in den USA hatte in Persien bei fast allen Volksschichten einen Sturm der Empörung ausgelöst. Niemand glaubte an die medizinischen Gründe, die vom Sprecher des Weißen Hauses vorgebracht wurden. Fast jeder Iraner sah in der Präsenz des gestürzten Herrschers auf amerikanischem Boden den Ansatz eines imperialistischen Komplotts, das Präsident Carter und seine Umgebung weiterhin gegen die Islamische Republik Khomeinis schmiedeten. Die Tatsache, daß Henry Kissinger zu den eifrigsten Anwälten der Aufnahme des Schahs im New Yorker Cornell Medical Center zählte, machte die ganze Angelegenheit noch suspekter. Wie sollte man dem durchschnittlichen Perser verargen, daß er sich weigerte, an die Erkrankung des Schahs zu glauben, an das Waldenströmsche Leiden der Lymphknoten, das den Herrscher angeblich schon seit 1974 befallen hatte, wo doch die amerikanische Botschaft und die allgegenwärtige CIA mit ihren unzähligen Agenten von diesem Befund angeblich nichts gewusst hatten? Die gemäßigte Regierung Bazargan, die die Islamische Revolution in halbwegs ordentliche Bahnen zu kanalisieren suchte, fühlte sich düpiert. Die Mullahs sprachen von Provokation und witterten eine Chance der Radikalisierung. »Sie haben die Büchse der Pandora geöffnet«, sagte der damalige Außenminister Yazdi zum amerikanischen Geschäftsträger Laingen und wußte, daß seine Tage im Amt gezählt waren.

In diesen dramatischen Stunden der endgültigen und abgrundtiefen

Verfeindung zwischen der Islamischen Revolution des Iran und einer einfallslosen, voreingenommenen amerikanischen Hegemonialpolitik, die Präsident Carter in Verkennung aller Realitäten weiterzuführen gedachte, hatte ich in ständigem Kontakt zu Sadeq Tabatabai gestanden. Es konnte nicht ausbleiben, daß wir mit dem Abstand von dreißig Jahren unsere gemeinsamen Erinnerungen auffrischten. Wenn ich mich recht erinnere, hatte sich Sadeq in der damaligen Krisensituation etwa wie folgt sorgenvoll geäußert: »Sie wissen, daß ich kein religiöser Fanatiker und ganz westlich erzogen bin. Aber so können die Amerikaner nicht mit uns umspringen. Der Schah hätte – wenn er wirklich leidend ist – auch in Mexiko behandelt werden können. Es geht nicht um die Person des ehemaligen Kaisers, den man hier systematisch verteufelt hat. Viele Perser wollen heute nicht mehr wahrhaben, daß sie ihm früher einmal zujubelten und den Rücken vor ihm beugten. Aber Carter hat Ministerpräsident Bazargan mit seiner Entscheidung einen Dolchstoß in den Rücken versetzt. Jetzt hat das Kesseltreiben der Mullahs und der Fanatiker gegen Bazargan begonnen, und wir alle werden das Nachsehen haben. Gestern haben wir mit Hilfe der Pasdaran gerade noch vereitelt, daß die tobende Menge gewalttätig gegen amerikanische Einrichtungen vorging. Den ultraklerikalen Eiferern und gewissen Linksextremisten im Hintergrund wird es jetzt leichtfallen, die letzten Brücken zum Westen zu sprengen.«

Die Last der Geiselnahme
Teheran, im Sommer 1979

Am Freitag, den 4. November 1979, beging Teheran wieder einmal eine der zahllosen Trauerfeiern. Vor genau einem Jahr war eine Schar von Studenten unter den Kugeln der Savak und der kaiserlichen Armee verblutet. Aus diesem Grund war eine Massenkundgebung auf dem Universitätsgelände einberufen worden. Tabatabai gab mir den Rat, mich mit dem Kamerateam dort einzufinden. »Wir vermuten, daß gewisse Heißsporne diese Veranstaltung zu Ehren der Märtyrer in eine antiamerikanische Gewaltaktion ausarten lassen wollen. Was sie genau vorhaben, wissen wir nicht. Aber für alle Fälle haben wir die Theologiestudenten, die Tullab aus Qom, nach Teheran kommen lassen, damit sie eventuelle Ausschreitungen dämpfen und beschwichtigen.«

Nach der Veranstaltung eilte ich in das Hotel Hyatt zurück. Dort erfuhren wir vom aufgeregten Empfangspersonal die große Nachricht des Tages, die schmerzlichste Demütigung der Großmacht USA seit dem Verlust Vietnams. Ein Trupp von rund dreihundert Jugendlichen war in die amerikanische Vertretung im Herzen der Hauptstadt eingedrungen. Nach schwacher Gegenwehr der wachhabenden Marines wurde das Botschaftspersonal als Geiseln festgesetzt. Mit dem Schrei »Margbar Schah« waren die jungen Leute – auch Mädchen waren dabei – über die Gitter der US-Botschaft geklettert. Die zum Schutz des exterritorialen US-Geländes abgeordneten Pasdaran machten nach kurzem Zögern gemeinsame Sache mit den Geiselnehmern. Die Theologiestudenten aus Qom, von denen sich die Regierung Bazargan einen mäßigenden Einfluß versprochen hatte, sahen in der Besetzung des angeblichen Spionagehorts, in der Verhaftung dieser imperialistischen Teufelsbrut einen unverhofften Triumph der heiligen Sache. Die Botschaftsangehörigen würden erst freigelassen, wenn Carter den Schah an die iranischen Behörden ausliefere, ließen die jungen Geiselnehmer wissen, die sich als Anhänger der Khomeini-Ideologie deklarierten.

Sadeq Tabatabai war fast gleichzeitig mit mir im Hotel Hyatt eingetroffen. Er begleitete mich auf mein Zimmer. Wir ließen Coca-Cola und Süßigkeiten kommen. Die Demission Bazargans hatte sich herumgesprochen. Bis zur Wahl eines neuen Staatspräsidenten und Parlaments, wie sie in der Verfassung der Islamischen Republik Iran vorgesehen war, würde der Revolutionsrat die Regierungsgewalt ausüben. Damit käme dem Vorsitzenden dieser Körperschaft, dem Ayatollah Montazeri, eine entscheidende Stellung im Staat zu. Montazeri war als engstirniger Fanatiker bekannt. Niemand innerhalb der gestürzten Regierung Bazargan behauptete, daß die Geiselnahme in Teheran von Khomeini oder einem Führer seiner unmittelbaren Umgebung angeordnet worden sei. Die schiitischen Fundamentalisten erkannten jedoch sofort ihre Chance, als das Völkerrecht auf so flagrante Weise durch einen Haufen turbulenter Studenten verletzt worden war.

In Wirklichkeit ging es gar nicht so sehr um die Demütigung der amerikanischen Diplomaten, nicht einmal um die Auslieferung des Schahs, die von der aufgepeitschten Menge lauthals gefordert wurde. Die Geisel-Affäre war zum wirksamen Instrument eines internen Machtkampfes in den Spitzeninstanzen der Islamischen Revolution geworden. Ayatollah Montazeri hatte die Zustimmung Khomeinis gar nicht abgewartet, um sich mit der Aktion der sogenannten islamischen Studenten in der Botschaft zu solidarisieren.

Die Iraner seien wahnsinnig geworden, kommentierte die Presse des Westens. Aber dieser Wahnsinn besaß Methode. Gleich in den ersten Stunden hatte Ruhollah Khomeini seinen Sohn Ahmed nach Teheran geschickt, um Schlimmeres zu verhindern. Er wurde von den Pasdaran über die geschlossenen Gitter gehoben, wobei sein Turban zu Boden fiel. Auf keinen Fall sollten die Botschaftsangehörigen physisch mißhandelt werden. Der Imam wußte, daß der Sturm auf die US Embassy breiten Anklang bei den Mustazafin, seinen treuesten Anhängern, fand. Nun blieb ihm nichts anderes übrig, als die Übergriffe nachträglich gutzuheißen und die Rolle als Deus ex machina an sich zu reißen. Die Islamische Revolution, so hatte er ohnehin gespürt, drohte seit einigen Monaten in Routine zu erstarren, sich in formalistischen Deklarationen zu erschöpfen. Khomeini wußte nur zu gut um die Neigung der bürgerlichen Gefolgschaft Bazargans, auch wenn sie rechtschaffene Muslime waren, die alten Bindungen zu Amerika und Europa neu zu beleben. Diesen Tendenzen war nun durch die Radikalisierung der Bewegung als Folge der Geiselnahme ein Riegel vorgeschoben worden.

Der alte Imam beobachtete die internen, skrupellosen Rivalitäten, die hinter der Tarnwand eines trügerischen islamischen Konsenses ausgetragen wurden, mit kritischer Distanz. Die Revolutionäre aus den Armenvierteln der Hauptstadt, die fanatisierten Hizbullahi, die »Parteigänger Allahs«, wie sie sich damals noch nannten, prügelten sich mit den marxistischen Volksfedayin und nun auch mit den links-muslimischen Volksmujahidin und schossen wild herum. Die Kommunisten der Tudeh-Partei klammerten sich unter Verleugnung aller ideologischen Grundsätze an die unversöhnlichsten Tribute der islamischen Kulturrevolution, hießen jede Äußerung Khomeinis gut, hetzten gegen Amerika, versuchten die neue Führungsschicht zu umgarnen und zu infiltrieren.

Die Botschaft des Erwählten

Qom, im Sommer 2010

Die Temperatur war unerträglich angestiegen, als ich in Begleitung Botschafter Erbels einen Ausflug in Richtung Qom antrat. Die Schulen hatten hitzefrei. Der Autoverkehr der Hauptstadt war erdrückend wie eh und je. Der Iran hatte sich auf den Bau eigener Personenwagen verlegt, die allen bescheidenen Ansprüchen genügten. Zahllose Perser haben dieses Fahrzeug für den Gegenwert von fünftausend Euro erworben, eine Summe, die in Raten von etwa hundert Euro pro Monat abgezahlt wird. Die Stadtverwaltung bemühte sich, möglichst viel Grün in die Steinwüste der Metropole zu pflanzen und die Backsteinarchitektur der Khadjaren-Dynastie wieder zur Geltung zu bringen. Großzügige Unterführungen erleichterten die Ausfahrt nach Süden, wo die früheren Elendsviertel einer gründlichen Sanierung unterzogen wurden.

Ich hatte gebeten, die kleine Ortschaft Djamkaran aufzusuchen, in der sich die ganze Widersprüchlichkeit des schiitischen Seelenlebens spiegelt. War mir im letzten Jahr der Diktatur Saddam Husseins noch in der irakischen Stadt Samarra der Schacht gezeigt worden, wo der lokalen Frömmigkeit zufolge Mohammed El-Muntazir, der Zwölfte Imam, im Knabenalter in die Okkultation entrückt und dem Zugriff seiner Mörder entzogen wurde – die Grube war mit einem großen grünen Tuch verkleidet, von dem der wachhabende Mullah auch mir ein Stück als Segnungsgeschenk abschnitt –, so behauptet eine iranische Anhängergruppe des Mehdi, dieser Messias der schiitischen Lehre sei in Djamkaran vor seinen Feinden gerettet worden und dort in einem Brunnen verschwunden.

Zu dieser Legende bekennt sich eine schiitische Gemeinde, die erst 1953 unter dem Namen Hodjatiyeh gegründet wurde, sich jeder Abweichung von ihrer endzeitlichen Interpretation widersetzt und unerbittlich vor allem gegen die Sekte der Bahai zu Felde zieht. Der Ayatollah

Khomeini hatte von der Hodjatiyeh nicht viel gehalten und sie sogar im Jahr 1983 verboten. Doch irgendwie hat diese Gemeinschaft, die der Wiederkunft des Zwölften Imam entgegenfiebert, beachtlichen Zulauf gewonnen. Zu ihren heimlichen Förderern sollten der einflußreiche Ayatollah Mesbah Yazdi und vor allem der ehemalige Staatspräsident Mahmud Ahmadinejad zählen. Jedenfalls wurde unter Ahmadinejad über der bislang bescheidenen Gedenkstätte von Djamkaran eine gewaltige Moschee mit drei großen Kuppeln rings um den magischen Brunnen errichtet, aus dem der Verborgene Imam eines Tages entsteigen soll, um seine Herrschaft anzutreten.

Tausende Eiferer dieser radikalen Bewegung versammelten sich regelmäßig jede Woche an der Weihestätte. Sie nahmen eine großzügige Armenspeisung vor und hefteten Zettel mit ihren Wünschen und Hoffnungen am Brunnengitter an. In seltsamem Kontrast zu diesem archaisch anmutenden Brauch stand eine ganze Serie von Steckdosen an der äußeren Moscheemauer, die es den Pilgern des 21. Jahrhunderts ermöglichten, ihre Mobiltelefone aufzuladen. Es gibt wohl keinen Perser, der nicht über ein Handy verfügt und es zu unaufhörlichem Geschwätz benutzt. Den meisten schiitischen Klerikern bleibt die apokalyptische Sekte der Hodjatiyeh zutiefst suspekt. Auch Ayatollah Khamenei hat sich von ihr distanziert. Die Förderung dieser schwärmerischen Volksbewegung durch Ahmadinejad hat ihn heftiger Kritik der Geistlichen ausgesetzt.

Im Norden der Provinz Isfahan nächtigten wir in der Stadt Kashan, wo die Hitze gegen Mittag 49 Grad erreichte. Die Gärten, die Kashan umschlossen, erlaubten es den Familien, am Rande sprudelnder Quellen etwas Kühlung und idyllische Ruhe zu genießen. Einer Legende zufolge, deren es hierzulande so viele gibt, sind die Heiligen Drei Könige von dieser Stelle aus nach Bethlehem aufgebrochen. Beim Gang durch die steinernen Wölbungen des Bazars, dessen Bau angeblich auf die Frühzeit der Sassaniden zurückgeht, stellte ich fest, daß Botschafter Erbel, der perfekt Arabisch spricht, auch der persischen Sprache mächtig ist. In der Provinzstadt Kashan war man weit entfernt von der Frivolität und weiblichen Koketterie, die in Teheran um sich greift. Hier trug jede Frau den schwarzen Tschador.

In dem stilvollen historischen Gästehaus Ehsan kam bei mir endlich das Gefühl auf, im tiefen Orient eingetroffen zu sein. Hier war die Zeit stehengeblieben. Bernd Erbel hatte für den folgenden Tag einen kurzen Aufenthalt in dem Dorf Abyaneh eingeplant, das bis zum Religionsedikt des Schah Ismail I. im Feuerkult des Zarathustra verharrte. Die historische Kultstätte war aus roten Lehmziegeln gefügt und sorgfältig restauriert. Die weiblichen Einwohner von Abyaneh trugen grellbunte, blumengeschmückte Umhänge, wie das hier angeblich schon vor Jahrtausenden üblich war.

Unser Abstecher nach Natanz war ursprünglich nicht vorgesehen. Diese banale Ortschaft von elftausend Einwohnern, die den Reisenden durch den üppigen Baumwuchs längs der Straßen erfreut, ist in ein gespenstisches Zwielicht geraten, wird mit apokalyptischen Visionen assoziiert, seit ruchbar wurde, daß die Islamische Republik Iran dort angeblich den Bau ihrer Atombombe betreibt. Es heißt, daß die Oppositionsgruppe der Mujahidin e-Khalq den Amerikanern verriet, daß die entscheidende Urananreicherung Irans nicht in dem ursprünglich von Siemens entworfenen Kraftwerk von Bushehr unmittelbar am Persischen Golf stattfinde, sondern in Geheimanlagen unweit von Natanz.

Seitdem hat die Internationale Kontrollkommission an Ort und Stelle Besichtigungen und Prüfungen vorgenommen. Diese Lizenz wiederum deutete darauf hin, daß der wirkliche Schwerpunkt der iranischen Kernkraftentwicklung sich in ganz anderen unterirdischen Stollen verbirgt, in mindestens hundert Metern Tiefe unter massivem Felsgestein, während die Fabrik von Natanz aus der Luft voll einsehbar ist und leicht zu zerstören wäre. Die ausländischen Geheimdienste bewegen sich weiterhin in einem dichten Nebel von Täuschungen. Der Termin der Fertigstellung der ersten iranischen Atombombe bleibt bei den Experten heftig umstritten, schwankt zwischen einer Dauer von zwei bis fünfzehn Jahren. Den amerikanischen oder israelischen Elektronik-Spezialisten war es gelungen, die nukleare Entwicklung durch Einschleusung des sogenannten »Stuxnet-Wurms« empfindlich zu verzögern. Der Cyber War war im Iran längst keine bloße Hypothese mehr.

Zu Beginn des Jahres 2010 wetteten zahlreiche amerikanische und europäische Strategen, daß ein israelischer Präventivschlag gegen Natanz mit amerikanischer Beteiligung oder Unterstützung unmittelbar bevorstehe. Aus den USA hatte die Luftwaffe von Zahal sogenannte Bunker-Buster erworben, die mehr als zehn Meter tief in härtestes Gestein eindringen. Zudem waren die hochmodernen U-Boote, die sich Israel in Deutschland beschafft hatte, auf den Abschuß von Cruise Missiles umgerüstet worden. Schon kreuzten die Submarines mit dem Davidstern im Golf von Oman. Doch das Pentagon schreckte vor dem Wagnis zurück und hütete sich, den israelischen Verbündeten grünes Licht zu geben. Für diese Zurückhaltung gab es eine Reihe zwingender Gründe, die von den höchsten amerikanischen Militärstäben vorgetragen wurden und der bellizistischen Stimmung, die vor allem in der Umgebung des einflußreichen Vizepräsidenten Dick Cheney um sich griff, erfolgreich entgegentraten. Wie man später durch die Enthüllungen von Wikileaks erfuhr, hatte sogar König Abdullah von Saudi-Arabien in seinem Haß auf die schiitische Gegenmacht am Golf bei Barack Obama darauf gedrungen, den »Kopf der persischen Schlange« mit einem massiven Vernichtungsschlag zu zertreten. Die Regierung von Israel schürte eine Kriegsstimmung, die manche Veteranen des eigenen Nachrichtendienstes mit bösen Ahnungen erfüllte.

Das extrem schwierige Terrain Persiens sowie eine Bevölkerungsmasse von mehr als achtzig Millionen Menschen, die zwar die Mullahkratie leid sein mögen, aber in der großen Mehrheit glühende Patrioten sind, würden ein terrestrisches Vorgehen der US Army von vornherein zum katastrophalen Scheitern verurteilen. Zudem verfügt die Islamische Republik über ein vernichtendes Gegenpotential im Falle einer Aggression. In Ermangelung einer nennenswerten Kriegsmarine haben sich die Pasdaran auf den Ausbau einer Vielzahl von Raketen- oder Torpedo-bestückten Schnellbooten verlegt, mit denen sie nicht nur den schwerfälligen Tankern im Persischen Golf, sondern auch den Kreuzern, Zerstörern und sogar Flugzeugträgern der Fünften US-Flotte gefährlich werden könnten.

Am südlichen Ausgang des Persischen Golfs, an der Straße von Hormus, wo schon die Portugiesen eine monumentale Festung hinterließen, beträgt die Entfernung zwischen der äußersten Exklave des Sultanats Oman und der gegenüberliegenden iranischen Küste weniger als fünfzig Kilometer. Zusätzlich wird dieses Nadelöhr, durch das sich vierzig Prozent des weltweit verschifften Erdöls bewegen, durch die Inselgruppe von Abu Musa und Tumb verengt. Die Eilande waren bereits von Schah Mohammad Reza Pahlevi in einem illegalen Zugriff seiner Marine okkupiert worden. Im Umkreis dieser für die Energiewirtschaft überlebenswichtigen Schwachstelle dürfte das iranische Oberkommando die Schwerkraft seines relativ hochentwickelten Raketenarsenals eingebunkert haben. Die Versenkung von zwei gigantischen Öltransportern könnte die Straße von Hormus vorübergehend lahmlegen, ganz zu schweigen von der Möglichkeit Irans, die in Reichweite seiner Lenkwaffen gelegenen Petroleumfelder und Raffinerien Saudi-Arabiens, der Emirate und Kuweits ins Visier zu nehmen. An Todesmut und Bereitschaft zur Selbstaufopferung würde es den Pasdaran nicht fehlen.

Mit Botschafter Erbel begnügten wir uns damit, das Städtchen Natanz zügig zu durchfahren. Wir hüteten uns, der nuklearen Aufbereitungsanlage zu nahe zu kommen und damit den stets lauernden Spionageverdacht herauszufordern. Auf dem Heimweg nach Teheran kamen wir auf die obsessionelle Animosität zu sprechen, die sich in Israel gegen die Khomeini-Republik angestaut hatte und die von der jüdischen Lobby in den USA auf breite Segmente der amerikanischen Administration und der dortigen Medien übertragen wurde. Wie mir einmal ein einsichtiger hoher Beamter des israelischen Geheimdienstes einräumte, entspricht diese Phobie einer irrigen Einschätzung der realen geostrategischen Situation.

Khomeini und die Juden
Teheran, im Sommer 2010

In Wirklichkeit waren die Perser am Schicksal der Juden relativ desinteressiert. Ihre Sympathie für die sunnitischen Araber Palästinas hatte sich stets in Grenzen gehalten. Zur Zeit des Schahs war es sogar zu einer engen Kooperation zwischen dem uralten Land Zarathustras und den Zionisten gekommen. In den Jeshivas dürfte man sich daran erinnern, daß der persische Großkönig Kyros nach seinem Sieg über die Assyrer den Hebräern erlaubt hatte, aus der Babylonischen Gefangenschaft nach Judäa und Samaria zurückzukehren. Bernd Erbel bestätigte mir, daß sich weiterhin etwa dreißigtausend Juden in der Islamischen Republik Iran aufhielten, daß sie zwar dem Zionismus abschwören mußten und wohl unter scharfer Beobachtung standen. Doch vor Pogromen oder Ausschreitungen von Fanatikern waren sie geschützt und gingen – oft recht erfolgreich – ihren Geschäften nach. Im Parlament, in den Majlis, war diese Minderheit pro forma durch einen Abgeordneten vertreten.

Wenn auch Khomeini bei seiner Gegenoffensive gegen die Streitkräfte Saddam Husseins die Losung ausgab: »Der Weg nach Jerusalem führt über Kerbela«, so ging es ihm vor allem darum, die Passivität der sunnitischen Araber und ihrer mit Amerika verbündeten Potentaten anzuprangern, die arabischen Massen gegen diesen Verrat ihrer Staatschefs an der heiligen Sache des Islam aufzuwiegeln. Er warf den Vasallen Amerikas vor, die Preisgabe der heiligen koranischen Stätten von El Quds, von Jerusalem, den Verzicht auf die El Aqsa-Moschee zu dulden. Im Grunde lag ihm die Befreiung Nedjefs und Kerbelas, der Grabstätten der Imame Ali und Hussein im schiitischen Mesopotamien, von der Unterdrückung durch den »neuen Yazid«, den »Gottesfeind« Saddam Hussein, weit mehr am Herzen.

Zur Bekräftigung dieser These kann ich auf ein Erlebnis aus dem November 1979 zurückgreifen. Zwei Tage vor der Besetzung der amerikanischen Botschaft in Teheran durch exaltierte Fanatiker hatte ich ein Interview mit Khomeini verabredet, das er mir in der heiligen Stadt Qom gewähren wollte. Der Termin war über Ahmed Khomeini, den Schwager meines Freundes Sadeq Tabatabai, vereinbart worden. Aus dem Büro Tabatabais traf ich die letzten Absprachen mit Ahmed, der mich zur Zeit des französischen Exils Khomeinis im ZDF-Studio in der Pariser Rue Goethe häufig aufgesucht hatte. Wie es bei solchen Anlässen üblich ist und auf Grund negativer Erfahrungen, die Khomeini mit westlichen Journalisten, zumal mit der Italienerin Oriana Fallaci gemacht hatte, wollte Ahmed die Fragen kennen, die ich an seinen Vater richten würde.

Tabatabai übersetzte das Telefongespräch. Als es zu meiner Frage kam, was denn mit den in Israel lebenden Juden geschehen solle, falls ihr Staat von seinen arabischen Nachbarn überrannt würde, lachten die beiden Verwandten geradezu herzhaft. Die Frage entbehre doch jeder Komik, wandte ich irritiert ein. Sadeq beschwichtigte mich mit seinem jungenhaften Lächeln. »Wissen Sie, was Ahmed zu dieser Erkundigung nach dem Schicksal der bedrohten Juden in Palästina geantwortet hat? Er habe noch selten eine so törichte Frage gehört. Als ob die Araber jemals in der Lage wären, die Juden zu besiegen.«

Am folgenden Tag fand die Überrumpelung der US-Embassy in Teheran statt. Trotz der dadurch entstandenen internationalen Krise trat ich in Gesellschaft Tabatabais die Reise nach Qom an. Der Termin war nicht abgesagt worden. Wir näherten uns den beiden mächtigen Gold- und Blumenkuppeln, die zu Ehren der »unbefleckten Fatima«, einer mit allen Tugenden gesegneten Schwester des Achten Imam Reza und Märtyrerin des Glaubens, errichtet wurden und nun in der blassen Abendsonne leuchteten. Unweit davon befand sich die bescheidene Residenz Khomeinis, die nach der Besetzung der amerikanischen Botschaft eilig zur Festung ausgebaut worden war. Es lastete eine angespannte Atmosphäre über Qom. Ringsum waren bewaffnete Pasdaran in Stellung gegangen. Die Dächer waren mit leichten Flakgeschützen gegen einen Luftangriff der US Air Force bestückt. Als Khomeini den schmucklosen, weiten Raum betrat, wo ich mit dem Kamerateam wartete, wirkte der bald Achtzigjährige unwirsch und unnachgiebig. An diesem Schicksalstag war kein Raum für die leiseste Andeutung von Konzilianz. Wir kauerten auf Kissen längs der Wand. Der Imam hielt die Augen auf den Boden gerichtet. Seine Stimme war monoton. Es seien hier nur zwei Auszüge aus unserem Gespräch zitiert.

Auf meine Frage, ob man in der heutigen industriellen Welt noch bei den Gesellschaftsvorstellungen des Propheten Mohammed in Medina oder des Imam Ali in Kufa verharren könne, war die Antwort erstaunlich nuanciert. Die höchsten moralischen Werte – etwa die Lehre vom »Tauchid«, von der Einzigkeit Allahs, und auch das Ideal der Gerechtigkeit zwischen Individuen und Völkern –, die sich in der Einstimmigkeit des Gottesvolkes widerspiegeln sollten, seien unveränderlich und von Ewigkeit her festgeschrieben. Materielle Errungenschaften hingegen seien der Anpassung und der Veränderung unterworfen. Der Ayatollah schien also durchaus geneigt, im Sinne des Ijtihad einer zeitgemäßen Interpretation des Korans einen begrenzten Raum zu gewähren, wie überhaupt die hohen Kleriker der Schiiten berufen sind, als Mujtahid ihren Anhängern den rechten Weg bei der Ausübung ihrer religiösen Pflichten zu weisen.

Er sei doch ein deklarierter Feind des Zionismus, hatte ich Khomeini ferner befragt. Welches Schicksal denn die Juden erwarte, die sich in Palästina niedergelassen hätten? Da holte er – um seine Toleranz zu beweisen – zur Erzählung einer Legende aus dem Leben des Imam Ali aus. Während dessen kurzer Herrschaft in der Oase Kufa vor mehr als 1300 Jahren wurde Ali in einen Rechtshändel mit einem der dort ansässigen Juden verwickelt. Es ging angeblich um den Besitz eines Schutzschildes.

Als die Streitenden vor den Qadi traten, um dessen Urteil einzuholen, habe sich der Richter vor Ali, dem Schwiegersohn des Propheten, tief verneigt, während er den Juden mit Nichtachtung strafte. Dagegen habe Ali Einspruch erhoben: »Du schuldest diesem Juden dieselbe Höflichkeit wie mir, denn das Gesetz – obwohl ich Kalif bin – gilt für beide.« Das Urteil sei am Ende in Ermangelung von Beweisen zuungunsten Alis ausgefallen. Hierin sehe er, Khomeini, ein hohes Beispiel für die Duldsamkeit, die der Islam auch den Juden im Heiligen Land entgegenbringen werde. Was der Ayatollah nicht erwähnte, war der erbauliche Abschluß dieses Richterspruchs. Besagter Jude war von dem Edelmut des Imam Ali so beeindruckt, daß er zum Glauben des Propheten Mohammed übertrat.

Mit einer solchen Legende lassen sich die akuten Befürchtungen der Israelis nicht beschwichtigen, das versteht sich von selbst. Doch wenn es den iranischen Wissenschaftlern in absehbarer Zeit gelingen sollte, eine eigene Atombombe zu fertigen – brauchbare Trägerwaffen besitzen sie bereits –, würden die Mullahs von Teheran sich hüten, mit Nuklearschlägen gegen den Judenstaat vorzugehen. Eine solche Aktion käme für die Iraner dem kollektiven Selbstmord gleich, denn Zahal verfügt dank seiner U-Boote über eine »second strike capacity«, und die USA wären dank ihres gigantischen Kernwaffen-Arsenals befähigt und auch berechtigt, die Islamische Republik mitsamt ihren Einwohnern auszulöschen.

Erwähnen möchte ich noch den Abschluß des Interviews in Qom, der so bezeichnend war für die Lust der schiitischen Partei Alis am eigenen Scheitern, für den abgrundtiefen Pessimismus, mit dem dieser Glaubenszweig alle menschlichen Bemühungen bewertet. Mit einer düsteren Prophezeiung beendete denn auch Khomeini unser Gespräch im November 1979: »Wir werden es sehr schwer haben, und der Erfolg unserer Erneuerung ist keineswegs gewiß. Mag sein, daß uns der Sieg beschert wird, aber notfalls bin ich auch bereit, meine Überzeugungen mit ins Grab zu nehmen.« Ebenso brüsk, wie er gekommen war, stand er auf und verließ den Raum.

Ein Becher voll Gift

Teheran, im Sommer 2010

Im Jahr 1984 war ich im Gefolge von Außenminister Hans-Dietrich Genscher nach Teheran gereist und hatte die Gelegenheit genutzt, die erstarrte Front in den Majnun-Sümpfen in unmittelbarer Nachbarschaft des irakischen Golf-Hafens Basra zu inspizieren. Der Gegenangriff der iranischen Pasdaran und Bassidji, der kurz vor dem Durchbruch durch die massiv befestigte Abwehrlinie Saddam Husseins stand, war damals infolge des massiven Einsatzes von Giftgas durch die Iraker in dieser urweltlichen Sumpflandschaft zum Erliegen gekommen. Die iranischen Sturmtruppen waren auf den Einsatz der völkerrechtswidrigen Waffe in keiner Weise vorbereitet. Zu Tausenden erstickten sie in den toxischen Schwaden des Gases, das dem Diktator von Bagdad aus den USA, aber auch aus der Sowjetunion und sogar aus deutschen Laboratorien geliefert worden war.

Die Reise des deutschen Außenministers war mit erheblichen diplomatischen Risiken verbunden. Der übermächtige amerikanische Alliierte fühlte sich brüskiert, fast verraten, von der Reaktion Israels ganz zu schweigen. Aber Genscher handelte im Interesse nicht nur Deutschlands, sondern der gesamten westlichen Allianz. Die Konjunktur für eine Besänftigung des in Hysterie ausartenden Propagandakrieges gegen die Islamische Republik Khomeinis erschien zu jenem Zeitpunkt günstiger denn je. Als Staatspräsident amtierte Ali Akbar Haschemi Rafsandjani. Der extrem wohlhabende Kleriker und Politiker stand einer Entspannung mit dem Westen positiv gegenüber, wie ich in einem Gespräch mit diesem Hodschat-ul-Islam, der den weißen Turban trug, persönlich feststellen konnte. Washington sann jedoch auf Rache und glaubte damals noch zuversichtlich, den schiitischen Gottesstaat durch verschärfte Sanktionen, militärische Abnutzung und interne Komplotte in die Knie zwingen zu können.

Khomeini selbst, so erfuhr ich aus seiner engsten Umgebung, habe nicht viel von Atomwaffen gehalten, die er als »Teufelszeug« und als »unislamisch« empfand. Im übrigen waren die Kräfte Irans zu jenem Zeitpunkt so extrem auf den langen konventionellen Krieg gegen Irak konzentriert, daß an einen Ausbau von Nuklearwaffen gar nicht zu denken war. Nach dem Tod des Imam soll sogar von höchster geistlicher Stelle eine zwingende Fatwa erlassen worden sein, die nicht die Fabrikation von Kernwaffen, wohl aber deren Einsatz mit striktem religiösem Verbot belegte.

Immer wieder war die eventuelle Fertigstellung dieser ultima ratio belli im Iran den widersprüchlichsten Spekulationen ausgesetzt. So wurden groteske Schreckensszenarien entworfen, wonach die Pasdaran, die diese Waffe unter ihre exklusive Kontrolle brachten, sowohl Europa als auch die USA damit erpressen wollten. Das einzige Land, das sich ernsthaft auf einen iranischen Atomschlag vorbereitete, war Israel.

Die fanatischen Schiiten, so wurde behauptet, würden auf Grund ihres religiösen Märtyrerkults und der in der Hodjatiyeh verbreiteten Endzeitstimmung vor einem kollektiven Suizid nicht zurückschrecken. Doch der Imam Khomeini hatte ja bereits eine Probe aufs Exempel gemacht. Als der Abwehrkrieg gegen Saddam Hussein in sein neuntes Jahr eintrat und in diesem Gemetzel schätzungsweise eine Million Kombattanten umgekommen waren, beschloß der Despot von Bagdad, der unablässig von West und Ost mit neuen Waffen beliefert wurde, die verfeindete Islamische Republik in ihrem Herzen zu treffen. Die Reichweite der aus sowjetischen Arsenalen stammenden Scud-B-Raketen wurde von amerikanischen Technikern so perfektioniert, daß sie in der Hauptstadt Teheran und in Isfahan, dem kulturellen Kleinod Persiens, einschlugen. In der Hauptstadt hatte ich selbst festgestellt, daß die Präzision dieser Trägerwaffen beachtlich war. Plötzlich kam bei den Einwohnern von Teheran die Angst auf, Saddam beabsichtige demnächst, seine Geschosse mit Giftgas aufzuladen und die iranische Hauptstadt zu verseuchen. Ein Exodus der Bevölkerung hatte begonnen, als der Ayatollah Khomeini zu dem Schluß kam – da ein Sieg über den teuflischen neuen Yazid ohnehin nicht mehr zu erringen war –, den Sicherheitsrat der Vereinten Nationen einzuschalten und einen Waffenstillstand zu akzeptieren. Er hätte lieber einen Becher voll Gift geleert, als diese Kampfeinstellung zu verfügen, soll der Imam gesagt haben.

Jedenfalls war die hohe Mullahkratie von einer verzweifelten Massada-Stimmung weit entfernt. Weshalb sollte der Nachfolger des Imam Khomeini, Ayatollah Ali Khamenei, bereit sein, leichtfertig die Existenz seiner Republik und seines Volkes zu riskieren, um an den Bewohnern des für die Perser relativ unwichtigen Judenstaates einen Massenmord zu begehen? Was nun den unberechenbaren Präsidenten Mahmud Ahmadinejad betraf, den manche Gazetten als »den Irren von Teheran« bezeichneten, so besaß er gar nicht die Autorität und die Befehlsgewalt, einen Genozid im Heiligen Land anzuzetteln. Der streitsüchtige Staatschef war der Autorität des höchsten geistlichen Führers strikt untergeordnet und hätte durch ein Mißtrauensvotum des Parlaments, der Majlis, jederzeit entmachtet werden können.

Auf der Rückfahrt nach Teheran unterhielt ich mich mit dem deutschen Botschafter Bernd Erbel über die politische Zukunft Irans, über die Chancen einer größeren Beteiligung des iranischen Volkes an der Gestaltung seines Schicksals, als das im derzeitigen komplizierten System des Vilayet-e-Faqih, in den relativ offenen Debatten der Majlis oder in den geheimen Intrigenzirkeln der klerikalen Wächter- und Berufungsgruppen vorstellbar war. Dieses Land lebt seit Jahrhunderten in einer schiitischen Abkapselung, die – zumal im Kontakt mit Fremden – die Verleugnung und Verschleierung der eigenen politischen, sogar religiösen Überzeugungen erlaubt. Persien bleibt in einen dichten Nebel der Geheimhaltung gehüllt. Es wäre jedenfalls töricht, auf Grund der jüngsten Unruhen in Teheran von einer Morgenröte der Demokratie zu sprechen.

Wir näherten uns der Dunstglocke Teherans. Bernd Erbel machte mich darauf aufmerksam, daß immer noch verstreute Schneefelder auf den Höhen des Elburs der Sonnenglut widerstanden. Wir fuhren am endlosen Heldenfriedhof Behest-e- Zara entlang, wo in den frühen hektischen Tagen der islamischen Revolution ein Springbrunnen rotgefärbtes Wasser ausspie, als sei es das Blut der Schuhada, das Blut der Märtyrer. Auf der anderen Straßenseite nahm das Islamische Institut, das das Mausoleum des Imam Khomeini umschließt, gigantische Formen an. Die Grabmoschee selbst, deren bizarre Strukturen anfangs einer Erdölraffinerie glichen, hatte sich seit meinem letzten Besuch vor zwei Jahren stattlich, ja prächtig entwickelt, auch wenn die gewaltige goldene Kuppel mit den weithin sichtbaren Minaretts es mit der zauberhaften Architektur von Isfahan, Qom oder Meschhed nicht aufnehmen konnte.

Im Innern dieses Wallfahrtsortes ist Khomeini unter einem schlichten Block aus grünem Onyx ohne jede Verzierung bestattet. Neben ihm ruht unter einem wesentlich kleineren Onyxstein sein Sohn Ahmed. Das Ganze wird von einem Glaskasten wie einem Aquarium abgeschirmt. Das würdige Antlitz des Imam war weiterhin in jeder Amtsstube und auf zahllosen Mauern seiner Islamischen Republik zugegen. Doch an jenem Abend, als die Sonne letzte rote Schatten auf die Felswände des Elburs zauberte, mußte ich an die kurze »Rubayat«, das Poem Omar Khayyams denken, das mir der Historiker Hussein ein paar Tage zuvor bei seiner Verabschiedung im Hotel zugesteckt hatte. Dort las ich: »Alle die Heiligen, die hochgeachtet philosophierten, sind des Todes Raub. Auch ihre Stimme wird nicht mehr gehört, ihr Mund ist vollgestopft mit Sand und Staub.«

Irak – Teufelsaustreibung am Tigris

Am Anfang stand Abraham
Ur in Chaldäa, im Februar 2002

Der Mondtempel von Ur, dem Gott Nanna-Sin geweiht, ragt wie eine Abschussrampe aus geschichteten Ziegelsteinen in den gelben Himmel von Chaldäa. Wir sind nur zwanzig Kilometer vom Euphrat entfernt, und schon empfängt uns die triste Unendlichkeit der Arabischen Wüste. Die Sonne des späten Nachmittags senkt sich mit subtropischer Plötzlichkeit. Aber dann scheint sie eine Weile innezuhalten, ruht über der steilen Treppe des Ziggurat, wird zum Feuerball wie eine explodierende Atombombe, die den Dunst des Firmaments zerreißt. Zur Linken steht bereits ein blasser Mond, jene Sichel, »Hilal« genannt, die zum Symbol des Islam geworden ist.

Die Botschaft des Propheten Mohammed hat längst über die Astralkulte des vorchristlichen Altertums gesiegt, das – unweit des Persischen Golfs – in die fernsten Ursprünge der Menschheit zurückreicht, in die Sagenwelt des Helden Gilgamesch mit seinem treuen, halb tierischen Gefährten Enkudu. Die gut erhaltenen Konturen des Königspalastes geben Kunde vom Reich der Sumerer, die hier viertausend Jahre vor unserer Zeitrechnung ihre Hochkultur entwickelt hatten.

Im August 1998 war ich bereits bis zum südlichsten Rand Mesopotamiens vorgedrungen. Ich hatte für diesen Ausflug die christlich-islamische Konferenz unterbrochen, zu der Saddam Hussein, der neue Nebukadnezar, nach Bagdad geladen hatte. Als einziger Laie war ich aus unerfindlichen Gründen zu dem Treffen eingeladen worden. In der unerträglich heißen Mittagsstunde jenes Augusts – der Sandsturm verwandelte die Sakralstätte von Ur in einen Feuerofen – hatte sich ein ärmlich gekleideter Beduine zu mir gesellt. Von der Höhe des heidnischen Mondtempels verwies er auf einen verstaubten Palmenhain: »Dort hatte Ibrahim« – so nennen die Araber den gemeinsamen semitischen Urahnen – »seine Zelte aufgeschlagen und seine Frauen zum Wasserholen ausgeschickt.« An diesem Ort hatte der Nomade Abraham den gebieterischen Auftrag seines Gottes Jahwe vernommen, mit seiner Sippe nach Norden aufzubrechen und in endloser Wanderung bis zu jenem gelobten Land Kanaan vorzudringen, das ihm als Siedlung und auch als Grabstätte zugewiesen war.

Aus der Nachfolge Ibrahims stammt jener unerbittliche Erbstreit, der bis in die Gegenwart andauert. Die mörderische Konfrontation, die heute zwischen Juden und Arabern entbrannt ist, wurde durch eine seltsame Fügung zum Kristallisationspunkt jenes mythisch anmutenden »Kampfs gegen das Böse«, zu dem der amerikanische Präsident George W. Bush nach dem Anschlag vom 11. September 2001 aufgerufen hatte.

In Ur wird dem Besucher ins Gedächtnis gerufen, daß die im Pentateuch, in den fünf Büchern Mose geschilderte Schöpfungsgeschichte sich überwiegend in diesem Zweistromland zwischen Euphrat und Tigris abspielte. Wie hatte der Ayatollah Khomeini zu Beginn der achtziger Jahre gesagt, als seine iranischen Revolutionswächter in Erwiderung der Aggression des Arabers Saddam Hussein gegen Mesopotamien vorstürmten: »Der Weg nach Jerusalem führt über Bagdad – el tariq ila el Quds tamurru bi Baghdad.« In diesem Februar 2002, während George W. Bush das feierliche Gelöbnis ablegt, den irakischen Todfeind Saddam Hussein zu stürzen oder umzubringen, scheint sich die Weisung des schiitischen Revolutionsführers umzukehren. Heute heißt es in Washington: »Der Weg nach Bagdad führt über Jerusalem.«

In Wirklichkeit sind es keine theologischen Betrachtungen, die meine aktuelle Reise nach Chaldäa begleiten. Vom Ziggurat, dem Mondtempel der Sumerer, öffnet sich ein weiter Erkundungsblick auf jene tellerflache Ebene aus grauem Sand, die zwangsläufig zum Schlachtfeld des bevorstehenden Feldzuges der USA gegen den Irak würde. Schon heute ist das gesamte Territorium Iraks einer intensiven Luftaufklärung ausgeliefert. Keine Falte im Terrain, keine Anlage unterirdischer Bunker dürfte dieser permanenten Überwachung entgehen.

Im Umkreis von Ur können wir mit bloßem Auge keine Verteidigungsstellungen der Iraker ausmachen. Fellah, unser Überwacher, den uns das Informationsministerium von Bagdad mitgegeben hat, interveniert jedes Mal, wenn unser Objektiv irgendein Gebäude ins Visier nimmt, von dem wir gar nicht annehmen würden, daß es eine militärische Bedeutung besäße.

Dunkelheit senkt sich über die schmutzig-graue Ebene. Um so heller strahlen die Feuer der Abfackel-Anlagen. Sie lodern über den ungeheuerlichen Erdölvorkommen, die sich nach Süden über Kuweit bis zum saudischen Dahran erstrecken. In Richtung Basra reihen sich die Masten einer Hochspannungsleitung. Die einzig lebenden Kreaturen sind Schafherden, die sich blökend gegen die nahende Nachtkälte zusammendrängen. Allmählich glitzert das Lichtermeer von Basra auf. Das ist keine strahlende Metropole. Nördlich der großen Hafenstadt haben sich die Flüsse Euphrat und Tigris zum mächtigen Strom Schatt el-Arab vereint. Wir erreichen die ersten schäbigen Außenviertel und passieren eine Vielzahl stinkender Kanäle.

Basra, so erfahre ich, war vor dem ersten Golfkrieg zwischen Irak und Iran eine überaus lebendige Anlegestelle für die Schiffahrt im Persischen Golf. Jede Form von Schmuggel, Drogen- und Waffenhandel gedieh hier, für fremde Seeleute standen zahlreiche Bordelle zur Verfügung. Doch die Zeit der Ausschweifungen und der Sünde ist längst vorbei. Die trauernde Frömmigkeit, die den schiitischen Zweig des Islam kennzeichnet, hat sich wie Mehltau auf diese Ansammlung von schätzungsweise zwei Millionen Menschen und ihre schwarz verhüllten Frauen gelegt. Wer denkt noch daran, daß aus diesem Hafen Sindbad der Seefahrer zu seinen Abenteuern aufbrach?

Der Schatt el-Arab beeindruckt durch seine Breite und rauschende Wucht. Der Strom ergießt sich schwarz und unheimlich wie ein orientalischer Styx nach Süden. Die einst gepflegte Uferpromenade wurde zur tristen Kulisse, seit ihre Palmenalleen durch Bomben zersplittert wurden. Während in der gesamten Republik Irak die von den Amerikanern 1991 zerbombten Brücken wiederhergestellt wurden, verhindern die Trümmer der Flußübergänge am Schatt el-Arab weiterhin die Schiffahrt in Richtung Norden. Zusätzlich erweisen sich die Wracks versenkter Frachter als Sperren. Ganz offensichtlich soll die verminte Fahrrinne des Schatt unbenutzbar sein, falls eines Tages eine feindliche Panzerarmee von Kuweit kommend auf Mesopotamien vorstoßen sollte.

Zumindest die britischen Kommandeure dieser potentiellen Invasionstruppe dürften sich an ihren Landsmann, den General Maud erinnern, der im Ersten Weltkrieg von Basra aus eine langwierige und verlustreiche Offensive gegen die Heerscharen des Osmanischen Sultans vortrieb. Das verästelte Irrigationssystem des Zweistromlandes verschaffte damals den Türken brauchbare Verteidigungspositionen. Im Umkreis der Ortschaft Kutt mußten die Engländer sogar eine schmerzliche Niederlage hinnehmen, und der Feldzug soll siebzigtausend Empire-Soldaten das Leben gekostet haben.

Wenn mir Basra an diesem Abend so tragisch und makaber erscheint, so liegt das wohl an der pathetischen Galerie von neunundneunzig Bronzegestalten gefallener Kriegshelden, die den Fluß säumt. Die überlebensgroßen Figuren sind als gespenstisches Memorial aufgereiht. Die uniformierten »Schuhada«, die Märtyrer, wie sie auch im offiziellen irakischen Sprachgebrauch heißen, stellen hohe irakische Offiziere dar, die im ersten, dem so unerbittlichen Golfkrieg gegen den Iran und die schiitische Revolution des Ayatollah Khomeini den Tod fanden. Die Skulpturen wurden unter hohen Kosten in Italien gegossen, und jeder Märtyrer ist – vermutlich anhand einer Fotovorlage – sehr individuell kopiert. Die stummen Zeitzeugen wirken auf mich wie ein beklemmender Spuk. Mit dem einheitlich ausgerichteten rechten Arm weisen sie nach Südosten und richten den anklagenden Zeigefinger auf das persische Gegenufer, auf jene Stadt Khorramschahr, wo die Armee Saddam Husseins im Jahre 1982 ihre vernichtendste Niederlage durch die Revolutionswächter und die Kindersoldaten Khomeinis erlitten hatte.

Im Frühjahr 1982 war eine fatale Wende in jenem Krieg eingetreten. Die Verluste an Menschen und Material ließen sich bereits an den großen europäischen Schlachten des Ersten und Zweiten Weltkrieges messen. In Bagdad war dieser Aderlaß auf Schritt und Tritt zu spüren. Neben den regulären Streitkräften, deren Ausfälle nur schwer aufzufüllen waren, wurde eine sogenannte Volksarmee ausgehoben, eine Art Volkssturm, dessen Rekrutierung in den Mittelklassen und Gymnasien begann und alle Männer zwischen sechzehn und fünfundvierzig Jahren erfassen sollte. Tiefe Niedergeschlagenheit lastete in jenen Tagen auf dem Zweistromland. An zahllosen Häuserwänden von Bagdad waren schwarze Tücher angebracht. Sie trugen weiße Inschriften: erst den Namen des Gefallenen und darunter den stets wiederholten Satz: »As schuhada akbar minna jami'an – Die Märtyrer sind größer als wir alle zusammen.«

Acht Jahre lang, zwischen 1980 und 1988, wurde Saddam Hussein von US-Präsident Reagan und seinem Vize George Bush senior als Schwertträger der amerikanischen Golfpolitik geschätzt. Die CIA war bestens informiert über die brutale, ja mörderische Veranlagung des Diktators. Aber solche Bedenken pflegte man in Langley mit der Bemerkung abzuschütteln: »We know he is a son of a bitch, but he is *our* son of a bitch.« Niemand nahm seinerzeit Anstoß daran, daß Saddam Hussein weit und breit berüchtigt war für seine Brutalität, seine Menschenverachtung, für die fürchterlichen Methoden, mit denen er die Macht über Mesopotamien errungen und dann konsolidiert hatte.

Im August 1982, während ich mich in Bagdad aufhielt, war die Befürchtung aufgekommen, die Streitkräfte Khomeinis seien nunmehr in der Lage, die irakischen Linien am Schatt el-Arab zu durchbrechen. Wäre in jenen Tagen der Rat des mir gut bekannten iranischen Generals Zaher Nejad befolgt und der Vormarsch auf Basra ohne Zögern vorgetragen worden, hätte das vermutlich die Kriegsentscheidung zugunsten Teherans bedeutet. Aber die hohen Mullahs befahlen, auf der Stelle zu treten, in der irrigen Annahme, die überwiegend schiitische Bevölkerung Süd-Mesopotamiens werde sich wie ein Mann gegen die sunnitische Herrschaft Saddam Husseins erheben. Der Aufstand der »Partei Alis« fand jedoch nicht statt. Die iranische Führung war einem verhängnisvollen Irrtum erlegen.

Die unverhoffte Atempause hatte Saddam Hussein genutzt. Aus der Sowjetunion waren Massenlieferungen von Panzern und Artillerie eingetroffen. Unter Mißachtung der Haager Kriegsrechtskonvention befahl Hussein den massiven Einsatz von toxischen Waffen. In dichten Schwaden breitete sich der chemische Tod über den Majnun-Sümpfen aus. Die Iraner, die weder über Gasmasken noch über Schutzanzüge verfügten, erstickten in dem mörderischen Nebel, ihre Haut wurde verätzt, viele erblindeten. Zehntausende wurden auf grausame Weise verseucht.

Im Westen regte sich keine einzige berufene Stimme des Protests. Es kam zu keiner entrüsteten UNO-Debatte, denn es galt ja, das Übergreifen der schiitischen Gottesstaatsidee auf Mesopotamien mit allen Mitteln zu verhindern. Die Stabilität am Golf wäre durch einen Waffenerfolg Khomeinis erschüttert worden. Die reibungslose Petroleumproduktion der ganzen Region stand auf dem Spiel. Da drückte man allenthalben die Augen zu vor dem fürchterlichen Spektakel und ignorierte geflissentlich die Vergasung Tausender iranischer Soldaten. Für die Islamische Republik Iran schlug die schmerzliche Stunde des Einlenkens, der demütigenden Feuereinstellung.

Saddam hatte die Prüfung überlebt. Im ganzen Land ließ er sich in der Pose des kriegerischen Triumphators akklamieren. Nach einer Neugruppierung seiner Streitkräfte ging der Iraker mit sechzigtausend Soldaten gegen die aufständischen Kurden in den eigenen Nordprovinzen vor. Er beschoß die Kurdendörfer und vor allem die Stadt Halabja mit seinen Giftgasgranaten. Mindestens fünftausend Zivilisten kamen dabei unter schrecklichen Qualen ums Leben. Doch dieses Mal hatte der Diktator die Rechnung ohne die selektive Entrüstung und doppelte Moral der amerikanischen und europäischen Öffentlichkeit gemacht. Im Gegensatz zu den Leichenhaufen vergaster Iraner, die niemand sehen wollte, wurden die Bilder der vergifteten Kurden in sensationeller Presse- und Fernsehaufmachung publiziert. Für Hussein galt nunmehr das Wort: »Der Mohr hat seine Schuldigkeit getan...« Angeblich war der Irak der Atomschwelle bedenklich nahe gekommen. Im Weißen Haus wurde man sich bewußt, daß man in der Person Saddam Husseins ein orientalisches Frankenstein-Ungeheuer herangezüchtet hatte.

Zum Abschuß freigegeben

Bagdad, im Februar 2002

Die Hauptstadt Bagdad wartet auf den Krieg. Da herrscht keine Aufregung oder Panik bei der Bevölkerung. Ein Hauch von Resignation liegt über dem Tigris. Seit meinem letzten Aufenthalt vor vier Jahren hat eine zaghafte Normalisierung eingesetzt. Die Geschäfte sind wieder mit Waren gefüllt. Die Ernährung der Bevölkerung mit Grundnahrungsmitteln ist im wesentlichen gesichert. An Medikamenten besteht weiterhin Mangel auf Grund sehr willkürlich ausgelegter UN-Sanktionen.

Von den Zerstörungen des arabischen Golfkrieges war schon 1998 nichts mehr zu sehen. In Windeseile hatte die Baath-Regierung alle Schäden repariert und auch die Brücken über den Tigris neu gespannt. Der irakischen Metropole fehlt zwar jeder orientalische Reiz. Dafür fügen sich die Monumentalbauten, die Hussein zur Zeit seines Petroleumreichtums, aber auch in den Jahren nach seiner Niederlage, als es an allem fehlte, unbeirrt zu seinem größeren Ruhm errichten ließ, relativ harmonisch in das moderne Stadtbild ein.

Der Diktator entfaltet weiterhin seinen Personenkult, der jeder Beschreibung spottet. Keine Straße, kein Platz, keine Hauswand wird von seinem Porträt verschont. In allen nur denkbaren Posen ist er dargestellt. Als Feldherr, als weiser Staatsmann, als Freund der Kinder, als Beduinen-Scheikh, als frommer Beter in Richtung Mekka kniend, als Schütze mit einer Art Tirolerhut auf dem Kopf, als wiedererstandener Herrscher Nebukadnezar, als Förderer des Aufbaus, als wohlwollender Landesvater – aber am häufigsten als furchteinflößender Despot mit strengem, unerbittlichem Blick. Was kann in diesem Mann vorgehen, der sich einer so grotesken Politwerbung aussetzt? Ist er so realitätsfremd, oder hat er wirklich George Orwell gelesen und dessen Horrorvision entnommen, daß der gefürchtete Potentat – unter welcher Form auch immer – omnipräsent sein muß, um das Volk einzuschüchtern?

Chronik eines angekündigten Krieges. Dieses Mal redet niemand in Bagdad von der »Mutter aller Schlachten«, wie Saddam Hussein 1990 seinen Zusammenprall mit der Weltmacht USA, deren Trabanten und Alliierten prahlerisch angekündigt hatte. Aber jedermann weiß, daß der Waffengang am Golf und in Mesopotamien längst beschlossene Sache ist. Wann Präsident Bush zuschlagen wird, ist nur eine Frage des Termins und der Opportunität. Er hat sich mit seinen martialischen Presseerklärungen selbst unter Druck gesetzt.

Tariq Aziz hat sich seit dem heißen Augustabend 1998, als ich ihn das letzte Mal traf, kaum verändert. Der klein gewachsene Chaldäer mit dem dichten weißen Haarschopf, den buschigen schwarzen Augenbrauen und der dick gerandeten Brille war mir damals in einem eleganten Anzug begegnet. Jetzt trägt er die grüne Uniform, die Saddam Hussein in Zeiten der Bedrängnis seinen engsten Mitarbeitern vorschreibt.

»Die Amerikaner verkünden ja ganz ungeniert, daß sie den Sturz unserer Regierung betreiben«, so beginnt Tariq Aziz ohne Umschweife das locker geführte Interview. Er versucht gar nicht, das erdrückende Schwergewicht der amerikanischen Streitkräfte im Konfliktfall mit dem Irak herunterzuspielen. Er scheint auf das Schlimmste gefaßt zu sein. Aber dann stellt er Betrachtungen an über die Vergänglichkeit der Imperien: »Wir leben hier auf einem Boden, der auf viertausend Jahre Geschichte zurückblickt. Ich beabsichtige nicht im Geringsten, den Staatsmännern Europas Lektionen zu erteilen. Aber die USA sind von den Staaten des Orients sehr, sehr weit entfernt. Wenn die Amerikaner irgendein Unheil anrichten in Palästina, im Irak, in Nordafrika, in Regionen also, die unmittelbar an Europa grenzen, dann können sie sich im Falle eines Fehlschlags in ihre weit abgelegene Heimat zurückziehen. Die Europäer hingegen sind unmittelbar und dauerhaft involviert, falls die USA im Umkreis des Abendlandes chaotische Zustände schaffen. Nach Entstehen eines Abgrunds der Anarchie könnten sie sich dann hinter den sicheren Schutz von zwei Ozeanen und ihren elektronischen Abwehrsystemen verschanzen.«

Wir sprechen über den ersten Golfkrieg. In der letzten Phase vor dem Beginn des amerikanischen Bombardements am 17. Januar 1991 hatte der irakische Staatschef in fataler Selbstüberschätzung wie ein Dilettant taktiert. Tariq Aziz schildert mir das letzte Gespräch, das er selbst am 9. Januar in Genf mit dem damaligen US-Außenminister James Baker geführt hatte. »We are going to bomb you back in the preindustrial age« – Wir werden euch in das vorindustrielle Zeitalter zurückbomben, habe dieser Aziz bedrängt. Die Äußerung erinnert mich an einen ähnlich lautenden Kraftspruch des einstigen Stabschefs der US Air Force, Curtis LeMay, mit dem er zu Beginn des Vietnamkrieges die Gefolgschaft Ho Chi Minhs einzuschüchtern suchte: »We are going to bomb them back into the stone age.«

Seit dem Desaster von 1991 hatte sich das Charakterbild des Diktators allmählich verändert. Für viele Iraker, die unter den Sanktionen stöhnten und den Boykott der UNO verfluchten, präsentierte er sich als fürchterlicher, aber unbezwingbarer Fels, der der Koalition von dreißig Feind-Nationen, angeführt durch den Koloß USA, erfolgreich die Stirn geboten hatte. Die Legendenbildung sprießt im Orient noch üppiger als andernorts. Jedenfalls trat Saddam nicht nur in den Augen seiner Untertanen, sondern auch in der Einschätzung vieler Beobachter des arabischen Auslandes nach wie vor in der Rolle des »Batal« auf, des Helden, an dem alle Komplotte der amerikanisch-zionistischen Verschwörung unrühmlich zerschellten.

Die Löwengrube von Babylon

Babylon, im Februar 2002

Es ist kein langer Weg von Bagdad nach Babylon. Neben dem mißlungenen Wiederaufbau des blau-getönten Ischtar-Tores sind historische Nachahmungen und Rekonstruktionen großen Stils hinzugekommen. Die Ziegelmauern längs der freigelegten Prozessionsallee sind mit furchterregenden Gottheiten, magischen Tieren und Schimären geschmückt. Hunderttausend Einwohner soll Babylon in seiner Blütezeit gehabt haben.

Außerhalb des eigentlichen Stadtkerns mit seinen Tempeln, Palästen und Kasernen erstreckt sich ein umfangreiches Sonderviertel, das durch einen Wall geschützt und abgesperrt ist. Hier hatten angeblich die Hebräer in der Verbannung gelebt, ihre Tränen an den Flüssen Mesopotamiens vergossen und des verlorenen Zion gedacht. Diese vielbesungene babylonische Gefangenschaft des »auserwählten Volkes« sollte ein halbes Jahrhundert dauern. Wir dürfen die Ruinenstadt ungestört filmen, auch die Vertiefung, die angeblich jene Löwengrube darstellt, in die der Prophet Daniel auf Befehl des Meder-Königs Darius geworfen wurde, als er sich weigerte, dem Gott Abrahams und Moses abzuschwören. Der Bibel zufolge hat Daniel in der Löwengrube überlebt.

Bei meinen Begegnungen mit orientalischen Christen überkommt mich stets ein Anflug von Wehmut. Die meisten orthodoxen Gläubigen der byzantinischen Ost-Kirche haben sich resigniert, ja anpasserisch der koranischen Theokratie untergeordnet. Bei den Chaldäern hingegen, die nach der Absage an ihre ursprünglich monophysitische Lehre die Autorität des römischen Papstes akzeptierten, ist allen Rückschlägen ihrer leidvollen Geschichte zum Trotz Vielfalt und Selbstbewußtsein erhalten geblieben. Darin ähneln sie den kämpferischen Maroniten des Libanon. Mit achthunderttausend Gläubigen bilden die Chaldäer, die aus der nestorianischen Konfession hervorgegangen sind, die weitaus stärkste christliche Gemeinde Mesopotamiens. Was immer man gegen das Regime von Bagdad vorbringen kann – die Unterdrückung der Freiheit, die Hinrichtung politischer Gegner, der vorherrschende Meinungsterror, der absurde Führerkult –, in einem Punkt muß Saddam Hussein Gerechtigkeit widerfahren: Der Irak verhält sich gegenüber seinen christlichen Minderheiten, die den Muslimen gesetzlich gleichgestellt sind, weitaus toleranter als viele islamische Länder, die aufs engste mit dem Westen verbündet sind, ganz zu Schweigen von Saudi-Arabien, wo schon der Besitz eines Kruzifixes oder einer Bibel strafrechtlich geahndet wird und die Feier einer christlichen Messe – selbst in Privaträumen – als todwürdiges Delikt gilt. Auch die kemalistische Türkei, die mit Nachdruck ihren Beitritt zur Europäischen Union betreibt, verhält sich gegenüber ihren eigenen christlichen Gemeinden extrem intolerant. Wenn heute die Abwanderung der mesopotamischen »Massihi« – der Anhänger des Messias, wie die korrekte Bezeichnung für Christen lauten sollte – anhält, so geschieht das nicht auf Grund staatlicher Schikane, sondern aus Furcht vor der ungewissen Zukunft und unter dem Druck wirtschaftlicher Not.

Im blühenden Innengarten eines umfangreichen Ziegelkomplexes leuchtet die weiße Statue der Jungfrau Maria aus dem Grün. Neben dem Eingang des Gebäudes ist ein Bronzeschild angebracht mit der Inschrift in arabischer und aramäischer, in englischer und französischer Sprache: »Chaldäisches Patriarchat von Babylon«. Im geräumigen Empfangssaal – die Bilder von Papst Johannes Paul II. und Präsident Saddam Hussein blicken von den Wänden – begrüßt uns seine Eminenz, Rafael Bidawi, der den ungewöhnlichen Titel »Patriarch von Babylon« trägt.

Der gedrungene, beleibte Mann, der im Gegensatz zu den meisten orientalischen Geistlichen glattrasiert ist, trägt die knallrote Soutane der römischen Kardinäle.

Mit seinen politischen Aussagen hält sich Rafael Bidawi natürlich zurück. Aber über die Machtausübung der Baath-Partei will er sich nicht beschweren. Unterschwellig fürchten sich die Christen des Irak vor einem revolutionären Umschwung. Nirgendwo in der arabischen Welt werden die Regimewechsel so blutig und grausam ausgetragen wie im Zweistromland. Darüber hinaus ist der Patriarch sich bewußt, daß jede Systemveränderung am Ende wohl einer militanten Form des Islam zugute käme, die sich gegenüber seiner Gemeinde weniger entgegenkommend verhielte. Als sich im Februar 1991 in Bagdad ein vorübergehendes Machtvakuum abzeichnete und bereits Horden von Plünderern und zwielichtigen Elementen aus den Armensiedlungen von Saddam City – dem späteren Sadr City – auf die Innenstadt im Anmarsch waren, ließen sie ihre Wut unter anderem an christlichen Kirchen aus.

Am späten Nachmittag nehmen wir an einem chaldäischen Gottesdienst teil. Die Gebete werden auf Arabisch und Aramäisch rezitiert, jenem semitischen Idiom, das Jesus Christus gesprochen hatte. Es herrscht tiefe Frömmigkeit bei den Gläubigen, die in großer Zahl zur Kommunion gehen. Bei der Rückfahrt ins Hotel fällt mir das hohe Kreuz über dem Turm eines armenisch-christlichen Gotteshauses auf. Sehr sichtbar, beinahe herausfordernd, zeichnet es sich vom Abendhimmel ab. Seltsame Kontraste im »Land des Bösen«.

Die zerstörte Atomschmiede
Ktesiphon, Oktober 2003

Das Dorf El Mada'in ist nur vierzig Kilometer von Bagdad entfernt. Auf Einladung des französischen Archäologen Philippe Ribault habe ich mich zu dieser Expedition bereitgefunden. Warum es ihn unbedingt nach El Mada'in zieht, erklärt er mit ein paar Worten. Er wird demnächst den Irak verlassen müssen. Vorher will er einen letzten Blick auf jenen monumentalen Kuppelbau von Ktesiphon werfen, der die Macht des verflossenen Perserreiches der Sassaniden verewigt. Auf keinen Fall hege er die Absicht, an dem formlosen, verfallenen Hügel gleich nebenan zu verweilen, der immer noch durch Stacheldrahtverhaue und Wachtürme abgesperrt ist. An dieser Stelle, unweit von El Mada'in, hatte einst Saddam Hussein mit Hilfe französischer Experten den Durchbruch zur Atomrüstung forciert.

Die Laboratorien und Werkstätten waren im zentralen Krater einer künstlich aufgeschütteten Erdpyramide pharaonischen Ausmaßes verborgen und schienen unverwundbar. Dennoch war es der israelischen Luftwaffe im Sommer 1981 gelungen, diese unheimliche Waffenschmiede in einem perfekt inszenierten Überraschungsangriff lahmzulegen. Seitdem ist das Terrain geräumt, der Witterungserosion preisgegeben. Der künstliche Berg brach in sich zusammen. Im Sommer 1982, bei meinem letzten Besuch, hatte Ozirak, so hieß die Anlage, trotz der Volltreffer noch einen ganz anderen Anblick geboten. Auf der Höhe der Sandburg war eine Vielzahl von Flakbatterien und Raketenstellungen zu sehen gewesen. Die Ruine von Ozirak hat unversehens wieder aktuelle Bedeutung gewonnen. Die zerstörte Atomfabrik führt den benachbarten Persern vor Augen, welchen Gefahren sie sich mit ihrer umstrittenen nuklearen Aufrüstung aussetzen.

Wir halten vor der monumentalen Bankett-Halle von Ktesiphon, der einstigen Hauptstadt des persischen Imperiums der Parther und der Sassaniden. Hier befindet sich das gewaltigste Rundgebäude, das je von Menschenhand – noch dazu aus Lehmziegeln – gebaut wurde, so heißt es in den Reiseführern. Es geht auf das dritte Jahrhundert nach Christus zurück, als sich die Parther des Zweistromlandes erfolgreich dem Zugriff der römischen Eroberer widersetzten.

Mir ist diese grandiose Gedenkstelle noch ganz anders in Erinnerung. Bei meinem letzten Aufenthalt im Februar hatte sich eine Gruppe Derwische, vermutlich der Qadiriya-Bruderschaft angehörend, unter dem riesigen Rundbogen versammelt. Sie schlugen rhythmisch auf ihre Trommeln und wiegten sich dazu singend im Takt. Gleich neben uns kauerte ein Bänkelsänger, ein ärmlich gekleideter Beduine, der seinem primitiven Saiteninstrument krächzende Töne entlockte. Dazu stimmte er ein Loblied auf Udai und Qusai an, die beiden mißratenen Söhne

Saddam Husseins, deren bloße Erwähnung den meisten Irakern Abscheu und Furcht einflößte.

Der Hallenbau von Ktesiphon verweist auf die Glaubenswelt des Zarathustra, die sich fast tausend Jahre lang als Staatsreligion der sukzessiven persischen Dynastien erhalten hat. »Am Anfang steht Abraham«, so hatte ich immer wieder über die Ursprünge des heutigen Nahostkonfliktes zwischen den beiden semitischen Völkern um das Heilige Land geschrieben. Doch am Anfang, so scheint uns in Ktesiphon, in dem Zweistromland, das die Muslime als »ard-el-anbiya«, als Land der Propheten bezeichnen, steht auch die verschwommene Figur Zarathustras.

Noch im vergangenen Herbst hatte ich mich in Nordafghanistan in der Ortschaft Balq aufgehalten, dem mutmaßlichen Geburtsort Zarathustras. »Also sprach Zarathustra«, so beginnen tatsächlich die Verse der »Avesta«, die der Prophet dem ewigen Kampf zwischen Licht und Finsternis, zwischen Gut und Böse, zwischen Iran und Turan gewidmet hat. Dem Lichtgott Ahura Mazda stand die Dämonengestalt Ahriman als Fürst der Finsternis entgegen. Diese permanente, unversöhnliche Zweiteilung der Welt in Gut und Böse sowie eine von Anfang an vorgeprägte Bestimmung der Menschen in Erwählte und Verworfene bilden den Kern dieser Lehre. Die Schriften der Avesta sind nur in Bruchstücken vorhanden.

Im Westen ist kaum bekannt, welche Fülle mythischer Vorstellungen, die wir als integralen Bestandteil des Judentums und der aus ihm abgeleiteten Lehren Christi und Mohammeds betrachten, auf die Visionen des frühzeitlichen Künders aus Baktrien zurückgeht. Während der babylonischen Gefangenschaft, als die Stämme Israels – vom Tyrannen Nebukadnezar an die Flüsse Mesopotamiens verschleppt – die dualistischen Vorstellungen der »Feueranbeter« entdeckten, verstärkte sich auch bei den Hebräern die Kunde vom ewigen Widerstreit zwischen Jahwe und Satan, zwischen Himmel und Hölle, kam bei ihnen die Vorstellung des Jüngsten Gerichts auf, das die Guten von den Bösen scheidet. Die Spuren des zoroastrischen Kults wirken bis in unsere politische Gegenwart hinein. Das gilt nicht nur für Persien, wo ich im Jahr 1974, zur Zeit der Pahlevi-Dynastie, eines der letzten authentischen Zentren der Zarathustra-Anhänger in der abgelegenen Stadt Yazd aufsuchte.

Etwa dreißigtausend Zarduschti leben heute noch in der Islamischen Republik Iran. Khomeini betrachtete diese verstreuten Sektierer gemäß einer kuriosen Koran-Auslegung als Monotheisten, als Angehörige der »Familie des Buches«. Schah Mohammed Reza war der arischen Urgemeinde mit besonderem Wohlwollen zugetan, suchte er doch eine Kontinuität zu den Gott-Königen der Achämeniden aufzuzeigen.

Erst unter den Sassaniden, also zwischen dem 3. und 7. Jahrhundert, sollten die »Magi«, die Priester der »Feueranbeter«, wie man sie fälschlich nennt, entscheidenden Einfluß auf den Staat gewinnen und ihm ihre unduldsame, hierarchische Sakralstruktur auferlegen. Die Magi waren sich ihrer ursprünglichen Verwandtschaft mit den hinduistischen Brahmanen wohl noch bewußt. Wenn sie schon den Persern und Mesopotamiern nicht das Kastensystem in letzter Konsequenz aufzwingen konnten, das auf dem indischen Subkontinent bis auf den heutigen Tag die Vorrangstellung der indogermanischen Erobererrasse verewigt, so pochten sie doch auf die strenge Trennung zwischen Klerus und Adel einerseits, den Bauern und den rechtlosen Parias andererseits.

Die dualistische Botschaft des Zarathustra, die geheimnisvoll überlieferten Thesen des Manichäismus haben in der europäischen Geistesgeschichte einen eminenten Platz eingenommen. Selbst die Pilgerväter der Mayflower, so meint Philippe, die als frühe Siedler an der nordamerikanischen Ostküste Fuß faßten, hätten – ohne sich dessen bewußt zu sein – die manichäische Grundauffassung der totalen Unvereinbarkeit von »good and evil«, von der Prädestination der Erwählten, in die Neue Welt verpflanzt. Nach ihrer Landung in Neu-England glaubten sie, »God's Own Country«, das ideale Terrain gefunden zu haben für die Verwirklichung ihrer strengen Doktrin.

Bei aller ethnischen und konfessionellen Durchmischung, die Nordamerika seit der Gründergeneration durchlaufen habe, fährt Philippe fort, bleibe diese Form eines vom manichäischen Erbe beeinflußten Reformationsglaubens das theologische und gesellschaftliche Fundament der heutigen USA. Dafür sei Präsident George W. Bush ein beredtes Beispiel, wenn er der »Achse des Bösen« den Krieg erklärt und der Weltgemeinschaft zuruft: »Wer nicht mit uns ist, ist gegen uns.« – »Bush hat seine religiöse Überhöhung zu einem globalen Hegemonialprojekt ausgeweitet«, behauptet Philippe. Die Ironie der Geschichte besteht möglicherweise darin, daß er sich mit dieser visionären Anmaßung ausgerechnet ins babylonische Zweistromland verirrt hat, wo der obskure Mani einst seine Lehre verkündete. »Retour aux sources – Rückkehr zu den Quellen«, so lautet die letzte spöttische Bemerkung des Archäologen.

Von den Kurden hängt alles ab
Bagdad, im Februar 2005

Hat niemand gemerkt, daß bei den Januarwahlen im Irak die Kurden nicht etwa die irakische Fahne hochhielten, sondern das rot-weiß-grüne Emblem ihres eigenen separatistischen Nationalismus? In den Hauptstädten Irakisch-Kurdistans, Arbil und Suleimaniyeh, wird über das Schicksal des Zweistromlandes geschachert wie auf dem Basar. Die beiden großen rivalisierenden Stammesbünde – »Demokratische Partei Kurdistans« unter dem traditionell und kriegerisch veranlagten Marsud Barzani und »Volksunion Kurdistans« unter dem sehr westlich anmutenden intriganten Anwalt Jalal Talabani – haben sich zwar oberflächlich versöhnt, bilden sogar eine gemeinsame Front. Aber in der Vergangenheit sind diese feindlichen Brüder so häufig und hinterhältig übereinander hergefallen, daß man ihren Treueschwüren kaum Glauben schenken mag.

Der Politiker, der mich in Bagdad empfängt, ist ein typischer Repräsentant der sich säkular und nationalistisch gebärdenden PUK. Kamal Muhai-ed-Din As'ad tritt ebenso lässig in europäischem Anzug mit Krawatte auf wie sein Chef Talabani, den ich drei Jahre zuvor in seiner nördlichen Befehlszentrale aufgesucht hatte. Schon zu jener Zeit genossen die irakischen Kurden eine De-facto-Unabhängigkeit. Ihre Partisanentruppe der Peschmerga – »Die den Tod nicht fürchten« – verwandelten sie gerade in eine Nationalarmee. Die Wirtschaftslage war nie günstiger gewesen zwischen Dohuk und Halabja. Der Schmuggel mit der Türkei und Iran brachte hohen Profit. Von einer Zugehörigkeit zur Arabischen Republik Irak war keine Spur mehr festzustellen. Alle Bilder Saddam Husseins waren verschwunden. Kein einziger bewaffneter Araber hätte sich in diese befreite Zone getraut.

Als Todfeinde des Tyrannen von Bagdad hatten sich die Kurden beider Fraktionen vom ersten Tag der US-Offensive an auf die Seite Amerikas geschlagen. Die Peschmerga kooperierten aufs engste mit den Invasionstruppen. Ihnen ist es angeblich auch gelungen, Saddam Hussein in seinem Versteck aufzuspüren, bevor für die Fernsehkameras die entwürdigende Gefangennahme des verwahrlosten, halb betäubten Mannes in seinem Erdloch inszeniert wurde. »We got him«, hatte Paul Bremer damals verkündet und wohl wirklich ein paar Tage lang geglaubt, die Inhaftierung dieses mörderischen Despoten würde den irakischen Widerstand zum Erliegen bringen.

Muhai-ed-Din As'ad, der wie so viele seiner Parteigenossen durch die Schule der marxistischen Dialektik gegangen ist, gibt sich zuversichtlicher, als es die reale Situation des Irak erlaubt. Indem die Kurden mit rund 36 Prozent der Stimmen Anspruch auf 75 Parlamentssitze erheben können, sind sie für jede Regierungsbildung unentbehrlich geworden, denn es bedarf einer Zweidrittelmehrheit der Abgeordneten, um die heiß umstrittenen Paragraphen der neuen Verfassung zu verabschieden. Im provisorischen Grundgesetz wurde ihnen ein bemerkenswertes Zugeständnis eingeräumt. Wenn nämlich drei irakische Provinzen sich mit Zustimmung von zwei Dritteln ihrer Bevölkerung zu einer »autonomen Region« zusammenschließen wollen, wird ihnen diese Möglichkeit gewährt. Der Selbständigkeit Kurdistans wurde also bereits Rechnung getragen. Doch damit gibt sich dieses streitbare Volk nicht zufrieden. Zunächst einmal soll das kurdische Idiom, das der indoeuropäischen Familie angehört und dem Persischen recht nahe ist, neben dem Arabischen als offizielle Amtssprache anerkannt werden. Eine Auflösung der separaten Milizen – in diesem Falle die Peschmerga – wird von den Zentralbehörden von Bagdad angestrebt, kommt für die Kurden jedoch nicht in Frage, ebensowenig wie die Stationierung von Regierungstruppen auf ihrem Gebiet.

Der wirkliche Streitpunkt ist das Schicksal der etwa 300 000 Einwohner zählenden Stadt Kirkuk, um deren Besitz bereits ein begrenzter Bürgerkrieg entbrannt ist. Kirkuk wird von den Schwärmern des kurdischen Nationalismus als ihr »Jerusalem«, als unverzichtbares Symbol ihrer staatlichen Existenz gepriesen. Dort gibt es immense Erdölvorkommen, die die Hälfte der gesamten irakischen Petroleumreserven ausmachen sollen. Zur Zeit des Osmanischen Reiches besaß Kirkuk wohl eine eindeutig kurdische Bevölkerung. Die sukzessiven arabischen Potentaten von Bagdad – insbesondere Saddam Hussein – haben dort jedoch eine systematische ethnische Umschichtung vorgenommen und die massive arabische Zuwanderung aus dem Süden begünstigt. Zahlreiche alteingesessene Kurdenfamilien wurden verjagt. Seit dem Eintreffen der US Army ist diese Entwicklung gestoppt, ja umgekehrt worden. Die Parteigänger Barzanis und Talabanis betreiben die konsequente Eliminierung der arabischen Neusiedler, unter denen sich viele Schiiten befinden.

Washington steht vor einem schwer lösbaren Puzzle. Verweigert man den Kurden die Stadt und die Ölfelder von Kirkuk, kann es zu einer gravierenden Verstimmung, zur Entfremdung mit diesem bislang einzig zuverlässigen Verbündeten im Irak kommen. Setzen sich jedoch die Separatisten durch, droht die Autonomie Kurdistans sich fast automatisch zur staatlichen Unabhängigkeit auszuwachsen. Die Ölförderung würde diesem Gebilde eine solide wirtschaftliche Grundlage verschaffen. Kein Wunder, daß im Generalstab von Ankara die Alarmzeichen aufleuchten. Das Entstehen eines quasi-souveränen Kurdistan im Nordirak, wo nur etwa vier Millionen Angehörige dieses Volkes leben, würde unweigerlich starke Anziehungskraft auf die Masse der kurdischen Bevölkerung Ostanatoliens und der großen türkischen Metropolen ausüben, die auf fünfzehn Millionen Menschen geschätzt wird. Nordirak könnte gewissermaßen jene Rolle ausüben, die Piemont bei der Schaffung der nationalen Einheit Italiens gespielt hatte. Schon wird im Umkreis von Diyarbakir und Van von Überfällen kurdischer Insurgenten oder PKK-Partisanen gemunkelt, die sich seit der Inhaftierung ihres Kommandeurs Öcalan unter dem Namen »Kongra-Gel« neu gruppiert haben.

Die Einverleibung Kirkuks in eine nordirakische Republik Kurdistan würde von der Türkei, vor allem von der Armeeführung Ankaras, nicht passiv hingenommen. Der militärische Einmarsch wäre vermutlich die Folge. Die unhaltbare Situation dieser unter vier Staaten aufgeteilten, stets um ihre Selbstbestimmung betrogenen kurdischen Nation könnte sich jäh radikalisieren. Die USA laufen dabei Gefahr, sich mit den Türken und mit den Kurden zugleich zu überwerfen, zusätzliche Feindschaft zu wecken, während die arabischen Staaten des gesamten Maschreq beim Vordringen der türkischen Divisionen in Richtung Süden an die Expansionsfeldzüge des Sultans Selim I., des Grausamen, und an vier Jahrhunderte osmanischen Jochs erinnert würden.

Mehr denn je belastet diese national-kurdische Sammlungstendenz, die in weit geringerem Maße auch den westlichen Grenzstreifen der Islamischen Republik Iran betrifft, den Versuch der türkischen Regierung Erdogan, als toleranter, multikulturelle Eigenarten respektierender Anwärter für den Beitritt zur Europäischen Union aufzutreten. Die deutschen Befürworter der türkischen Kandidatur in Brüssel sollten bedenken, daß mit einer solchen Ausweitung auf Anatolien der Kurdenkonflikt auch auf die türkischen Neubürger Deutschlands schonungslos übergreifen könnte. Um die Situation vollends zu komplizieren, hat mit Duldung der Regierung Scharon in Jerusalem eine begrenzte Rückwanderung ehemaliger jüdischer Iraker in die von Talabani kontrollierte kurdische Nordregion eingesetzt. Diese Heimkehrer aus Israel sollen beachtliche Ländereien erworben haben, was in Bagdad, aber auch in Ankara mit Argwohn registriert wird. Zu diesem Thema hütet sich der PUK-Funktionär Muhai-ed-Din As'ad wohlweislich, irgendeine Stellung zu beziehen.

»Nach Kerbela, so Gott will!«
Kerbela, im März 2005

Am Abend vor dem vereinbarten Aufbruch von Bagdad nach Süden haben sich fünf kräftige Leibwächter in Zivil beim Empfang des »Rimal« eingefunden. Mit ihren Stoppelbärten fallen sie nicht weiter auf. Der Älteste von ihnen, ein kahlköpfiger, würdiger Mann von etwa fünfzig Jahren, der sich Reza nennt, ist ihr Anführer. Er teilt uns mit, daß die Abfahrt am folgenden Morgen schon um sieben Uhr stattfinden solle und daß uns drei unauffällige Autos zur Verfügung stünden. Die technischen und finanziellen Absprachen nimmt unsere Producerin Cornelia Laqua gemeinsam mit Basim vor, der uns begleiten wird. Ich hatte Cornelia mehrfach vor den Gefahren gewarnt, die uns erwarteten, aber sie verfügt über einen ungewöhnlichen Mut und hat inzwischen eine solide Kenntnis dieser nicht gerade frauenfreundlichen Länder erworben. Um nicht gleich als Europäerin erkannt zu werden, wird sie sich in die unförmige schwarze Abaya hüllen, die nur das Gesicht frei läßt. Ich begnüge mich mit einer bescheidenen Tarnung.

In Amman hatte ich eine landesübliche häßliche Wetterjacke für fünfzehn Dollar erworben. Ich werde eine Sonnenbrille aufsetzen, aber auf das rot-weiße Kopftuch, die Keffieh, verzichten. Einen Bartansatz habe ich nicht wachsen lassen, obwohl die glatte Rasur inzwischen als sicheres Erkennungszeichen eines Ungläubigen gilt. In den vergangenen Tagen sind in Bagdad drei Friseure von religiösen Fanatikern erschossen worden, weil sie den Wünschen ihrer Kunden nach einem westlichen Haarschnitt nachkamen.

Von den Einheimischen, die dem religiösen Wahn, den Clan- und Sektenrivalitäten, vor allem aber einer ausufernden Kriminalität fast hilflos ausgeliefert sind, wird wenig berichtet. Dabei haben seit Ausbruch der Unruhen Tausende von Entführungen irakischer Knaben und Mädchen stattgefunden. Meist stammen die Unglücklichen aus mehr oder minder begüterten Familien. Wenn die prompte Zahlung des Lösegeldes ausbleibt, kann es passieren, daß den entsetzten Eltern ein abgeschnittener Finger als Mahnung zugeschickt wird. Auf den Schulbesuch wirkt sich diese unheimliche Gefährdung extrem negativ aus.

Ich hätte unseren Start lieber auf den späten Vormittag verlegt. Die Erfahrung zahlreicher Partisanenkriege hat mich gelehrt, daß die im Schutz der Nacht gelegten Sprengsätze und Minen schon am frühen Morgen beim Passieren der ersten Konvois hochgehen. Aber Reza ist anderer Ansicht. Unser bester Schutz sei die Unauffälligkeit, und die sei am ehesten im dichten Verkehrsstrom der morgendlichen Rushhour gewährt. Gefährlich seien vor allem die Kontrollen durch dubiose Sicherheitsorgane, die unsere Präsenz irgendwelchen Komplizen signalisieren könnten. Weder auf die Nationalgarde, die irakische Armee noch auf die Polizei sei Verlaß. Ich beuge mich diesem Argument. Der Hotelverwaltung gebe ich lediglich an, daß wir auschecken, weil auf dem Botschaftsgelände Raum für uns frei geworden sei.

Um sieben Uhr früh – unsere Badr-Brigadisten sind von vorbildlicher Pünktlichkeit – winken uns die Wachposten des Rimal ohne Umstände durch. Wir steuern auf die südliche Ausfallstraße zu, wo die dichte Kolonne von Fahrzeugen unserer kleinen Karawane Anonymität verschafft. Die wirkliche Gefahrenzone wird am Rande des sunnitischen Gürtels erreicht, der die Hauptstadt im Süden umklammert. Unlängst sind dort acht einheimische Geiseln verschwunden. Es ist nicht meine erste Reise nach Kerbela und Nedjef. Die Ortschaften auf beiden Seiten der Autobahn, die Saddam Hussein noch so großzügig ausbauen ließ, bieten einen erbärmlichen Anblick. Hier fehlt es an Wasser und Elektrizität. Vor den Tankstellen stauen sich kilometerlange Blechschlangen. Es gehört schon ein großes Maß an Inkompetenz dazu, daß in diesem von Erdöl strotzenden Land die Autofahrer ganze Nächte warten müssen, um an Benzin zu kommen. Selbst in der härtesten Sanktionszeit gegen das Saddam-Regime hatte es einen solchen Mangel nicht gegeben. Die Städte Mahmudiya und Iskandariya sind als Hochburgen sunnitischen Widerstandes berüchtigt. Wenn wir diese beiden trostlosen Anhäufungen häßlicher Betonkästen und Wellblechhütten passiert haben, dürfen wir uns halbwegs in Sicherheit wiegen. Die Entfernung bis Kerbela beträgt insgesamt nur hundert Kilometer. Aufgrund der chaotischen Zersiedlung dieses fruchtbaren Flaschenhalses zwischen Euphrat und Tigris, wo nur ein paar Palmenhaine das Auge trösten, sind die Stadtgrenzen gar nicht zu erkennen. Unser Auto ist bequemer, als ich erwartet hatte. Die Nacht war kurz, und ich verfalle in tiefen Schlaf. Ängstliche Wachsamkeit würde uns ja auch nicht im geringsten hilfreich sein.

Als ich aufwache, rollen wir bereits über die breite Zentralallee der heiligen Pilgerstadt Kerbela. Wir sind geblendet von der goldenen Pracht der Kuppel, unter der der Märtyrer-Imam Hussein hinter massiven Silbergittern, unter einem Gewölbe aus spiegelnden Kristallkaskaden bestattet ist. Das Geschäftsleben in Kerbela verläuft normal. Cornelia unterscheidet sich kaum von den schwarzen Gespenstern, die sich sittsam im Umkreis des Heiligtums bewegen. Das Sicherheitsaufgebot ist gering, und die Atmosphäre wirkt entspannt. In einem arabischen Hotel trinken wir Tee, während Reza und Basim in einem nahen Gebäudekomplex, der die »Hawza«, die höchste theologische Einrichtung, beherbergt, unsere Ankunft melden. Der Innenhof dieser Lehrstätte des Glaubens hat trotz der häßlichen grauen Betonwände und der konventionellen Abbildungen irgendwelcher Heiligtümer etwas Klösterliches. Wir haben die Schuhe ausgezogen und warten in einem kargen Amtszimmer auf unseren Gesprächspartner, der seine kurze Verspätung durch einen jungen, nervösen Kleriker mit dem Hinweis entschuldigt, er müsse sein Gebet beenden.

Großayatollah Mohamed Taqi el-Mudarissi ist neben Khomeini, dessen strenge Erscheinung selbst bei seinen engsten Gefährten eine Art lähmenden Schrecken verbreitete und dessen Charisma die Massen in Trance versetzte, zweifellos die eindrucksvollste Erscheinung der schiitischen Hierarchie, die mir je begegnete. Der mächtig gewachsene Mann mit dem graumelierten Bart, dem schwarzen Turban und einem prächtigen grünen Schal über dem schwarzen Gewand entfaltet eine gewinnende Jovialität und begrüßt mich mit freundlichem Lächeln. Sein Auftritt entspricht in keiner Weise der an Zerknirschung grenzenden Ernsthaftigkeit, die bei der schiitischen Geistlichkeit ansonsten anzutreffen ist. Neben diesem hohen »Mujtahid« erscheint der unergründliche Ayatollah Sistani sauertöpfisch und depressiv.

Mudarissi, der zu den engsten Ratgebern Sistanis zählen soll, besitzt einen theologischen Rang, der sich mit dem des Ayatollah el-Udhma von Nedjef durchaus vergleichen lasse, hat mir der stets gut informierte Basim erklärt. Er könne in seiner selbständigen Hawza von Kerbela ebenfalls den Titel eines »Marja'-el-Taqlid« beanspruchen und würde beim Ableben Sistanis wohl dessen Nachfolge antreten.

Dieser »Prälat«, der in Kerbela geboren ist, verfügt zudem über den Vorteil, daß er Araber und nicht Perser ist. Vor den Schergen Saddam Husseins war er seinerzeit in den Iran entwichen. »Wir sind uns doch schon begegnet«, strahlt Mudarissi mich an. Ich kann mich beim besten Willen nicht daran erinnern, aber er besteht darauf, daß sich unsere Wege in Damaskus gekreuzt hätten. Bei aller Aufgeräumtheit ist das Gespräch ernst. »Der Irak gleicht einem Patienten, der am offenen Herzen operiert wird«, beschreibt er die Situation. Eine befriedigende politische Lösung könne nur in einer Absprache zwischen der schiitischen »Allianz« und den kurdischen Nationalisten gefunden werden. Diese beiden Bevölkerungsgruppen hätten unter Saddam ja auch am grausamsten gelitten. Seine politischen Auffassungen unterscheiden sich nicht wesentlich von denen des SCIRI-Führers Abdul-Aziz el-Hakim, der ihm als Kleriker untergeordnet ist.

Die in Iran praktizierte Form des Gottesstaates komme für Bagdad nicht in Frage, versichert auch Mudarissi. Die schiitischen Perser und Araber seien zwar durch den Glauben verbunden, aber der Ursprung ihrer Rechtgläubigkeit befinde sich nun einmal im arabischen Mesopotamien. Die kurze Okkupation des Zweistromlandes durch die persische Dynastie der Safawiden im 16. Jahrhundert sei auf Grund der Lasterhaftigkeit, die in Isfahan am Hof Schah Abbas' des Großen herrschte, in übler Erinnerung geblieben. Wie er denn reagieren würde, falls die amerikanischen Besatzungsbehörden, die einer schiitischen Machtausübung mit bösen Ahnungen entgegensehen, doch noch versuchen sollten, das Heft zu wenden, frage ich provozierend. Bei der CIA besteht angeblich die Absicht, durch Spaltung, Bestechung und Gewalt einen gefügigen Satrapen, eine Art »Saddam light« in Bagdad zu installieren. Der Statthalter Amerikas, Paul Bremer, habe ein solches Manöver durch die Berufung des Interim-Regierungschefs Allawi ja bereits unternommen und sei damit gescheitert, lautet die Antwort. In Kerbela, wo das Blut der Heiligen floß, ist man sich dennoch bewußt, daß die »Fitna«, die schismatische Entzweiung der Gläubigen, von Anfang an das Grundübel des Islam war. Helle Wachsamkeit bleibe auch weiterhin geboten. »Wir könnten auch in anderer Form auf die fremde Okkupation reagieren«, deutet Mudarissi an.

Er hat zum Abschied eine schriftliche Empfehlung ausgestellt, die uns in der Moschee des Imam Hussein sämtliche Tore öffnet. Die Gläubigen im Vorhof dieses Mausoleums nehmen unsere Präsenz kaum zur Kenntnis. Selbst die Frauen – was völlig ungewöhnlich ist – lassen sich beim Gebet filmen. Wie überall werden die Särge der jüngst Verstorbenen von trauernden Angehörigen um das Heiligtum getragen, ehe sie in der geweihten Erde des benachbarten Friedhofs bestattet werden.

Die Todessehnsucht war stets unverzichtbares Element der schiitischen Lehre.

Plötzlich werden wir durch das Dröhnen von Pauken und schrille Trauerlitaneien in eine Stimmung tragischer Mystik versetzt, die einem anderen Zeitalter anzugehören scheint. Durch das goldene Portal bewegt sich der Pilgerzug schwarzgekleideter Büßer. Sie schwenken schwarze und grüne Fahnen. Ein riesiges blutrotes Banner entfaltet sich wie ein Aufruf zum Martyrium. Das höchste Trauerfest des Prophetenenkels Hussein, »Aschura« genannt, ist bereits ein paar Tage zuvor begangen worden, aber das Wehklagen will kein Ende nehmen, setzt sich vierzig Tage lang während des »arba'in« zu Ehren der übrigen ermordeten Imame der Schia fort. Die Büßer schlagen sich mit schweren Eisenketten den Rücken wund. Neuerdings hat sich die Hawza gegen die bluttriefenden Exzesse frommer Kasteiung ausgesprochen. Die Kettenfolter bleibt schmerzlich und befremdlich genug, zumal eine Anzahl von Kindern sich mit großem Eifer daran beteiligt. Der unheimliche Klang der Trommeln und das Wehgeschrei der Flagellanten wecken bei mir plötzlich Erinnerungen an jene heroische Gegenoffensive der iranischen Revolutionswächter und Bassidji im Sommer 1980. Bei ihrem verzweifelten Ansturm gegen die Republikaner-Garde Saddam Husseins hatten sie gehofft, den Durchbruch in Richtung Kerbela und zum Grab des Märtyrers Hussein zu erzwingen. »Kerbela in scha' Allah«, riefen sich die Krieger der islamischen Revolution begeistert zu, wenn sie sich am Rand der Majnun-Sümpfe begegneten. »Nach Kerbela, so Gott will«, so lautete ihr sehnlichster Wunsch. Doch Allah hat sie nicht erhört. Zu Hunderttausenden sind sie im Artilleriefeuer verblutet oder in den Giftschwaden der irakischen Verteidiger erstickt.

Nezar macht ein paar Außenaufnahmen von der Hussein-Moschee, da werde ich von drei jungen »Tullab«, Theologiestudenten, angesprochen. Sie tragen noch nicht das geistliche Gewand. In einer geräumigen Bibliothek überreichen sie mir ein paar Broschüren in Englisch und Arabisch über die Geschichte und die Bedeutung ihrer Konfession. Der Wortführer erklärt, daß hier eine Art Informationsbüro entstehe, denn über Wesen und Ziele der Schia sei die Außenwelt unzureichend unterrichtet. Großayatollah Mudarissi hat sie offenbar zur Kontaktnahme mit mir ermutigt.

Unser Gespräch beginnt stockend und befangen. Schon an den einfallslosen Veröffentlichungen, in denen ich blättere, merke ich, daß diese jungen Leute eingesponnen bleiben in der schiitischen Mystik und den Realitäten der Tagespolitik unsicher und ziemlich hilflos gegenüberstehen. Trotz aller Bemühung einer Anpassung an die Moderne scheinen sie gar nicht fähig zu sein, eine Trennlinie zwischen »din wa dawla«, zwischen »Staat und Religion« zu ziehen. Automatisch fällt ja auch jede politische Kundgebung der Schia in das konfessionell geprägte Trauerritual zurück. Im Gegensatz zum benachbarten Iran, wo die aus Aserbaidschan stammende türkische Dynastie der Safawiden der »Schiat Ali« im sechzehnten Jahrhundert den Status einer dominanten Staatsreligion verlieh, haben die Mullahs des Irak stets in passiver Abgeschiedenheit gelebt. Sie haben ihre Katakomben nie ganz verlassen. Unvorbereitet werden sie durch den Sturz Saddam Husseins in eine staatliche Führungsposition projiziert.

Natürlich zeige ich den Tullab meinen Talisman, die Fotografie, die mich an der Seite des Ayatollah Khomeini zeigt. Dieser Künder der islamischen Revolution, der laut Artikel V seiner Verfassung im Auftrag des Verborgenen Imam el-Mehdi die Regierungsgeschäfte ausübte und den Willen Gottes interpretierte, gibt ihnen manches Rätsel auf. Die Tatsache, daß ich dieser legendären und streitbaren Figur so nahe gekommen bin, verwirrt die jungen Kleriker, schafft aber auch Vertrauen. Das Dilemma der schiitischen Eiferer des Irak besteht doch darin, daß sie sich auf einen westlich inspirierten Demokratieprozeß eingelassen haben, der mit ihren überlieferten Vorstellungen gar nicht übereinstimmt. Wird ihnen – unter lockendem Zuspruch des Westens – nicht eine Falle gestellt, aus der sie sich am Ende nur durch gewaltsame Auflehnung, durch den Jihad oder einen neuen Opfergang befreien können? Ausführlich befragen sie mich nach meinen Kenntnissen der schiitischen Lehre. Es fällt diesen Frömmlern offenbar schwer, sich vorzustellen, daß ein »Ungläubiger«, der sich mit der Offenbarung des Propheten Mohammed und des Imam Ali intensiv beschäftigt hat, sich nicht begeistert zum Islam bekehrt, sondern an den Dogmen der Dreifaltigkeit, das heißt eines »dreimal gespaltenen« Gottes, festhält.

Die Beurteilung der Nachbarstaaten des Irak ist bei meinen bisherigen Gesprächen stets vorsichtig und zurückhaltend ausgefallen. Aber die Theologiestudenten von Kerbela sind zutiefst überzeugt, daß ein weltweites Komplott, eine Verschwörung, eine »mu'amara« gegen die islamische Umma geschmiedet wird. Sie erwähnen das Attentat, das in Beirut dem ehemaligen Ministerpräsidenten Rafiq Hariri zum Verhängnis wurde. Wer konnte denn ein Interesse an der spektakulären Ausschaltung dieses reichen und einflußreichen Libanesen haben? Der syrische Staatschef Bashar el-Assad mußte doch wissen, daß der Verdacht sofort auf ihn gerichtet würde und daß der Tod Hariris ein probates Mittel wäre, das Regime von Damaskus zu diskreditieren. So richtet sich der Argwohn der arabischen Öffentlichkeit beinahe zwangsläufig auf amerikanische oder zionistische Geheimdienste, die im Libanon wie in so manchen anderen Ländern ihre umstürzlerischen Absichten hinter den humanitären Forderungen obskurer »Nicht-Regierungs-Organisationen« tarnen. Selbst gewisse technisch ausgeklügelte Bombenanschläge, die zwischen Mossul und Basra stattfinden, werden auf eine solche Urheberschaft zurückgeführt. Düstere Kräfte würden das Ziel verfolgen, die islamische Welt in Chaos und Selbstzerfleischung zu stürzen. Man muß diese weitverbreiteten Verdächtigungen kennen, um die psychologische Situation vor Ort richtig einzuschätzen.

Da mir der Libanon sehr vertraut ist, versuche ich, meinen Zuhörern zumindest ein summarisches Bild von den dortigen Verhältnissen zu vermitteln. Als Folge der oppositionellen Massenkundgebungen, die Beirut neuerdings wie Fieberwellen schütteln, mag zwar die Zedernrepublik ihre prekäre Souveränität zurückgewinnen. Der längst überfällige Abzug der syrischen Truppenkontingente und Geheimdienste findet ja tatsächlich statt. Nur sollten die christlichen Maroniten, denen ich mich eng verbunden fühle, nicht vergessen, daß sie im Jahre 1976 ihr Überleben der militärischen Intervention der Syrer verdankten, als enthemmte palästinensische Freischärler, sunnitische Kampfbünde und linkslastige panarabische Nationalisten mit weit überlegenen Kräften der christlichen Vorrangposition ein Ende bereiten wollten. Mit ihren

Demonstrationen am Platz der Märtyrer von Beirut haben jetzt die prowestlichen Fraktionen – überwiegend Christen, Drusen und ein Teil der Sunniten – die Unhaltbarkeit des konfessionellen Taifa-Systems bloßgelegt, das längst nicht mehr den realen Kräfteverhältnissen entspricht. Zwischen Südbeirut und der Nordgrenze Israels wurde nämlich die Glaubensgemeinschaft der Schiiten, die bei der Staatsgründung sträflich vernachlässigt worden war und die inzwischen knapp die Hälfte der gesamten Bevölkerung ausmacht, auf den Plan gerufen. Mit der mächtigen Hizbullah-Organisation gibt sich die Schiat Ali im Libanon als stärkste »Taifa« zu erkennen. Diese im Kampf gegen Israel bewährte Formation, deren Einfluß sich auf ein vorbildliches Sozialsystem stützt, gewinnt unweigerlich an Gewicht.

Die Frage stellt sich natürlich, ob der endlose Bürgerkrieg, der zwischen 1975 und 1991 den Libanon verwüstete, sich an Euphrat und Tigris wiederholen könnte. Die konfessionellen und ethnischen Gruppen bilden dort ein vergleichbares Patchwork. Eines kann ich meinen Zuhörern von Kerbela versichern: Die Repräsentanten der libanesischen Hizbullah unter Führung des resoluten Scheikh Nasrallah kennen keine quälenden Seelenzustände in der Beurteilung des Ayatollah Khomeini. Im Gegensatz zur Hawza von Nedjef ist die »Partei Gottes« im Libanon bedingungslos – weit mehr als die inzwischen von ihrer Islamischen Republik ernüchterten Iraner – auf das Vorbild dieses »Faqih« eingeschworen und verharrt in vertrauensvollem Kontakt zu den »Hardlinern« der iranischen Mullahkratie.

Alpträume am Euphrat
Nedjef, im März 2005

Mit Einbruch der Dämmerung hat der Verkehr nachgelassen. Zwischen Kerbela und Nedjef – eine Entfernung von achtzig Kilometern – ist jede amerikanische Präsenz verschwunden. Hingegen mehren sich die irakischen Kontrollposten. Die blau uniformierten Polizisten zögern nicht, die Sargdeckel aufzubrechen, um zu überprüfen, ob unter den Leichen, die in der Nähe des Imam Ali ihre letzte Ruhe finden sollen, Waffen versteckt sind. Eigentlich sollten wir jetzt den kritischen Teil unserer Reise hinter uns haben, aber instinktiv spüre ich, daß Gefahr lauert. Trotz der Anstrengungen des Tages ist die Schläfrigkeit verflogen.

Auf halber Strecke wird unser kleiner Konvoi zwischen den beiden heiligen Stätten aufgehalten. Trotz der Uniform weiß man nie, mit wem man es an diesen Checkpoints zu tun hat. Die Autos werden durchsucht, aber die Papiere unserer Gefährten sind absolut korrekt. Die Ordnungshüter interessieren sich auffällig für die ausländischen, die deutschen Pässe. Reza und Basim werden in eine Holzbaracke gerufen, wo ein Major die Daten umständlich und mißmutig überprüft. Dann nimmt er sein Mobiltelefon, um die Personenangaben und Paßnummern an eine unbekannte Kommandostelle weiterzugeben. Einen Moment sieht es so aus, als würden wir zumindest für die kommende Nacht festgehalten. Aber Reza redet sehr eindringlich auf den Polizeimajor ein, und wir werden grußlos zur Weiterfahrt aufgefordert.

Basim berät sich kurz mit unseren Leibwächtern. Nervosität hat sich eingestellt. Um Nedjef zu erreichen, werden wir von nun an nicht mehr die breite Autobahn benutzen, sondern uns auf Nebenstraßen der Grabstätte Alis nähern. Man solle diesen neu angeworbenen Polizisten nicht trauen, hat Reza gewarnt. Wer könne schon garantieren, daß der Major nicht mit irgendeiner Entführerbande unter einer Decke steckt und daß wir ein paar Kilometer weiter nicht durch schwerbewaffnete Irreguläre aufgehalten und als Geiseln verschleppt werden?

Es ist stockdunkel, als wir im Zentrum von Nedjef das verwüstete Denkmal erreichen, das zu Ehren des schiitischen Aufstandes von 1920 gegen die Engländer mit Säulen und Gedenktafeln geschmückt ist. Trotz der späten Stunde bewegen sich viele Menschen in den Gassen. Die Stimmung einer Revolte breitet sich aus, denn jetzt fahren mit unaufhörlichem Hupen zahlreiche Milizionäre heran. Sie haben Maschinengewehre und Bazookas auf ihren Pick-ups montiert, feuern mit Kalaschnikows in die Luft und schreien sich die Kehlen heiser.

Auch Basim weiß nicht, was hier wirklich vor sich geht. Wir halten schließlich vor einem recht ansehnlichen Hotelbau. Sämtliche Lichter sind dort erloschen. Gäste oder Personal gibt es nicht. Trotzdem komplimentiert uns der Hotelier in die Lobby und zeigt Reza und seinen Geführten die Zimmer, die er uns anzubieten hat. Die Männer der Badr-Brigade kommen schnell zu dem Schluß, daß sie unsere Sicherheit in diesem Gästehaus nicht garantieren können, hegen sogar den Verdacht, der Gastwirt werde zu später Stunde einen Deal mit irgendeiner kriminellen Gang aushandeln, um für die »Almani« einen möglichst günstigen Preis zu erzielen.

Reza faßt den Entschluß, das örtliche Hauptquartier der schiitischen SCIRI-Bewegung anzusteuern. Das Parteibüro verschwindet hinter Sandsäcken und Betonschikanen. Die Wachposten durchsuchen uns gründlich, ehe sie uns einlassen. Bevor Reza und Ismail – letzterer ist wohl für meinen persönlichen Schutz abgestellt und weicht keinen Zentimeter von meiner Seite – ein neues Quartier ausmachen, laden sie uns zum Gespräch mit einem besonders geschätzten jungen Geistlichen. Es handelt sich um den Sprecher der »Marja'iya«, Sohn eines Ayatollah, der ein paar hundert Meter entfernt in einem unscheinbaren einstöckigen Haus lebt. Dieser bescheidene, etwas schüchtern auftretende Hodschat-ul-Islam bleibt mir als eine Art schiitischer Franziskanermönch in Erinnerung. Es könnte auch ein sanfter jüdischer Rabbi sein, dessen fromme Gelehrsamkeit sich weit über alle weltlichen Zerstreuungen erhebt. Ein politisches Programm will er gar nicht definieren. Die wahre Frömmigkeit der Schiiten sei an ihrer innigen Trauer um die ermordeten Imame, am Wehklagen um die authentischen Statthalter des Propheten zu erkennen, hatte Ruhollah Khomeini einst gepredigt. Unser nächtlicher Gesprächspartner in Nedjef, der sich mit großer Höflichkeit um uns bemüht, steht vielleicht jenen jüdischen Orthodoxen nahe, die – in ihre endzeitliche Mystik versponnen – den Staat Israel nicht anerkennen und keinen Wehrdienst leisten wollen, weil die wahre Verheißung für das auserwählte Volk sich erst mit der Ankunft des Messias erfüllen wird. Ebensowenig kann sich wohl der Hodschat-ul-Islam eine triumphale schiitische Staatsgründung vorstellen, ehe der erhabene Imam el-Mehdi-el-Muntazir glorreich aus seiner Verborgenheit hervortritt.

Am Ende haben wir doch noch eine halbwegs zuverlässige Herberge gefunden. Die Matratze des Betts ist durch ein Brett mit Wolldecke ersetzt. Laken sind auch nicht vorhanden. Ismail hat mir versichert, er werde vor meinem Zimmer auf dem Boden des Korridors kampieren. Gegen drei Uhr morgens werden wir durch plötzlichen Tumult aus dem Schlaf gerissen. Der sunnitische Kameramann Nezar, der ohnehin nicht zum Heldentum neigt, wird von Alpträumen geschüttelt und stößt gellende Angstschreie aus. Unsere Schutzengel stürzen sofort an sein Bett, und so stellen sich doch noch Gelächter und Entspannung ein.

Elend und »Schwarzes Gold«
Basra, im März 2005

Von der Hafenstadt Basra im äußersten Süden Mesopotamiens trennen uns fast vierhundert Kilometer. Wir lassen die Stadt Nasariyah, die wegen zunehmender Bandenkriminalität berüchtigt ist, links liegen und folgen der Asphaltbahn, die sich bereits in die Wüste hineindrängt. Diese Einöde, die sich ohne Unterbrechung bis zum südostarabischen »rub'-el-khali«, zum »leeren Viertel« dehnt, ist trostlos grau und schwarz gefleckt.

Ziegenherden und ein paar Kamele tauchen auf. Die niedrigen Zelte der Beduinen sind zerzaust. Eine verlassene Eisenbahnspur begleitet unsere Straße. Je mehr wir nach Süden vordringen, desto zahlreicher werden die ausgebrannten Wracks irakischer Lastwagen und Schützenpanzer. Auf dem letzten Parcours schlagen die Flammen von abgefackeltem Petroleum zum blaßblauen Himmel hoch.

Wir begegnen endlosen Kolonnen dickbäuchiger Tankwagen. Sie kommen aus Kuweit und transportieren das im Irak geförderte Rohöl, das in Kuweit raffiniert werden muß, wieder ins Ausgangsland zurück. Weder die Pipelines funktionieren noch eine ausreichende Benzinaufbereitung. Da war nach dem ersten Golfkrieg von 1991, den der Vater des heutigen US-Präsidenten geführt und der sämtliche Energieanlagen des Irak vernichtet hatte, der Wiederaufbau unter dem tyrannischen Druck Saddam Husseins trotz völlig unzureichender Mittel unendlich zügiger vorangekommen. Die Transporte, die auf uns zurollen, sind spärlich durch ein paar amerikanische Humvees oder Bradley-Troop-Carriers eskortiert. Jedes Mal, wenn ein solcher Monsterkonvoi am Horizont erscheint, halten wir in gebührendem Abstand auf einem Wüstenfleck. Die übrigen einheimischen Autos verhalten sich ähnlich.

Am frühen Nachmittag erreichen wir die Zwei-Millionen-Stadt Basra. Seit meinem letzten Besuch vor vierzehn Monaten ist sie noch mehr heruntergekommen, wenn das überhaupt vorstellbar ist. Das enge Gassengewirr schiebt sich wie ein geschlossener Block an den Wüstenrand. Schon türmen sich Müllhaufen und Abfallhalden, dazwischen klettern verzweifelt nach Nahrung suchende Ziegen. Das Baath-Regime hatte diese überwiegend schiitische Metropole systematisch vernachlässigt und verkommen lassen. Man kann sich kaum ausmalen, daß dieser Hafen einst ein Prunkstück des Orients war, ein Ort luxuriöser Entspannung und ausschweifender Laster. Hier tritt keine Frau ohne schwarze Abaya auf die Straße. Über den stinkenden Kanälen sind die gewaltigen Propagandaflächen, die früher der Verherrlichung Saddam Husseins in den unterschiedlichsten Posen dienten, samt und sonders mit Darstellungen würdiger, bärtiger Ayatollahs überpinselt oder überklebt. Sehr schnell lassen sich die politischen Präferenzen der Bevölkerung feststellen. Ali es-Sistani steht in Basra wohl nicht sonderlich hoch im Kurs. Hingegen ist der weiße Vollbart des Großayatollah Mohammed Sadiq es-Sadr fast omnipräsent, was auch auf gewisse Sympathien für seinen kämpferischen Sohn Muqtada es-Sadr schließen läßt.

Das Hotel »El'Uyun« – auf Deutsch »Die Augen« –, das uns in der Nähe des Schatt el-Arab aufnimmt, ist komfortabler als erwartet. Die Rezeption wird von einer etwa vierzigjährigen Christin geführt, die innerhalb ihrer Mauern kein Kopftuch trägt und der Zeit nachtrauert, als sie für deutsche und österreichische Baufirmen arbeiten konnte. Auf die ehemaligen Funktionäre und Peiniger der Baath-Partei Saddam Husseins hat eine regelrechte Hetzjagd eingesetzt. Eine Fatwa des Großayatollah Sistani, man solle die Prominenten des früheren Regimes so lange verschonen, bis sie von einem ordentlichen Gericht abgeurteilt seien, ist nur sehr partiell befolgt worden.

Eine Enttäuschung bereitet uns die britische Armee. Ihre Offiziere waren vor Jahresfrist noch aufgeschlossen und mitteilsam. Jetzt hat sich in der von ihnen okkupierten Südregion des Irak eine ähnliche Abschottung gegen Journalisten eingestellt wie bei den amerikanischen Stäben von Bagdad. Das mag daran liegen, daß die Londoner Sensationspresse einige Fälle von Ausschreitungen britischer Soldaten gegen irakische Gefangene oder Plünderer in großer Aufmachung publizierte. Ein Skandalblatt war so weit gegangen, gefälschte Fotos als Beweis für die angeblichen Torturen zu fabrizieren. So entzieht die Presseberichterstattung sich selbst den Boden.

Am späten Abend hat Basim eine lohnende Begegnung zustande gebracht. Der Führer der schiitisch orientierten Fadila- oder Tugendpartei, Jaber el-Khalifa, hat den ganzen Tag in angespannten Verhandlungen verbracht. Aber noch zu nächtlicher Stunde ist er begierig, mit einem ausländischen Besucher zu sprechen. Die Fadila-Partei, so hatte ich erfahren, lehnt sich zwar an die große »United Alliance« an, verfügt jedoch im Raum Basra über erhebliche Autonomie und hat sich mit fast dreißig Prozent der Stimmen als stärkste Fraktion erwiesen. So kann Jaber el-Khalifa als Gouverneur und Bürgermeister auftreten. Der Parteiführer ist ein ungewöhnlicher Mann. Er trägt einen europäischen Anzug, natürlich ohne Schlips, der ist in dieser Umgebung als Symbol westlicher Dekadenz verpönt. Als Diplomingenieur ist er es gewohnt, mit Fremden umzugehen. Entgegen den orientalischen Bräuchen kommt Khalifa, der wie ein westlicher Intellektueller argumentiert, sofort zur Sache. Er bestätigt, daß der Interim-Regierungschef Ayad Allawi in Basra zutiefst unbeliebt ist. Die Plakate mit seinem Bild seien überall abgekratzt worden. Er holt zu einer Analyse der irakischen Situation aus, die nicht neu, aber sehr klar definiert ist.

Die Besatzungsbehörden hätten unmittelbar nach der Eroberung Bagdads vor zwei Alternativen gestanden. Sie hätten unter Beibehaltung der irakischen Armee und der am wenigsten kompromittierten Kader der Baath-Verwaltung eine gewisse Stabilität erhalten und das bisherige Regierungssystem in gemilderter Form unter Führung eines angesehenen sunnitischen Generals recht und schlecht weiterführen können. Das war wohl die Vorstellung des amerikanischen Generals Jay Garner, der bei aller Simplizität seiner Erscheinung relativ geschickt manövrierte. Aber Garners Stil hatte den Unwillen des Unterstaatssekretärs Paul Wolfowitz erregt. Der General wurde nach kurzer Frist durch den Berufsdiplomaten Paul Bremer ersetzt. Der löste die Armee und die verbliebene Administration auf, fügte sich den gebieterischen Ansprüchen der mächtigen US-Konzerne – an ihrer Spitze Halliburton und Bechtel – und versuchte, einer hörigen Mannschaft irakischer Emigranten – etwa dem Wolfowitz-Liebling Ahmed Chalabi, dann Ayad Allawi – die Führung eines amerikanischen Satellitenstaates zuzuspielen.

»Der Versuch ist fehlgeschlagen«, stellt Khalifa fest. Die ohne Sold entlassenen Soldaten, die ihre Infanteriewaffen jedoch behielten, bildeten von Anfang an ein unerschöpfliches Reservoir für den Aufstand im »Sunnitischen Dreieck«. Die Zivilverwaltung war total zusammengebrochen. »In dieser Situation«, fährt der Gouverneur fort, »erkannte der kluge Taktierer Sistani seine Chance und trug seine Forderung nach demokratischen Wahlen vor. Damit setzte er sich durch, denn eine Massenrevolte der Schiiten – wo die US Army mit der Minderheit der Sunniten schon nicht zurechtkam – hätte sich zum militärischen Debakel ausweiten können. Die schiitische Geistlichkeit«, kommentiert Khalifa, der sich in Europa gut auszukennen scheint, »hat den ›langen Marsch durch die Institutionen‹ angetreten, wie man in Deutschland wohl sagt.«

Die Fadila-Partei hat sich zum Anwalt der Interessen des Südens gemacht. Mit Wut und Erbitterung hatten die dort lebenden Schiiten sich damit abfinden müssen, daß ihr enormer Erdölreichtum, der sich in den Rumeila-Feldern und den Majnun-Sümpfen demnächst noch verdoppeln könnte, ausschließlich von der Zentralregierung in Bagdad aufgesogen wurde und sie selbst davon überhaupt nicht profitierten. »Was die Kurden können«, meint Khalifa, »können wir zur Not auch. Die Petroleumquellen von Kirkuk sollen überwiegend dem wirtschaftlichen Wohl Irakisch-Kurdistans zugute kommen. Ähnlich sollten wir auch in der Umgebung des Schatt el-Arab verfahren.«

Ob wir ohne Gefährdung in unser Hotel »Die Augen« zurückgelangen können, frage ich. Es gebe doch sicher in Basra eine Sperrstunde, und die Nacht ist fortgeschritten. Jaber el-Khalifa winkt ab. Es bestehe keinerlei Gefahr. Beim Hinausgehen bemerke ich im Eingangsbereich das schlicht gemalte Bild einer Heldengestalt. Mit der Sicherheit der Promenade am Schatt el-Arab ist es jedoch nicht gut bestellt. Mit flackerndem Blaulicht fahren Polizeiautos auf uns zu. Ein paar Kalaschnikows werden uns auf den Bauch gerichtet. Die Autorität Jaber el-Khalifas wird der Angelegenheit schnell Herr. Wir werden unter zusätzlichem Schutz zum Hotel geleitet.

Am folgenden Tag begehe ich den Fehler, unsere bewährten und treuen Begleiter von der Badr-Brigade einen Tag zu früh nach Hause zu schicken. Ich teile ihnen mit, daß wir ihrer Betreuung nicht mehr bedürfen, da die Grenze des Emirats Kuweit in greifbarer Nähe liege und wir am nächsten Tag dorthin aufbrechen wollen. Es kommt zu einer herzlichen Verabschiedung. Reza umarmt mich brüderlich und küßt mich auf beide Wangen. Seine Gefährten tun es ihm gleich. Von dem besonders um mich bemühten Ismail trenne ich mich mit einem Spruch, der eigentlich nur Muslimen vorbehalten ist: Ich rufe den Frieden, die Barmherzigkeit und den Segen Allahs auf ihn herab. »Es salam 'aleikum wa rahmat Allah wa barakatuhu.« Er blickt mich freudig erstaunt an.

Es steht uns noch eine Verabredung mit einem Dutzend Stammesführern bevor. Die »Schuyukh« haben sich bereitwillig im Vorgarten ihres Verwaltungssitzes versammelt. Gleich dahinter ist ein mehrstöckiges Betongebäude – Sitz der früheren Zentrale der Baath-Partei oder irgendeines Geheimdienstes Saddam Husseins – durch einen Volltreffer der US Air Force plattgewalzt worden. Die Wortführer der diversen »Tribes« – es dürfte etwa sechzig davon geben – sehen wie richtige Bilderbuch-Beduinen aus. Über der weißen Dischdascha tragen sie einen malerischen braunen oder schwarzen Umhang. Jeder hat eine Keffieh mit Agal auf dem Kopf.

Bei diesen Feudalherren handelt es sich um gewiefte Politiker und Geschäftsleute, die während der Unterdrückung durch Saddam Hussein ihre Anpassung vortäuschen mußten, um teilweise lukrative Geschäftsverbindungen bis nach Europa und Amerika aufzunehmen. Ihre Autorität ist nach dem Sturz des Diktators gewachsen. In den von Anarchie und Sippenfehden zerrütteten Süd-Provinzen halten sie zugunsten ihrer Klientel eine minimale Sozialversorgung aufrecht. In Ermangelung regulärer Gerichte treten sie als respektierte Vermittler in akuten Streitfragen auf. Zwischen verfeindeten Sippen handeln sie auch das »Blutgeld« aus, mit dem sogar ein Totschlag gesühnt werden kann. »Die

Schuyukh sind Überbleibsel einer archaischen Gesellschaftsform«, wendet Basim ein, »aber noch sind sie unentbehrlich für die Aufrechterhaltung eines Minimums an Zucht und Ordnung.« Auch die Stammesführer neigen bereits dazu, ihre ölreichen Provinzen zu einer autonomen Region zusammenzuschließen. Auf die Behörden von Bagdad waren diese Schiiten stets schlecht zu sprechen.

Über Mobilfunk haben wir Kontakt zur deutschen Botschaft in Kuweit aufgenommen. Es ist gar nicht leicht, ein Transitvisum für das Emirat zu erhalten, das seine diplomatischen und konsularischen Vertretungen im Irak seit langem geschlossen hat. Der Parcours bis zur Grenzstation ist offenbar riskanter, als man das in Bagdad geschildert hatte. Für die Überwindung dieser achtzig Kilometer sind wir auf das Wohlwollen der Engländer angewiesen, und wir wissen die Hilfsbereitschaft des noch jungen zuständigen Konsuls Ihrer Majestät zu schätzen. Die schwerbefestigte britische Verwaltungszentrale mitsamt dem Generalkonsulat ist in einem ehemaligen Palast Saddam Husseins untergebracht. Der Eingang wird von Gurkhas bewacht, von Söldnern aus dem Königreich Nepal im Himalaya, die in den legendären Zeiten des Empire den Ruf besonders wackerer Krieger genossen. Mir fallen ihre gefürchteten Kurzschwerter, die »Kukri«, auf, die sie stets an der Hüfte tragen.

Am folgenden Tag gegen zwei Uhr mittags würden uns gepanzerte Fahrzeuge im Hotel abholen, sagt der britische Konsul zu. Er berichtet kurz über den Stand der Dinge. Die Militärpatrouillen in Basra sind erheblich reduziert worden. Der Einfluß der Besatzungsmacht auf die Neugestaltung des politischen Lebens hält sich in engen Grenzen. Die radikale Anhängerschaft Muqtada es-Sadrs sei in dieser Elendszone relativ stark. Die Aktivisten würden versuchen, die diversen neu gegründeten Parteien zu unterwandern. Ansonsten wisse man nicht sonderlich viel über die Intrigen, die Verschwörungen, die blutigen Abrechnungen, die sich innerhalb dieser kompakten Menschenmasse abspielen.

Was nun die Nachbarstaaten betrifft, so verhalte sich die Islamische Republik Iran auf dem Gegenufer des Schatt el-Arab überaus korrekt. Mit den dortigen Grenzwächtern, Soldaten und Pasdaran gebe es keine akuten Probleme. Hingegen fänden immer wieder Infiltrationen religiöser Eiferer aus Saudi-Arabien in Richtung auf das Sunnitische Dreieck statt. Diese Extremisten gelten als Anhänger des Bandenchefs Abu Musab el-Zarqawi. Ihre terroristische Aktivität richte sich zunehmend gegen schiitische Einrichtungen und Politiker. Auch in unmittelbarer Nachbarschaft von Basra kommt es häufig zu Überfällen. Der Konsul zeigt uns das Foto eines schwergepanzerten Mannschaftswagens, der vor zwei Tagen durch eine »roadside bomb« in einen formlosen Klumpen aus Blech und Stahl verwandelt wurde.

Aus einem Anflug von Sentimentalität will ich noch einmal die Weite des Schatt el-Arab filmen lassen. Auf dem östlichen Ufer des Stroms hatte ich vor mehr als zwanzig Jahren die Rückeroberung der total verwüsteten Stadt Khorramschahr durch die Revolutionswächter Khomeinis miterlebt. Wir betreten ein einst stattliches, jetzt völlig verwahrlostes und geplündertes Gebäude, wo sich das renommierteste Fischrestaurant Basras befunden hatte. Ein unscheinbarer arabischer Wächter hat uns in die Ruine eingelassen, bleibt eine Weile neben Nezar stehen und tuschelt angestrengt mit Basim. Dann entfernt er sich. Basim kommt hell aufgeregt auf mich zu. »Der Mann hat mich eben gefragt, ob ich nicht an einem guten Geschäft interessiert sei.« Tausend Dollar – für die Hungerleider von Basra eine enorme Summe – seien pro Kopf für die Auslieferung einer jeden ausländischen Geisel zu verdienen. Den Einwand Basims, er begleite uns als Freund und Mitarbeiter, wehrt der Wachmann mit ärgerlicher Bewegung ab. Sein plötzliches Verschwinden ist ein Alarmsignal. Wir verlieren keine Zeit, schultern das Material und eilen zu unserem Fahrzeug zurück. Um ein Haar wäre uns der letzte Tag doch noch zum Verhängnis geworden. Dem unvermuteten Auftauchen von ein paar geldgierigen Kalaschnikow-Trägern wären wir wehrlos ausgeliefert gewesen, und der Hafen von Basra verfügt über eine alte Tradition des Sklavenhandels.

Um Punkt vierzehn Uhr halten zwei Landrover der britischen Besatzungsbehörde vor dem Hotel »El'Uyun«. Die stämmigen Engländer, die nunmehr unseren Transport absichern, sind schwerbewaffnet und bewegen sich mit der gleichen Umsicht wie ihre deutschen Kollegen der GSG 9 in Bagdad. Bis zur Grenze des Emirats Kuweit fahren wir etwa achtzig Kilometer. Der Himmel hat sich gelb gefärbt und kündigt einen Sandsturm an. Wir durchqueren erbärmliche Siedlungen. Am letzten Kontrollpunkt verabschieden und bedanken wir uns bei den Engländern, die während der Fahrt hoch angespannt waren und kein einziges Wort wechselten. Ein paar Meter entfernt parken bereits zwei Limousinen mit dem schwarz-rot-goldenen Fähnchen der Bundesrepublik. Die Formalitäten des Übergangs werden dank der Fürsprache des deutschen Botschaftsrats schnell geregelt. Bevor die protzige Skyline des Emirats am Horizont auftaucht, verharrt die Wüste in abweisender Trostlosigkeit. Ich werfe einen kurzen Blick auf die Hügel des »Mutla Ridge«, wo im Jahr 1991 die zurückflutende, total demoralisierte Armee Saddam Husseins der Vernichtung durch die US Air Force anheimfiel.

Der Luxus des Marriott-Hotels von Kuweit löst bei mir einen Schock aus. Beim Anblick der fetten, anmaßenden Protzer und Schieber dieses im eigenen Petroleumreichtum ertrinkenden Attrappen-Staates, dieser blasierten Kapaune, die ihre goldverzierte Beduinentracht wie ein Karnevalskostüm tragen, überkommt mich ein Gefühl von Empörung und Ekel. Das Elend und das Morden im nahen Irak bilden einen zu krassen Kontrast. Nach kurzer Verschnaufpause hat der deutsche Botschafter Achenbach zum Abendessen und anschließend zum Glas Champagner in seine Residenz eingeladen. Um Mitternacht stoßen wir auf meinen 81. Geburtstag an. Zwei Stunden später sitze ich in der Lufthansa-Maschine nach Frankfurt.

Bevor ich einschlafe, verschwimmen die Eindrücke der vergangenen Tage. Nur ein Bild verfolgt mich eine Weile wie eine Halluzination. Vor dem inneren Auge entsteht wieder das schlichte Gemälde, das den Eingang der Fadila-Partei in Basra schmückte. In ungeschickter Pinselführung war dort der Großayatollah Mohammed Sadiq el-Sadr wie eine Gottvatergestalt mit seinem schlohweißen Rauschebart dargestellt. Vor ihm dehnt sich das blutrot gefärbte Meer. In einem langen, schmalen Boot hat eine zahlreiche Gruppe von »Schuhada«, von Märtyrern Platz genommen, die an ihren leuchtendweißen Gewändern und den verzückten Gesichtern zu erkennen sind. Der Großayatollah erteilt ihnen seinen Segen, und es sieht aus, als würde er den Nachen in Richtung auf die untergehende Sonne anschieben. Dort offenbart sich – von goldenem Glorienschein umgeben – die Erlöserfigur des Zwölften, des Verborgenen Imam el-Mehdi. Er sitzt zu Pferde und hält ein Schwert in der Hand. Seine Messias-Erscheinung verschwimmt in strahlendem Licht und empfängt die toten Helden des Heiligen Krieges wie eine Verheißung ewiger Glückseligkeit.

Wie sehr sich doch die alten Mythen in Ost und West gleichen! Die einfältige Malerei von Basra hätte auch die Sage vom Heiligen Gral illustrieren können oder die Legende der zahllosen christlichen Blutzeugen, die im Zeichen des Kreuzes ihr Leben für den wahren Glauben opferten. Über dem Hauptaltar meiner Internatskirche von Saint-Michel waren die Märtyrer ebenfalls in die weiße Tunika der Erwählten gehüllt. Der gregorianische Gesang huldigte ihrer leuchtenden Heerschar – »martyrum candidatus laudat exercitus«. Vielleicht hatten Orient und Okzident – bei aller Grausamkeit der islamischen Eroberungen, der »Futuhat«, und der christlichen Kreuzzüge – einander wesentlich nähergestanden in jenen Zeiten, als das Abendland noch an Gott glaubte.

Betonmauern und Bodyguards
Bagdad, im Oktober 2010

Der Irak ist aus den Schlagzeilen verschwunden. Zum Zeitpunkt dieser Niederschrift wird die Schnellebigkeit, aber auch die Oberflächlichkeit unserer Welt an Tigris und Euphrat bloßgestellt. In den westlichen Regierungskreisen täuscht man vor, der Kampf um Mesopotamien, der die Welt drei Jahrzehnte lang in Aufregung, Empörung und trügerische Zuversicht stürzte, sei bereinigt, sei ausgestanden. Das Gegenteil ist der Fall. Der Irak kann jederzeit von einem neuen Blutbad und von internationalen Verwicklungen heimgesucht werden.

An den üblichen Warnungen hat es nicht gefehlt. Die normalen europäischen Geschäftsleute und Diplomaten – von den Amerikanern ganz zu schweigen – lassen sich von hochbezahlten Bodyguards schützen, die ihnen für tausend US-Dollar pro Tag zur Verfügung stehen und bereits am Flugplatz mit gepanzerten Limousinen warten. Es gibt auch andere Möglichkeiten zu überleben. Man muß sich auf ein paar zuverlässige irakische Kollegen verlassen. In diesem Fall kann ich auf Angestellte einer angelsächsischen Nachrichtenagentur zurückgreifen. Am besten läßt man sich von einem unauffälligen Fahrer in einem schäbigen Auto am Airport abholen und über die Strecke »Irish«, die angeblich feindlichem Mörserbeschuß ausgesetzt ist, ins Zentrum der irakischen Hauptstadt fahren. Mit Murad haben wir ein Erkennungszeichen vereinbart. Er steuert an zahllosen Straßensperren und Kontrollen vorbei zu unserem Ziel. Vom Hotel »El Rimal«, das von libanesischen Christen geführt wird und wo der Gast sogar Alkohol bestellen kann, war uns lebhaft abgeraten worden.

Murad, der sunnitischer Muslim ist, setzt uns nicht im Hotel »Safir« ab, das uns ursprünglich als relativ verläßliche Unterkunft empfohlen wurde. Er steuert uns zum »Funduk El Andalus«, das vertrauenswürdiger sei. Mit dem Namen »El Andalus«, der in jedem Land des Orients anzutreffen ist und mit dem auf Arabisch ganz Spanien gemeint ist, wird die Trauer über den Verlust dieses einstigen Bestandteils des Dar-ul-Islam an die Ungläubigen wachgehalten. Von außen macht das »El Andalus« einen recht kläglichen Eindruck und entbehrt des Stacheldrahtverhaus und der Zementblöcke, die aus dem Straßenbild Bagdads sonst nicht wegzudenken sind. Die Empfangshalle oder Lobby ist jedoch von prächtigen Ausmaßen, wölbt sich wie eine Kathedrale und ist mit kunstvollen blauen und grünen Kacheln gewandet.

Wir sind offenbar die einzigen Gäste in dieser verwunschenen Karawanserei, in der sich der Schmutz von Monaten angesammelt hat. Das Personal scheint sich auf einen gebrechlichen alten Rezeptionschef zu reduzieren, der schon einmal bessere Tage erlebt hat. Unsere irakischen Kollegen haben uns davor gewarnt, mehr als vier Tage am gleichen Ort zu nächtigen, sonst wäre ein Übergriff, eventuell eine Entführung nicht auszuschließen. Ich bilde mir ein, im Verlauf meiner langen Krisenberichterstattung einen Instinkt für akute Gefahren entwickelt zu haben. Bagdad offenbart sich schon beim ersten Kontakt als heimtückisches, unheimliches Revier, viel bedenklicher als die afghanische Hauptstadt Kabul, die ich wenig später aufsuchen will.

Es kann nicht die Rede davon sein, in den Straßen von Bagdad mit einem deutschen Fernsehteam zu arbeiten. Es würde sehr bald zum

Ziel eines Scharfschützen, und niemand würde uns erklären können, welcher politischen oder konfessionellen Richtung dieser Meuchelmörder angehört. Zur verabredeten Stunde trifft Murad mit der einheimischen Mannschaft ein. Qais, der Kameramann, ist ein gelassener, kräftiger Schiit, Zeuge zahlloser Bombenanschläge. Von den Mullahs seines Glaubenszweiges, der »Partei Alis«, hält er nicht viel. Die Sprengstoffattentate, räumt er ein, seien in den vergangenen Wochen seltener geworden. Die Terroristen seien dazu übergegangen, wichtige Gegner mitten im Menschengewühl mit einem Genickschuß zu beseitigen. Dabei bedienten sie sich eines Schalldämpfers. Die Zahl der täglichen Opfer könne niemand zählen, denn wie ich schon bei meiner Anfahrt feststellen konnte, haben die beiden verfeindeten Fraktionen der koranischen Gemeinschaft, Sunniten und Schiiten, das gewohnte Miteinanderleben aufgegeben. Die Angehörigen der jeweiligen Konfession haben hinter hohen Mauern getrennte Wohnviertel bezogen und kommunizieren kaum noch miteinander.

Es gibt wohl nur noch eine Ausnahme dieser Abkapselung, das Geschäftsviertel Karada, wo Elektrogeräte und minderwertige Waren jeder Art angeboten werden. Dort genießen angeblich sogar die Christen eine gewisse Duldung. Die ausländischen Korrespondenten, die von der Stadt Harun el-Raschids ein kontrastreiches Bild vermitteln wollen, konzentrieren denn auch ihre Tätigkeit auf die relativ friedliche Enklave, wo neben Teppichen mit der Abbildung Alis, des Schwiegersohns und Vetters des Propheten Mohammed, auch kitschige Darstellungen des Jesus von Nazareth und der Jungfrau Maria feilgeboten werden. In Karada sind sogar junge Frauen anzutreffen, die sich weigern, das ansonsten obligatorische Kopftuch zu tragen. Zu unserer Vorbesprechung in der pompösen Empfangshalle des »Andalus« hat sich auch der Chef des Nachrichtenbüros, Sabah Hassan Ahmed, gesellt. Dieser ruhige und sachliche Kollege flößt Vertrauen ein und ist bestens informiert, was in dem politischen Wirrwarr, dem sich der Irak ausgeliefert hat, keine Selbstverständlichkeit ist. In seiner Begleitung befindet sich ein junges, dunkelblondes Mädchen, das ich auf vierzehn Jahre schätzen würde. Aber in Wirklichkeit ist sie mindestens zwanzig Jahre alt und kompensiert ihren winzigen Körperwuchs durch eine emanzipatorische Energie, wie ich sie selten bei einer Muslima angetroffen habe. Von ihren Kollegen wird sie »Jojo« genannt, trägt knappe Jeans und ein enges T-Shirt. Sie denkt gar nicht daran, ein Kopftuch oder gar einen Hijab überzuwerfen. Ich vermute, daß sie die Tochter einer gehobenen, säkular ausgerichteten Familie osmanischer Herkunft ist, die über erheblichen Einfluß verfügt. Jojo ist uns als »Fixer« zugeteilt, wie es im angelsächsischen Pressejargon heißt, und sie erledigt ihren Job mit einer an Dreistigkeit grenzenden Effizienz.

Was bleibt uns am ersten Abend anderes übrig, als im Bazar von Karada ein paar Bilder zu machen. Bei den irakischen Kollegen gilt – wie das bei einer Patrouille des britischen Lancashire-Regiments in Basra einst vorgeschrieben war – das lebenserhaltende Prinzip »keep moving«, in ständiger Bewegung bleiben, um nicht unberechenbaren Heckenschützen ein leichtes Ziel zu bieten. Ich errege deshalb etwas Unruhe, als ich unbeweglich ein paar Minuten am Straßenrand verharre, um mir die Schuhe putzen zu lassen. Im »Andalus« wird nur ein spärliches Frühstück serviert. Unsere Mahlzeiten müssen wir uns andernorts besorgen. Im Karada-Viertel bietet ein orientalisches Restaurant vorzügliches Kebab, Kefte mit Humus und Tahine an. Dazu gibt es importiertes alkoholfreies Bier, das durchaus genießbar ist. Jojo hält offenbar nicht viel von den heimischen Gerichten. Sie bestellt eine riesige Portion Pommes frites und übergießt das Ganze mit einer Flut Ketchup und Mayonnaise.

Auf der Heimfahrt streifen wir das elegante Villenviertel Adhamiya, wo früher die Privilegierten des Saddam-Regimes ihr Luxusleben genossen. In Mansur sichten wir den exklusiven »Hunting Club«, wo zu Beginn des Feldzuges »Iraqi Freedom« die CIA gehofft hatte, den verhaßten Diktator mit einer Cruise-Missile zu erledigen. Jetzt fällt mir auf, was ich im Straßenbild vermißt habe: Wir sind keinem einzigen amerikanischen Soldaten begegnet. Die noch im Lande verbliebenen Instrukteure und Spezialisten aus den USA, etwa 50 000 Mann, verlassen ihre streng isolierten Unterkünfte nur im äußersten Notfall, während die von ihnen aufgestellte neue Nationalarmee des Irak ihrer Aufgabe als Ordnungshüter noch keineswegs gewachsen ist. Bei zunehmender Dämmerung stellt sich ein Gefühl der Unsicherheit ein. Die

Vielzahl der Panzerfahrzeuge, der Betonwälle und Militärstreifen verstärkt den Eindruck des Ausnahmezustandes. Für den gewöhnlichen Iraker und erst recht für einen Fremden ist es nicht ratsam, nach Einbruch der Dunkelheit die eigene Behausung zu verlassen. In Kreisen unserer einheimischen Informanten wird recht offen über die politische Sackgasse diskutiert, in die der Irak sich manövriert hat.

Die ersten drei Tage nach Ankunft am Berichterstattungsort sind die schwierigsten in diesem Metier. Die Wandlungen, die sich seit dem letzten Aufenthalt vollzogen haben, sind schwer zu deuten. Man braucht Zeit, um das Gespür den neuen Gegebenheiten anzupassen und die Erkenntnisse zu ordnen. Ich gehöre eben nicht zu jener Kategorie Kollegen, von denen ein sehr prominenter Repräsentant mir einst mit entwaffnender Offenheit entgegenhielt: »Ich lasse mir meine vorgefaßte Meinung doch nicht durch Erkundungen an Ort und Stelle wegrecherchieren.« Allmählich kommt jedoch Klarheit auf, und die Prüfungen, denen sich Mesopotamien weiterhin ausgeliefert sieht, lassen sich auf ein paar grundsätzliche Thesen reduzieren.

Zunächst stellt sich die Frage der amerikanischen Truppenpräsenz. Werden die letzten US-Kontingente, wie Barack Obama, aber auch schon George W. Bush ankündigten, den Irak Ende 2011 geräumt haben? Werden sie in ein paar Stützpunkten verharren? Darüber ist bereits der Streit der Parteien entbrannt. Die Kurden würden sich mit einem solchen Verbleiben durchaus abfinden. Die meisten Sunniten, auch wenn sie das niemals öffentlich zugeben würden, sähen in einer Verlängerung des US-Mandats die Garantie, daß sie nicht der Willkür einer schiitischen Regierung, die sich auf das Potential von fünfundsechzig Prozent aller irakischen Bürger stützen könnte, ausgeliefert wären. Es hat sich ein bemerkenswerter Wandel vollzogen seit den ersten Jahren des Feldzugs »Iraqi Freedom«, als allein die sunnitischen Widerstandskämpfer sich gegen die US Army im Dreieck Faluja-Ramadi-Mossul, vor allem in der Westprovinz Anbar, behaupteten.

Am Tigris wird gemunkelt, daß in diesem interkonfessionellen Wirrwarr die CIA eine Verbindung zu gewissen Elementen von El Qaida unterhalten habe, seit es den sunnitischen Freischärlern vorrangig darum ging, die Gläubigen der »Schiat Ali« in Schach zu halten. Der ruchlose Terrorist Abu Mussab el-Zarqawi, der aus Jordanien stammt, hat unter den Schiiten des Irak, deren Mausoleum von Samara er verwüstete, unendlich mehr Opfer verursacht als unter den amerikanischen GIs, die er nur noch beiläufig bekämpfte. Als Zarqawi jedoch im Begriff stand, das Zweistromland in das Chaos eines Bürgerkrieges zu treiben, war es an der Zeit, ihn aus dem Weg zu räumen.

Die religiösen und ethnischen Komponenten der Republik Irak sind innerhalb der eigenen Reihen gespalten. Selbst bei den Kurden stehen sich die Gefolgschaften Massud Barzanis im Westen und Jalal Talabanis im Osten mit tiefem Mißtrauen und gelegentlichen Geplänkeln gegenüber. Dazu hat sich neuerdings noch die kurdische Reformpartei »Goran« – »Wandel« – gesellt. Bei den Sunniten verläuft die Trennungslinie zwischen den extrem intoleranten Salafisten und Wahhabiten einerseits und den moderaten Kräften der hanefitischen Rechtsschule. Dazu kommen die Derwisch-Orden oder »Turuq«, die man als »Sufi« bezeichnet und die vor allem durch die Qadiriya vertreten sind. Innerhalb der »Partei Alis« vertieft sich der Graben zwischen den Befürwortern einer friedlichen parlamentarischen Machtübernahme, wie sie der jetzige Ministerpräsident Nuri el-Maliki anstrebt, und dem revolutionären Aufbäumen der »Armee des Mehdi«, die sich um den Heißsporn Muqtada es-Sadr schart, ganz zu schweigen von der »Fadila« oder Tugend-Partei, die ihren Schwerpunkt in der südlichen Hafenstadt Basra behauptet.

Der Streit über die künftige zentralistische oder föderative Gestaltung des Staates ist nur bei den Kurden, die bereits über eine weitgehende Autonomie mit eigener Fahne, eigener Armee und eigener Verwaltung verfügen, zugunsten eines an Separation grenzenden Status entschieden. Die Scharmützel, die sich die Peschmerga des kurdischen Regierungschefs Barzani mit den »Sahwa«-Verbänden der Sunniten, gelegentlich auch mit einer auf Ankara ausgerichteten Gruppe von Turkmenen liefern, werden im wesentlichen um den Besitz der Stadt Kirkuk geführt, die inmitten eines gewaltigen Erdölreviers liegt. Für eine weitgehende Autonomie der Provinzen, die sich regional zusammenschließen würden, plädiert die schiitische Bevölkerungsmehrheit des Südens. In den Sümpfen und Sanddünen rund um den Schatt el-Arab befinden sich nämlich die reichsten Reserven an Petroleum, während die überwiegend von Sunniten bevölkerten Landesteile über keine nennenswerten Mineralvorkommen verfügen. Deshalb drängen letztere auch auf eine paritätische Aufspaltung der Erdölgewinne unter allen Irakern innerhalb einer straff zentralisierten Republik. Überall, wo die ethnischen und konfessionellen Gruppen sich überlappen – sei es in der Stadt Mossul, am Rande der Ruinen von Ninive, sei es in Kirkuk oder in der bunt gemischten Provinz Diyala mit Schwerpunkt Baquba –, herrscht weiterhin eine extreme Anspannung vor, und Gewalttaten sind an der Tagesordnung.

Daneben sollte nicht die Masse der arabischen Iraker übersehen werden, die nichts so sehr fürchten wie den Ausbruch eines kollektiven Gemetzels, eine Wiederholung, ja Steigerung jenes blutigen Wahnsinns, der sich in den Jahren 2006 und 2007 austobte. Wohl jeder irakische Patriot ersehnt den Abzug der noch vorhandenen Amerikaner, aber irgendwie besteht bei so manchen – vor allem in der bürgerlichen Schicht des Mittelstandes – die panische Befürchtung, daß nach Ende der fremden Okkupation die Dämonen der internen Feindschaften sich vollends entfesseln und durch niemand mehr gezügelt werden könnten. Taumelt der Irak in ein politisches Vakuum? Steht am Ende die Aufspaltung der Republik, wie sie zu Zeiten des Osmanischen Reiches durch die getrennte Administration der Wilayate Mosul, Bagdad und Basra in groben Zügen vorgezeichnet wurde? Oder treibt das Land einer neuen Gewaltherrschaft entgegen?

Der Blick auf die Vergangenheit mag die Gefährdungen der Zukunft erhellen. Den Briten ist es mit ihrem Völkerbundsmandat im Irak nicht besser ergangen als den Franzosen in Syrien.

Gemetzel am Tigris
Ein Rückblick

Im Sommer 1951 habe ich das Zweistromland, das damals den Namen »Haschemitisches Königreich Irak« trug, wie all die anderen Länder des Maschreq im Eingeborenenbus durchquert. Der Irak stand mitsamt seinem kindlichen Thronerben Feisal II. und seinem starken Mann Nuri

Said, der einst als Offizier in der Osmanischen Armee gedient hatte, weiterhin unter dem Einfluß Großbritanniens. Die Amerikaner hätten gut daran getan, bevor sie sich zum kriegerischen Abenteuer »Iraqi Freedom« entschlossen, die Geschichte der britischen Mandatszeit zwischen den beiden Weltkriegen zu studieren – eine Folge von nationalistisch und religiös motivierten Rebellionen gegen die neuen ungläubigen Herren aus London, die die türkischen Osmanen abgelöst hatten. Mit einer Massenerhebung der Schiiten im Umkreis des Schatt el-Arab hatte es begonnen. Im Norden kam es immer wieder zu Aufstandsbewegungen der Kurden. Um deren Gebirgsdörfer zu neutralisieren, war die Royal Air Force in den zwanziger und dreißiger Jahren nicht davor zurückgeschreckt, Bomben mit Giftgas abzuwerfen. Saddam Hussein sollte sich später auf diesen Präzedenzfall berufen können.

Es dauerte bis zum Jahr 1958, ehe die Haschemiten-Dynastie am Tigris und deren Vertrauensmann Nuri Said dem blutrünstigen Militärcoup des Generals Abd el Karim Qasim erlagen. Die verstümmelten Leichen Feisals und Saids wurden durch die Straßen von Bagdad geschleift. Es verstrich wiederum eine Dekade, bis nach einer Serie von Gemetzeln die revolutionäre »Baath-Partei« sich mit General Bakr und dessen Nachfolger Saddam Hussein an die Macht schoß. Diese »Hizb el-Baath«, diese nationalistische und sozialistische Partei der arabischen Wiedergeburt, übt mit ihrem syrischen Flügel unter Präsident Baschar el-Assad heute noch in Damaskus die Regierungsgewalt aus.

Ursprünglich galt die Baath als eine fortschrittliche Bewegung im ganzen Orient. Kurioserweise ging ihre Gründung auf den christlich-orthodoxen Syrer Michel Aflaq zurück, der sich erst gegen das türkische, dann das französische Joch auflehnte. Gleichzeitig verschrieb er seiner Bewegung eine strikt säkulare Ausrichtung. Michel Aflaq ist im Jahr 1989 – lange nach der bitteren Entzweiung zwischen der syrischen und der irakischen Fraktion seiner Partei – in Paris gestorben. Er wurde in Bagdad mit einem pompösen Staatsbegräbnis und einem stattlichen Mausoleum geehrt.

Saddam Hussein, dessen Gefangennahme durch die Amerikaner am 13. Dezember 2003 als erniedrigende Komödie inszeniert und dessen Hinrichtung durch den Strang drei Jahre später unter skandalösen

Begleitumständen vollstreckt wurde, war alles andere als ein islamischer Fundamentalist. Wie sein verfeindeter Parteigenosse von Damaskus, Hafez el-Assad, der der häretischen Sekte der Alawiten angehörte und die aufsässigen Muslimbrüder von Hama und Aleppo zu Tausenden massakrieren ließ, kannte der Diktator von Bagdad keine Gnade, wenn er eine fanatisch-religiöse Zellenbildung aufspürte. Bei den Sunniten duldete er allenfalls die mystischen Übungen der Derwisch-Orden, insbesondere der Qadiriya, die in Bagdad ihren Ursprung hatte. Für Wahhabiten, die sich an der religiösen Unduldsamkeit Saudi-Arabiens orientierten, oder für Salafisten, die ein neues Kalifat, einen koranischen Gottesstaat anstrebten, gab es kein Pardon.

Ähnlich ging der Sunnit Saddam Hussein gegen die schiitische Bevölkerungsmehrheit seines Landes vor, die er instinktiv als potentielle Gegner einordnete. Mit extremer Wachsamkeit und brutalem Polizeiterror hielt er die brodelnde Frömmigkeit in Schach, die im Umkreis der heiligen Stätten Nedjef und Kerbela bei der Trauer- und Geißelungsprozession des Muharram-Monats aufkam und in Massenhysterie umzuschlagen drohte. Soweit sich der schiitische Klerus passiv und quietistisch verhielt, wie es angeblich der ererbten Rolle dieses Glaubenszweiges von Märtyrern und Unterdrückten entsprach, ließ der Tyrann von Bagdad ihn relativ unbehelligt. Dieser Bereitschaft zur resignierten Unterwerfung verdankt der heute so einflußreiche Großayatollah Ali es-Sistani wohl sein Überleben. Wenn jedoch einer der hohen Geistlichen der »Partei Alis«, etwa Großayatollah Mohammed Sadiq es-Sadr, sich anmaßte, politische Brandreden zu halten, zu sozialer Verantwortung für seine notleidenden Jünger aufzurufen, wenn sich eine Gefahr der Aufwiegelung abzeichnete, dann schlugen die gefürchteten Geheimdienste zu und schreckten vor keiner Ruchlosigkeit zurück. Sadrs eifernde Gefolgschaft, die sich auf das revolutionäre Vorbild Khomeinis im benachbarten Iran ausrichtete, fand in seinem Sohn Muqtada es-Sadr einen streitbaren Vorkämpfer.

Als arabischer Nationalist hatte Saddam die im Norden des Irak lebenden Kurden stets als fremdrassige Separatisten und Staatsfeinde eingeschätzt und entsprechend malträtiert. Bei den Schiiten war er differenzierter vorgegangen. Wenn ein Angehöriger dieser Religionsgruppe sich der Autorität der Mullahs entzog, als irakisch-arabischer Nationalist und Befürworter der Säkularisierung, ja des Laizismus die Gebote der Republik respektierte, dann stand seinem Aufstieg zu hohen Würden innerhalb der alles kontrollierenden Baath-Partei nichts im Wege. So entdeckten landeskundige Beobachter nach dem Einmarsch der US Army in Bagdad im Frühjahr 2003, daß sich unter den etwa zwei Dutzend verfemten Politikern, die von den Amerikanern als Kriegsverbrecher gesucht und anhand eines symbolischen Kartenspiels identifiziert wurden, ebenso viele Schiiten wie Sunniten befanden.

Der unsägliche Horror, der den Irak seit dem Frühjahr 2003 heimsucht, der konfessionelle Bürgerkrieg zwischen Sunniten und Schiiten, der Zehntausende von Opfern forderte, die permanenten Übergriffe der amerikanischen Besatzungsmacht, das Überhandnehmen von Geiselnahmen und Kriminalität haben bei der Masse der Bevölkerung keine Saddam-Nostalgie aufkommen lassen. Dazu hatten dessen Schergen zu unerbittlich unter den Opponenten und Kritikern seines Regimes gewütet. Doch irgendwie drängt sich der Gedanke auf, daß wohl nur ein furchterregender Tyrann in der Lage wäre, die zentrifugalen Kräfte des Zweistromlandes zu bändigen und zusammenzufügen. Der Mann aus Tikrit, der sich ursprünglich als Auftragskiller der Baath-Partei nach oben gedrängt hatte und als Staatschef einem Größenwahn sondergleichen verfiel, war gewiß ein Extremfall grausamer Arroganz. Seiner Republik jedoch hatte er – gestützt auf den immensen Petroleumreichtum zwischen Kirkuk und Basra – zu beachtlicher Prosperität verholfen. Saddam hatte das Zweistromland mit Gewalt in die Moderne geprügelt. Bis zum Ausbruch der sukzessiven Golfkriege verfügte der Irak über eine bemerkenswerte Infrastruktur und eine sich rapide entwickelnde industrielle Leistungsfähigkeit. An den Universitäten wuchs eine Generation junger Intellektueller heran, die den Akademikern der anderen islamischen Länder überlegen war. Wer sich zu ducken verstand, niemals ein Wort des Tadels über den neuen »Nebukadnezar« äußerte und sich als Mitglied der regierenden Baath-Partei eintrug, konnte ein befriedigendes Auskommen finden. Unter der erdrückenden Präsenz der »Mukhabarat«, der Geheimdienste, lebte er in einer Sicherheit, die in scharfem Kontrast zum heutigen Chaos steht. Die Emanzipation der Frau war unter Saddam weit gediehen. Nur die wenigsten Studentinnen trugen ein Kopftuch. Keine von ihnen mußte befürchten, auf dem Wege zur Vorlesung entführt, vergewaltigt oder angepöbelt zu werden. Die Willkür des Baath-Regimes und der allgegenwärtige groteske Personenkult waren unerträglich. Doch ansonsten ließ es sich durchaus leben im Irak Saddam Husseins, bis der Diktator durch kriegerische Abenteuer sein Land in den Abgrund riß.

Zweifel am persischen Gottesstaat
Bagdad, im Herbst 2010

Mein erster Erkundungsgang gilt der schiitischen Sammelbewegung »Islamic Supreme Council«. Deren Hauptquartier befindet sich immer noch in dem wuchtigen Gebäude neben der zweistöckigen Brücke, wo früher einmal Tariq Aziz, der langjährige Außenminister Saddam Husseins, residiert hatte. Bewaffnete Uniformträger halten sich schußbereit hinter massiven Befestigungsanlagen auf. Es hat bereits mehrere Anschläge auf dieses Bollwerk der »Schiat Ali« gegeben. Mein Gesprächspartner aus dem Februar 2005, Abdul Aziz el-Hakim, der sich mit dem Titel »Eminenz« anreden ließ und einer der großen klerikalen Dynastien des Irak entstammte, ist inzwischen an Krebs gestorben und durch seinen Sohn Amer el-Hakim abgelöst worden. In dessen Abwesenheit werde ich an einen früheren Erdölminister und führendes Mitglied des »Obersten Islamischen Rates« verwiesen. Ibrahim Mohammed Bahar el-Alum empfängt mich in seinem geräumigen Büro, das mit vergoldeten, riesigen Sesseln ausgestattet ist. Er trägt einen europäischen Anzug mit offenem Hemd und wirkt soigniert mit seinem gestutzten grauen Bart. Sein Englisch ist vorzüglich, und er tritt weltgewandt auf.

Bahar el-Alum bestätigt gleich zu Beginn, daß eine befriedigende Lösung des irakischen Konfliktes noch nicht in Sicht sei. Der Oberste Rat steht im Ruf, enge Kontakte zur iranischen Mullahkratie zu pflegen, und unterscheidet sich dadurch von der Regierungspartei Da'wa des Ministerpräsidenten Nuri el-Maliki. Aber auch hier legt man offenbar Wert darauf, nicht als Trabant Teherans angesehen zu werden, und distanziert sich von dem durch Khomeini verfügten Verfassungsgrundsatz der »Velayet-e-Faqih« – der Statthalterschaft des Schriftgelehrten im Namen des Verborgenen Imam. Die Unruhen, die Teheran im Jahre 2009 erschütterten, haben zusätzliche Zweifel am persischen Modell und dessen Stabilität geweckt. Der Oberste Islamische Rat tritt für eine föderalistische Staatsform ein. Das Erdöl müsse nationalisiert und der Gewinn daraus den verschiedenen Regionen zugeteilt werden.

Die Intrigen der fremden Mächte – vor allem Saudi-Arabiens – stoßen auf resolute Abwehr, wobei schwer zu ergründen ist, ob die sogenannte Badr-Brigade, die dem Obersten Rat zur Verfügung steht, tatsächlich aufgelöst wurde. Die Männer, die den Schutz des Parteigebäudes ausüben, gehören wohl nur nominell der von den Amerikanern geforderten Nationalarmee an, was durch die Präsenz von kurdischen Peschmergas verdeutlicht wird, die im Nebengebäude den Amtssitz des irakischen Staatspräsidenten, des Kurden Jalal Talabani, abschirmen. Die letzten Amerikaner, so wird hier gefordert, sollten möglichst zügig aus Mesopotamien verschwinden und auch nicht versuchen, durch die Beibehaltung von Militärbasen die Fehler der einstigen britischen Mandatsmacht zu wiederholen.

Am Ende verweist unser Gesprächspartner darauf, daß im neuen Irak der schiitische Zweig des Islam als oberste Richtschnur der Politik gelten müsse. So habe der Druck der hohen Geistlichkeit bewirkt, daß der ehemalige Baath-Politiker Allawi durch eine Koalition mit der radikalen schiitischen Formation des Volkstribuns Muqtada es-Sadr, dessen »Armee des Mehdi« sich auf die Stunde der gewaltsamen Auseinandersetzung vorbereitet, dem ungeliebten Ministerpräsidenten zur Behauptung seiner Regierungsführung verhalf.

Zur gründlichen Information sollten wir nach Nedjef fahren, rät uns Bahar el-Alum. Dort befinde sich das wahre Zentrum schiitischer Rechtgläubigkeit. Ich wußte, daß ich zu dem geheimnisvollen Oberhaupt der »Partei Alis«, zu dem Großayatollah Ali es-Sistani, keinen Zugang finden würde. Dieser höchste Würdenträger empfängt keine Andersgläubigen und lebt in mystischer Abgeschiedenheit. Aus seiner Hawza von Nedjef gibt der beim Volk im Ruf der Heiligkeit stehende bizarre Greis mit dem Silberbart die Richtlinien seiner Gemeinde vor. Sistani gilt als Quietist. Er vertraut auf seine Geduld und seine List. Bei den Aktivisten der »Partei Alis«, vor allem bei den Jungen und den Armen, stößt jedoch die zögerliche Vorsicht Sistanis, der übrigens gebürtiger Perser aus Meschhed ist, auf wachsende Kritik. Die Bombenanschläge sunnitischer Extremisten, die angeblich als Werkzeug von El Qaida operieren, gegen schiitische Heiligtümer und Pilgergruppen, fordern eine gewalttätige Reaktion geradezu heraus.

Um einen Repräsentanten der Sammelbewegung »Iraqiya« zu treffen, mit der der pro-amerikanische Opportunist Ayad Allawi einen bemerkenswerten Erfolg erzielte, muß ich mich in den inneren Schutzgürtel der »Green Zone« begeben, wo die Regierungsorgane Zuflucht vor den allgegenwärtigen Morddrohungen suchen. Die meisten Ministerien haben hier Unterkunft gefunden. In diesem Areal befinden sich auch die verbliebenen amerikanischen Befehlszentren. Seit die GIs die Kontrolle über die Zugänge der »Green Zone« ihren arabischen Vertrauensleuten überlassen haben – man will ja den Eindruck einer sich konsolidierenden irakischen Souveränität vermitteln –, geraten die Schutzmaßnahmen zur Manie. Mehr als eine Stunde brauchen wir, bis wir die diversen Durchsuchungen und Überprüfungen bestanden haben. Dabei werden wir von Polizeihunden beschnüffelt, und ich frage mich, wie die muslimischen Polizisten mit den Tieren zurechtkommen, die neben dem Schwein laut Scharia einer unreinen Gattung angehören.

Schließlich landen wir in einer Art Wartesaal, wo nach einer zusätzlichen Leibesvisitation, die allmählich erheiternd wirkt, das Treffen mit einer Führungspersönlichkeit der Iraqiya zustande kommt. Wieder stehen wir einem eleganten Herrn mit akademischem Hintergrund gegenüber. Doktor Alaa Makki verweist zunächst auf den gravierenden Irrtum Barack Obamas, der seiner Meinung nach zu Unrecht der Bekämpfung von El Qaida in Afghanistan die Präferenz vor einer Bereinigung des irakischen Dilemmas eingeräumt hat. Offenbar befürchtet die – überwiegend sunnitisch orientierte – Iraqiya, die sich gegen die Schiiten Nuri el-Malikis zusammengefunden hat, nach Abzug des letzten US-Soldaten ein Wiederaufkommen des konfessionellen Bürgerkrieges und die Entfesselung jener extremistischen schiitischen Milizen, die sich bislang – auch auf Weisung Teherans – relativ passiv verhielten. Die Iraqiya möchte zu dem straffen Zentralismus zurückfinden, der die Zwangsherrschaft Saddam Husseins kennzeichnete, womit sie allerdings – neben den meisten Schiiten – vor allem die kurdischen Autonomisten der Nordprovinzen gegen sich aufbringen.

Laut Überzeugung Doktor Makkis sind die offiziellen Polizeiorgane und sogar die von Ministerpräsident Maliki aufgestellte Nationalarmee bereits durch Agenten der Islamischen Republik Iran unterwandert, auch wenn eine Reihe von Offizieren der Republikaner-Garde Saddam Husseins reaktiviert wurde. »Sie haben doch sicher mit unseren politischen Gegnern vom ›Supreme Islamic Council‹ Kontakt aufgenommen«, meint der Iraqiya-Politiker. »Dort haben Sie vermutlich erfahren, daß die Hawza von Nedjef den Regierungschef Maliki nur als Übergangsfigur favorisiert und daß am Ende die Hardliner der geistlichen Führungsgremien den Ausschlag geben werden.« Tatsächlich waren wir beim Obersten Rat von Bahar el-Alum mit dem Hinweis verabschiedet worden: »The Ayatollahs are going to shake politics – Die Ayatollahs werden die Politik aufmischen.«

Am folgenden Tag holen wir die kleine, muntere Jojo im Haus ihres Vaters ab, das im vornehmen, ausschließlich sunnitischen Wohnviertel Adhamiya gelegen ist. Bei der Fahrt durch die Stadt entfaltet sich wieder einmal das erdrückende Aufgebot an Militär und Polizei. An jeder Kreuzung sind die Maschinengewehre der Wachtürme auf den Verkehr gerichtet. Blau bemalte Schützenpanzer stehen einsatzbereit. Mein Ziel ist die im ganzen Islam hochangesehene islamische Universität Abu Hanifa, mit deren Rektor Doktor Scheikh Hussein el-Kubaisy ein Gespräch vereinbart wurde. Dieser Lehrstätte kommt eine besondere Bedeutung zu, vertritt sie doch die älteste Rechtsschule oder »Madhhab« des Islam, die bereits im 8. Jahrhundert von dem Korangelehrten Abu Hanifa gegründet wurde. Der Zugang zu dem ockerfarbenen Gebäude wird uns zunächst durch eine Rotte stumpfsinniger Wächter verwehrt, bis Jojo sich mit verblüffender Autorität einschaltet, das Personal anschreit, eine Telefonverbindung verlangt und den Zugang zum Rektorat ermöglicht. Zum ersten Mal hat sie einen leichten, durchsichtigen Schleier auf ihr Haar gelegt.

Die französischen Experten spotteten einst darüber, daß ein orientalischer Bart stets befähigt sei, Besucher aus dem Abendland tief zu beeindrucken. Bei den zwei Patriarchen, denen wir in der Abu-Hanifa-Universität gegenübersitzen und die uns ihr Wohlwollen bekunden, kann ich mich – auch wenn ich um einiges älter bin als die beiden – dieser Ehrfurcht nicht ganz entziehen. Der Rektor empfängt uns in Begleitung des Imams der Moschee. Die sunnitische Gemeinde des Irak ist zwangsläufig auf die Unterstützung Saudi-Arabiens angewiesen, das in seiner Gegnerschaft zur Islamischen Republik Iran eine schiitische Machtausübung im Irak nach Kräften verhindern möchte. El-Kubaisy spricht nur sehr zurückhaltend über die Zwangslage, in der sich seine hanefitische Rechtsschule, die bei weitem die bedeutendste im ganzen Dar-ul-Islam ist, in Mesopotamien befindet.

Die der saudischen Dynastie ergebenen Ulama der Wahhabiten lassen von den vier sunnitischen Rechtsschulen – Hanefiten, Schafeiten, Malekiten und Hanbaliten – nämlich nur letztere gelten. Die Gefolgsleute des Ibn Hanbal zeichnen sich durch krasse Intoleranz, bornierte Schriftauslegung, durch ihre Berufung auf den frühen Fanatiker Ibn Taimiya und den Wüstenprediger Abdul Wahhab aus, der ein Zerrbild der Offenbarung Mohammeds entwarf. So sehr hatten die Wahhabiten sich von der relativen Toleranz der Ursprungslehre entfernt, daß der osmanische Sultan und Kalif im 19. Jahrhundert seinen ägyptischen Statthalter aufforderte, mit seinen regulären Truppen gegen diese aufsässigen und wirrköpfigen Beduinen in ihrer trostlosen Wüste des Nedjd militärisch vorzugehen. Die Wahhabiten wurden zwar vorübergehend besiegt, doch sollten sie im 20. Jahrhundert in Verbindung mit dem Stammesfürsten Abdul Aziz Ibn Saud ihre exzessive Scharia-Interpretation dank des Verfügens über die reichsten Erdölvorkommen der Welt unangreifbar, ja unantastbar machen. So bleibt es bis zum heutigen Tag.

Es besteht kein einfaches Verhältnis zwischen den gemäßigten Hanefiten und den anmaßenden, verstockten Jüngern des Abdul Wahhab. Nur mit großer Vorsicht wird dieses Dilemma in unserem Gespräch berührt. Dafür distanzieren sich der Direktor und der Imam um so heftiger von der sogenannten El Qaida Mesopotamiens, die sich ihnen zufolge – ungeachtet ihrer gelegentlichen Komplizenschaft mit dem saudischen Geheimdienst – als bittere Frucht der amerikanischen Besatzung entwickelt habe. Die Bedeutung der Sufi- oder Derwisch-Orden im Irak wird von den beiden Theologen heruntergespielt. Unsere fromme Begegnung endet mit den üblichen Segenssprüchen, dem Wunsch nach religiöser Eintracht an Euphrat und Tigris und dem Bekenntnis zu einem einheitlichen irakischen Staat. Jedem von uns wird ein prächtiges Exemplar des »Qur'an el-karim« – des heiligen Koran – überreicht, eine besondere Ehrung für Nicht-Muslime.

Die weinenden Pilger von Kerbela

Kerbela, Oktober 2010

Wieder einmal sind wir unterwegs zu dem Sanktuarium von Kerbela. Ganz ohne Bedenken tritt man eine solche Reise nicht an. Südlich von Bagdad ist es im Umkreis der Städte Iskandariya und Mahmudiya zu den schlimmsten Ausschreitungen zwischen Sunniten und Schiiten gekommen. Uns begleitet auf Weisung des Obersten Islamischen Rats ein stämmiger junger Mann namens Fadel. Ich stelle fest, daß er unter seiner Jacke eine schwere russische Pistole vom Typ Makarow angeschnallt hat. Wie es mir schon fünf Jahre zuvor auf der gleichen Strecke passiert war, schlafe ich nach dem Verlassen der Bagdader Vorstädte tief ein. Mit unserer schäbigen Karosse müssen wir recht harmlos wirken, denn wir erreichen unser Ziel, ohne durch die zahllosen Straßenkontrollen übermäßig belästigt zu werden. Die Pilgerstadt Kerbela ist kaum wiederzuerkennen. Als Schutz gegen die zahllosen Bomben, die bei den Wallfahrten der »Partei Alis« explodieren, sind die großzügigen Alleen, die zu den Mausoleen des Imam Hussein und seines heldischen Halbbruders Abbas führen, durch ein Labyrinth von Zementwänden und Sandsäcken versperrt.

Die Szenerie steigert sich schier unerträglich, als ein Transport von Leichen, die nach Umrundung der Heiligen Stätten auf dem endlosen, gesegneten Friedhof bestattet werden sollen, vom Wachpersonal angehalten wird. Nach langer Anreise sind die Toten oft in Verwesung übergegangen. Aber auch deren Särge werden aufgestemmt und die menschlichen Überreste mit peinlicher Sorgfalt nach Sprengstoff und Bomben untersucht.

Die Präsenz Fadels erweist sich in dieser bedrückenden Atmosphäre des Argwohns als überaus nützlich. Unser Besuch ist offenbar angekündigt, denn ein paar örtliche Milizionäre übernehmen unser Geleit zu einer kahlen, ziemlich trostlosen Behausung, wo drei Mullahs uns mit Tee und Gebäck bewirten. Der älteste von ihnen, ein eifernder Schwätzer, geht uns mit der endlosen Aufzählung der Vorteile und Tugenden des Islam auf die Nerven.

Wir empfinden es als Erlösung, als wir das gruftähnliche Gehäuse – es ist wohl eine der offiziellen Unterkünfte der hiesigen Hawza – verlassen. Durch ein schützengrabenähnliches Gewirr gelangen wir ins Freie. Hatten wir beim letzten Aufenthalt in Kerbela noch im Vorhof der Hussein-Moschee die makabre Prozession schiitischer Trauernder filmen können, die zum schaurigen Klang einer riesigen Trommel und quäkender Blasinstrumente mit einer Prozession von Särgen vor deren Bestattung das zentrale Heiligtum umrundeten, so werden wir dieses Mal auf Distanz gehalten und müssen die gleißende Kuppel aus der Ferne ins Objektiv rücken.

Während ich meinen Aufsager vor der Kamera mache, muß ich mich mühen, das Schluchzen und Weinen einer aus Persien angereisten Wallfahrtsgruppe zu übertönen, die unmittelbar neben uns des tragischen Untergangs des Dritten Imam gedenkt. Hatte nicht Khomeini verkündet, daß die wahre schiitische Gläubigkeit sich an der Trauer, an der Verzweiflung über die Ermordung der heiligen Imame in der Nachfolge Ali Ibn Abi Talibs erkennen lasse?

Ich habe ich ein Wiedersehen mit einem der Kurienkardinäle der Schia vereinbart, mit dem Großayatollah Mohammed Taqi el-Mudarissi, mit dem ich schon ein paar Jahre zuvor ein aufschlußreiches Gespräch geführt hatte. Mudarissi ist eine imponierende Erscheinung. Der mächtig gewachsene Mann mit dem graumelierten Bart und dem schwarzen Turban begrüßt mich mit freundlicher Vertrautheit. Die von Khomeini und seinem Nachfolger Ali Khamenei praktizierte Form des Gottesstaates, die »Statthalterschaft des ›Faqih‹ im Namen des Verborgenen Zwölften Imam«, wird in der künftigen Verfassung des Irak wohl keinen Raum finden, hatte mir Mudarissi schon seinerzeit gesagt. Auch bei unserer Begegnung im Herbst 2010 läßt er durchklingen, daß die schiitischen Iraner und Araber zwar durch den gemeinsamen Glauben zusammengeschweißt sind, daß der Ursprung ihrer Rechtgläubigkeit sich jedoch im arabischen Mesopotamien befinde.

Wie er das derzeitige Tauziehen der politischen Kräfte in Bagdad beurteile, frage ich den Großayatollah direkt. Mudarissi weiß sehr wohl, daß die angeblich vor dem Abzug stehende US-Besatzungsmacht mit allen Mitteln versucht hat, den abtrünnigen, säkular ausgerichteten Schiiten Ayad Allawi im Bündnis mit der überwiegend sunnitischen Partei »Iraqiya« zur politischen Führungsperson in Bagdad aufzubauen. Der Versuch sei gescheitert, weil die divergierenden politischen Tendenzen, sogar die auf offene Konfrontation mit den Amerikanern ausgerichtete »Mahdi-Armee« des Volkstribuns Muqtada es-Sadr, sich zusammengeschlossen hatten. Eine hohe Meinung von dem amtierenden Ministerpräsidenten Nuri el-Maliki, der sich einst an der Spitze der Da'wa-Bewegung verdienstvoll gegen Saddam Hussein aufgelehnt hatte, besitzt der Mujtahid von Kerbela auch nicht. In seiner Hawza sei man sich bewußt, daß die religiöse Entwicklung des Irak durch das Grundübel der islamischen Umma, durch die »Fitna«, die schismatische Entzweiung der Gläubigen, bedroht sei.

Doch statt sich in parlamentarischen Intrigen zu verirren, könnten die Schiiten des Irak zur Not auch auf andere Weise auf die fremden Einwirkungen reagieren. Damit verweist er auf die großen schiitischen Aufstände gegen das britische Mandat in den Jahren 1920 und 1935 sowie die massive Erhebung seines Glaubenszweiges während des amerikanischen Feldzuges »Desert Storm« im Jahr 1991. Damals hatte George Bush senior die schiitischen Milizen des Südirak zur Rebellion aufgerufen. Nachdem die kaum bewaffneten Freischärler tatsächlich die Kontrolle über den schiitischen Siedlungsraum zwischen Basra und Kerbela an sich gerissen hatten, war der US-Präsident diesem von ihm ausgelösten Aufstand in den Rücken gefallen. Er hatte die schiitischen Rebellen dem Massaker durch die noch intakte Republikaner-Garde Saddam Husseins und dessen Kampfhubschrauber ausgeliefert. Dieser zynische Verrat bleibe unvergessen.

Mohammed Taqi el-Mudarissi erscheint mir sorgenvoller als bei unserem Gespräch vor fünf Jahren. »Die schrecklichste Zeit liegt noch nicht hinter uns«, warnt er. »In der Geschichte hat sich erwiesen, daß nach der Beendigung einer fremden Besatzung die internen Feindschaften, die sich angestaut haben, erst mit aller Gewalt zum Ausbruch kommen. Das große Gemetzel steht eventuell noch bevor.« Es würden sich im Irak zu viele geostrategische Interessen der umliegenden Mächte überlagern und aufeinanderprallen, um eine friedliche Zukunft voraussagen zu können. Ob der Irak auf zentrale Strukturen oder eine zunehmende Verselbständigung der unterschiedlichen Regionen zusteuere, sei weiterhin ungewiß. Eines sei jedoch sicher. Bei jeder Regierungsbildung, die in Bagdad nach der Zwischenphase Nuri el-Malikis zustande käme, wäre seine Glaubensgemeinschaft durchaus bereit, sunnitische und kurdische Minister mit wichtigen Ämtern zu betrauen. Die wirkliche Führung des Staates müsse jedoch in den Händen eines Schiiten liegen.

Ich bin dieses Mal nicht zu einer Diskussion mit den Theologiestudenten, den »Tullab«, über Fragen der Religion, über die Beziehungen zwischen Islam und Christentum sowie die Person Khomeinis eingeladen worden, die Mudarissi vor fünf Jahren in einer historischen Husseiniyeh einberufen hatte. Dafür ist die Stimmung in Kerbela zu angespannt. Zudem lege ich Wert darauf, das Hotel »Andalus« in Bagdad vor Einbruch der Nacht zu erreichen. Der Abschied von dem Großayatollah findet mit der üblichen orientalischen Umarmung statt.

Als wir die Außenbezirke der Hauptstadt erreichen, leeren sich bereits die Straßen. Die Kontrollen durch Polizei und Soldaten in Tarnuniform mehren sich. Das Karada-Viertel, der angeblich harmloseste Sektor der Hauptstadt, ist in ein enges Sicherungsnetz eingesponnen. Mit Erleichterung blicke ich auf die große chaldäische Kirche, die, etwa dreihundert Meter von unserer Unterkunft entfernt, religiöse Toleranz zu symbolisieren scheint. Das steinerne Kreuz ragt hoch über dem ausladenden Schiff von »Our Lady of Salvation«, der das Gotteshaus geweiht ist. Das Kreuz zeichnet sich deutlich neben dem aufgehenden Halbmond am abendlichen Himmel ab. Zu diesem Zeitpunkt kann ich nicht ahnen, daß nur wenige Tage später, am 31. Oktober 2010, diese christliche Sakralstätte einer verbrecherischen Verwüstung anheimfallen würde, daß die Waffen fanatisierter Terroristen ein Blutbad unter den zur abendlichen Messe versammelten Jüngern Christi anrichten würden. Wir sind kurz vor dieser Tragödie über Dubai nach Afghanistan weitergereist.

Afghanistan – Auf den Routen der Mudjahidin

Märtyrer im Kampf gegen die »Schuwari«

Befreites Gebiet, Juli 1981

Im Laufe dieses ersten Tages entdeckten wir, welche Strapazen uns bevorstanden. Ein Steilhang folgte dem anderen. Wir stolperten durch steinige Flußbette und quälten uns mühselig die Saumpfade empor. Als wir den ersten großen Paß in viertausenddreihundert Meter Höhe erreichten, wo der schneeweiße Bergkegel des Safid-Koh zum Greifen nahe schien, sank unsere Zuversicht, und wir fragten uns, wie wir unser Unternehmen durchstehen würden. Mir wurde auf einmal der Grund klar, warum so wenig und unzureichend über den afghanischen Widerstand gegen die sowjetischen Invasoren berichtet worden war. Die physischen Leistungen, die in dieser abweisenden Gebirgsgegend den Reportern und Kameraleuten abverlangt werden, gehen an die Grenzen der körperlichen Belastbarkeit.

Im Hauptquartier der »Hezb-e-Islami« war man sich in schmerzlicher Weise bewußt, daß aller kriegerischen Leistung ohne eine gleichzeitige propagandistische Aktion das weltweite Echo versagt bleiben würde. Die Algerische Befreiungsfront im Kampf gegen Frankreich, die Palästinenser in ihrer Auseinandersetzung mit Israel, der Vietcong im Indochina-Konflikt hatten gezeigt, wie man die Trommel rühren kann. Aber wer war schon bereit, sich in die tödliche Wildnis Afghanistans zu verirren!

Nach einer ersten Rast in einer jener zahlreichen Steinhütten, wo rund um einen riesigen Ofen stets Tee zubereitet wird und die deshalb von den Afghanen »Samowar« genannt werden, setzten wir mit müden Knien unseren Weg fort. Erstaunlich, wie belebt diese schroffe Gebirgspiste war. Besonders beeindruckte uns eine Truppe schlitzäugiger Mongolen, die im Laufschritt einen Steilhang hinaufhasteten. Sie gehörten dem Volk der Hazara an, das im unzugänglichen Kerngebiet Afghanistans rund um Bamiyan weiterhin die wackersten Kämpfer des Heiligen Krieges stellte. Die Nachkommen Dschingis Khans eilten wie ein Spuk an uns vorbei, grüßten mit »Salam alaikum« und waren bereits hinter der nächsten Höhe verschwunden.

Gegen Abend erreichten wir ein felsiges Gebirgstal. Der Ort wurde Laredar genannt. Wir befanden uns offenbar auf einer der großen Infiltrationsschneisen der Widerstandskämpfer, die in die Umgebung von Kabul und nach dem äußersten Norden Afghanistans führen. Ohne Unterlaß trafen neue Trupps von Mudjahidin verschiedenster rassischer und politischer Zugehörigkeit ein. Sie rasteten kurz, tranken eine Tasse Tee, kochten etwas Reis ab. Dann verrichteten sie in frommer Inbrunst ihr Gebet. Die Gewehre hatten sie dabei in Griffweite. Die Fatiha, die Eröffnungssure des Koran, hallte feierlich durch das felsige Tal. Zwei Greise mit weißen Bärten sprachen uns heiter und freundschaftlich an. Sie zeigten auf den Himmel und beschrieben die Hubschrauber, fluchten auf die »Schurawi«, die Sowjets, und ahmten das Bellen eines Maschinengewehres nach. Selbst für diese alten Männer, die sich mit erstaunlicher Behendigkeit im steilen Gelände bewegten, war der Heilige Krieg offenbar ein Mordsspaß.

Schon am frühen Morgen näherten sich Kamele aus Richtung der pakistanischen Grenze, die mit Bazooka-Geschossen beladen waren. Der Strom der Mudjahidin wollte jetzt nicht mehr abreißen. Ein Vergleich mit Vietnam war hier völlig unangebracht, denn die US-Luftaufklärung hätte eine solche Partisanenkonzentration längst zerschlagen, ja, wir hätten mit einem B-52-Flächenbombardement rechnen müssen.

Immer wieder stellten wir fest, daß an panzerbrechenden Waffen kein Mangel war und daß die Rohre der RPG 7 sowie ihre Geschosse zum häufigsten Frachtgut gehörten. Wir sahen uns sorgfältig die Ursprungszeichen dieser Bazookas an. Offenbar gehörte es zu einer stillschweigend vereinbarten Politik, die afghanischen Partisanen mit Geräten sowjetischer Fabrikation oder zumindest sowjetischen Typs zu versorgen. Ein bärtiger Paschtunen-Krieger erklärte uns durchaus glaubwürdig und unter Zustimmung seiner Gefolgsleute, daß die Mudjahidin ihre ursprüngliche Angst vor Panzern längst überwunden hätten, daß sie oft vor Freude tanzten, wenn russische Tanks gemeldet wurden, und daß die Kämpfer des Heiligen Krieges sich dann um die Ehre stritten, ihre Bazookas aus kürzester Entfernung abzufeuern. Die sowjetischen Kampfflugzeuge hatten viel von ihrer Wirkung verloren und galten vor allem als psychologisches Mittel der Kriegführung. Ganz eindeutig fehlte es dem afghanischen Widerstand an Boden-Luft-Raketen.

In den folgenden Tagen unseres Weitermarsches konnte ich erneut feststellen, daß der Vergleich zwischen Afghanistan und Vietnam ziemlich irreführend ist. Wir kamen durch Gebirgsdörfer, die zwar gelegentlich aus der Luft beschossen worden waren, aber eine systematische Vernichtungsaktion durch die sowjetische Luftwaffe, wie sie in Indochina in den »free-fire-zones« durch die US Air Force üblich war, fand in diesem Teil Afghanistans nicht statt. Selbst die Getreidefelder, die kurz vor der Ernte standen, waren nicht durch Chemikalien vernichtet worden. Von einer ununterbrochenen Luftwaffenpräsenz, wie sie sich die Amerikaner auch in den entlegensten Winkeln Indochinas leisteten, konnte hier nicht die Rede sein. Offenbar wurden die russischen Hubschrauber und MIGs voll und ganz benötigt, um die wichtigsten Städte abzuschirmen und die großen strategischen Straßen zu überwachen.

Gegen Mittag kündigte mir der Dolmetscher die Ankunft einer etwa dreihundert Mann starken Einheit der Hezb-e-Islami an. Der etwa dreißigjährige Führer trug den Namen Abdel Wadud und verfügte über besonderes Prestige. Sein älterer Bruder, Mohammed Omar, hatte 1974 als Medizinstudent an dem islamischen Putsch gegen Präsident Daud in führender Position teilgenommen und war nach dem Scheitern des Staatsstreichs hingerichtet worden.

Abdel Wadud stammte aus der Provinz Takhor im äußersten Nordosten Afghanistans. Ursprünglich war er Lehrer, aber inzwischen war er zu einem exemplarischen Führer im Heiligen Krieg herangewachsen. Die Hezb-e-Islami, die zweifellos über die solidesten Strukturen verfügte, hatte in jeder Provinz eine sogenannte Schura, eine gewählte Versammlung als lokales Entscheidungsgremium eingesetzt. Natürlich versuchten die Afghanen die Rivalitäten, die zwischen den verschiedenen Organisationen bestehen, herunterzuspielen. Dennoch ist das Mißtrauen, ja die Feindschaft zwischen den verschiedenen Fraktionen groß. Es soll sogar zu bewaffneten Auseinandersetzungen und zu Überfällen auf Waffenkarawanen kommen. Die Männer der Hezb-e-Islami betrachten ohnehin nur die strengen Fundamentalisten als annehmbare Verbündete.

Im Westen ist diese Zersplitterung der afghanischen Résistance immer wieder kritisiert und bedauert worden. Doch diese Vervielfältigung kann sich auch als Vorteil für die Partisanen erweisen. Für die sowjetische Militärmaschine besteht nicht die geringste Chance, durch eine gut gezielte Operation die Front ihrer Gegner ein für alle Mal zu zerschlagen. Der afghanische Widerstand ist eine Art Hydra, der ständig neue Köpfe nachwachsen.

Es war ein sehr stimmungsvoller Abend. Die Gestalten der Mudjahidin zeichneten sich beim Abendgebet vom grünlichen Himmel ab. Durch das steinige Tal hallten das Wiehern der Pferde und der Schrei der Esel, von dem der Prophet Mohammed in einer Koran-Sure gesagt hat, es sei der häßlichste Laut der Schöpfung. Bevor wir einschliefen, übersetzte unser Dolmetscher uns das Lied, das vom Lagerfeuer zu uns herüberklang. »Ergreife dein Maschinengewehr! So verehrst du das Blut unserer Märtyrer. Zerstöre die Paläste der Unterdrücker, dann wirst du mit Hilfe Allahs siegen! Vernichte die Partei des Teufels.«

Nun ging es in steilen Schluchten abwärts in Richtung auf die Ortschaft Azrow. Das Land war hier dichter besiedelt. Die Lehmburgen erinnerten in ihrer abweisenden Architektur an die »Qusur« des marokkanischen Hoch-Atlas. Eine seltsame Gleichförmigkeit der islamischen Welt zwischen dem äußersten Maghreb und dem äußersten Maschreq wurde hier sichtbar. Über einzelnen Gräbern flatterten bunte Fahnen. Sie zeigten an, daß hier »Schuhada«, Gefallene des Heiligen Krieges, bestattet waren.

Um ein Uhr mittags versammelten sich die Mudjahidin zum Gebet. Vorbeter und Prediger war Abdel Wadud. Er verkörperte jetzt die ideale islamische Kriegergestalt, den »Amir el Mu'minin«. Er war geistlicher Führer, militärischer Kommandant und höchste politische Autorität.

Bei seinem Gebet hielt er anstelle des traditionellen »Schwert des Islam« eine Kalaschnikow in der Hand, wie das zum ersten Mal in Teheran von Ayatollah Taleghani vorgeführt worden war. Die wilden Männer vom Volk der Usbeken und Tadschiken waren in innige Frömmigkeit versunken.

Abdel Wadud richtete seine Ansprache auf Dari, der persischen Umgangssprache, an seine Gefolgsleute: »Ihr seid die glücklichsten Menschen auf Erden! Für euch stehen nur zwei glorreiche Wege offen: Entweder ihr überlebt als Sieger und werdet als ‚Ghazi' hoch geehrt, oder ihr sterbt als Märtyrer des Glaubens, als ‚Schahid', und dann findet ihr Einlaß zu den Ehrenplätzen des Paradieses.« Später führte er aus, daß allein der Glaube an Allah zu diesem Kampf befähige, denn nur ein frommer Muslim könne es wagen, die ungeheure Macht der Sowjetunion herauszufordern. Während der Khutba erhob sich ein usbekischer Unterführer und zitierte mit lauter Stimme einen Vers des Koran: »Wenn einer sagt, daß die Toten, die auf dem Wege Allahs sterben, tot seien, dann irrt er; sie sind lebendig! Ihr wißt es nur nicht.«

Den Tag des Triumphes über die Sowjetunion hat Abdel Wadud nicht mehr erlebt. Nur zwei Wochen, nachdem sich unsere Wege trennten und ich bei der Abschiedsumarmung – was mir eigentlich nicht zustand – die Barmherzigkeit und den Segen Allahs – »rahmatu Allah wa barakatuhu« – auf ihn herabrief, ist er im Kampf gegen die Schurawi als Märtyrer gefallen.

Der Tod des Mudjahid

Paschtun-Zarghun, im April 1990

Während der Militärhubschrauber vom sowjetischen Typ MI-17 in vorsichtigen Schleifen auf einen gelblichen Stoppelacker in der afghanischen Westprovinz Herat zukreiste, fühlte ich mich um fünfunddreißig Jahre nach Marokko zurückversetzt. Damals waren die Berberstämme aus ihren Bergen rings um Kuribga hervorgestürmt, um über französische Siedler herzufallen und sie zu massakrieren. In einer schnellen Gegenaktion hatten Fallschirmjäger der Fremdenlegion die Rebellion niedergeschlagen. Dann hatte der kommandierende französische General eine farbenprächtige Unterwerfungsfeierlichkeit inszeniert, einen »Aman«.

Ähnliches geschah jetzt auch hier nahe der Dörfergruppe von Paschtun-Zarghun. Etwa dreitausend Mudjahidin – meist Persisch sprechende Tadschiken – hatten sich auf einem weiten Feld versammelt, um sich von den Aufständischen loszusagen und ihre Loyalität gegenüber dem pro-sowjetischen Regime des Präsidenten Nadschibullah zu bekunden. Wir waren in dieser äußersten Nordwest-Ecke Afghanistans nur knappe hundert Kilometer von der sowjetischen und der iranischen Grenze entfernt. Die schneebedeckten Berge im Hintergrund waren den kahlen Höhen des marokkanischen Rif zum Verwechseln ähnlich. Sogar der Menschentypus – prächtige wilde Gestalten unter dem Turban – schien den Berbern verwandt zu sein.

Identisch auch das Zeremoniell: Die Stammesführer und Ältesten gingen auf die Regierungsvertreter aus Kabul zu, in der Mehrheit Militärs im Generalsrang, und küßten sie dreimal zum Zeichen der Versöhnung. Gleichzeitig wurde in einem urzeitlichen Ritual zwei Stieren die Gurgel durchgeschnitten, so daß das Blut in einem dicken Strahl zwei Meter weit spritzte. Beim Rundgang der Gäste im Karree der Mudjahidin, der einer Inspektion ähnelte, fiel mir auf, daß diese Kämpfer des Heiligen Krieges mit imponierender Bewaffnung gekommen waren. Neben den landesüblichen Kalaschnikows, von denen es russischen Angaben zufolge allein in Südafghanistan eine halbe Million Exemplare gibt, waren panzerbrechende RPG-7, Granatwerfer und schwere Maschinengewehre auf die Ehrengäste gerichtet. Zur Begrüßung der Militärbefehlshaber und Spitzenfunktionäre eines Regimes, das noch kurz vor dem Abzug der Sowjetarmee sein Festhalten an den gottlosen Thesen des Marxismus-Leninismus beteuert hatte, stießen die Mudjahidin den Ruf »Allahu akbar – Gott ist groß« aus.

Als der Gouverneur von Herat, designierter Regierungschef von Kabul und als Generalleutnant der afghanischen Regierungsarmee gleichzeitig Vizeminister des gefürchteten Sicherheitsdepartements, zu einem kurzen Gespräch anhielt und sich einem ganz in weiß gekleideten bärtigen Hünen zuwandte, wurde das Feuer auf die Gäste eröffnet. Die

Salven schienen aus mehreren Richtungen zu kommen. Der Gouverneur brach schwer verwundet zusammen, zwei Generale waren sofort tot. Die Leibwächter der Regierungsdelegation durchsiebten die vermeintlichen Attentäter mit ihren Kugelgarben. Zu spät: Diese Männer waren ohnehin bereit, ihr Leben zu opfern. Eine ungezügelte Schießerei brach aus. Das weite Feld war im Nu mit Leichen und Verwundeten übersät.

Drei Meter von mir entfernt richtete ein Soldat der Regierungsarmee sich unvorsichtig auf und legte das Gewehr an. Eine Kugel durchschlug ihm die Aorta, und das Blut sprudelte ihm – ähnlich wie bei den geschlachteten Stieren – in dickem Strahl aus dem Hals. So flach ich konnte, preßte ich mich gegen den Ackerboden. Mit Befriedigung stellte ich fest, daß mich keine Spur von Panik erfaßte, daß ich eine seltsame Distanz zu dem Gemetzel bewahrte. Schon überlegte ich mir, ob ich – im Falle einer fatalen Isolierung in diesem feindseligen Land – meinen Fluchtweg in Richtung auf die iranische oder die sowjetische Grenze antreten sollte. Die persische Alternative erschien mir vernünftiger. Es beruhigte mich irgendwie, daß der Tod trotz meines fortgeschrittenen Alters kein Entsetzen in mir auslöste, daß mir sogar – während die Stoppeln des abgeernteten Getreidefeldes mein Gesicht kitzelten – ein Goethe-Zitat in den Sinn kam: »Der Tod ist gewissermaßen eine Unmöglichkeit, die plötzlich zur Wirklichkeit wird.«

Panzer rollten nach vorn und feuerten in die Menge. Doch die Masse der Mudjahidin griff nicht in den Kampf ein. Sie zerstreute sich in der Landschaft und strebte ohne sonderliche Eile, wie mir schien, ihren Dörfern zu – ganz wie das Publikum eines Fußballstadions nach dem Ende des Spiels. Mit zwei russischen Reportern sprang ich auf den letzten Hubschrauber, der gerade abheben wollte. Er war voller Toter und Verwundeter. In Herat hatte eine Antonow-Maschine bereits die Motoren angeworfen, um die Verletzten in die Hauptstadt zu transportieren. Auf dem Rückflug war ich zutiefst beeindruckt von der Gelassenheit oder, besser gesagt, der Gottergebenheit der Schwerverwundeten. Niemand wußte zu sagen, wer von ihnen Widerstandskämpfer oder Regimeanhänger war. Oft waren sie gräßlich getroffen, aber nicht einer klagte, schrie oder jammerte, nicht einmal ein Stöhnen hörte ich.

Zu meinen Füßen starb ein etwa dreißigjähriger Krieger, dem der Turban vom kahlrasierten Schädel gerutscht war. Ich schob ihm meine Feldtasche unter den Kopf. Seine Lippen bewegten sich zum Gebet, der Blick war verschleiert. Wie zu einer brüderlichen Geste hob er die Hand, die ich ergriff. Ich spürte, wie sie langsam erkaltete. Der Mudjahid stieß einen letzten Seufzer aus, und zu seinen Ehren rezitierte ich leise die »Fatiha« als Totengebet. So würdevoll wie dieser unbekannte Afghane müßte man eines Tages sterben können!

Der Überfall von Paschtun-Zarghun, ein präzis geplanter Anschlag, hatte vermutlich dem Staatsoberhaupt Nadschibullah gegolten, der seine Teilnahme an der Unterwerfungsveranstaltung angekündigt, aber in letzter Minute abgesagt hatte.

Das Attentat war exemplarisch für die unberechenbare Tücke des Heiligen Krieges am Hindukusch. Die beiden russischen Kollegen, die mir in der Antonow gegenübersaßen, waren keine Neulinge in diesem rauhen Land. Auch sie wirkten erschüttert angesichts des Blutrausches, der sich da plötzlich einer kleinen Gruppe islamischer Selbstmordkandidaten und deren Gegnern, der afghanischen Regierungssoldaten, bemächtigt hatte.

Panzerwracks im Pandschir-Tal

Pandschir-Tal, im September 2002

Im Hindukusch gibt es so manche Schlucht, deren gelb, rötlich und violett schimmernde Felsmassen sich fast berühren und nur einen schmalen Spalt knallblauen Himmels freigeben. In der Höhe drohen gewaltige Steinklötze, als warteten sie nur darauf, von irgendwelchen Unholden auf fremde Eindringlinge herabgeschleudert zu werden. Das Pandschir-Tal, das nordöstlich von Sharikar ins Hochgebirge abzweigt, hat zusätzliche Sehenswürdigkeiten zu bieten. Hier säumen die Panzerwracks der Sowjetmacht zu Dutzenden den engen Durchlaß. Die Tanks vom Modell T-54 und T-62 waren in massiven Rudeln in diese urweltliche Falle vorgeprescht. Von den russischen Kommandeuren wurden sie immer wieder der Vernichtung durch die Bazookas der Mudjahidin oder durch

Haftladungen an den Steilwänden ausgesetzt. Die Tanks brannten aus oder wurden ins Flußbett gekippt.

Gleich zweimal in der jüngsten Kriegsvergangenheit Afghanistans hat das Pandschir-Tal eine entscheidende Rolle gespielt. Hier zerbrachen sämtliche sowjetische Offensiven, die den Salang-Paß absichern sollten. Dessen Tunnel war für den russischen Nachschub unentbehrlich. Hier blieben aber auch die Horden der Taleban-Krieger, die neunzig Prozent Afghanistans überrannt hatten, im Feuer des tadschikischen Partisanenführers Ahmed Schah Massud stecken. Am Pandschir erkannten die Russen, daß ihr Eroberungsfeldzug gescheitert war. Zwölf Jahre später diente dieses Réduit, das sich gegen die »Koranschüler« behauptete, den Milizen der sogenannten Nord-Allianz als Ausgangspunkt für ihren erfolgreichen Gegenangriff gegen das Regime des Mullah Omar.

In Haarnadelkurven winden wir uns das Pandschir-Tal hinauf. Unser Ziel ist die Grabstätte, die für Ahmed Schah Massud, den »Löwen von Pandschir«, nach dessen Ermordung im September 2001 errichtet wurde. Gelegentlich weitet sich das Flußbett, bietet Raum für Maisfelder und Obstplantagen. Die Dörfer sind zerstört und leergebrannt. Unweit von Bazarak entdecken wir das bescheidene Mausoleum Massuds auf einer beherrschenden grünen Anhöhe. Das Ehrenmal für den Nationalhelden Afghanistans besteht aus einem weißen Rundbau und wird von einer verbeulten grünen Blechkuppel gekrönt. Die Leiche Massuds ruht unter einer grünen, mit Koransprüchen bestickten Decke. Ringsherum stapeln sich silberne Kränze von seltener Häßlichkeit.

Im Pandschir-Tal haben sich die Russen die Zähne ausgebissen, und den Taleban ist es nicht besser ergangen. An dieser Stelle muß die Vorgeschichte der fanatisierten Kriegerschar von Koranschülern in Stichworten erwähnt werden. Nach der Vertreibung der Sowjetarmee im Februar 1989 konnte sich deren kommunistischer Statthalter, Präsident Nadschibullah, wider alle Erwartungen noch knappe drei Jahre behaupten. Zumindest kontrollierte er Kabul und die wichtigsten Provinzstädte gegen die islamischen Fraktionen, die unterdessen ihre persönlichen Rivalitäten und die verhängnisvollen Erbfehden zwischen Paschtunen, Tadschiken, Hazara und Usbeken in einem bluttriefenden Bruderkrieg austrugen. Bei den Konflikten wurde Kabul durch Granat- und Raketenbeschuß verwüstet. Das Land verlor sich in mörderischer Anarchie. Zahllose Warlords installierten sich als Regionalfürsten, plünderten die Bevölkerung, vergewaltigten die Frauen, schufen einen unerträglichen Zustand der Unsicherheit.

Was die Afghanen sämtlicher politischer Lager dem Westen und vor allem den USA nach dem Abzug der Russen vorwarfen, war deren Passivität angesichts der fürchterlichen Tragödie ihres Landes. Die Mudjahidin hatten ihre Schuldigkeit getan. Jetzt überließ man sie ihren selbstzerstörerischen Instinkten und ihrem Elend. Als Instrument der Befriedung am Hindukusch fiel den zuständigen amerikanischen Diensten und den Ölmultis nichts Besseres ein, als die pakistanische Armee zu beauftragen, in den Auffanglagern ihrer Nordwestregion, wo etwa zwei Millionen überwiegend paschtunische Flüchtlinge kampierten, eine Armee von jungen »Koranschülern« oder »Taleban« auszuheben, sie in Schnellkursen halbwegs auszubilden und mit einem reichhaltigen Waffenarsenal zu versehen. Die Folge ist bekannt. In einem Blitzfeldzug bemächtigten sich die Koranschüler, meist ohne einen Schuß abzufeuern, der großen Provinzzentren, rückten im Herbst 1995 in Herat ein und vertrieben den amtierenden Staatspräsidenten, den Tadschiken Rabbani, aus der Hauptstadt Kabul. Die Taleban, von der Bevölkerung erst freudig begrüßt, weil sie mit unerbittlicher Härte für Ruhe und Ordnung sorgten, erwiesen sich als religiöse Exzentriker der schlimmsten Art.

Der 11. September 2001 bewirkte den totalen und radikalen Frontwechsel. Die Taleban, die den Terroristen von El Qaida eine Operationsbasis geboten hatten und sich weigerten, Osama bin Laden an die USA auszuliefern, verkörperten von nun an für Präsident George W. Bush die Mächte der Finsternis, die es mit allen Mitteln auszumerzen galt. Die tadschikischen und usbekischen Widerstandsbewegungen im äußersten Nordosten Afghanistans hingegen wurden in aller Eile mit Waffen überschüttet und unter der Bezeichnung Nord-Allianz als Kerntruppe, als »proxies« der US-Bodenoffensive gegen die Taleban, also gegen die Verbündeten von gestern, ins Feld geschickt.

Ländliche Idylle in Yaghestan

Provinz Wardak, im September 2002

Die Expedition in die Provinz Wardak bleibt uns wie die Reise in ein Märchenland in Erinnerung. Wer kennt schon Wardak? Diese Bergregion im Herzen des Hindukusch – südwestlich von Kabul gelegen – grenzt im Norden an das mongolische Siedlungsgebiet der Hazara. Vom Bamiyan-Tal, wo die riesigen Buddha-Statuen dem religiösen Wahnsinn der Taleban zum Opfer fielen, ist Wardak durch eine Gebirgskette von vier- bis fünftausend Meter Höhe abgeriegelt. Ich glaube, seit Ausbruch der Feindseligkeiten vor mehr als zwanzig Jahren haben die hier lebenden Menschen, überwiegend Paschtunen, keinen westlichen Ausländer bei sich gesehen. Während der sowjetischen Okkupation wurde das Dorf meines Freundes Wali Kabir nur einmal von einem Hubschrauber-Kommando russischer Speznatz angegriffen. Sie suchten vergeblich nach Walis Vater, der der örtlichen, islamisch orientierten Widerstandsbewegung vorstand, zerstörten den Flecken Dalan, töteten mehrere seiner Einwohner und flogen wieder davon. Vom amerikanischen Feldzug haben die Einheimischen nur die Kondensstreifen der B-52-Bomber wahrgenommen.

Ich verdanke es Wali Kabir, daß ich diesen unzugänglichen Winkel des aufsässigen Yaghestan aufsuchen kann, der uns – verglichen mit dem trostlosen Zustand des übrigen Afghanistan – als eine Art Shangri-La erscheint. Wali und ich sind alte Bekannte. Im Sommer 1981 war mir der in Deutschland Maschinenbau studierende Afghane als Dolmetscher zugeordnet worden, als ich mich einer Truppe von Mudjahidin der Hezb-e-Islami anschloß. Mit zwei Landrovern rollt unser Kamerateam von Kabul aus über eine holprige Strecke in Richtung Kandahar. Wali läßt sich von seinem Bruder Abdurrahman begleiten und dem Fahrer Malik, der wohl seiner Sippe nahesteht. Wir biegen nach Westen ab. Von nun an wird die Piste zur reinen Qual. Immer wieder müssen wir im Vierradantrieb steile Böschungen und scharfe Felskanten überwinden. Aber die Mühe lohnt sich. Schon nach einer halben Stunde nimmt uns eine grandiose Landschaft auf. In bizarrer Formation türmen sich die Felsblöcke. An den Geröllhalden flattern bunte Tücher über einsamen

Gräberreihen. Der abendliche Himmel zerschmilzt in Gold und Violett. Hinter einer Biegung taucht eine Kamelkarawane von Kutschi-Nomaden auf.

Hinter einem abrupten Gebirgssattel entfaltet sich ein zauberhafter Anblick. Gerade weil die Gesteinsmassen so nackt und unwirtlich in stets wechselndem Farbspiel aneinanderrücken, leuchten die Felder und Gärten in der Tiefe, wo sie einen schmalen Fluß säumen, in extrem intensivem Grün, wie ich es zuvor nur in den Oasen Mauretaniens gesehen habe. Fast immer ragt ein festungsähnliches Bauwerk babylonischen Zuschnitts über den Siedlungen. Dem mazedonischen Welteroberer Alexander, der durch die Berge Afghanistans dem Tal des Indus zuhastete, muß sich dreihundert Jahre vor Christus der gleiche Anblick geboten haben.

Woher kommt die Euphorie, die feierliche, entspannte Stimmung, die sich unseres Teams bemächtigt? Ist es die Höhe von fast dreitausend Metern? Ist es die biblisch anmutende Umgebung, die Heiterkeit unserer Gastgeber, das herrliche Naturschauspiel, das zu jeder Stunde des Tages in neuen Tönungen und Schattenspielen variiert? Ein Spruch aus dem Evangelium kommt mir in den Sinn: »Herr, hier ist wohl sein! Laßt uns hier unsere Hütten bauen.« Dabei ist jeder Anmarsch zu dem luftigen Lehmhaus, in dem wir bei Walis Onkel nächtigen, überaus mühselig. Seit drei Jahren hat es in diesen Tälern nicht geregnet, die Not ist groß, aber die Gottergebenheit ist wohl noch stärker. »Mein Onkel hat noch nie irgendwelche Besucher bei sich aufgenommen, nicht einmal Afghanen«, sagt Wali. »Sie sind die ersten.« Der alte Mann ist von einem gefährlichen Gewächs auf der rechten Wange geplagt, aber er sitzt – offenbar recht zufrieden – im letzten Goldlicht des Tages und schmaucht an seiner Wasserpfeife.

Vorher hatten wir das überwiegend mongolische Dorf Tara aufgesucht. Auch diese schiitischen Hazara verfügen über eine mächtige Trutzburg aus Lehm. Die Hazara schlafen in den Ställen neben ihrem Vieh, denn im Winter fällt die Temperatur auf minus zwanzig bis minus dreißig Grad, die Schneedecke erreicht zwei oder drei Meter und die Wärme der Tiere ersetzt das fehlende Brennholz. Wie zwergenhafte Zauberer eines orientalischen Märchens haben sich diese versprengten

Nachfahren Dschingis Khans, die schiitischen Mullahs mit den schütteren weißen Bärten, um mich geschart. Die platten, schlitzäugigen Gesichter lächeln mir zu. Sie überbieten sich in frommen Begrüßungsformeln.

Bei Nacht spannt sich ein unglaublich funkelndes Firmament über dem Hindukusch. Vor dem Einschlafen habe ich mit Wali ein kurzes Gespräch geführt. Er blickt mit Sorge in die Zukunft, kann sich als ehemaliger Streiter der Hezb-e-Islami mit dem jetzigen Regime von Kabul nicht anfreunden. Die Amerikaner behagen ihm nicht. Doch als die Sprache auf die Pipeline kommt, die die texanischen Ölmultis von Zentralasien durch Westafghanistan zum Indischen Ozean verlängern wollen, und ich die Vermutung äußere, die Gegner Karzais würden eine solche Leitung doch verhindern und sprengen, widerspricht er mir: »Unsere Leute sind klug genug, um jede wirtschaftliche Initiative, auch die der Yankees, die der Anhebung ihres Lebensstandards, der Linderung ihrer Armut dient, zu akzeptieren. Denken Sie doch an Algerien!« Tatsächlich wurden im nordafrikanischen Bürgerkrieg mehr als 120 000 Menschen ermordet, doch die Pipelines, die aus der Sahara zum Mittelmeerhafen Arzew führen, wurden kein einziges Mal sabotiert.

Russisches Roulette
Mazar-e-Scharif, im September 2002

Wir sind ganz froh, eine Maschine der Vereinten Nationen zu besteigen und einen Abstecher in die Provinz Balq zu unternehmen. Über Kabul ist ein heftiger Sandsturm aus dem Norden aufgekommen. Der Wind wirbelt unsäglichen Unrat, Müll, Fäkalien und alle möglichen Krankheitserreger auf. Wer konnte von dieser Hindukusch-Metropole mit der schäbig blauen Freitagsmoschee am verdreckten Fluß und dem erbärmlichen Regierungsviertel nur behaupten, sie sei einst eine »Perle des Orients« gewesen?

Der nördliche Schwerpunkt Afghanistans, Mazar-e-Scharif – »Grab des Edlen« –, liegt nur fünfzig Kilometer südlich des Amu Daria und der usbekischen Grenzstadt Termes. Die staubige Ebene, auf der noch brütende Hitze lastet, verweist bereits nach Samarkand und Buchara. Der Mittelpunkt dieser Stadt ist eine prächtige Moschee, in der angeblich der Vetter und Schwiegersohn des Propheten, Ali Ibn Abi Talib, der Stammvater der schiitischen Glaubensrichtung, auf wunderbare Weise bestattet wurde. Ein weißes Kamel hatte den Leichnam aus dem fernen Mesopotamien in die fromme Landschaft Baktriens transportiert. Das Gebetshaus ist von Rosengärten und feierlichen Höfen umgeben. Schon aus der Ferne leuchten die blau-grünen Kacheln und Blumenornamente. Die Kuppel und die Minarette verraten den Einfluß iranischer Architekten.

Wir spüren gleich, daß die Atmosphäre gespannt ist an diesem riesigen Marktplatz, der sich durch die Produktion knallroter, häßlicher Teppiche hervortut. In der nahe liegenden Festung Qala-Jangi war es nach der Eroberung der Stadt durch die Nord-Allianz zum verzweifelten Aufstand gefangener El Qaida- und Taleban-Kämpfer gegen ihre sadistischen Wächter und Peiniger gekommen. Die Revolte endete in einem Gemetzel. Noch unlängst ließ der Usbeken-General Abdurraschid Dostom, wohl der brutalste Warlord Afghanistans, tausend seiner Gegner in verschlossenen Containern zur Kerkeranlage von Scherberghan abtransportieren. Tagelang blieb der Konvoi in der glühenden Hitze stehen. Als die riesigen Blechkisten geöffnet wurden, waren die meisten Insassen verdurstet oder erstickt. Die schwärzlichen Kadaver wurden eilig in Massengräbern verscharrt. Die Taleban waren übrigens ebenso grausam mit den schiitischen Hazara umgegangen.

Dostom hatte einst auf seiten der Sowjetunion gekämpft, dann seinen Gönner Nadschibullah verraten; schließlich war er zwischen Ahmed Schah Massud und Gulbuddin Hekmatyar hin- und hergependelt. Vor den Taleban war er in die Türkei geflüchtet und kehrte von dort rechtzeitig zurück, um mit seiner usbekischen Horde am Siegeszug der Nord-Allianz teilzunehmen. Offiziell gehört Dostom als stellvertretender Minister dem Kabinett Karzai an, aber er läßt sich höchst selten in Kabul blicken.

Nichts ist einfach in Mazar-e-Scharif. Dostom ist hier kein uneingeschränkter Despot. Ihm steht ein tadschikischer General kampfbereit gegenüber. Er heißt Mohammed Atta – nicht mit dem Hauptattentäter von New York zu verwechseln –, den man im Volk »Ustaz«, also »Meister« oder »Professor« nennt. Im Gegensatz zu der furchterregenden Killervisage Dostoms beeindruckt mich der tadschikische »General« durch sein extrem soigniertes Auftreten. Er trägt schwarzen Anzug, schwarze Krawatte und ein blütenweißes Hemd. Der Bart ist sorgfältig gestutzt, was dem kühn geschnittenen Profil ein assyrisches Aussehen verleiht. Draußen wimmelt es von Bewaffneten, die inzwischen alle gescheckte Tarnuniformen tragen, aber im Hauptquartier von Atta geht es sehr zivilisiert zu.

Am Nachmittag sind wir zu einem historischen Ausflug nach Osten aufgebrochen. Unser Ziel ist die Stadt Balq, nur zwanzig Kilometer entfernt. Hier hatte einst Alexander der Große prachtvoll Hof gehalten. Baumwollfelder dehnen sich beiderseits der Straße. In dieser Metropole des antiken Baktrien hatte später auch der gefürchtete »Amir el-Kebir« Tamerlan residiert. Von siebzig öffentlichen Bädern, die damals in Balq existierten, ist ein einziges Hammam übriggeblieben. Zwei Droschken werden von winzigen Pferden mit knallrotem Troddelschmuck gezogen. Sie traben an unförmigen Lehmruinen entlang, die angeblich auf den großen Mazedonier zurückgehen. Die Ortschaft wirkt wie ausgestorben. Neben den kunstvoll gedrechselten Kachelpfeilern einer verträumten Moschee haben sich zwei Dutzend Knaben zum Koranunterricht niedergekauert. Ihre hellen Stimmen vermischen sich mit dem Vogelgezwitscher in den weit ausladenden Bäumen. Der Fahrer macht mich beim Rückweg nach Mazar-e-Scharif auf einen Felsblock aufmerksam, an dem angeblich der frühiranische Legendenheld Rostam, Sohn des Zer, dessen Taten im *Buch der Könige* verewigt sind, auf seinen epischen Wanderungen gerastet hat.

In Mazar-e-Scharif bin ich, ohne aufgehalten zu werden, bis zum Grab des »Hazret Ali« vorgedrungen, das in massives Gold und Silber gebettet ist. Drei alte Mullahs haben mich in ihre blaue Nische zum Tee eingeladen. Die Verständigung ist schwierig. »Goworitje po-russki?« fragt der eine – Sprechen Sie Russisch? Am Ende erfahre ich, daß die frommen Männer der Naqschbandiya-Bruderschaft angehören. Zumindest dieses Heiligtum, das von weißen Tauben umkreist wird, ist von den Verwüstungen des Krieges verschont geblieben.

Meine Gedanken schweifen zum Sommer 1979 zurück, als die kunstvolle Kachelfront der Moschee durch ein rotes Propagandaplakat der kommunistischen Khalq-Partei verunstaltet und entweiht worden war. Die Russen waren noch nicht einmarschiert, und der »Khalqi« Hafizullah Amin übte in Kabul sein grausames Regime aus. Irgendwie haben sie mir damals imponiert, die jungen Kommunisten der »Volkspartei« von Mazar-e-Scharif und vor allem ihre ideologisch engagierten Genossinnen. In ihrer zutiefst islamischen Heimat bildeten sie eine verschwindende Minderheit. Es gehörte sehr viel Kühnheit und Idealismus zu dem verzweifelten Versuch, die proletarische Weltrevolution, den Kampf gegen den Feudalismus, die Forderung nach weiblicher Emanzipation in diesem archaischen Rahmen zu verwirklichen. Die kleine Schar der Marxisten war in ihrem Parteibüro verbarrikadiert. Die Genossen trugen die bei ihnen üblichen Stalin-Schnurrbärte. Die Mädchen hatten Schleier und Kopftuch durch rote Blusen und enge Röcke ersetzt, die die Waden freiließen. Auch die Männer hatten rote Hemden an. Sogar die Tische waren mit knallroten Tüchern bedeckt. Unter dem roten Khalq-Wappen blickte lediglich ein Leninkopf aus Gips bleich und erstarrt auf diese monochrome Farborgie. Die Kalaschnikow-Gewehre standen stets in Reichweite, denn die Attentate auf die gottlosen Kommunisten häuften sich.

Diese Revolutionäre waren als Landesverräter abgestempelt, als Handlanger der Russen und – was schlimmer war – als Abtrünnige des Islam. Die »Rothemden« erklärten uns, daß die Alphabetisierung der Massen ihre vordringliche Aufgabe sei. Mit ihrem Wortführer fuhren wir zu einem Baumwoll-Lager, wo die weißflockige Ernte für den Versand zu großen Ballen zusammengepreßt wurde. Hier war gerade eine theoretische Unterrichtung der Arbeiter im Gange. Eine junge Parteigenossin stand mit Kreide und Zeigestock vor der Tafel, pinselte arabische Schriftzeichen aufs Brett und forderte die Anwesenden – eine Frau mit Kopftuch, dann einen alten Turbanträger – auf, die Lettern zu entziffern. Der alte Arbeiter tat sich schwer bei dieser Lektüre, aber er brachte den Satz zu Ende. »Der Kampf der Khalq-Partei gegen den Analphabetismus ist die wichtigste Mission der Regierung«, druckste er. Ringsum war das Gelände durch bewaffnete Milizionäre abgeschirmt.

In den folgenden Jahren haben diese unerschrockenen Weltverbesserer ihren fehlgeleiteten Fortschrittswahn vermutlich mit dem Leben bezahlt, aber im Rückblick erscheinen sie mir ehrenwerter als die opportunistischen Geschäftemacher, die sich heute in der Umgebung des Interimspräsidenten Karzai tummeln und die Lüge einer demokratischen Erneuerung vortragen.

Zu Fuß bin ich in der Dämmerung in den häßlichen Hotelkasten »Barat« zurückgekehrt, wo wir erbärmlich untergebracht sind. Auf der Suche nach dem Etagenschlüssel irre ich durch die düsteren Gänge der stinkenden Herberge. Von einem unbekannten Nachbarn werde ich gastlich in dessen Zimmer zum Tee eingeladen. Zafar Khan ist auf den ersten Blick eine undurchsichtige Erscheinung. Seiner Visitenkarte zufolge arbeitet er für eine internationale Organisation mit Schwerpunkt in Pakistan. Sein Auftreten wirkt ebenso ölig wie sein glattgestriegeltes Haar. Die Spionitis ist weit verbreitet in Mazar-e-Scharif, wo angeblich die Russen mit vorbildlicher Diskretion schon wieder einflußreiche Positionen im Erdgas- und Ölgeschäft besetzen und die unentbehrlichen Waffenlieferanten für die diversen Kriegshaufen bleiben.

»Sie sind doch in Islamabad mit General Hamed Gul zusammengetroffen«, erwähnt Zafar Khan nebenbei. Woher wußte er nur, daß ich bei meinem kurzen Zwischenaufenthalt in der Hauptstadt Pakistans mit dem ehemaligen Chef des Geheimdienstes ISI verabredet war? Hamed Gul, den ich in einer relativ bescheidenen Villa des ehemals britischen »Cantonment« der Garnisonsstadt Rawalpindi aufgesucht hatte – nur zwanzig Kilometer von Islamabad entfernt –, war zwar längst aus politischen Gründen in den Ruhestand versetzt. Aber sein Einfluß blieb wohl beachtlich bei den hohen Militärs, die seit der Staatsgründung Pakistans die wirkliche Macht verkörpern.

Natürlich gab ich den Inhalt des Gesprächs, das ich in Rawalpindi geführt hatte, nicht preis. General Hamed Gul hatte die erstaunliche Expansion der USA in Zentralasien mit dem hinterhältigen Bestreben Moskaus erklärt, dem ehemaligen Gegner im Kalten Krieg in dieser unbezähmbaren Weltgegend ein ähnliches Schicksal zu bereiten, wie es die Sowjetunion nach 1979 erlitten hatte. Er verwies mich diesbezüglich auf eine Studie des russischen Generals Gromow.

Aber, so argumentierte er, all das sei nur ein Vorgeplänkel. Ihn faszinierte die unvermeidliche Konfrontation, die sich zwischen Washington und Peking anbahnte. Die USA seien darauf aus, die Volksrepublik China von ihren unentbehrlichen Energiequellen in Zentralasien abzuschneiden. Ähnlich habe es ja Präsident Franklin D. Roosevelt mit den Japanern im Jahr 1941 getrieben, als er dem General Tojo jedwede Petroleumlieferung verweigerte. Der Pazifikkrieg sei dadurch für Nippon unvermeidlich geworden. Es würde mich nicht wundern, wenn Hamed Gul, der bei den einfachen Leuten hohen Respekt genießt, unter der Hand noch manche Fäden zöge. Wie allmächtig der pakistanische Generalstab ist, läßt sich daran ermessen, daß die Kaschmir- und auch die Afghanistan-Frage dem Zugriff der zivilen Regierungen von Islamabad stets entzogen blieben. Die Militärs hatten Premierministerin Benazir Bhutto sogar jede präzise Kenntnis ihres Atomprogramms und die Besichtigung der nuklearen Produktionsstätten Pakistans stets verweigert.

Was mich denn in Islamabad besonders beeindruckt habe, fragt mich mein Zufallsbekannter. Da kann ich ihm eine offene Antwort geben. Es war das seltsame Denkmal in Form eines künstlich aufgeschütteten Berges, die Nachahmung jener Höhle, unter der die erste pakistanische Atombombe explodierte. Dieses Nuklear-Monument, das mir in gleicher Ausführung auch in Rawalpindi aufgefallen war, gilt nunmehr als trotziges Wahrzeichen der Islamischen Republik Pakistan. »Wir stehen in dieser Weltgegend erst am Anfang einer total unberechenbaren Entwicklung«, bemerkt Zafar Khan. »Selbst die Generale von Rawalpindi haben die Kontrolle über die Elendsmetropole Karatschi mit ihren vierzehn Millionen Menschen längst verloren. In Pakistan ist alles möglich. Da reden die westlichen Journalisten von einer Neuauflage des ‚Great Game'. In Wirklichkeit wird hier Russisches Roulette gespielt.«

Von der blauen Moschee hallt die Stimme des Muezzin; sein Aufruf zum Abendgebet unterbricht unsere Konversation. Mit dem Nahen der Sperrstunde erstirbt jede Aktivität entlang der schnurgeraden Bazar-Allee. Die weißen Tauben – ihrer Symbolbedeutung für den Weltfrieden längst beraubt – flattern nicht mehr über dem »Grab des Edlen«.

Zentralasien – Zwischen »Great Game« und Entsowjetisierung

Kasachstan: Triumph des Groß-Khans

Astana, im Juli 2009

Ganz so trostlos wie angekündigt ist die Steppe im Umkreis von Astana, der neuen Hauptstadt der Republik Kasachstan, nun doch nicht. Die Behörden haben sich bemüht, Grün anzupflanzen, und der Fluß Ischim, der eine Trennungslinie zwischen den Wohn- und den Repräsentationsvierteln markiert, führt mehr Wasser als sonst. Von der als unerträglich geschilderten Mückenplage ist nichts zu spüren. Der günstige Eindruck, den wir von der Stadt haben, mag dem Zufall zu verdanken sein, daß wir an einem klimatisch milden Tag in Astana eintreffen. Von der im Sommer üblichen Hitze von vierzig Grad Celsius sind wir weit entfernt. Es fällt schwer, sich vorzustellen, daß im Winter die eisigen Stürme vom Nordpol über die tellerflache, unendliche Ebene auf die Hauptstadt zutosen.

Das architektonische Phantasiegebilde, das der allmächtige Präsident Nasarbajew in diese trostlose Gegend verpflanzt hat, bietet ein faszinierendes, irgendwie beängstigendes Schauspiel. Die bizarren Neubauten erheben sich wie eine surrealistische Befestigungsanlage aus einer Landschaft, die vor gar nicht so langer Zeit von asiatischen Nomaden mit ihren Kamel- und Schafherden durchzogen wurde. Unter ihren konisch geformten Filzjurten fanden sie damals Schutz vor den unerbittlichen Klimaschwankungen.

Die berühmtesten Architekten, darunter der unvermeidliche Engländer Norman Foster, wurden aufgeboten, um einen urbanistischen Kraftakt sondergleichen zu vollbringen, der jeder menschlichen Vernunft zu widersprechen schien. Auf eigenartige, extravagante Weise ist das ursprünglich als utopische Laune eines Despoten belächelte Projekt dann doch gelungen. Wie die gigantischen Bauten eines Tages mit sprudelndem Leben erfüllt werden sollen, kann jedoch niemand beantworten.

Das Luxushotel Radisson ähnelt jenem klotzigen Herrscherpalast, den Saddam Hussein im Herzen Bagdads, in der heutigen »Green Zone«, zum Symbol seiner Tyrannei erhob und dessen vier Ecktürme mit seinem eigenen behelmten Haupt in grotesker Überdimension verunstaltet wurden. Da Kasachstan ein überwiegend islamisches Land ist, bohren sich vier endlose Minarette osmanischen Stils über einer gewaltigen Goldkuppel in den Himmel. Neben einer Vielzahl kultureller Einrichtungen, Konzertsäle, Kongreßhallen und Lehrinstitute reihen sich eine Serie von Gaststätten aneinander, die die kulinarischen Genüsse fremder Länder anbieten. Mag das im chinesischen Pagodenstil gebaute Restaurant noch Sinn machen, so löst die auf holländische Spezialitäten verweisende riesige Windmühle heitere Verblüffung aus. Ein unförmiges Sportstadion läßt sich mit jenem Gebilde vergleichen, das die Berliner als »Schwangere Auster« bezeichnen. Das Ganze wird überragt durch ein silbern glänzendes, schmales Gebilde, dessen Gipfel sich öffnet, um einem goldenen Apfel – wohl als Verheißung von Fruchtbarkeit – Raum zu geben.

Die riesigen Avenuen mit den Ausmaßen von Autobahnen sind bislang noch unzureichend bevölkert, und manche Kulturpaläste stehen leer, als warteten sie auf eine erlösende Entzauberung. Der Eindruck drängt sich zunächst auf, die Hybris, die Willkür eines selbstherrlichen Despoten, habe eine Art Fata Morgana in die Steppe projiziert. Aber dann stellt sich der Vergleich ein mit dem steinernen Alptraum von Pjöngjang, mit dem der Gründer der Volksrepublik Nordkorea, Kim Il Sung, seine genialische Größe zu verewigen glaubte. Am Rande sei vermerkt, daß sich in Astana auch Elemente jener planerischen Inkohärenz feststellen lassen, die der Neugestaltung des Potsdamer Platzes in Berlin zum Nachteil gereichen.

Es trifft sich gut, daß der Tag unserer Ankunft in Astana mit dem zehnjährigen Jubiläum zusammenfällt, das den Gründungs-Ukas der Stadt zu einem nationalen Feiertag erhebt. Unter den Zaren hatte sich hier nur ein Außenposten von Kosaken unter dem Namen Akmola behauptet. In der Sowjetära weitete sich diese Siedlung, Zelinograd genannt, am westlichen Ufer des Ischim-Flusses aus. Man versuchte damals vergeblich, den trostlosen Plattenbaustil, der üblich war, durch etwas stalinistischen Schnickschnack aufzulockern. In der Nähe von Zelinograd war man auf Vorkommen von Uran gestoßen.

Der feierliche Staatsakt, der sich auf den Gründungstag der neuen Hauptstadt bezieht, steht unter dem Motto »Triumph Astanas«. In Wirklichkeit hätte das Jubiläum als »Triumph des Präsidenten Nasarbajew« zelebriert werden müssen. Wie viele Menschen gekommen sind, läßt sich schwer ermessen. Angeblich sollen es 30 000 sein, aber die Lebewesen schrumpfen zur Nichtigkeit in dieser unbarmherzigen, grenzenlosen Leere von grauem, struppigem Steppengras mit einem Himmel, der trotz strahlender Sonne immer wieder von düsteren Schleiern getrübt scheint. »Die Zahl der Anwesenden spielt auch keine Rolle«, sagt mir ein westlicher Diplomat, der seine Anwesenheit als Pflichtübung wahrnimmt. »Jeder Dritte hier ist ohnehin ein Geheimpolizist.«

An die Privilegierten, die nach eingehender Sicherheitskontrolle auf den Festplatz gelassen werden, werden blaue Fähnchen verteilt. Übereifrig werden diese Jubelzeichen übrigens nicht geschwenkt, als die gepanzerte Limousine Nursultan Nasarbajews inmitten einer eindrucksvollen Begleitkolonne eintrifft und der Präsident seiner Karosse entsteigt. Ich hatte ihn noch vom Winter 1992 im Gedächtnis, als er mich in Almaty, das man zu Sowjetzeiten Alma Ata genannt hatte, in einem neuen Prachtbau aus weißem Marmor zum Gespräch empfangen hatte. Er schien seitdem nicht sonderlich gealtert. Der breit gewachsene, sehr asiatisch wirkende Mann betritt selbstbewußt die Ehrentribüne, die von einer riesigen weißen Jurte überschattet wird. Um ihn schart sich die Prominenz des Regimes und eine beachtliche Schar ausländischer Botschafter, die sich untereinander aufgrund der ungeheuren Energiereichtümer Kasachstans einen erbitterten Einflußkampf liefern. Der finanzielle und industrielle Einsatz ist hoch in Kasachstan.

Der Präsident hält mit kräftiger Stimme eine Rede auf Kasachisch, der offiziellen Landessprache, nachdem das Russische, das fast jeder Bürger dieser Republik beherrscht, nur noch als zweites Amtsidiom geduldet wird. Die Stimmung der Masse ist entspannt und freundlich. Die Aufmerksamkeit konzentriert sich auf ein Bataillon der Nationalgarde, das in perfektem Drill mit erdbraunen Uniformen angetreten ist. Die Mützen, ähnlich dem sowjetischen Vorbild, weiten sich zu riesigen Tellern aus. Aus den zu Stein erstarrten Gesichtern der Soldaten spricht immer noch die Wildheit der Steppe. Nach einem Vorbeimarsch im Paradeschritt steigen ein paar besonders verdiente Militärs zu Nasarbajew empor und werden mit einem Orden dekoriert.

Ist sich dieser Machtmensch, der einst als Funktionär der Kommunistischen Partei der Sowjetunion seinen geduldigen Aufstieg vollzogen und sich dabei als überzeugter Marxist-Leninist verhalten hatte, bevor er aus Moskau zum obersten Parteisekretär für die damalige Sowjetrepublik Kasachstan ernannt wurde, überhaupt noch bewußt, daß sein Vorname Nursultan, aus dem Arabischen abgeleitet, mit »lichtvoller Herrscher« übersetzt werden kann? Jedenfalls war er mit bemerkenswerter Agilität, ja ganz selbstverständlich aus der Position des angepaßten Apparatschiks der KPdSU in die despotische Rolle eines durchaus orientalisch und asiatisch auftretenden Emirs oder Khans hinübergewechselt.

Alle potentiellen Gegner hat er aus dem Weg geräumt, sowohl die panturanischen Nationalisten, die von einem Zusammenschluß aller Turkvölker schwärmten, als vor allem auch die religiösen Fanatiker, wo immer sie mit radikalen Predigten auftraten. Die höchste konfessionelle Autorität, so scheint es, das Amt eines lokalen Kalifen, beansprucht Nasarbajew für sich. Sein Schwiegersohn Alijew, der aus dem westlichen Ausland gegen seinen ehemaligen Gönner konspiriert und die landesübliche Korruption – unter Mißachtung der präsidentiellen Prärogativen – allzu weit zu seinen eigenen Gunsten hatte ausweiten wollen, verfiel dem Bannfluch des Sultans.

Der Festakt endet – unter den Klängen einer orientalisch verfremdeten Nationalhymne – mit dem Hissen einer riesigen Flagge Kasachstans, für die speziell ein künstlicher Hügel aufgeschichtet wurde, damit man sie von weit her sehen konnte. Es berührt mich eigenartig, als ich in diesem Symbol nationaler Souveränität, das sich im Wind bauscht, die himmelblaue Standarte des Welteroberers Dschingis Khan wiedererkenne. Auch die goldene Sonne, die im Zentrum des Flaggentuchs aufleuchtet, hat einst den mongolischen Horden den Weg gewiesen, als sie in unwiderstehlichem Gewaltritt bis nach Schlesien vorgedrungen waren.

Am frühen Morgen hatten wir einen russisch-orthodoxen Gottesdienst aufgesucht. Die Holzkirche war eines der ältesten Bauwerke der damaligen Festung Akmola und vor hundertfünfzig Jahren für die Garnison des Zarenreichs errichtet worden. Sie war dem heiligen Constantin und der heiligen Helena geweiht. Über der Ikonostase prangte in farbenprächtiger Darstellung die Himmelfahrt Christi. Gemessen an den Beton- und Glasfassaden der Moderne erschien der Sakralbau recht unansehnlich, fast winzig, aber der junge, blonde Mönch, der uns bereitwillig Auskunft gab, verwies darauf, daß der Präsident – um seine Toleranz zu beweisen – den Bau einer stattlichen Kathedrale im neuen Stadtzentrum angeordnet habe.

Das Meßopfer war recht gut besucht, und die Gläubigen hörten nicht auf, nach byzantinischem Brauch pausenlos das Kreuzzeichen zu schlagen. Die wiedererstandene Kirche Rußlands war auch in Kasachstan zum Träger und Symbol einer nationalen Neugeburt geworden, doch seit die Sowjetunion auseinanderfiel, sahen sich die christlichen Gemeinden in den sogenannten GUS-Republiken einer ständigen Abwanderung ausgesetzt. »Wir haben hier in den frühen neunziger Jahren eine regelrechte religiöse Aufbruchstimmung erlebt«, räumte der Pope ein, »aber diese Frömmigkeit entsprach damals einem modischen Trend.« Heute könne nur noch ein Viertel der in Kasachstan lebenden Russen als fromme und verläßliche Kirchgänger betrachtet werden. Bedenklich sei, daß vor allem die ältere Generation zur Religion zurückgefunden habe, während bei den Muslimen, die in Kasachstan recht zögerlich den koranischen Glauben wiederentdecken, die jungen Männer eine geschlossene und oft militante Gemeinde bilden.

Wie viele Einwohner Astana zählt, ist umstritten. Die Zahl schwankt zwischen 600 000 und einer Million. Aber die ethnische Zusammensetzung hat sich drastisch verändert. Während sich im Akmola der Zaren und im Zelinograd der Sowjets der russisch-ukrainische Anteil auf etwa achtzig Prozent belief, dürfte er heute auf ein Viertel abgesunken sein.

Ich frage meine Begleiterin und Dolmetscherin Gulmira, eine vorzüglich Deutsch sprechende Akademikerin, nach dem Verhältnis zwischen Kasachen und Russen. Ich habe die junge Frau zunächst für eine Russin gehalten, aber sie ist von Geburt Tatarin. In religiösen Fragen sei sie nicht kompetent, wendet sie ein, denn sie sei als Atheistin aufgewachsen. Bemerkenswert sei jedoch, daß bei den fünfundzwanzig Millionen slawischen Zuwanderern, die zu Sowjetzeiten in den ehemaligen zentralasiatischen Teilrepubliken lebten, eine sich beschleunigende Rückwanderung ins russische Mutterland stattfände. Kasachstan, wo die Slawen fast die Hälfte der Einwohner ausgemacht hatten, sei davon noch weniger betroffen als etwa Tadschikistan oder Usbekistan, wo eine latente Feindseligkeit gegenüber den ehemaligen Kolonisatoren aufkomme. In Astana wache der Präsident persönlich darüber, daß die völkische Harmonie gewahrt bleibe.

Wie gründlich sich im weiteren Umkreis von Astana die ethnische Zusammensetzung bereits verändert hat, kann ich bei einer Autofahrt in die nördliche Steppe wahrnehmen, auf einer endlosen Trasse, die jenseits der Grenze in die sibirische Stadt Omsk mündet. In diese triste Region war einst Dostojewski verbannt worden. Hier haben die sowjetischen Atomexplosionen verseuchtes Terrain hinterlassen. Im abseits gelegenen Baikonur befindet sich auch jene Raumstation, von der in regelmäßigen Abständen gewaltige Raketen der russischen Astronautik ins Weltall geschossen werden.

Die meisten Steppendörfer sind von der einst überwiegend russischen Bevölkerung bereits verlassen worden. Lediglich die hübschen Holzhäuser mit den bunt bemalten Fensterrahmen sind übriggeblieben und eine Anzahl von Kasachen, die jetzt dort leben. Die Friedhöfe der Muslime sind kunstvoll mit Ziegeln ausgelegt und mit Blumen geschmückt, während die orthodoxen Kreuze mit dem Querbalken über den verwahrlosten Gräbern der Christen Rost ansetzen und im Sand versacken.

»Laboratorium der Völkerfreundschaft«
Alma Ata, im Sommer 1980

Meinen ersten Besuch hatte ich Kasachstan fast dreißig Jahre zuvor abgestattet, im Sommer 1980. Damals war überhaupt nicht die Rede davon, das in der Steppe verlorene Provinznest Zelinograd in die Hauptstadt einer souveränen Republik zu verwandeln. Im Sommer 1980 stand die Sowjetunion mitsamt ihren zentralasiatischen Teilrepubliken noch wie ein »rocher de bronze«. Der Feldzug in Afghanistan hatte erst ein halbes Jahr zuvor begonnen, und die Eroberung dieses zusätzlichen Satelliten, der die Macht des Kreml fast bis zum Indischen Ozean und zum Persischen Golf ausgedehnt hätte, schien durch einen erfolgreichen Blitzfeldzug bereits entschieden.

Für fremde Besucher galten noch die Regeln einer strikten Überwachung durch die Begleiter von »Intourist«. Der mir zugeteilte Dolmetscher Igor war ein vierschrötiger, gehemmter Mann. Erst nach ein paar Tagen gestand er mir, daß seine Mutter Deutsche war und jener unglückseligen Minderheit von ungefähr einer Million Siedlern angehörte, deren Vorfahren sich unter Katharina der Großen überwiegend an der Wolga niedergelassen hatten. Unmittelbar nach dem Überfall Hitlers auf die Sowjetunion waren diese »Volksdeutschen« und eine Reihe anderer Minderheiten, die im Verdacht standen, mit der vorrückenden Wehrmacht zu sympathisieren, zusammengetrieben und in Viehwaggons in die unendliche Weite östlich des Urals, vornehmlich nach Kasachstan, verfrachtet worden.

Trotz der Dunstschleier, die der heiße Sommer zog, waren die Schneegipfel des Alatau-Gebirges klar zu erkennen. In etwa zweihundert Kilometer Entfernung begann bereits die chinesische Provinz Xinjiang. Sonderlich exotisch wirkte die flache, weit ausgestreckte Siedlung nicht. Ein paar Repräsentationsgebäude waren in pseudo-kasachischem Stil ausgeführt. Die Architekten hatten den Beton in Form von gewaltigen Jurten gegossen. Die Europäer waren hier stark in der Mehrzahl.

Der Volkspark war unser erstes touristisches Ziel. Eine mächtige Holzkirche aus der Zarenzeit, einst der Heiligen Dreifaltigkeit geweiht, war in ein völkerkundliches Museum umfunktioniert worden. Ausführliche Darstellungen waren der darwinistischen Entwicklungslehre gewidmet, eine diskrete, aber wirksame Form der atheistischen Einwirkung auf die Schülergruppen mit rotem Halstuch, die sich vor den Resten der Steinzeitmenschen drängten. Auch die kasachische Hirtenzivilisation mit den geschnitzten Truhen und den Filzteppichen wirkte bereits museal. Ein Koran war als archaisches Dokument der Unwissenheit und des Obskurantismus ausgestellt. Ansonsten war das muslimische Bekenntnis der Kasachen mit keinem Hinweis erwähnt. Die Stammesfehden dieser Nomaden wurden krampfhaft in das offizielle Klassenkampf-Schema integriert.

Ein klotziges Denkmal beherrschte den Zentralpark von Alma Ata. Es war dem russischen General Panfilow und seiner 316. Schützendivision gewidmet, die in Kasachstan rekrutiert worden war und sich 1941 bei der Verteidigung Moskaus bis auf zwanzig Überlebende hatte aufreiben lassen. Hinter der Bronzestatue eines Sowjetsoldaten waren die Zinnen des Kremls in rotem Marmor nachgebildet. Im trügerischen Gewand der kommunistischen Völkerverbrüderung war die russische Überfremdung unerbittlich vorangetrieben worden. Natürlich begleitete mich Igor auch zur meistgerühmten Sehenswürdigkeit in der Umgebung Alma Atas, zum größten Eislaufstadion der Welt an den Ausläufern des Alatau-Gebirges. Dort wurde Stutenmilch oder »Kumis« für privilegierte Ausflügler in einer lieblos hergerichteten Jurte ausgeschenkt. »Auf jenem grünen Hügel, ›Koktiube‹ genannt, trafen sich früher die Häuptlinge der Kasachenstämme«, erklärte Igor.

»Gläubige Muslime gibt es hier nicht mehr«, hatte Igor kategorisch behauptet, als ich den Wunsch äußerte, eine Moschee zu besuchen. Schließlich gab er nach, und der Intourist-Wagen fuhr mich in das schäbigste Viertel von Alma Ata in der Nähe des Bahnhofs. Die Holzhäuser waren dem Verfall ausgeliefert, die Seitenstraßen – im Gegensatz zum geometrisch geordneten Schachbrett des Zentrums – durch tiefe Schlaglöcher ausgehöhlt. Ich entdeckte nach längerem Suchen ein bescheidenes Portal mit dem arabischen Hinweis »Musjid Alma Ata«. Die Moschee war aus Holz gebaut. Das Minarett trug eine Blechkrone und wurde gerade ausgebessert. Im Gebetsraum überraschten farbenprächtige Teppiche. Über der Gebetsnische war die Schahada zu lesen, das Bekenntnis, daß es keinen Gott außer Allah gebe und daß Mohammed sein Prophet sei.

Drei alte Kasachen mit Tupeteika und weichen Schaftstiefeln hockten im Garten und tranken Tee. Ich war ins Innere gegangen, nachdem ich die Schuhe abgestreift hatte. Plötzlich fand ich mich einem jungen Imam mit Turban gegenüber, der sich in korrektem Hocharabisch ausdrückte. Er hatte in Damaskus islamische Studien betrieben, mußte also ein Vertrauensmann des Regimes sein. War er von der Sowjetbehörde als Vorsteher dieses kümmerlichen Außensprengels der großen islamischen Umma bestallt worden, um eventuelle Besucher aus dem Ausland irrezuführen? Oder blieb er insgeheim der koranischen Offenbarung treu? Ich verließ ihn mit dem Gefühl, daß in Kasachstan der Zerfall des Glaubens besonders weit vorangeschritten war.

Von allen Fremdvölkern, die der maßlose Ausdehnungsdrang dem Petersburger Imperium einverleibt hatte, waren die Kasachen am grausamsten behandelt worden. Ich hatte mich vor meiner Abreise über diese tragische Entwicklung kundig gemacht. Igor hätte mir allenfalls mit Ausflüchten geantwortet. Schon früh hatte das Zarenreich diesen asiatischen Nomaden jede Form von Selbstverwaltung geraubt, den Ältestenrat, den »Kurultai«, aufgelöst und die Stammesstrukturen der großen Horden zerbrochen. Im Ersten Weltkrieg verfügte Sankt Petersburg – entgegen allen feierlichen Abmachungen – die Rekrutierung junger kasachischer Männer in die berüchtigten Arbeitsregimenter an der deutschen Front. Als die Nomaden-Clans sich dagegen auflehnten und zum offenen Widerstand übergingen, fand eine gnadenlose Strafaktion statt, die die kasachische Bevölkerung um ein Fünftel reduzierte. Nach dem Sturz der Romanow-Dynastie war es Stalin, der den Horror auf die Spitze trieb, als er nach dem Scheitern diverser bolschewistischer Kollektivierungskampagnen, die mittels »Roter Karawanen« oder »Roter Jurten« veranstaltet wurden, Mitte der dreißiger Jahre die Seßhaftmachung, die »Sedentarisierung« der Hirten und Viehzüchter anordnete. Ein Drittel der einheimischen Bevölkerung dürfte dem Terror, der die Form eines Genozids annahm, zum Opfer gefallen sein. Die Viehbestände verringerten sich um achtzig Prozent. Eine halbe Million Kasachen flüchteten nach China.

Was nützte es da diesen leidgeprüften Asiaten, daß ihr riesiges Territorium, das der fünffachen Ausdehnung Frankreichs entspricht, aber nur siebzehn Millionen multirassischer Einwohner zählte, im Jahr 1936 in den Rang einer selbständigen Unionsrepublik erhoben wurde? Der Zustrom russischer Neusiedler wurde von Moskau systematisch betrieben. Die Immigration erreichte in den fünfziger Jahren ihren Höhepunkt, als Nikita Chruschtschow die Steppe Nordkasachstans in die – nach der Ukraine – zweite große Kornkammer der Sowjetunion umwandeln wollte. Die Vergewaltigung von Natur und Mensch vollzog sich unter hochtrabenden Parteiparolen, die das neue Kasachstan als »Laboratorium der Völkerfreundschaft«, als »Planet der hundert Sprachen« priesen. Am Ende dieses Leidensweges stellten die authentischen Kasachen nur noch eine Minderheit von neunundzwanzig Prozent in ihrer eigenen Heimat dar. Die Russen hingegen waren in der Überzahl. Ein Jahrhundert zuvor hatte der kasachische Bevölkerungsanteil noch bei neunzig Prozent gelegen.

Ich logierte im Intourist-Hotel gegenüber dem Bahnhof. Bei Tag und Nacht wurde der Gast aus dem Westen von flüsternden Unbekannten auf den Erwerb einer Bluejeans angesprochen, die überall in der Sowjetunion als extravagantes und heißbegehrtes Kleidungsstück geschätzt wurde. Schon am frühen Abend schlug in meiner Unterkunft die Stimmung hoch. Eine gemischte Gesellschaft war im Restaurant versammelt. Die Musikkapelle spielte ohrenbetäubenden Jazz aus den sechziger Jahren. Russen, Kasachen, Tataren, Georgier, Usbeken saßen scheinbar brüderlich beieinander. Es wurde viel und schwer gegessen. Die Tische bogen sich unter örtlichen Köstlichkeiten, Krimsekt und bulgarischem Wein. Die Wodkaflaschen waren diskret auf den Boden gestellt. Wer sich diese relativ teuren Alkoholika leisten konnte, mußte als Parteifunktionär und Mitglied der Nomenklatura über Sonderprivilegien verfügen oder sich am Schwarzmarkt bereichert haben.

Mir fiel ein hochgewachsener russischer Oberleutnant auf. Mit seinen breiten Epauletten, den Schaftstiefeln und dem fast aristokratisch blassen Gesicht hätte er ein Offizier des Zaren sein können. Er hielt eine ätherische blonde Braut in den Armen: ein unendlich rührendes, altmodisches und verliebtes Paar, das in einem Tschechow-Stück hätte auftreten können und das hier am Rande der »Tatarenwüste« verbannt und einsam schien.

Das Orchester intonierte plötzlich mit wildem Getöse einen Schlager, der damals auch in der Bundesrepublik extrem populär war. »Dsching-Dsching-Dschingis Khan«, so begann der Text, den der armenische Schlagzeuger auf Deutsch vortrug. »He Reiter, ho Reiter, immer weiter ... auf Brüder, sauft Brüder, rauft Brüder ... Dsching-Dsching-Dschingis Khan ... Er zeugte sieben Kinder in einer Nacht ...« Die asiatischen Gäste sprangen wie ein Mann auf, stürzten sich auf die enge Tanzfläche und führten einen stampfenden, barbarischen Reigen auf, als seien sie tatsächlich kriegerische Gefolgsleute des großen mongolischen Eroberers. Jede Unterhaltung war unmöglich geworden, solange die Steppenmenschen sich austobten.

Diese turbulente Szene spielte sich im Sommer 1980 in Alma Ata ab. Das Rad der Geschichte hat sich rasend schnell gedreht. Im Juli 2009 werde ich in der zur Metropole Astana ausgebauten Steppenfestung Akmola Zeuge der pathetischen kulturellen Wiedergeburt eines islamischen Turkvolkes, des Entstehens einer asiatischen Nation. Im Intourist-Hotel von Alma Ata hatte einst der dröhnende Chor zu Ehren des Gewaltmenschen Dschingis Khan noch wie ein Scherz, wie ein munterer historischer Gag geklungen. Aber jetzt wehte das Panier dieses unermüdlich galoppierenden Eroberers als Signal asiatischen Triumphes über der endlosen Steppe, die sein Revier war. Das Blau des Fahnentuchs verschmolz mit der Farbe des wolkenlosen Himmels.

Die goldene Sonne dieses Fanals wies im 13. Jahrhundert den unbezwingbaren Horden des Mongolenfürsten Temudschin, Dschingis Khan genannt, und seinen Erben die Route eines grauenhaften Vernichtungsfeldzuges. Am Ende waren Persien und Mesopotamien unterworfen und verwüstet. Dem chinesischen Drachenthron hatten die mongolischen Eroberer die Yuan-Dynastie aufgezwungen, und das ganze Heilige Rußland – bis hin zu den Pripjet-Sümpfen – war für die Dauer von fast drei Jahrhunderten unter das »Tatarenjoch« gezwungen und der Willkür des Groß-Khans der »Goldenen Horde« ausgeliefert. Heute singt niemand mehr in Kasachstan das plötzlich bedrohlich klingende Lied von den apokalyptischen Reitern, die – aus der Tiefe Asiens auftauchend – »um die Wette ritten mit dem Steppenwind«.

»Demokratie ist Ordnung«
Almaty, im Dezember 1992

Audienz beim Groß-Khan. Das Arbeitszimmer im Weißen Palast war zum Konferenzraum ausgeweitet worden. Die schweren Plüschmöbel entsprachen dem überlieferten Geschmack der roten Funktionäre. Neben dem Schreibtisch war die blaue Mongolenfahne der Kasachen aufgestellt. Zwei Getreideähren sollten den kriegerischen Charakter dieses Fanals etwas verharmlosen. Der Präsident trug einen gutgeschnittenen dunkelblauen Blazer mit Goldknöpfen. Das breite asiatische Gesicht war von eindrucksvoller Unbeweglichkeit, strahlte Gelassenheit und Kraft aus. Die angeborene Undurchdringlichkeit mußte ihm bei schwierigen Verhandlungen zugute kommen. Im Westen hätte man ihn als »Poker Face« bezeichnet.

Die staatsmännische Allüre des ehemaligen Ingenieurs wirkte beeindruckend, und trotz jahrelanger kommunistischer Kaderschulung war die Ursubstanz des kasachischen Clan- und Hordenchefs intakt geblieben. An manchen seiner slawischen Counterparts gemessen, wirkte das Staatsoberhaupt von Kasachstan stolz und beinahe aristokratisch. Die Kontrollen am Eingang waren relativ oberflächlich gewesen. Neben kasachischen Sicherheitsbeamten in Zivil fielen mir in den verschiedenen Büros auch russische Mitarbeiter auf. In der Armee waren die Offiziere der ehemaligen Sowjetunion slawischen Ursprungs ohnehin stark vertreten. Dazu kam eine Reihe von Spezialisten, die in Israel angeworben worden waren.

Nasarbajew suchte nicht nach Ausflüchten, als ich ihn auf seine Spagatstellung ansprach zwischen der in nationale Gärung geratenen kasachischen Urbevölkerung auf der einen, der massiven russischen Kolonistenpräsenz auf der anderen Seite. Kasachstan, das nicht bereit war, auf einen Zipfel seines immensen Territoriums zu verzichten, gab sich gegenüber Moskau überaus konziliant. Der Staatschef ließ jedoch keinen Zweifel aufkommen, daß er Herr im eigenen Haus sein wolle. Das damals noch zersplitterte Parteiensystem wurde nur in dem Umfang geduldet, wie es seiner aufgeklärten Despotie keinen Abbruch tat.

Natürlich bekannte er sich zum Islam. »Wir sind fromme Muslime«, betonte der Altkommunist, »aber wir lassen keine religiösen Parteien bei uns zu, weder islamische noch christliche. Wir sind auch Mitglieder der großen türkischen Völkerfamilie, doch einer panturanischen Bewegung, die aus Ankara gesteuert würde, wollen wir uns nicht anschließen.« Kasachstan sei nach allen Seiten für wirtschaftliche Zusammenarbeit offen. Amerikaner, Europäer und Ostasiaten seien bei der Schaffung neuer Industrieunternehmen, der Gründung von Joint-Ventures, bei der Hebung der Bodenschätze hochwillkommen. »Aber unser Land wird sich nicht in eine bestimmte Richtung drängen lassen«, erklärte er. »So lehnen wir jeden Versuch Washingtons ab, uns in eine Front gegen die Islamische Republik Iran einreihen zu lassen. Persien ist für uns ein unentbehrliches geographisches Bindeglied.« Was nun die besonderen Beziehungen zu Moskau beträfe, so seien Rußland und Kasachstan nun einmal dazu verurteilt, auf absehbare Zeit wie siamesische Zwillinge miteinander zu leben, so beendete Nasarbajew das Gespräch.

Zwei Tage später habe ich den Präsidenten am Nationalfeiertag wiedergesehen. Dieses Mal unnahbar und fremd. Kordons von Milizionären und Hilfspolizisten, die an roten Armbinden zu erkennen waren, schirmten den Zugang zu der Marmortribüne ab, auf der die Repräsentanten der jungen Republik sich in Reih und Glied in streng hierarchischer Ordnung aufgestellt hatten. Die Szene war eine getreue Kopie des Zeremoniells am Roten Platz von Moskau. Dichte Nebelschwaden hatten sich auf Almaty gesenkt. Die Konturen des Regierungspalastes waren kaum zu erkennen. Die Kälte zog in die Glieder. Deshalb kam auch keine Volksfest-Atmosphäre auf trotz der knallbunten Warmluftballons, die am Rande des Paradeplatzes vertäut waren. Ringsum waren Filzjurten im alten Nomadenstil errichtet. Sie dienten als Verkaufsstände für Schaschlik und Stutenmilch. Daneben brannten Lagerfeuer. Eine Militärkapelle spielte russische und exotisch klingende türkische Märsche. Zwischendurch stimmten Chöre, in farbenprächtige Nomadentracht gekleidet, Lieder der verschiedenen Ethnien dieser Republik an. Das abgewetzte Wort »Druschba«, Freundschaft, war auf die Transparente gepinselt. Hirten der umliegenden Kolchosen waren mit Bussen herangekarrt worden. Mit ihren mongolischen Gesichtern, die verwegen, ja geradezu furchterregend wirkten, wiesen sich die Männer als authentische Nachkommen jener Mongolenkrieger aus, die einst bei Liegnitz die Ritterarmee des Heiligen Römischen Reiches besiegt hatten. Aus den Ansprachen, die von der Höhe der Ehrentribüne durch den eisigen Dunst hallten, klang seltsamerweise nicht die leiseste Anspielung auf die Entstehung und die Bedeutung dieses Nationalfeiertages an, ein immerhin historisches Ereignis, das bereits von den Chronisten als symbolischer Wendepunkt der sowjetischen Nationalitätenpolitik und ihres unaufhaltsamen Niedergangs gewertet wurde.

Ein nervöser junger Mann, dessen Gesicht durch die schwere Wolfsschapka halb verdeckt war, teilte mir mit, daß mein vertraulich vereinbartes Treffen mit Anhängern der islamistischen »Alash«-Bewegung nicht stattfinden könne. »Ihre Gesprächspartner von den Oppositionsparteien«, tuschelte er mir zu, »befinden sich noch im Gefängnis und sind – entgegen früheren Zusicherungen – zum diesjährigen Nationalfeiertag nicht freigelassen worden. Lassen Sie sich durch dieses Fest der krampfhaft zelebrierten Eintracht nicht täuschen«, fuhr er fort.

Tatsächlich hatte Nursultan Nasarbajew die staatsgründerische Devise ausgegeben: »Demokratie ist Ordnung.« Bei solchen patriotischen Veranstaltungen drängt sich die Frage auf, ob in diesen exotischen Regionen der Welt der aufgeklärte Despotismus der von den Amerikanern stets wiederholten Forderung nach »Nation Building« nicht besser entspricht als die Vorspiegelung eines Vielparteiensystems, dessen Wahlergebnisse ohnehin schamlos gefälscht würden.

Die Prophezeiung des Hodscha Yassavi
Almaty, im Herbst 1995

Seit dem denkwürdigen Saufgelage von 1980, als die Hotelgäste der Intourist-Herberge mit ausgelassener Wildheit den deutschen Schlager

»Dschingis Khan« in die Nacht brüllten, sind nur fünfzehn Jahre vergangen. Aber irgendwie trauere ich dieser Zeit ungehemmter, barbarischer Geselligkeit bereits nach. Inzwischen ist die kommunistische Sowjetzeit durch einen karikaturalen Casino-Kapitalismus und die bodenlose Korruption der Jelzin-Ära abgelöst worden. Nunmehr haben die milliardenschweren Oligarchen das Sagen.

Am Rande von Almaty steigt der Fremde, der auf sich hält, neuerdings im Prachtbau des »Rahat Palace« ab, einem Implantat von artifiziellem westlichem Superluxus, der die umliegenden Häuserzeilen erdrückt. Eine österreichische Kette hat mit lokalen Geschäftspartnern dieses Joint-Venture gegründet.

In der hocheleganten und exzessiv teuren Unterkunft, wo die Liftkabinen wie durchsichtige Raumkapseln in die schwindelnde Höhe des glasüberdeckten Atriums emporschweben, glänzt es von Marmor und Chrom. Der zentrale Innenraum ist durch eine geschmackvolle Bar im Jurtenstil geschmückt. Man würde sich in irgendein Super-Hilton oder Marriott Hotel von Beverly Hills versetzt fühlen, wenn nicht die Gäste wären.

Im »Rahat Palace« von Almaty ist die Mafia nicht nur zugegen, sie ist allgegenwärtig. Die argwöhnisch blickenden »Bisnesmeny«, die teuerste Kleidung und auffälligen Schmuck tragen, spielen unentwegt mit dem Handy. Sie bilden tuschelnde Verschwörerrunden. Ihre brutalen, verschlagenen Gesichter verweisen sie eindeutig in den Bereich der Bandenkriminalität. Überall sind schwergewichtige Leibwächter postiert, die sich wie Karikaturen ihrer Spezies bewegen. Die Suiten, so erfahre ich, sind samt und sonders von Mafiabossen und ihren »Gorillas« belegt. Ich bin wohl der einzige Gast, der sich keinen Bodyguard leistet.

Verblüffend ist die kosmopolitische Zusammensetzung dieses dubiosen Trafikanten-Rudels. In der Lobby trifft sich Moskau mit New York, Tel Aviv mit Sankt Petersburg, Neapel mit Kuala Lumpur. Der »proletarische Internationalismus« von einst ist durch eine profitbesessene neue »Connection« abgelöst worden, die nicht weniger weltumspannend ist.

In jenen Tagen wurde auch der Ukas Nasarbajews bekannt, die kasachische Hauptstadt von Almaty nach Zelinograd, das man von nun an »Astana« nennen würde, zu verlagern. Die Erklärungen für diesen Willkürakt sind vielfältig und widersprüchlich. Da wird argumentiert, die Umgebung von Almaty sei bereits übervölkert und allzu nahe in der südöstlichsten Ecke der Republik an der Grenze der Volksrepublik China gelegen. Eine andere Version besagt, der Präsident fühle sich in Almaty entfremdet und teilweise isoliert. Er verfüge nur über eine begrenzte Kontrolle über die diversen Mafia-Organisationen und Wirtschafts-Gangs, die dort den Ton angeben. Nachteilig wirke sich für ihn auch aus, daß seine Sippe nicht der vorherrschenden kasachischen Stammesgruppe der Südregion angehört, die als »Ulu Djus«, als »Ältere« oder »Große Horde« bezeichnet wird, sondern der Föderation der »Mittleren Horde« oder »Orta Djus«, die in den zentralen sowie nördlichen Oblasten am stärksten vertreten ist und dort unter slawischen Einwanderungsdruck geriet.

Der wirkliche Grund für das ursprünglich abenteuerlich anmutende Projekt »Astana« ist in der Demographie zu suchen. Durch die Hauptstadtverlagerung wolle Nasarbajew den russischen Annexionsabsichten einen Riegel vorschieben und die kasachische Vorherrschaft auch in den nördlichen Gegenden betonen, so heißt es. Von allen GUS-Präsidenten befindet sich dieser Mann in der schwierigsten Situation, und in seiner Umgebung betont man, daß Flexibilität die einzige Methode sei, um der Umarmung durch den russischen Bären zu entgehen.

Der bedrohlichen Staatsauflösung ist Nasarbajew schon im vergangenen Jahr mit dem Kommentar entgegengetreten: »Ein Orchester kann nur einen Dirigenten haben.« Er entmachtete Parlament und Regierung und griff auf das Instrument der Präsidialerlasse, in Zentralasien »Ukasokratie« genannt, zurück. Seine Alleinherrschaft ließ er durch ein Präsidialregime mit extremen Vollmachten zementieren. Per Referendum ließ er seine Amtszeit verlängern.

In diesem Herbst 1995 hatte ich mir eine ausgedehnte Überlandreise vorgenommen und dafür einen idealen Begleiter gefunden. Serik Isabegow war Germanistikprofessor an der Universität Almaty. Er war ein typischer Kasache, sah aus, als sei er gerade vom Pferd gestiegen, war stets zu Scherzen aufgelegt und sprach ein lupenreines Deutsch. Zumindest in dieser Hinsicht haben die Unterrichtsmethoden der DDR beachtlichen Erfolg gehabt und bei den Begünstigten durchaus positive Erinnerungen hinterlassen. Für kasachische Verhältnisse lebte die Familie in einer sehr komfortablen Wohnung, die sie im Stil der ehemaligen SED-Nomenklatura möbliert hatte. Seine Frau, die ebenfalls die Sprache Goethes beherrschte, wurde von ihrem Mann liebevoll »Mutti« genannt. Ihre Gastfreundschaft kannte keine Grenzen.

Bei der Bestimmung unseres Fahrtziels haben wir uns nicht an den offiziellen Vorschlag gehalten. Wir verzichten auf die Huldigung an den gefeierten Nationaldichter Abai Kunanbajew, der auch im benachbarten Kirgistan höchstes Ansehen genießt. Wir fahren in Richtung auf das Städtchen Turkestan, auf dem östlichen Ufer des Syr Daria im südlichen Landesteil gelegen. Die Entfernung beträgt etwa 1500 Kilometer, und die Reise würde mindestens zwei Tage dauern. In Turkestan erhebt sich die grandiose Grabstätte eines hochverehrten Sufi und Eremiten aus dem 12. Jahrhundert, des Hodscha Ahmed Yassavi, deren Bau von keinem Geringeren als dem Welteroberer und Weltzerstörer Tamerlan, auch Timur Lenk genannt, im späten 14. Jahrhundert in Auftrag gegeben worden war.

Wir haben die äußeren Wohnkästen von Almaty noch keine halbe Stunde hinter uns gelassen, da nimmt uns schon eine weite Prärie auf. Sie erstreckt sich braun und wellig bis zum Horizont. Die Straße ist in gutem Zustand; wir kommen zügig voran. Das ist keine Hungersteppe. Immer wieder tauchen Ackerflächen auf, aber die Ernteerträge sind in diesem Jahr extrem gering. Die partielle Privatisierung der Landwirtschaft hat sich nicht als Segen ausgewirkt. Es fehlt an Krediten, an Maschinen, an Düngemitteln. Sogar das Saatgut ist ausgegangen, und viel Vieh wurde notgeschlachtet, weil es kein Futter gab.

Im Süden entdecken wir schneebedeckte Kuppen. Dann bewegen wir uns in einer Hügellandschaft mit scharfen Kurven. Dichter Nebel ist aufgekommen, aus dem abscheuliche Gipsfiguren – Darstellungen von Hirschen und Jägern – wie Gespenster des sozialistischen Realismus auftauchen. Die Dörfer sind bescheiden und im gesamtsowjetischen Kolchos-Stil erbaut. Auf den Märkten ist das Angebot dürftig. Nur alkoholische Getränke und Zigaretten aus aller Herren Länder gibt es im Überfluß. Die Menschen, fast ausschließlich Asiaten, wirken ärmlich. »Die Existenzbedingungen sind viel härter geworden als 1992 bei Ihrem letzten Besuch«, meint Isabegow. Die Friedhöfe wirken gepflegter als die Wohnstätten der Lebenden. Die Grabsteine sind meist mit Halbmonden verziert. Ich entdecke nur wenige Moscheen. Dafür lösen sich die Mazar-Kuppeln, die Gräber heiliger Männer, in dichter Folge ab.

Um zur kasachischen Stadt Dschambul zu gelangen, durchqueren wir den nördlichen Zipfel der Republik Kirgistan. Die Asphaltbahn nach Kara-Balta ist durchgehend von Straßendörfern gesäumt. Dieses ist wohl der fruchtbarste Landesteil, während im südlichen Hochgebirge von Kirgistan, das zum Dach der Welt, zum Pamir, überleitet, bittere Armut herrscht. In den typisch russischen Holzhäuschen müssen noch unlängst slawische Kolonisten gewohnt haben. Sogar eine orthodoxe Kirche taucht auf, während ich vergeblich nach einer Moschee Ausschau halte. Alle zwei Kilometer trotzt eine silbern angestrichene Leninstatue dem Wind des Wandels.

Die Bevölkerung ist auch hier asiatisch geworden. Das Vordringen der Hammel- und Ziegenherden verändert bereits das Gesicht dieser bislang osteuropäisch wirkenden Landidylle, wo Hühner und Gänse über die Chaussee irren. Es hat wohl keine fremdenfeindlichen Pogrome in diesen Ortschaften gegeben, die den Exodus der Europäer erklären könnten. Mein Begleiter Isabegow gehört ohnehin zu jener akademisch gebildeten Schicht, die den Russen aufgrund ihrer Kultur und Erziehungsleistung verbunden bleibt. Die Verbrechen der imperialen Vergangenheit legt auch er dem zaristischen und dem sowjetischen Totalitarismus zur Last, nicht den Menschen. Doch irgendeine dumpfe Ahnung und Furcht muß sich der hiesigen Siedler bemächtigt haben.

Jenseits von Kara-Balta verlassen wir das kirgisische Territorium. Nebel und Regen haben sich verzogen. Die kasachische Steppe nimmt uns wieder auf in ihrer feierlichen Monotonie. Am Himmel über den Alatau-Bergen entfaltet sich ein grandioses Schauspiel. Nur in Äquatorialafrika, an den Quellen des Nil oder am Oberlauf des Kongo habe ich so unheimliche, beklemmende Farbsinfonien beim Nahen der Nacht beobachtet. Der Horizont flackert gelb, grün und violett auf. Die Urzeitstimmung wird durch die Ankunft eines riesigen Schwarms fetter Raben verstärkt, die sich mit widerlichem Krächzen auf unser Auto zu stürzen scheinen.

In Dschambul übernachten wir. Im Hotel herrscht eine gedrückte Stimmung. An der Rezeption werden wir von der diensthabenden Russin aufgefordert, möglichst schnell unsere Abendmahlzeit – Pelmeni und Hammelhackfleisch – zu uns zu nehmen und die Zimmer aufzusuchen. Auch Isabegow wirkt nervös. »Die Kriminalität hat unbeschreibliche Ausmaße angenommen«, warnt er. »Die früheren Sicherheitsorgane des KGB sind von Gewalttätern unterwandert. Es passiert immer wieder, daß Menschen umgebracht werden, um ihnen die Nieren zu rauben. Mit Transplantaten läßt sich sehr viel Geld verdienen.«

Am folgenden Tag passieren wir die Stadt Schymkent, schon im Einflußbereich der usbekischen Hauptstadt Taschkent gelegen. Immer wieder kreuzen oder überholen wir Lastwagenkolonnen mit persischen und türkischen Kennzeichen. Die Stadt sei wegen des Wohlstandes ihrer Bazari bekannt, erklärt mein Begleiter. Wer hier etwas auf sich halte, lade zur Hochzeit seiner Kinder nicht weniger als tausend Gäste ein und bewirte sie fürstlich. Am Ausgang der geschäftigen, aber häßlichen Siedlung biegen wir in Richtung auf Kisyl Orda nach Nordwesten ab. Der Syr Daria fließt – für uns unsichtbar – in geringer Entfernung parallel zur Straße. Dennoch trocknet das Land immer mehr aus. Baumwollfelder werden selten. Trotz der späten Jahreszeit ist die Sonne noch heiß. Schafherden weiden zwischen weitgestreckten Friedhöfen. Ein besonders heruntergekommenes Industrienest, wo keine Maschine mehr arbeitet, trägt den anspruchsvollen Namen »Temerlan«. In der tellerflachen Ebene werden die Moschee-Neubauten immer zahlreicher.

Endlich taucht das Städtchen Turkestan auf, das bis zum vierzehnten Jahrhundert Yassi hieß. Von Ferne ist das gigantische Mausoleum zu erkennen, das die Handschrift des »Großen Fürsten« Tamerlan trägt. Die weit ausladenden Portalfronten wie auch die Kuppeln, deren eine dem Gur-Emir bis in Detail entspricht, die Keramik-Dekorationen in Blau, Gelb und Grün verweisen nach Samarkand. Die Ausmaße sind fast die der Bibi-Hanim-Moschee.

Was mag den fürchterlichen Tamerlan bewogen haben, dem Mystiker, Dichter und Prediger Ahmed Yassavi, der im 12. Jahrhundert gelebt hat, solche Ehre zu erweisen? Vielleicht, weil dessen friedliche, zutiefst menschenfreundliche Veranlagung zu seiner eigenen mörderischen Natur in so krassem Gegensatz stand. Um die Figur des Hodscha Yassavi kreisen zahllose Legenden. Von den Korangelehrten in Bukhara und von den dortigen Sufi hatte er sich früh abgewandt. Er suchte die Gottesnähe am Rande der Wüste, in der Einsamkeit. Vom Volk wurde er abgöttisch geliebt und um geistlichen Rat befragt. Er soll sogar schon als elfjähriger Knabe mit einer persönlichen Vollmacht des Propheten Mohammed ausgestattet worden sein, die ihm durch einen tausendjährigen Greis übermittelt wurde. Tatsache ist wohl, daß er sich mit dreiundsechzig Jahren – in diesem Alter war Mohammed gestorben – in asketisches Eremitentum zurückzog und seine karge Wohnhöhle nie mehr verlassen hat.

Das Grabmal von Yassavi ist ringsum von Gerüsten umstellt. Türkische Firmen haben die Renovierung übernommen. Das Volk findet hier allmählich zum religiösen Brauchtum zurück. Brautpaare verharren am Grab des Heiligen, um Kindersegen zu erbitten. Dabei geht es locker und heiter zu. Noch sind hier ja aus der langen Zeit der Fremdherrschaft alle Zeichen einer kuriosen Mischkultur erhalten. Im Vorgarten der Moschee werden Exemplare des Koran für den Gegenwert von zwei US-Dollar verkauft, und gleich daneben wird Wodka und Obstschnaps angeboten. Die Zeichen der Gottlosigkeit sind im Zentrum des tristen Städtchens Turkestan allgegenwärtig. Da beherrscht die Leninstatue weiterhin den Paradeplatz. Hammer und Sichel wurden vom Kriegerdenkmal nicht entfernt. Der Poet Ahmed Yassavi hat sich mit seinen erbaulichen Weisheitsversen, »Hikmet« genannt, ins Gedächtnis eingeprägt. Heute wird ihm besonders zugute gehalten, daß er nicht nur auf Persisch und Arabisch dichtete, sondern auch in der türkischen Tschagatai-Sprache seiner Epoche, einem Nomaden-Dialekt des Ogus-Kiptschak-Stammes.

Ein dreimaliges Gebet am Grab des Hodscha Yassavi sei ebenso verdienstvoll wie eine Pilgerfahrt nach Mekka, behauptet das Volk weiterhin in frommer Einfalt. Schon sollen sich wieder die Derwische der diversen Bruderschaften, vor allem der Naqschbandiya und der Yassaviya, an dieser geweihten Stelle sammeln. Zum »Dhikr« hocken sie, wenn die lästigen Besucher und Touristen gegangen sind, am Sarkophag aus hellem Marmor und wiederholen in endloser Rezitation die Beteuerung von der alles durchdringenden Präsenz Allahs: »Er lebt, er lebt, er lebt ... hua ia'ischu!«

Meinem Freund Isabegow kommt diese geistliche Wiedergeburt, die bei den Sufi-Jüngern nicht frei ist von Aberglauben und Zauberwahn, etwas unheimlich vor. Auf der Rückfahrt ist er in Gedanken versunken, und wir verpassen deshalb den Flecken Otrar, wo der fürchterliche Tamerlan, nachdem er Bagdad dem Erdboden gleichgemacht hatte, am 19. Januar 1405 gestorben ist. Im tiefen Winter hatte damals der »Amir-el-Kebir« zur Eroberung des chinesischen Großreiches ausgeholt und seine Truppen im Schnee versammelt. Beim letzten großen Bankett vor dem Aufbruch – er hatte vermutlich zu viel Alkohol genossen – überkam ihn das tödliche Delirium. Nachdenklich verharren wir in der Steppe von Otrar. »Es ist kaum zu glauben«, murmelt Isabegow, »aber bis zuletzt hat dieser türkisch-mongolische Tyrann in einem lockeren Vasallenverhältnis zum Kaiser von China gestanden. Er entrichtete dem Sohn des Himmels regelmäßig seinen symbolischen Tribut, auch wenn es sich beim letzten Unterwerfungsakt im Jahr 1394 nur um die bescheidene Lieferung von zweihundert Pferden handelte. Vom Drachenthron in Peking muß schon damals eine gewaltige Ausstrahlung ausgegangen sein.«

Mein kasachischer Gefährte gibt mir einen kleinen Zettel, den ihm der Hodscha des Mausoleums von Turkestan überreicht hat, mit der Weisung, mir den Text zu übersetzen. Es ist eine düstere Botschaft, die aus den in arabischer Schrift verfaßten Versen des Mystikers Ahmed Yassavi sprach. »Der frühere Wohlstand unseres Volkes liegt in Trümmern«, hieß es da. »Unsere Könige und Wesire sind keine Künder der Wahrheit mehr. Über die Menschheit bricht schreckliches Unheil herein. Die Welt stirbt dahin, und ihr Ende kann nicht fern sein. Euer Gottesdiener Ahmed, so sollt Ihr wissen, hat Euch gewarnt, bevor er von Euch ging.«

Das »Große Spiel« am Kaspischen Meer
Aktau, im Juli 2009

So türkisblau habe ich mir das Kaspische Meer an seinem östlichen Ufer nicht vorgestellt. Weiße Felsen aus Muschelkalk bilden rund um den Hafen einen strahlenden Kranz. Der Grundstein zur Stadt Aktau wurde erst 1958 gelegt, nachdem die damalige Sowjetverwaltung auf überreiche Ölvorkommen und auf Uran gestoßen war. Stattliche Bauten reihen sich in makellosem Weiß aneinander, und es kommt nicht der Eindruck auf, man befände sich am Rande eines Petroleumreviers gigantischen Ausmaßes.

Wir sind am Nachmittag von Astana abgeflogen und hatten auf der Landkarte gesehen, daß sich Aktau mitsamt der sich in das Kaspische Meer vorschiebenden Halbinsel Mangyschlak fast auf halber Strecke zwischen Frankfurt und Almaty befindet. Mit solchen Distanzen hat man es hier zu tun. Die Bevölkerung von Aktau muß in den ersten Jahren überwiegend slawisch gewesen sein, und es hat wohl zum Zeitpunkt der Auflösung der Sowjetunion einer seltsamen Verblendung, eines akuten Anfalls von nationalem Defätismus bedurft, daß Moskau diese westlichste, periphere Region Kasachstans einem neu entstandenen Staatsgebilde überließ, das nun in voller Souveränität über seinen Energiereichtum verfügen und ihn an ausländische Konzerne verhökern konnte.

Von der Terrasse des Hotels »Renaissance« genieße ich einen pathetischen Sonnenuntergang. Bei der Fahrt in die Stadt haben wir eine total verdorrte, von Sanddünen durchzogene Steppe durchquert, aber ich fühle mich wohl in der Wüste. Ein grauhaariger Mann mit scharfgeschnittener Nase beobachtet mich intensiv. Dann kommt er an meinen Tisch. Er habe lange in Deutschland gelebt und kenne mein Gesicht aus dem Fernsehen. Er stellt sich unter dem Namen Peruskian vor und gibt sich damit als Armenier zu erkennen. Wir sprechen eine Weile über die Zustände auf dem westlichen Gegenufer, wo es – nach Proklamation der Unabhängigkeit der dortigen südkaukasischen Republiken – den christlichen Armeniern gelungen war, ihre aserbaidschanischen Nachbarn und Feinde, die sich zum schiitischen Islam bekennen, aus der absurden Exklave Nagorny Karabach zu verdrängen und ein Fünftel der Republik von Baku militärisch zu okkupieren. Ohne russische Waffenhilfe wäre ein solcher Erfolg kaum möglich gewesen. Sehr viel verwunderlicher war die Tatsache, wie ich seinerzeit an Ort und Stelle in Stepanakert feststellen konnte, daß fast sämtliche Lebensmittel und Gebrauchsartikel des täglichen Lebens – inklusive Toilettenpapier – von den Mullahs in Teheran an die Armenier geliefert wurden.

Das »Große Spiel« um die Ausbeutung des Erdöls von Mangyschlak ist in vollem Gange. Der Armenier versucht, mich in ein endloses Gespräch über den gefallenen Petroleumpreis und die negativen Folgen dieser Baisse für die ehrgeizigen Pläne des Präsidenten Nasarbajew zu verwickeln. Erst die Einführung der neuen Nationalwährung Tenge habe ein wenig Stabilität gebracht. Ich verweise Peruskian darauf, daß die Verhältnisse in Kasachstan – verglichen mit den Zuständen an der kaukasischen Gegenküste des Kaspischen Meers – geradezu idyllisch wirken.

Dort hat eben noch ein Waffengang zwischen Georgien und Rußland um die neu gegründete Mini-Republik Südossetien stattgefunden. In Tschetschenien gibt sich der dortige Machthaber Kadyrow als zuverlässiger Verbündeter Moskaus, steht jedoch im Begriff, seine Autonome Republik von Grosny, die nominell in der Russischen Föderation verbleibt, in eine islamische Republik sui generis zu verwandeln. Im winzigen Inguschetien, gleich nebenan, gehen täglich Bomben hoch, und mit bösen Ahnungen blickt Wladimir Putin auf das Territorium von Dagestan, wo das Zarenreich im 19. Jahrhundert dreißig Jahre lang Krieg geführt hatte, um den islamisch inspirierten Aufstand des Imam Schamil niederzukämpfen. Dort spürt man bereits ein gefährliches Brodeln. Diese Zone ist mir mindestens ebenso vertraut wie dem geschwätzigen Armenier, dessen kommerzielle Interessen sich vermutlich innerhalb des Dreiecks Eriwan, Washington, Tel Aviv und Moskau bewegen.

Inzwischen sind die internationalen Ölgiganten damit beschäftigt, sich im Umkreis von Aktau den Rang abzulaufen. Am schnellsten haben natürlich die amerikanischen Multis agiert, aber auch der Kreml verfügt noch über erhebliche Druckmittel, und diverse europäische Gesellschaften versuchen, bescheidenere »Claims« abzustecken. Mit wachsendem Argwohn blicken sie alle auf das systematische Vordringen der staatlichen Energiekonzerne der Volksrepublik China. Ebenso verworren mutet der Wettstreit um den Bau und den Verlauf der Pipelines an, versuchen die USA doch mit allen Mitteln und beachtlichem Erfolg, das »schwarze Gold« des kaspischen Raums unter Umgehung russischen Territoriums durch Georgien und die Türkei an den Mittelmeerhafen Ceyhan zu pumpen. Die Regierung von Ankara verschafft sich zusätzliche Trümpfe durch eine Leitung namens »Nabucco«, die über den Balkan verlaufen würde.

Die Russen fordern ihrerseits die präferentielle Nutzung ihrer traditionellen Durchgangsstation Noworossisk an der Mündung des Don, während in aller Diskretion chinesische Arbeitskolonnen in Rekordzeit ihre Rohre verlegen, um eine Verbindung zu ihrem eigenen Versorgungssystem in Xinjiang herzustellen. Dieses ganze Gewirr von Leitungen, Zulieferanlagen und Pipelines verdichtet sich allmählich zu einem gordischen Knoten, aber kein Alexander ist in Sicht, der befähigt wäre, ihn mit einem Hieb zu durchtrennen.

Ich bin froh, als der Armenier sich verabschiedet und ich beim Sundowner meinen eigenen Gedanken nachhängen kann. An diesem äußersten Vorposten der Halbinsel Mangyschlak stellt sich nämlich die Frage, wo Asien aufhört und wo Europa beginnt. Mir klingt noch der Ausruf General de Gaulles in den Ohren, der 1964 bei seinem Staatsbesuch in der Sowjetunion einen Toast auf die Einheit Europas ausgebracht hatte, auf »l'Europe de l'Atlantique à l'Oural«, eine Formulierung, die die deutschen Diplomaten verwundert aufhorchen ließ.

Wer bei klarer Sicht den endlosen Höhenzug des Ural, der sich in sanften Wellen von Nord nach Süd dahinzieht, aus der Höhe des Flugzeugs gemustert hat, kann ihn schwerlich als scharfe Trennungslinie zwischen den Kontinenten identifizieren, ebenso wenig wie den bescheidenen Fluß Ural, der sich bei Guryew in den nördlichen Teil des Kaspischen Meeres ergießt. An dieser Stelle greift sogar die überwiegend asiatisch-islamische Republik Kasachstan auf ein Territorium über, das den Ausmaßen Bayerns entspricht und – rein geographisch – Europa zugerechnet werden müßte. In Aktau ist man von der Mündung der Wolga und dem Hafen Astrachan nicht sonderlich weit entfernt.

In diesem endlosen Raum ohne feste Konturen hat sich ein Kapitel Weltgeschichte abgespielt, das in den Geschichtsannalen des Westens kaum erwähnt wird. Wer weiß schon, daß Batu, der Enkel Dschingis Khans, nachdem er die russischen Fürstentümer Osteuropas unterworfen hatte, seine Hauptstadt Saraij, von wo aus er die Knute über sein immenses Imperium führte, genau an jenem Punkt des Wolga-Ufers errichtet hatte, wo siebenhundert Jahre später die Reste der 6. Armee des deutschen Generals Paulus sich der Roten Armee ergeben mußten? Ebensowenig dürfte bekannt sein, daß die tatarisch-mongolische Vorherrschaft der »Goldenen Horde«, die bis in die Sümpfe des heutigen Belarus reichte, zwar durch einen Sieg des russischen Großfürsten Dmitri Donskoi geschwächt, aber erst endgültig zerschlagen wurde, als aus dem heutigen Usbekistan der schreckliche Eroberer Tamerlan den letzten Groß-Khan von Saraij, Tochtamysch, in einer endlosen Hetzjagd bezwungen und dessen Wolga-Festung zerstört hatte.

Erst um die Mitte des 16. Jahrhunderts wurde Rußland vom Alptraum des Tatarenjochs erlöst, als Iwan IV., genannt der Schreckliche, die islamische Hochburg Kazan an der Mittleren Wolga stürmte und zwei Jahre später auch dem tatarischen Khanat von Astrakhan den Todesstoß versetzte. Mit der zusätzlichen Eroberung des Khanats Sibir eröffnete Iwan IV. dem russischen Machtstreben das Tor in die Tiefen des sibirischen Subkontinents. Am Ende einer beispiellosen Expansion erreichten die Kosaken des Zaren die Westküste des Pazifischen Ozeans, wo sie – auf einem Territorium, das sie der geschwächten Qing-Dynastie Chinas entrissen hatten – die Festung Wladiwostok, zu deutsch »Beherrscher des Ostens«, gründeten.

Um sich der Aufsässigkeit und Anmaßung der Bojaren, der mächtigen Aristokratie des Zarenreiches, zu erwehren, hatte sich Iwan der Schreckliche bemüht, einen beachtlichen Teil des tatarischen Adels zum christlich-orthodoxen Glauben zu bekehren, sich dessen Loyalität zu versichern und diese Konvertiten zur verläßlichsten Stütze des Thrones zu machen. Sehr bald fand eine ganze Serie von slawisch-mongolischen Familienverflechtungen statt, die bis in die höchsten Kreise des Kremls reichten.

So soll der tragische Usurpator Boris Godunow reiner Tatar gewesen sein, und die Mutter Peters des Großen, eine Naryschkina, entstammte ebenfalls einer angesehenen Sippe der mongolischen Oberschicht. Man braucht nur die Namen Rachmaninow oder Jussupow zu zitieren, um sich der ethnischen und kulturellen Durchdringung bewußt zu werden, die den französischen Marquis de Custine noch im 19. Jahrhundert zu der Feststellung verleitete: »Grattez le Russe et vous trouvez le Tartare« – Kratzt den Russen an, und ihr findet den Tataren.

Die mystische Vorstellung des zaristischen Rußland, als Drittes Rom die Nachfolge des byzantinischen Reiches anzutreten, wie auch der kaum weniger sakrale Anspruch der Sowjetunion, für das weltweite Proletariat ein Paradies der Werktätigen zu schaffen, sind wie ein Wahn zerstoben. Im Westen des Reiches und im Kaukasus ist Rußland heute auf die demütigenden Territorialverluste des Friedens von Brest-Litowsk zurückgeworfen, der den Bolschewiki noch zu Beginn des Jahres 1918 von dem ebenfalls moribunden Kaiserreich Wilhelms II. aufgezwungen wurde. In Fernost hat die chinesische Volksrepublik den gigantischen russischen Nachbarn, der um 1900 im Begriff stand, dem Reich der Mitte weitere riesige Landfetzen zu entreißen, als zweite Weltmacht bereits überflügelt. Der besorgte Blick Moskaus richtet sich aber vor allem auf das islamische Aufbegehren, eine türkisch-mongolische Wiedergeburt, die unter Berufung auf den Heiligen Koran düstere Erinnerungen an das »Tatarenjoch« von einst in Erinnerung ruft.

In seiner Immobilität ist das Kaspische Meer zu meinen Füßen in schwarzem Marmor erstarrt. Am Rande dieses zunehmend strategisch wichtigen Binnenmeeres fällt mir ein Gespräch ein, das ich im Winter 2005 mit Jewgeni Primakow in dessen prachtvoll altmodischem Palast der Industrie- und Handelskammer von Moskau führte. Primakow war kein beliebiger hoher Funktionär des Sowjetstaates. Als Pressekorrespondent und »Aufklärer« genoß er aufgrund seiner profunden Erfahrung des Orients und seiner arabischen Sprachkenntnisse selbst bei seinen amerikanischen Gegenspielern Hochachtung. Später war er unter Jelzin vorübergehend zum Ministerpräsidenten und dann zum obersten Chef des Auslands-Nachrichtendienstes berufen worden.

Dieser Experte wußte, daß innerhalb der immer noch gewaltigen russischen Föderation etwa fünfundzwanzig Millionen Muslime lebten, deren nationale Ansprüche über kurz oder lang – zumal in den Autonomen Republiken Tatarstan an der Wolga und Baschkortastan am Ural – durch die sich abzeichnende religiöse »Nahda« zusätzliche Impulse erhalten würden. Schon sammelten sich ja die frommen Pilgergruppen an den Ruinen von Bolgar an der Wolga, wo der maghrebinische Weltreisende Ibn Battuta im 14. Jahrhundert ein blühendes islamisches Staatswesen vorgefunden hatte.

Im Kaukasus war trotz der Gefügigkeit jener Muftis, die von Moskau bestallt und überwacht wurden, der geheime Wunsch zu spüren, zwischen Dagestan am Kaspischen und Abchasien am Schwarzen Meer eine Art nordkaukasisches Kalifat zu gründen. In Kazan wiederum überragte die riesige blaue Kuppel der neuen Moschee Kul Sharif jene goldenen Zwiebeltürme des Christentums, die bislang den dortigen Kreml weithin aufleuchten ließen. Der amtierende Imam hatte mir gestanden, daß er seine religiösen Studien in Medina, in Saudi-Arabien, absolviert hatte, am Grab des Propheten, wo sich die unduldsamste Form des koranischen Fundamentalismus – auf den riesigen Ölreichtum des Königreichs gestützt – eine radikale Missionierung sowie die gezielte Erziehung zum religiösen Fanatismus auf ihre grünen Fahnen geschrieben hat. Die wahhabitischen Prediger sind inzwischen von Bosnien bis nach Indonesien ausgeschwärmt.

Primakow sah hingegen keinen Grund, sich der verkrampften Angstpsychose anzuschließen, die in Amerika und Europa das Verhältnis zur Islamischen Republik Iran belastete. Was Rußland zu befürchten hatte, war das Übergreifen des sunnitischen Radikalismus auf die Erblande der früheren Sowjetunion in Zentralasien, eine verzerrte Form der Salafiya, die ständig an Boden gewann. Dort gehörte lediglich die südkaukasische Republik Aserbaidschan mehrheitlich der schiitischen Glaubensrichtung an. Die späteren Safawiden-Schahs waren es, die im 16. Jahrhundert die schiitische Auslegung der koranischen Lehre, die »Schiat Ali«, zur Staatsreligion Persiens deklarierten. Seitdem hat sich die erbitterte Feindschaft zu den Sunniten, die seit Selim I. den osmanischen Sultan von Istanbul als ihren Kalifen anerkannten, ständig vertieft. Für die rauhen Steppenvölker – seien sie nun Turkmenen oder Kasachen –, die sich bei aller Verhaftung im Aberglauben ihrer Derwisch-

Orden rühmten, rechtgläubige Angehörige der Sunna zu sein, galten die Schiiten von Anfang an als abscheuliche Abtrünnige vom rechten Weg Allahs, als Ketzer und »Kuffar«. Falls Anhänger dieser auf den Imam Ali und die zwölf Imame gegründeten Glaubensrichtung in die Hände der Nomadenhorden fielen, wurden sie entweder zu Tode gefoltert oder als Sklaven verkauft.

Aus diesem Grund hat die Russische Föderation unserer Tage von einem schiitisch inspirierten Staatswesen wie der Islamischen Republik Iran keinen ernsthaften konfessionellen Zusammenprall zu befürchten. Die frommen Schiiten hingegen verharren im Haß ihrer sunnitischen Gegner und insbesondere jener in Saudi-Arabien alles beherrschenden, extrem intoleranten Sekte der Wahhabiten, die seit ihrem Entstehen im 18. Jahrhundert die Heiligtümer der »Partei Alis« in Nedjef und Kerbela immer wieder zerstören ließ. Da auch die Terroristenorganisation El Qaida in der Korandeutung des Wahhabismus wurzelt, einem Radikalismus, der auch auf die Taleban Afghanistans übergreifen sollte, konnte es keine Gemeinsamkeit geben zwischen Osama bin Laden und seinen Gefolgsleuten und den Mullahs von Teheran. Dieser Gegensatz steigerte sich nach dem iranisch-irakischen Golfkrieg zu glühendem Haß.

Wenn also eines Tages eine militante sunnitische Form des Islam auf Usbekistan, Kirgistan oder Turkmenistan übergreifen sollte, wofür ein von den Taleban beherrschtes Afghanistan die ideale Ausgangsbasis böte, dann könnte Rußland zumindest auf ein stillschweigendes Einvernehmen, wenn nicht auf aktive Komplizenschaft mit jenem Khomeini-Staat zurückgreifen, der sogar den Amerikanern zu Beginn der Operation »Enduring Freedom« eine lockere Zusammenarbeit gegen die »Koranschüler« und deren dumpfen Obskurantismus angeboten hatte.

Für Moskau wäre eine iranische Atombombe weniger furchterregend als das nukleare Potential, das bereits in den Arsenalen Pakistans lagert. Sollte sich dort eines Tages das befürchtete Chaos einstellen und Islamabad die Kontrolle verlieren, dann könnten sich verfeindete Fraktionen der Atombombe als ultima ratio ihrer Auseinandersetzungen bedienen. Der Westen, so hatte ich in Moskau erfahren, wird also auf Zurückhaltung stoßen, falls er bei den Russen eine tatkräftige Unterstützung gegen Teheran sucht und gegen die atomare Aufrüstung des Iran mit verschärften Sanktionen oder – auf Drängen Israels – sogar mit militärischen Präventivschlägen vorgehen sollte.

Der weitgehend säkularisierte Westen ist offenbar nicht mehr in der Lage, diese tiefgreifenden mythischen Gegensätze des Orients zu begreifen. Wie real sie sind, konnte ich noch im April des Jahres 2008 erfahren, als ich nach einem Besuch bei Scheikh Nabil Qaouq, dem Oberbefehlshaber der schiitischen Hizbullah im Südlibanon, einen seiner engeren Mitarbeiter zu einer aufschlußreichen Aussage bewegte. Die sunnitische Mehrheit innerhalb der islamischen Umma habe die schiitische Glaubensgemeinschaft, deren Miliz, die Hizbullah, sich im Jahr 2006 im Südlibanon im Kräftemessen mit Israel auf so sensationelle Weise bewährt hatte, als »'adu Allah«, als Feind Gottes bezeichnet und mit dem Fluch des »Takfir« belegt. Die Angehörigen der christlichen Konfessionen, so führte der junge Unbekannte aus, die immerhin doch laut Koran der »Familie des Buches« angehören, genössen bei den rechtgläubigen Sunniten höheres Ansehen als jene Glaubensbrüder, die sich unmittelbar nach dem Tod des Propheten in einen Erbstreit verwickelt sahen, der bis heute andauert. Die Politiker des Westens, die zumal in Afghanistan den religiösen Charakter dieses Abwehrkampfes am Hindukusch völlig zu ignorieren scheinen, sollten eine Erkenntnis beherzigen, die der Major Charles de Gaulle bei seiner Versetzung in das damalige französische Mandatsgebiet Syrien-Libanon wie folgt formulierte: »Vers l'Orient compliqué, je partais avec des idées simples«, und sein eigenes Unverständnis gegenüber den Mythen des Orients gestand.

Kriegsspiele der Shanghai-Union

Aktau, im Juli 2009

Ein letzter Eindruck von Aktau: Vier großflächige Porträts, die jeweils eine ganze Häuserfassade zudecken, die »Straße der Besten«. An erster Stelle steht natürlich Nursultan Nasarbajew. Nicht weit davon fällt eine Art weißer Tempel ins Auge, der den Gefallenen des Krieges, aber auch allen Opfern der Unterdrückung gewidmet ist. In mancher Hinsicht hat sich die russisch-sowjetische Kolonisierung der Nordhälfte Asiens weit fortschrittlicher und positiver erwiesen, als manche Kritiker behaupten. Um nur die relativ kurze Präsenz der Roten Armee am Hindukusch im späten zwanzigsten Jahrhundert zu erwähnen: Die verbündeten Staaten der Atlantischen Allianz sind weit davon entfernt, die Emanzipation der afghanischen Frau so konsequent durchzusetzen, wie das den Sowjets im Verbund mit den lokalen kommunistischen Parteien gelungen war.

Schon am Stadtrand von Aktau nimmt uns die große Steppe auf, und sie läßt uns nicht mehr los. An dieser Stelle sollte man eine Landkarte zur Hand nehmen und mit dem Lineal eine Gerade in nord-nordöstlicher Richtung ziehen. Dort verläuft nämlich die äußerste Grenze der unabhängigen Republik Kasachstan. Jenseits davon beginnt die Russische Föderation, und im Umkreis der Ortschaft Ortik verengt sich das Territorium, das der unmittelbaren Oberhoheit Moskaus untersteht, auf einen Schlauch von zwanzig bis dreißig Kilometern. Jenseits davon, an den südlichen Ausläufern des Ural-Gebirges, beginnt die Autonome Republik Baschkortostan, die zwar Mitglied der Russischen Föderation bleibt, aber wachsenden Anspruch auf Autonomie erhebt. Die turkstämmige Bevölkerungsmehrheit von Baschkortostan bekennt sich zum Islam. Obwohl die Religiosität hier nie ausgeprägt war, läßt sich eine Neubelebung des koranischen Glaubensgutes nicht leugnen, zumal die baschkirische Hauptstadt Ufa zu Sowjetzeiten als Sitz des islamischen Muftiats für die in ganz Rußland weit verstreuten sunnitischen Glaubensgemeinschaften fungierte. Da Baschkortostan im Nordwesten in die autonome Republik Tatarstan übergeht, wo die Muslime ebenfalls eine knappe Mehrheit bilden, erstreckt sich ein potentieller islamischer Gürtel bis an die Mittlere Wolga, das heißt bis in Herzland des europäischen Rußland.

Katharina II., die Große genannt, die das Zarenreich zum ersten Mal bis an den Rand des Kaspischen Meeres ausgedehnt hatte, wurde sich der fortdauernden muslimischen Belastung für den Bestand ihres Imperiums in vollem Umfang bewußt, als der Volkstribun Jemeljan Pugatschow sich als Zar Peter III. ausgab, Kazan eroberte und sich bei seinem Feldzug auf die tatarischen Reiterhorden des heutigen Baschkortostan stützen konnte. Über den waldigen Höhenzügen des Urals, unmittelbar am Rande von Ufa, wurde dem muslimischen Gefährten Pugatschows, dem baschkirischen Emir Salawat Julajew, schon zu Sowjetzeiten ein pompöses Reiterstandbild errichtet. Er wird weiterhin als Nationalheld dieses den Tataren eng verwandten Turk-Volkes verehrt. Katharina II. war klug genug, ihren muslimischen Untertanen durch die Schaffung einer eigenen geistlichen Direktion in Orenburg entgegenzukommen, während drei Jahrzehnte später Zar Alexander I. die außerordentliche Bravour seiner tatarischen Regimenter, die sich in der Schlacht von Borodino gegen Napoleon bewährt hatten, mit der Genehmigung zum Bau einer imposanten Moschee im Herzen Moskaus belohnte. Nach der Oktoberrevolution hatte der intellektuelle Inspirator einer tatarischen Wiedergeburt namens Sultan-Galijew mit Zustimmung Lenins versucht, eine fragwürdige Synthese zwischen Islam und Kommunismus zu finden. Doch Josef Stalin verfügte sehr bald mit der ihm eigenen Brutalität die erbarmungslose Zerschlagung dieses seltsamen Experiments.

Aus der Einöde, die bei vierzig Grad Hitze plötzlich auf fast vierhundert Meter unter den Meeresspiegel absinkt, zeichnen sich die Fördertürme und die in ständiger Bewegung pendelnden Pumpen, »Esel« genannt, in unregelmäßigen Abständen ab. Menschen sind kaum anzutreffen. Nur die Firmenschilder der großen Konzerne lassen erkennen, wer gerade zum Zuge gekommen ist. Die Chinesen haben sich offenbar im Norden der Mangyschlak-Halbinsel am intensivsten engagiert. Ein dringlicher Vorschlag aus Washington, eine Pipeline zwischen Aktau und Baku quer durch das Kaspische Meer zu verlegen und damit den russischen Rivalen zusätzlich zu benachteiligen, ist an der vorsichtigen Zurückhaltung des kasachischen Präsidenten bisher gescheitert.

In Astana ist man sich zudem bewußt, daß zu den Anrainerstaaten des Kaspischen Meeres, die an der Delimitierung des jeweiligen Festlandsockels und der dortigen Offshore-Förderanlagen beteiligt sind, auch die Islamische Republik Iran und jenes absurde Staatswesen zählen, das aus der früheren Sowjetrepublik Turkmenistan hervorgegangen ist. Seit dem Tod ihres ersten, zur Paranoia neigenden Tyrannen Nyazow, der sich selbst als »Turkmenbaschi«, als Herr aller Turkmenen, glorifizieren ließ, verfügt ein noch bizarrerer Nachfolger über die gewaltigen Gasvorkommen dieser Stammesföderation.

Eine demographische Stabilisierung hat sich in diesem Raum längst noch nicht eingestellt. Mit Ausnahme von Kasachstan sind die dort lebenden Europäer zu einer unbedeutenden Minderheit geschrumpft, während die sogenannten »Schwarzen« – Kaukasier und Zentralasiaten – weiterhin in das eigentliche russische Kerngebiet einströmen und dort heftigen, rassistisch motivierten Zusammenstößen mit den zutiefst irritierten Slawen ausgesetzt sind. Daran gemessen spielt die Zuwanderung chinesischer Händler, die zwischen Wladiwostok und Smolensk die Märkte beherrschen, eine relativ bescheidene Rolle. Die Regierung von Peking wacht darüber, daß das zur Zeit ungetrübte Verhältnis zu Moskau nicht durch einseitige Vorteilnahme der Volksrepublik gestört wird.

Die Russische Föderation und das postmaoistische China haben sich sogar im Verbund mit einer Anzahl von GUS-Staaten zu jener »Union von Shanghai« zusammengefunden, die jenseits der gemeinsamen ökonomischen Interessen auch auf militärischem Gebiet kooperieren. Es geht diesen disparaten Partnern vor allem um die Wahrung ihrer territorialen Integrität und um einen gemeinsamen Kampf gegen den Terrorismus, so heißt es wenigstens. Die Manöver der jeweiligen Streitkräfte beschränken sich zwar auf ein bescheidenes Kräfteaufgebot, aber die Flottenübungen, die im Gelben Meer und im Vorfeld der Halbinsel Shandong stattfanden, wurden als diskrete Warnung an die übermächtige US Navy im Westpazifik gedeutet. Die kombinierten Kriegsspiele im Umkreis der süd-sibirischen Stadt Tscheljabinsk dagegen sollten wohl ein Zeichen setzen für den gemeinsamen Willen, einer Ausweitung des islamistischen Radikalismus im südlichen Glacis der ehemaligen Sowjetunion einen Riegel vorzuschieben. Es ist vieles in Bewegung geraten in diesen furchterregenden Weiten, die ich vor fünfzehn Jahren – von allen Seiten kritisiert – als »Schlachtfeld der Zukunft« beschrieben habe.

Kirgistan: Ein Sowjetgeneral hoch zu Roß

Bischkek, im Sommer 2009

Ist in Bischkek, der Hauptstadt Kirgistans, die Zeit stehengeblieben? Hoch zu Roß, in Bronze gegossen, reitet dort immer noch der Feldherr Michail Frunse auf den Bahnhof zu. Erinnert man sich in Bischkek, das bis zur Unabhängigkeitserklärung dieser zentralasiatischen Republik sogar den Namen des aus Bessarabien stammenden Eroberers trug, denn gar nicht daran, daß die Rote Armee unter seinem Befehl ganz Zentralasien in die kommunistische Zwangsjacke steckte, daß Frunse den islamischen Widerstand der »Basmatschi« brach und das Emirat Bukhara dem stalinistischen Imperium eingliederte? Sind die Kirgisen – was ihre tragische Vergangenheit betrifft – so vergeßlich, oder handelt es sich lediglich um eine administrative Schlamperei?

Nicht nur der Revolutionsgeneral Frunse thront noch gebieterisch auf seinem Sockel. Unweit des schönen, klassizistischen Operngebäudes, das die Russen in Bischkek wie in so manchen Provinz- und Rayon-Städten in lobenswerter kultureller Absicht hinterließen, ist ein anderes Kolossaldenkmal aus der Sowjetzeit erhalten geblieben. In rotem Marmor ist die vorbildliche Kommunistin Urkuja Salijenda dargestellt. Sie war die erste weibliche Kolchosen-Vorsitzende, nachdem Moskau die Kollektivierung der Viehzucht mit katastrophalen Folgen für den Bestand der bislang nomadisierenden Herden angeordnet hatte. Die Genossin Salijenda hat typisch asiatische Gesichtszüge. Mit sieghafter Geste reißt sie den Schleier der islamischen Unterdrückung herunter und blickt begeistert ins Leere. Im Jahr 1933 war diese Aktivistin der Sowjetmacht von den »Basmatschi« – von den Räubern und Wegelagerern, wie die Russen diese Kämpfer des Heiligen Krieges schmähten – ermordet worden.

So lange hatte sich also der koranische Widerstand mit völlig unzureichender Bewaffnung gegen die weit überlegenen Verbände der Gottlosen behaupten können. Das verzweifelte Aufbäumen, das im Fergana-Tal und in Tadschikistan seine Bollwerke verteidigte, hatte zeitweilig unter dem Befehl des letzten osmanischen Kriegsministers Enver Pascha gestanden, der mit seinem kleinen Reitertrupp eine selbstmörderische Attacke gegen das Maschinengewehrfeuer der Bolschewiki ritt. Noch heute pilgern die frommen Tadschiken zu jenem Dorf am Oberlauf des Amu Daria, der dort Pjandsch genannt wird, gar nicht weit übrigens von der deutschen ISAF-Festung Kundus auf dem Südufer des Flusses entfernt, um diesem letzten Sendboten des Kalifen von Istanbul zu huldigen.

Die gewaltige Statue Wladimir Iljitsch Lenins mit richtungweisend ausgestrecktem Arm steht zwar nicht mehr auf dem zentralen Platz der kirgisischen Hauptstadt. Sie wurde durch das Denkmal des mythischen Nationalhelden Manas ersetzt, ein schwertschwingender Koloß aus schwarzem Stahl, der als zentrale Figur der kasachisch-kirgisischen Ursprungslegende auftritt und in einem endlosen Epos besungen wird. Doch der Vater der roten Oktoberrevolution ist keineswegs beiseite geräumt worden. Er wurde an anderer prominenter Stelle neu aufgestellt als Relikt einer Ideologie, die längst verblaßt ist.

Bischkek bleibt mir als die reizvollste Siedlung Sowjetisch-Zentralasiens in Erinnerung. Im Sommer verschwinden die breiten Alleen im Grün der Bäume und Parks. In der Zwischenzeit ist das Intourist-Hotel Alatau, wo ich einst logiert hatte, durch ein erstklassiges Hyatt ersetzt worden, von dessen luxuriöser Lounge aus der Blick über die schneebedeckten Zackenkronen der nahen Gebirge schweift. Eine grundlegende Veränderung fällt mir auf. Vor dreißig Jahren unterlag meine Bewegungsfreiheit in Kirgistan strikten Einschränkungen. Selbst der »warme See« Issyk-Kul war aus dem Touristenprogramm gestrichen. Seinerzeit vermutete ich, daß dort Nuklearraketen gegen China eingebunkert würden. Später erfuhr ich, daß sich das abgrundtiefe Wasser des Issyk-Kul zur Erprobung von neuen Seeminen und Torpedos eignen sollte.

Seinerzeit mußte ich mich noch glücklich schätzen, daß mir ein begrenzter Ausflug über Land in Richtung Osten erlaubt wurde. Exakt ausgerichtete Straßendörfer säumten die Strecke bis zu den Ruinen von Burana. In den Kolchos-Siedlungen entdeckte ich statt Moscheen nur die »Kulturhäuser« des Sowjetsystems, aber auf den Friedhöfen waren die Grabsteine fast immer mit einem Halbmond aus Blech verziert. Maurer waren mit dem Bau stattlicher neuer Kuppelgräber – den Marabus in Nordafrika zum Verwechseln ähnlich – beschäftigt.

Der Turm von Burana, ein früheres Minarett mit Backstein-Ornamentik, bildete den geographischen Mittelpunkt einer fruchtbaren Ebene. Gigantische Erntemaschinen waren dort im Einsatz. Während der einbrechenden Dämmerung tasteten sie die Felder mit Scheinwerfern ab. Die türkische Dynastie der Qarakhaniden hatte rund um Burana im elften Jahrhundert den Schwerpunkt ihrer Herrschaft errichtet. Dann war Dschingis Khan gekommen und hatte die islamische Kultur dem Erdboden gleichgemacht. Ein paar alte Mauern, Trümmerhügel und die Kuppeln von Mausoleen waren rund um das Minarett übriggeblieben. Die roten Transparente der Staatsgüter und Kollektiv-Farmen protzten mit Optimismus und offizieller Zuversicht. Aber über der staubigen, leeren Senke von Burana, unter dem gelbgestreiften Abendhimmel, lastete eine unbeschreibliche Schwermut, die durch Jahrtausende erneuerte Gewißheit menschlicher Vergänglichkeit.

»Rußland wird am Hindukusch verteidigt«
Bischkek, im Sommer 2009

Welches die exakten Aufgaben des etwa fünfzigjährigen Amerikaners sind, der mir in seinem nüchternen, mit Landkarten tapezierten Büro eines Studienzentrums für Zentralasien gegenübersitzt, soll hier gar nicht ergründet werden. Die Diskretion gebietet zudem, daß ich ihn nur unter dem Namen »Francis« erwähne. Dieser »quiet American« ist in keiner Weise mit dem Agenten Pyle zu vergleichen, dem Graham Greene in seinem Indochina-Roman ein unrühmliches Denkmal gesetzt hat. Francis wäre für abenteuerliche Komplotte nicht zu haben gewesen. Er beeindruckt mich durch seine Sachkenntnisse und seine angelsächsische Gelassenheit. »Ich versuche vergeblich, die Behörden in Washington auf die sich rapide verschlechternde Situation hinzuweisen, die in den ehemaligen Sowjetrepubliken Zentralasiens zu verspüren ist und demnächst auch auf den Norden Afghanistans übergreifen dürfte«, beginnt er das Gespräch, »aber Sie haben mit Ihrer Berichterstattung vermutlich ähnliche Probleme.«

Die zunehmende Gewalttätigkeit gehe im wesentlichen vom Fergana-Tal aus, wo gleich vier Staaten – Usbekistan, Tadschikistan, Kirgistan und Kasachstan – aufeinanderstoßen. In letzter Zeit sei die überlieferte Feindseligkeit zwischen den Kirgisen, die mehrheitlich im Norden der Republik von Bischkek siedeln, und den Uiguren, die im südlichen Umfeld von Osch für Unruhe sorgen, wieder vehement aufgeflammt. Seit der Präsident Usbekistans, Islam Karimow, vor vier Jahren unter den meuternden Einwohnern der Stadt Andijan ein Blutbad anrichtete, hätten zahlreiche Islamisten dieser Region in der kirgisischen Nachbarschaft Zuflucht gesucht.

Ich erwähne einen früheren Besuch in der Fergana-Ortschaft Namangan, die als traditionelles Zentrum religiöser Auflehnung unter besonders strenger Überwachung durch den Repressionsapparat des ehemaligen Parteisekretärs Karimow steht. Die jungen Mudjahidin aus Usbekistan, die sich in der »Partei der Befreiung – Hizb-e-tahrir« sammeln, hatten – auf seiten der Taleban kämpfend – bei den amerikanischen Flächenbombardements von 2001 in ihren Abwehrstellungen rund um Kundus schwere Verluste erlitten. Die Überlebenden und Neuanhänger haben sich seitdem in den unzugänglichen Stammesgebieten Nordpakistans neu gruppiert. Emissäre der koranischen Revolution sind neuerdings auch in Kirgistan aktiv. Zusätzliche Spannungen gehen von Tadschikistan aus. Dort seien die Wunden des fürchterlichen Bürgerkrieges, der zwischen Exkommunisten und Islamisten, zwischen den Clans der Kulabi und der Gharmi getobt hatte, längst nicht verheilt. In gewissen Gebirgsfestungen hätten sich bereits Inseln des Widerstandes gegen das Regime des Altkommunisten Rachmonow formiert.

»Die Gefahr chaotischer Zustände in Tadschikistan sollte den Deutschen zu denken geben«, betont Francis und zeigt auf eine Landkarte. »Der von der Bundeswehr abgesicherte Sektor Nordafghanistans ist von dem neuen Unruheherd in Tadschikistan nur durch den Flußlauf des Pjandsch getrennt, und dann sind noch knapp fünfzig Kilometer vorzüglicher Asphaltstraße zurückzulegen, um zu dem neuralgischen Punkt der deutschen Armeepräsenz, zum Stützpunkt von Kundus, vorzudringen.«

Ich hatte diese Strecke, deren Ausbau durch chinesische Kontraktfirmen durchgeführt wurde, noch drei Jahre zuvor befahren, ohne an eine spezielle Gefährdung durch Taleban-Überfälle zu denken. Aber das hat sich wohl seitdem gründlich geändert, und bei der exzessiven Behutsamkeit, die sich die Bundeswehr in ihrem Sektor zwischen Masar-e-Scharif und Faizabad auferlegt, dürften nur noch in Ausnahmefällen gepanzerte Konvois mit dem Balkenkreuz entlang dieser strategisch eminent wichtigen Grenzzone patrouillieren.

»Da sind wir nun in der absurden Situation«, fährt der Amerikaner mit der ihm eigenen skeptischen Gelassenheit fort, »daß die beiden letzten Staatswesen der weißen Menschheit, die notfalls noch in der Lage wären, ein mächtiges, teilweise gigantisches Militärpotential gegen die geballte Wucht Asiens aufzubieten, einen stupiden Bruderkrieg untereinander austragen.« Unter Vernachlässigung ihrer existentiellen geostrategischen Interessen in dieser Weltregion, über die sich bereits der gewaltige Schatten Chinas legt, würden sich Washington und Moskau einen verbissenen Kleinkrieg um die Nutzung von Militärbasen und den Verlauf von Pipelines liefern.

Wer erinnert sich heute noch daran, daß seinerzeit die fanatischen und finsteren Horden der Taleban durch die kombinierte Aktion der USA und Pakistans ins Leben gerufen wurden? Den unersättlichen Ölkonzernen und ihren Lobbys war es in erster Linie darum gegangen, eine Stabilisierung der internen Verhältnisse Afghanistans zu erwirken, wo die diversen Mudjahidin-Fraktionen nach Abzug der Sowjetarmee in eine unbeschreibliche Anarchie abgeglitten waren. Die Bush-Administration war bereit, die schlimmsten Auswüchse des islamischen Fundamentalismus am Hindukusch in Kauf zu nehmen, wenn ihr als Gegenleistung ausreichend Sicherheit geboten würde, um den Transport der immensen Öl- und Gasreserven Zentralasiens an Rußland und Iran vorbei durch afghanisches Territorium über Herat und Shindand bis zu den pakistanischen Häfen am Indischen Ozean zu gewährleisten.

Das Abkommen zwischen Mullah Omar, dem Emir der Koranschüler, und dem US-Konzern UNOCAL war in Kandahar reif zur Unterschrift, und niemand fragte damals danach, ob die Frauen Afghanistans weiterhin die Burka tragen würden und ob die einheimische Bevölkerung einer exzessiven Auslegung der Scharia ausgeliefert sein würde. Diverse antiamerikanische Anschläge der mit den Taleban verbündeten

Organisation El Qaida, die in der Tragödie von Nine Eleven gipfelten, hatten dieser skrupellosen Planung ein radikales Ende bereitet.

Dem amerikanischen Geheimdienst war es in Zusammenarbeit mit obskuren NGOs und diversen Agentengruppen gelungen, durch sorgfältig geplante Verschwörung und unter dem fadenscheinigen Vorwand der Demokratie und der Menschenrechte die Rosen-Revolution Georgiens und die Orange-Revolution der Ukraine zu inszenieren. Neokonservative Kreise in Washington hatten versucht, die in der gebirgigen Einsamkeit Asiens isolierte Republik Kirgistan ebenfalls zu einer amerikanischen Einflußzone zu gestalten und auf die amerikanischen Vorstellungen von »Nation Building« auszurichten. Was wirklich die amerikanische Diplomatie bewogen hatte, ausgerechnet in Kirgistan die sogenannte Tulpen-Revolution auszulösen und den Präsidenten dieser Republik, den Kirgisen Askar Akajew, zu stürzen, der als einziger der dortigen Potentaten kein prominentes Mitglied der sowjetischen Führungsclique, ja nicht einmal Mitglied der Kommunistischen Partei war, bleibt ungewiß.

In Kirgistan, wo die US Air Force über die Basis Manas verfügte, mag ihre Forderung, eine zusätzliche Awacs-Überwachung für die ganze Region einzurichten, den ansonsten recht verträglichen Staatschef Akajew mit Rücksicht auf das immer noch beachtliche Gewicht Moskaus zu einer schroffen Ablehnung veranlaßt haben. Daß dieser ehemalige Präsident der Akademie der Wissenschaften, der auch im Ausland ein gewisses Ansehen hatte, in einen Sumpf familiärer Korruption verstrickt war, daß er sich an den öffentlichen Finanzen schamlos bereicherte, hätte niemand schockieren dürfen, denn in dieser Hinsicht wurde der Kirgise von seinen Kollegen weit übertroffen. Wie dem auch sei, es kam in Bischkek zur »Tulpen-Revolution«. Plündernde Banden meist usbekischer Herkunft fielen über die Hauptstadt her und verwüsteten deren Zentrum. Die Polizei erwies sich als machtlos, und Akajew flüchtete nach Moskau.

Als Nachfolger im Präsidentenamt riß im Jahr 2005 der robuste Intrigant Kurmanbek Bakijew, halb Kirgise, halb Usbeke, die Macht an sich. Ob die Amerikaner mit diesem Wechsel eine sehr glückliche Wahl getroffen hatten? Was Bestechlichkeit, Veruntreuung von Staatsgeldern und Ausbau einer raffgierigen Mafia angeht, so übertraf Bakijew seinen unglücklichen Vorgänger bei weitem. Pro forma ließ er zwei Oppositionsparteien zu, aber als es im Dezember 2007 zu Parlamentswahlen kam, sorgte er dafür, daß seine Partei »Ak-Dschol« – »Heller Pfad« – über sämtliche Abgeordnetensitze verfügte. Seinen amerikanischen Gönnern spielte er einen üblen Streich, indem er ihnen plötzlich die Nutzung des Luftwaffenstützpunktes Manas am Rande der Hauptstadt Bischkek entzog. Hinter dieser Geste patriotischer Auflehnung wurde der Einfluß Moskaus vermutet, wo man der US-Präsenz einen Riegel vorschieben wollte. In Wirklichkeit ging es Bakijew vermutlich um die Aufbesserung seines Budgets, denn wenig später fand er sich zu einem Kompromiß mit dem Pentagon bereit; die Pachtgebühren für Manas, das nunmehr offiziell zum »Transit Center« herabgestuft wurde, wurden schlicht und einfach verdreifacht. Die Masse der kirgisischen Bevölkerung, die in Ermangelung einträglicher Rohstoffvorkommen in Armut lebt, dürfte davon jedoch nur in geringem Maße profitieren.

In diesem rauhen Gebirgsland, von dem die meisten Europäer nicht einmal den Namen kennen, kam es nunmehr zu einer seltsamen militärischen Koexistenz zwischen den beiden ehemaligen Supermächten. Die Russen verfügten nämlich ihrerseits, etwa vierzig Kilometer von Bischkek entfernt, über die Basis »Kant« und standen im Begriff, im äußersten Süden, am Rande des turbulenten Fergana-Beckens, einen zusätzlichen Stützpunkt für ihre Streitkräfte einzurichten.

Die Präsenz von islamistischen Partisanen im Rascht-Tal, das Kirgistan und Tadschikistan verbindet, und das bedrohliche Auftauchen eines Kommandeurs des Heiligen Krieges, des Mullah Abdullah, der längs der Nordgrenze Afghanistans ein Sammelsurium von Usbeken, Kirgisen, Tadschiken und auch Arabern für eine neue Phase gewaltsamer Auflehnung zusammentrommelt, lassen bei den regierenden Despoten der GUS-Republiken Befürchtungen um die Stabilität ihrer Länder und das Überleben ihrer autokratischen Regime aufkommen.

Francis richtet seinen Zeigestock auf das Rascht-Tal. »Hier vergeht kein Tag ohne blutige Zwischenfälle«, kommentiert er, »und vielleicht haben Amerikaner und Russen endlich begriffen, daß es töricht und zutiefst schädlich für die eigenen vitalen Interessen wäre, wenn sie ihre

Querelen um den Besitz von Erdöl und Erdgas auf die Spitze trieben. Werfen Sie einen Blick auf die deutschen Positionen in Afghanistan und vor allem auf Kundus, wo die Bundeswehr offenbar in Bedrängnis gerät«, fährt er fort. »Einer Ihrer Verteidigungsminister hat doch einmal erklärt, Deutschland würde am Hindukusch verteidigt. Offenbar hat dieser Mann nie einen Blick auf die Landkarte Asiens geworfen. Nicht Deutschland, sondern Rußland, dessen Sicherheitsvorfeld bis zum Amu Daria reicht, wäre durch die Machtergreifung der Taleban oder anderer islamischer Extremisten in Kabul unmittelbar bedroht. Ein ausufernder Jihad Richtung Norden könnte sich, wenn wir unsere Phantasie spielen lassen, wie ein Flächenbrand bis zum Ural, ja bis zur Wolga fortpflanzen, von der Situation am Kaukasus, wo ein schleichender Bürgerkrieg bereits im Gange ist, ganz zu schweigen.«

Von Anfang an, so fügt Francis mit bemerkenswerter Offenheit hinzu, habe er sich gewundert, aus welchen Gründen Barack Obama das strategische Schwergewicht Amerikas aus dem Irak nach Afghanistan verlagern und die dortige Truppenpräsenz massiv verstärken wolle. Noch schwerer sei die Einrichtung eines AFPAK-Kommandos unter Richard Holbrooke zu erklären, das die Gefahr heraufbeschwöre, die unberechenbare Masse von hundertsiebzig Millionen Pakistani, deren Armee zudem über die bislang einzige islamische Atombombe verfügt, in diesen aussichtslosen Feldzug »Enduring Freedom« einzubeziehen.

»Wann wird man in Washington begreifen«, fährt Francis in rhetorischer Fragestellung fort, »daß Afghanistan – ›landlocked‹ und in sich selbst verkapselt – allenfalls ein Nebenkriegsschauplatz ist? Wann wird man in Langley zu der Erkenntnis gelangen, daß die Tragödie von Nine Eleven kein afghanisches, sondern ein überwiegend saudisches Unternehmen war, auch wenn Osama bin Laden sich zu diesem Zeitpunkt in irgendeiner Felshöhle des Hindukusch aufhielt?« Ich muß an einen Kommentar der *International Herald Tribune* denken, wo man das sich steigernde Engagement Barack Obamas in Afghanistan mit dem vietnamesischen »quagmire« verglich, in dem Lyndon B. Johnson gescheitert war. Auch in Vietnam hatte die Strategie des Generals Westmoreland zwischen den beiden unvereinbaren Alternativen der »counter-insurgency« geschwankt, zwischen »search and destroy« und »clear and hold«. Auch am Mekong hatten sich die US-Strategen – ähnlich wie heute die durchaus fähigen Generale Petraeus und McChrystal – immer wieder der Illusion hingegeben, es sei möglich und unverzichtbar »to win hearts and minds« – die Herzen und die Gemüter der exotischen Bevölkerung zu gewinnen.

Das war in Vietnam gründlich mißlungen, und in Zentralasien kam erschwerend hinzu, daß man es hier mit einer unerschütterlichen islamischen Glaubensgemeinschaft zu tun hatte, für die die Präsenz bewaffneter Ungläubiger auf einem Gebiet des »Dar-ul-Islam« einem entsetzlichen Frevel gleichkam und die frommen Muslime zum »qital fi sabil Allah« – zum Kampf auf den Pfaden Allahs verpflichtete.

Exorzismus auf dem Berg Salomons
Osch, im Sommer 2009

In tiefer Dunkelheit sind wir in Osch angekommen. Unser kirgisischer Betreuer und Dolmetscher Orosbek kannte sich in dem düsteren Gassengewirr gut aus. Er brachte uns in einem erbärmlichen Quartier unter, das den Namen »de Luxe« trug, und gab uns den dringenden Rat, keinen nächtlichen Spaziergang zu unternehmen. Wir seien hier nämlich in einer Hochburg der Kriminalität, des Drogenhandels und vor allem auch mörderischer ethnischer Spannungen angelangt, die in regelmäßigen Abständen zwischen Kirgisen und Usbeken ausgetragen werden. Die Stadt Osch, mit 250 000 Einwohnern die zweitgrößte Ortschaft Kirgistans, ist in eine riesige Mulde gebettet und wird im Süden von drei steilen Felshöhen überragt.

Mit dem höchsten dieser Berge, Tacht-i-Suleyman genannt, verbindet sich eine seltsame Legende, die ins fernste Altertum verweist. An diesem Knotenpunkt Zentralasiens hatten sich die unterschiedlichsten religiösen Vorstellungen abgelöst: heidnisches Schamanentum, die Lehre Zarathustras, die dualistischen Vorstellungen der Manichäer, der Theravada-Buddhismus und dann die nestorianische Form des Christentums. Am Ende hat der Islam alles überlagert, aber die Mythen der Jahrtausende wurden nicht ausgelöscht. So bleibt in der Person des hebräischen Königs Salomon, der im Koran als Prophet und Vorläufer Mohammeds geehrt wird, die biblische Überlieferung bewahrt. Der Name »Osch« ist angeblich darauf zurückzuführen, daß Salomon oder Suleyman zu Füßen des nach ihm benannten Felsens den fruchtbaren Boden so lange mit seinen Ochsen gepflügt hatte, bis ihm die Mühe zu viel wurde und er seine Arbeit mit dem Ausruf »chosch« – es ist genug – ermattet einstellte. Als ich im Hotel de Luxe eine schmuddelige, aber extrem geräumige Suite betrat, deren überbreites Bett mit einem befleckten Tuch zugedeckt war, kam mir der Ausspruch Salomons in den Sinn. Ich ließ mich mit dem Wort »chosch« erschöpft auf die Liege fallen und versank in einen erlösenden Tiefschlaf.

Die Fahrtdauer von Bischkek bis Osch war uns fälschlich mit acht Stunden angegeben worden. In Wirklichkeit mußten wir fünfzehn Stunden lang durch eine grandiose Felslandschaft kurven, einen Paß von 3600 Meter überwinden und einer aus militärischen Gründen gut asphaltierten Straße folgen, deren verschlungener Verlauf der Willkür einer wilden Natur, vor allem aber der absurden Grenzziehung zu verdanken war, mit der Josef Stalin die sowjetischen Teilrepubliken Zentralasiens zerstückelt hatte. Damit wollte er verhindern, daß sich hier eine einheitliche Nationalität herausbilden könnte.

In dieser zerklüfteten Region, die zum Pamir-Gebirge überleitet, boten sich uns großartige Bilder. Die Gesteinsformationen ragten wie surrealistische Skulpturen über schäumenden Gewässern. Wo immer ein Weideplatz auftauchte, hatten die kirgisischen Viehzüchter ihre weißen Jurten aufgeschlagen. Die munteren Mongolenpferde galoppierten um die Wette. Es war eine herrliche Fahrt, aber nach spätestens zehn Stunden erlahmte unsere Begeisterung für diese romantische Felskulisse. In endlosen Schleifen umkreisten wir den Toktokul-Stausee, und von nun an nahm uns eine bedrohliche Finsternis auf.

Am folgenden Morgen sieht alles sehr viel harmloser aus. Das Marktgelände ist ein riesiger Basar, wo laut Orosbek alles zu finden sei, von den süßesten Trauben der Welt aus der Oase Turfan bis zu erstklassigem Heroin. Das überreichliche Angebot an Textilien kommt ausnahmslos aus dem benachbarten China, während die spottbilligen Sturmgewehre vom Typ Kalaschnikow aus irgendwelchen Banden-Arsenalen Afghanistans stammen. Fast ebenso vielfältig wie das chinesische Warenangebot sind die diversen Rassen, die sich dort ein Stelldichein geben. Neben Usbeken, Kirgisen, Kasachen und Tadschiken sind die Koreaner stark vertreten, die Stalin einst in einer despotischen Laune aus ihrem Siedlungsgebiet an der mandschurischen Grenze nach Zentralasien verfrachtet hatte.

Am aktivsten und erfolgreichsten betätigen sich angeblich die »Dunganen«. So bezeichnete bereits der schwedische Forscher Sven Hedin jene reinrassigen Han-Chinesen, deren Vorfahren sich zum Islam bekehrt hatten und denen Mao Zedong unter dem Namen »Hui« sogar den Status einer gesonderten Nationalität sowie die Autonome Region von Ningxia in der nördlichen Schleife des Hoang Ho zugewiesen hatte. Auch Uiguren aus der benachbarten chinesischen Westprovinz Xinjiang treten in wachsender Zahl auf, seit sich in ihrer »Autonomen Region« der Volksrepublik die bewaffneten Überfälle und Gewaltakte häufen. Aus Pakistan wiederum sind grell bemalte riesige Laster über die Karakorum-Straße bis nach Osch gelangt. Nach Europäern, Russen oder Ukrainern hingegen haben wir vergebens Ausschau gehalten. Der slawische Bevölkerungsanteil Kirgistans, der einst auf ein Viertel geschätzt wurde, ist auf ein Minimum geschrumpft.

Im Frühjahr 1995 hatte ich vergeblich versucht, vom tadschikischen Ufer des Pjandsch bei Chorog über die Paßstraße des Pamir bis zu diesem Sammelpunkt aller nur denkbaren Geschäfte und Verschwörungen zu gelangen. Die fruchtbare Fergana-Senke war als Zentrum radikal-islamistischer Agitation berüchtigt. Aus der Ortschaft Namangan stammte der charismatische junge Führer der »Hizb-e-Tahrir«,der muslimischen Befreiungsfront, der 2001 unter den Bomben der US Air Force den Tod fand. Im ehemaligen Khanat von Kokand hatten sich auch die Basmatschi am längsten gegen die erdrückende Übermacht der Roten Armee des Generals Frunse behauptet.

Die Stadt Osch habe keine besonderen Sehenswürdigkeiten zu bieten, sagt man abfällig in Bischkek. Aber der Felsenhügel Tacht-i-Suleyman ist für manche Überraschung gut. Zu seinen Füßen hat sich eine Gruppe alter Männer und Frauen versammelt, hockt unter einem Dach im Pagodenstil. Sie begrüßen mich freundlich, als ich mich in ihrer

Nähe niederlasse, und fahren in ihrem Gemurmel fort, das ich allmählich als eine Art »Dhikr«, die permanente Lobpreisung der Einzigkeit Allahs, erkenne.

Der Aufstieg zum Gipfel des Salomon-Berges ist steil und mühsam. Trotzdem schleppen sich zahlreiche Pilger fortgeschrittenen Alters auf diese Höhe. Dort bietet sich uns ein Schauspiel, auf das wir in keiner Weise gefaßt sind. Wir wohnen einer Teufelsaustreibung, einem Exorzismus, bei, der uralte Schamanenbräuche wiederbelebt. Zehn in weiße Gewänder gehüllte Frauen haben sich im Kreis versammelt. Zu ihren Füßen liegt eine Frau, deren gellendes Schreien in düsteres Röcheln übergeht. Ihre Zuckungen und Verrenkungen wirken in der Tat wie die Qualen einer Besessenen, obwohl ein aufgeklärter Arzt möglicherweise die Symptome von Epilepsie diagnostiziert hätte. Eine alte Frau, die wohl als Priesterin fungiert, schlägt in regelmäßigem Takt mit einem Stock auf das unglückliche Wesen ein, dessen sich ein böser Dämon, ein Jinn oder gar der »gesteinigte Satan« bemächtigt hatte. Unaufhörlich wiederholt der Chor den Refrain: »La illaha illa Allah« – Es gibt keinen Gott außer Gott, wie das bei den Sufi-Orden oder Tarikat üblich ist. Die Gruppe läßt sich ohne Widerspruch bei ihrem dämonischen Treiben filmen.

Am meisten überrascht mich die Reaktion meines Begleiters, den ich als Mann von Welt kennengelernt habe, der mehrere Fremdsprachen beherrscht und nicht nur Europa, sondern auch Amerika im Auftrag des kirgisischen Außenministeriums bereist hat. Es handele sich hier keineswegs um Scharlatanerie oder obskurantistischen Hexenwahn, erklärt er uns, während die besessene Frau sich allmählich zu beruhigen scheint. Hier seien echte Zauberkräfte am Werk. Seine Großmutter, das könne er bezeugen, habe noch über magische Kräfte verfügt und sei in der Lage gewesen, jede Krankheit zu heilen, wenn es sich nicht gerade um Knochenbrüche handelte. Die muslimische Geistlichkeit stehe in dieser Gegend in einem sehr zwielichtigen Ruf. Für Geld könne man nämlich einen Mufti dazu bewegen, über eine verhaßte Person Fluch und Unheil zu bringen, während andere Religionsdiener sich bestechen ließen, um Vorteil und Glück herbeizuzaubern. Orosbek selbst scheint von diesem Aberglauben zutiefst durchdrungen.

Ein noch seltsamerer Brauch spielt sich an einem schrägen, glatten Felsblock ab, den Männlein und Weiblein als eine Art Rutschbahn benutzen. Sie versprechen sich davon die Befreiung von rheumatischen Leiden, während die jungen Frauen sich herabgleiten lassen, um ihre Fruchtbarkeit zu fördern und Kinder zu gebären. Als wir unseren Dolmetscher ironisch und ungläubig mustern, erzählt er seine eigene Erfahrung mit diesem Zauberritual. Er war bereits Vater eines Kindes, aber seine Frau wünschte sich einen zweiten Sohn. Sie beabsichtigte, zu diesem Zweck die heilige Rutschbahn von Tacht-i-Suleyman in Anspruch zu nehmen. Da sie aber aufgrund beruflicher Zwänge nicht in der Lage war, selbst nach Osch zu reisen, habe er stellvertretend für seine Gattin die Reise unternommen und sich dieser eigenartigen Prozedur unterzogen. Kurz darauf habe seine Frau ihm mitgeteilt, daß sie schwanger sei.

Der Berg Salomons ist noch in anderer, historischer Hinsicht bemerkenswert. Hier hatte der letzte Herrscher der Timuriden-Dynastie, Zahiruddin Babur, als Enkel Tamerlans in Osch zur Welt gekommen, im Jahr 1526 vor dem Einfall feindlicher usbekischer Horden Zuflucht gesucht und ein bescheidenes Haus sowie eine kleine Moschee erbaut. Er war seinen Verfolgern nur knapp entkommen. Babur muß eine außergewöhnliche Persönlichkeit gewesen sein, denn nach diesem Rückschlag sammelte er ein paar Tausendschaften seiner Getreuen, überwiegend mongolischer Abstammung, fiel in Nordindien ein und gründete dort die Mogul- Dynastie, die binnen kurzer Frist den größten Teil des Subkontinents unter ihre Gewalt brachte.

Zur Zeit Baburs und seiner Nachfolger entwickelte sich jene indischmuslimische Hochkultur, deren unvergleichliche Prunkbauten – das Taj Mahal von Agra gehört dazu wie auch die grandiosen Moscheen von Delhi und Lahore – die Touristenströme aus aller Welt anziehen. Bis 1857 wurde der größte Teil Indiens von den Moguln beherrscht, dann rückten die Engländer von Süden heran, und das Britische Empire erlebte den Höhepunkt seiner Glorie, als Queen Victoria zur Empress of India ausgerufen wurde. Der koloniale Übermut kannte damals keine Grenzen. »We don't want to fight«, sang man zu Zeiten der großen Queen in den »music halls« von London, »but by Jingo if we do, we've got the ships, we've got the men, we've got the money too« – Wir suchen den Kampf nicht, aber – bei Jingo – wenn wir kämpfen müssen, dann haben wir die Schiffe, haben wir die Männer und haben wir das Geld dazu.

Von Osch ist es nicht weit bis zur chinesischen Grenze. Ich hatte beschlossen, mich der »Autonomen Region der Uiguren«, der äußersten Westprovinz Xinjiang, so weit wie möglich zu nähern. Bevor wir die Straße in Richtung des Alaj-Gebirges und seiner Gletscher einschlugen, wurden wir am Eingang eines Parks durch eine festliche Versammlung aufgehalten.

Ein Mitglied der staatlichen Oberschicht, ein kirgisischer Oligarch, feierte dort die Hochzeit seiner Tochter und befolgte dabei eine Sitte, die auf die sowjetische Epoche zurückging. Das Brautpaar versammelte sich mit seinem Gefolge vor dem massiven Denkmal für die Gefallenen des Zweiten Weltkrieges. Die Gesellschaft, die sich hier zur Schau stellte, gehörte einer radikal anderen Welt an als die braven bäuerlichen Leute, die zum Zauberfelsen des Tacht-i-Suleyman gepilgert waren. Alle Anwesenden trugen schwarze, maßgeschneiderte Anzüge. Die Frauen bemühten sich um extravaganten Chic. Das Brautpaar war in einer schneeweißen, endlosen Limousine vorgefahren, und jede Form von Luxus wurde protzend zur Schau gestellt. Auch hier ließ man uns ungehindert unsere Aufnahmen machen und gewährte uns noch eine Zugabe, mit der wir nicht gerechnet hatten.

Die Neuvermählten – die Braut ganz in Weiß, stark geschminkt, durchaus attraktiv – legten zu Fuß die kurze Strecke zurück, die die Gedenkstätte für die Toten von einer gigantischen Leninstatue trennte. Der Held der Bolschewiken – in der üblichen, richtungweisenden Geste erstarrt – schien von den diversen Umstürzen und Volksaufständen, von den radikalen Veränderungen, die sich seit Auflösung seiner Sowjetunion eingestellt hatten, nichts wahrgenommen zu haben. Auch die Tulpen-Revolution hatte ihn nicht tangiert. Die exklusive Hochzeitsgesellschaft, Nutznießer eines hemmungslosen Casino-Kapitalismus, den sie wie eine Orgie feierten, fanden es ganz natürlich, sich vor dem Symbol der proletarischen Revolution ablichten zu lassen.

Zu beiden Seiten unserer Wegstrecke bieten sich Bilder, die zu einer phantastischen Geschichtsverfilmung gepaßt hätten. Das Leben rund um die Jurten hat seine wilde Ursprünglichkeit bewahrt, und die berittenen Trupps von Kirgisen unter dem typischen Filzhut scheinen die kühne, furchterregende Kampflust ihrer Vorfahren geerbt zu haben. Es ist ein grauer, diesiger Abend. Die gewaltige Felsbarriere, hinter der sich die geballte Macht des Reiches der Mitte bis zum Pazifik erstreckt, stellt sich uns wie eine düstere Mauer in den Weg.

Orosbek weist uns auf die rasch zunehmende Dämmerung hin. »Wir sollten die Rückfahrt nach Osch antreten«, schlägt er vor. Die Chinesen seien zwar dabei, in den engen Schluchten, die sie mit ihren Nachbarn verbinden, ihr Straßennetz intensiv auszubauen, sogar der Paß, der zum schmalen Wakhan-Zipfel Afghanistans überleitet, solle in einer Höhe von fünftausend Metern überwunden werden. Der chinesischen Volksbefreiungsarmee stünde dann im Notfall der Weg nach Kabul offen. Aber seit ein paar Tagen sei die Situation im Grenzgebiet von Xinjiang besonders angespannt. Ich hätte ja sicher von den schweren Zwischenfällen gehört, die sich in der Hauptstadt der Uiguren-Region, in Urumqi, abgespielt hätten.

Die Flucht des »Großen Pferdes«

Im kirgisisch-chinesischen Grenzgebiet, Sommer 2009

Tatsächlich war ich am Tage unserer Expedition östlich von Osch fasziniert von den verblüffenden Meldungen aus Urumqi, der Hauptstadt der chinesischen Provinz Xinjiang, »Westmark« in der Übersetzung. Wir befanden uns ja in unmittelbarer Nachbarschaft dieser Region.

Am 5. Juni 2009 hatten sich in Urumqi chaotische, mörderische Szenen abgespielt. Mit einem solchen Haßausbruch des türkisch-islamischen Volkes der Uiguren, das etwa neun Millionen Menschen zählt, gegen die Bevormundung und Knebelung durch die im Reich der Mitte dominierende Han-Rasse hatte ich nicht gerechnet, obwohl ich in Xinjiang intensive persönliche Erfahrungen gesammelt hatte. Ich wäre gar nicht auf die Idee gekommen, daß sich dieser östlichste Zweig der großen turanischen Völkerfamilie, dessen Angehörige in Urumqi infolge massiver chinesischer Zuwanderung noch höchstens ein Drittel der Einwohner ausmacht, zu einem kollektiven Amoklauf dieses Ausmaßes gegen die fremden Eindringlinge aufraffen könnte.

Von den überraschten Sicherheitsorganen kaum behindert, hatten die Aufrührer laut offiziellen Angaben hundertvierundneunzig Chinesen ermordet, deren Geschäfte verwüstet und staatliche Einrichtungen in Brand gesetzt. Wie viele Opfer dann die Niederwerfung dieser Revolte unter den Uiguren forderte, läßt sich nicht überprüfen. Selbst der akute Auslöser dieses Pogroms der Unterdrückten gegen die allmächtige Überzahl der Han bleibt ungeklärt. Bei den Uiguren, deren Typologie ihren türkischen Verwandten in Anatolien ähnlicher ist als den stark mongolisch geprägten Kasachen und Kirgisen, muß sich das Gefühl einer unerträglichen Diskriminierung und Benachteiligung durch die Pekinger Staatsorgane angestaut haben, um eine solche Explosion auszulösen, die stellenweise in einer Hetzjagd auf alle Zuwanderer ausartete.

Warum haben diese spektakulären Häuserkämpfe von Urumqi in der westlichen Öffentlichkeit – gemessen an den Entrüstungsstürmen, die das chinesische Vorgehen gegen die tibetischen Protestaktionen in Lhasa entfachte – relativ geringe Beachtung und wenig Solidarisierung gefunden? In das de Luxe-Hotel von Osch zurückgekehrt, bin ich darauf von einem ungewöhnlich mitteilungsfreudigen kirgisischen Studenten, vermutlich einem Verwandten unseres Dolmetschers, angesprochen worden.

Sein Argument klang einleuchtend. Während die buddhistischen Mönche von Lhasa einer Erbauungslehre anhingen, die dem Prinzip der Gewaltlosigkeit und der politischen Abstinenz huldigt, sind die Uiguren seit Jahrhunderten zum Islam bekehrt und haben in Fragen der koranischen Religionsausübung – inklusive des Jihad – eine rigorosere Haltung eingenommen als die noch weitgehend in schamanistischen Bräuchen verhafteten Kasachen und Kirgisen. Unter den Uiguren fand sich auch eine beachtliche Anzahl von »Gotteskriegern« bereit, als Freiwillige in der »grünen Legion« Osama bin Ladens am Heiligen Krieg gegen die gottlosen russischen »Schurawi« und – nach deren Vertreibung aus Afghanistan – gegen jene Feinde Gottes anzutreten, die im Namen des US-Imperialismus die muslimische »Umma« zu knechten suchten.

Noch viel krasser, so meinte der junge Mann, trete diese westliche

Voreingenommenheit gegen die Jünger des Propheten Mohammed in Kaschmir in Erscheinung, wo die indische Regierung von Delhi, der angeblich »größten Demokratie der Welt«, der muslimischen Bevölkerungsmehrheit das von der UNO gewährte Selbstbestimmungsrecht konsequent verweigere. Aus der paradiesischen Landschaft rund um den Dal-See, wo ich einst an Bord eines Hausbootes als »Sahib« zu den Zauberschlössern der Mogul-Herrscher gerudert worden war, war inzwischen ein tückisches Kampfgebiet geworden. Die Hauptstadt von Jammu-Kaschmir, Srinagar, war in ein befestigtes Lager verwandelt worden. Zeitweise hatte Delhi eine halbe Million Soldaten in diesem Unionsstaat am Rande des Himalayas stationiert.

Der Repression der indischen Staatsorgane, die vom Westen wie eine »heilige Kuh« geschont wurden, seien bereits siebzigtausend Widerstandskämpfer oder Jihadi zum Opfer gefallen. Aber von den Medien der USA und Europas würden diese Freiheitskämpfer als blutrünstige »Terroristen« diffamiert. Ob es wohl jetzt dem Politbüro in Peking gelingen würde, auch das national-religiöse Aufbäumen der Muslime von Xinjiang in jene Kategorie von brutalen Gewalttätern einzureihen, deren Ziel es sei, die ganze Welt durch ihre Anschläge in Angst und Schrecken zu versetzen, bleibe abzuwarten. Die Tatsache, daß auch in Guantánamo rund ein Dutzend Uiguren den dort üblichen Verhör- und Foltermethoden ausgesetzt waren, könnte in diese Richtung weisen. Im übrigen, so fügte der junge Unbekannte hinzu, der sich nach dem Gespräch hastig verabschiedete, hätten bereits zahllose Uiguren aus China im Umkreis von Osch Zuflucht und Asyl gesucht. Die einheimische Bevölkerung habe auf diese Zuwanderung recht unfreundlich reagiert.

Die mysteriöse Welt zwischen Tarim-Becken und Dsungarei hatte mich schon als Knabe fasziniert. Ich las mit Begeisterung die Reise- und Entdeckungsschilderungen des Schweden Sven Hedin, der Urumqi als turkestanisches Räubernest hinter dicken Lehmwällen schilderte. Es war extrem abenteuerlich zugegangen in dieser West-Provinz, nachdem die Mandschu-Dynastie in Peking gestürzt und Ost-Turkestan die Beute grausamer und unberechenbarer »Taifu« oder Warlords wurde.

Im Jahr 1931 war es zum Aufstand der Muslime gekommen – es handelte sich überwiegend um Dunganen, die man heute Hui nennt –, ausgelöst durch eine Einwanderungswelle chinesischer Kolonisten aus der Provinz Kansu. Vier Jahre lang hatte der Jihad um den Besitz Chinesisch-Turkestans gedauert. Als Kommandeur der muslimischen Krieger wurde ein blutjunger General berufen, Ma Zhongying, das »Große Pferd« genannt. Mit siebzehn Jahren hatte sich dieser Hui mit dem Kindergesicht bereits selbst zum Oberst befördert. Jetzt wütete er an der Spitze seiner Dunganen wie ein neuer Tamerlan. In dem Maße, wie sich auch die türkisch-muslimische Bevölkerung seinen Reiterhorden anschloß und er – mit Ausnahme Urumqis – eine Oase nach der anderen eroberte, verfiel das »Große Pferd« wohl dem Größenwahn. Er proklamierte sich zum neuen Kalifen, ja erhob sogar den Anspruch auf den Erlösertitel des »Mahdi«. Unter den Han-Chinesen richtete er entsetzliche Massaker an.

Im Moskauer Kreml hatte Stalin die militärischen Erfolge des »Großen Pferdes« mit wachsender Irritation beobachtet. Einerseits befürchtete er das Übergreifen der islamischen Revolte auf seine eigenen Territorien in Zentralasien, wo der Widerstand der »Basmatschi« noch nicht ganz erloschen war, andererseits hegte er den Verdacht, Ma Zhongying könnte ein Agent des japanischen Generalstabs sein, der in jener Zeit zur Eroberung ganz Chinas ausholte. Am Weihnachtstag 1933 rückte die Rote Armee mit zweitausend Soldaten in Urumqi ein. Xinjiang war von nun an ein sowjetisches Protektorat. Bei Ausbruch des Zweiten Weltkrieges waren Garnisonen der Roten Armee in Stärke von vierzigtausend Mann über die weite Region verstreut.

Im Jahr 1942 kam es zur spektakulären Wende. Die damaligen Ereignisse sind bis heute nicht voll aufgeklärt. Vermutlich brauchte Stalin zu jener Zeit jede kampffähige Division, um sie den Deutschen in der Schlacht von Stalingrad entgegenzuwerfen. Jedenfalls zog sich die Rote Armee mitsamt allen politischen Beratern im Herbst 1942 aus Xinjiang zurück. Ob jene unabhängige Republik Ost-Turkestan überhaupt existiert hatte, auf die sich die Oppositionspolitikerin Rebiya Kadeer, die Präsidentin des uigurischen Weltkongresses, beruft, kann vermutlich nur diese ungewöhnliche Frau bestätigen, die Mitglied des Volkskongresses der chinesischen Kommunisten war, ehe sie einen im amerikanischen Exil lebenden uigurischen Nationalisten heiratete.

Jedenfalls schuf Mao Zedong unmittelbar nach Proklamation der Volksrepublik China im Jahr 1949 vollendete Tatsachen in der fernen chinesischen Westmark. Er ließ die Vierte kommunistische Feldarmee einrücken und befahl seinen ideologisch gedrillten Soldaten, an Ort und Stelle seßhaft zu werden und sich als Wehrbauern zu bewähren. Das geschah mit beachtlichem Erfolg. In der spröden Landschaft, die zur Taklamakan-Wüste überleitet, hat die Volksbefreiungsarmee blühende Agrarzonen geschaffen, in denen vor allem Baumwolle geerntet wird. Die chinesische Einwohnerschaft Xinjiangs, die bei Machtantritt Mao Zedongs höchstens ein Viertel betrug, steht im Begriff, die dortigen Turkvölker zu überflügeln.

In den Jahren der großen politischen Wirren war die Westmark ein bevorzugter Ort der Verbannung für alle politisch unzuverlässigen Elemente. Hier sollte laut Weisung des Großen Steuermannes auch das rote Mandarinat lernen, daß schwere körperliche Arbeit, die traditionell verpönt war, ein vorzügliches Mittel ideologischer Ertüchtigung sei. Die Rotgardisten sorgten nach Ausbruch der Großen Kulturrevolution für einen zusätzlichen Strom aufbaufreudiger Pioniere. Seit in der Taklamakan-Wüste ergiebige Erdöl- und vor allem Erdgasvorkommen entdeckt wurden, reißt der Zustrom chinesischer Fachkräfte nicht ab.

Während meines Aufenthalts in Urumqi im Oktober 1995 war mir vom offiziellen chinesischen Propagandabüro eine Broschüre überreicht worden, die den historischen Anspruch Pekings auf die Westmark zu untermauern suchte. Einen Absatz daraus lohnt es sich im Wortlaut zu zitieren, weil dort – trotz aller Freundschaftsbeteuerungen gegenüber den Nachbarstaaten – die verjährt geglaubten geographischen Ansprüche des Reiches der Mitte weit über die heutigen Grenzen hinaus erwähnt werden.

»Zu Beginn des 19. Jahrhunderts«, so schreibt der Autor Chen Dajun, »begannen die Kolonialmächte des Westens aktiv mit ihren Angriffs- und Expansionsfeldzügen. Von Indien aus wiegelten die Briten immer wieder die Nachfahren uigurischer Fürsten auf, die am Hofe des Khans von Kokand lebten, um in Süd-Xinjiang Unruhe zu stiften. Nach 1840 steigerten die westlichen Mächte ihre militärische Bedrohung, um die Qing- oder Mandschu-Dynastie zum Abschluß ungleicher Verträge zu zwingen. China wurde Schritt für Schritt auf den Status einer halbkolonialen Gesellschaft heruntergedrückt. Nachdem das zaristische Rußland die kasachische Steppe und die kleinen Emirate Zentralasiens besetzt hatte, nahm Sankt Petersburg auch weite Gebiete entlang der chinesischen Westgrenze in Besitz. Ein Territorium von 400 000 Quadratkilometern, östlich und südlich des Balkaschsees gelegen, der früher zu China gehörte, wurde durch das zaristische Rußland besetzt.« Das von Chen Dajun beschriebene Gebiet entspricht dem Kernland der heutigen Republik Kasachstan mitsamt ihrer früheren Hauptstadt Almaty.

Freitagsgebet bei den Uiguren

Urumqi, im Sommer 1995

Schon fünfzehn Jahre früher, im Sommer 1980, war es mir vergönnt gewesen, die zu jener Zeit noch streng abgeschirmte Provinz Xinjiang aufzusuchen und dort einen Dokumentarfilm zu produzieren, dem ich den Titel »Chinas wilder Westen« gab. Damals war Urumqi ein grauenhafter Platz. Dort lebten etwa eine Million Menschen, aber die niedrige, gedrängte Häusermasse, über der die Fernsehantennen in den rußigen Qualm ragten, sah wie eine immense Siedlung von Höhlenbewohnern aus. Es war bemerkenswert, daß die chinesischen Behörden unser Kamerateam beim Filmen dieser Misere in keiner Weise behinderten. Wir konnten nach Belieben die Linse auf jene niedrigen Hütten der Industriearbeiter richten, die gegen die eisigen Winterstürme mit einer dicken Lehmschicht bedeckt waren und ihre Einwohner zur Existenz von Troglodyten verdammten. Bei unserer Suche nach muslimischen Gebetshäusern stießen wir auf die Verwüstungsspuren der Rotgardisten. Die entfesselten jungen Fanatiker der Kulturrevolution hatten gegen die Muslime besonders heftig gewütet, sie zum Verzehr von Schweinefleisch gezwungen und viele treue Koranglaubige erschlagen.

Seitdem ist ein radikaler Wandel eingetreten. Aus den riesigen Elendsquartieren, aus der asiatischen Slum-Metropole Urumqi ist binnen fünfzehn Jahren eine saubere, hochmoderne Stadt von 1,5 Millionen Menschen geworden. Untergebracht sind wir dieses Mal in dem luxuriösen Holiday Inn von Urumqi, das über Kommunikations- und Computereinrichtungen verfügt. Von unserem Fenster blicken wir auf eine moderne Industriestadt, deren gepflegte Wohnviertel sich wohltuend von der Plattenbaumisere der früheren Sowjetunion unterscheiden. Vierbahnige Asphaltstraßen erleichtern den Autoverkehr, der beachtliche Ausmaße angenommen hat. Die Warenhäuser quellen über von vielfältigem Angebot. Die Menschen sind wohlgenährt und gut gekleidet. Das Wort Wirtschaftswunder ist in Urumqi durchaus angebracht. Die Sinisierung hat sich scheinbar durchgesetzt.

Um keiner Täuschung zu erliegen, habe ich verlangt, nach Kaschgar reisen zu können. Diese weit im Süden, am Fuße des Karakorum-Gebirges gelegene Oase galt weiterhin als eine Hochburg des uigurischen Nationalbewußtseins und der islamischen Religiosität. Ihren orientalischen Charakter hatte sie damals noch im wesentlichen bewahrt, aber hier überlebte nur eine schäbige Exotik. Die Bevölkerung in dem Grenzdistrikt war zu fast neunzig Prozent uigurisch und muslimisch geblieben. Die religiöse Rückbesinnung gewann – laut Aussage meiner chinesischen Gewährsleute – zunehmend an Gewicht.

Als zentrales religiöses Zentrum fungierte weiterhin die Id-Kah-Freitagsmoschee, die den alten Basar beherrschte und angeblich auf das Jahr 1442 zurückgeht. In den modrigen Gassen begegneten wir keinem Angehörigen der Han-Rasse. In diesen Vierteln kapselte sich das uigurisch-islamische Kaschgar von den fremden, stets bevormundenden Eindringlingen aus dem gelben Osten ab. Es lag sogar Spannung in der Luft. Gelegentlich sollte es zu Attentaten einer »Islamischen Bewegung Ost-Turkestans« kommen. Bei den Einheimischen spürte man eine latente Feindseligkeit. Unsere chinesischen Betreuer schienen ernsthaft um unsere Sicherheit besorgt zu sein. Die Rückkehr zur koranischen Frömmigkeit äußert sich oft auf betrübliche Weise. Viele Frauen gehen hier unter groben, rot-braunen Wolltüchern vermummt, die sie sich über den Kopf stülpen und die das Gesicht total verdecken.

Zur Stunde des Freitagsgebets hatte ich mich mit einem gemurmelten »bismillah rahman rahim« unter die Gläubigen der Id-Kah-Moschee gemischt. Sie hielten mich wohl für einen Türken und räumten mir bereitwillig einen Platz im vorderen »soff« ein. Mindestens dreitausend Männer waren zusammengekommen, ausschließlich Uiguren. Ein junger Mann mit blauen Augen nahm sich meiner freundlich an. Er gab sich als »Talib«, als Koranstudent, zu erkennen. Das Ritual nahm seinen gewohnten Gang. Beter aller Altersklassen waren hier vertreten. Die meisten von ihnen mußten in sehr ärmlichen Verhältnissen leben. In dieser Gemeinschaft fühlte ich mich durchaus geborgen, aber meine chinesischen Begleiter, die mich aus den Augen verloren hatten, gerieten in Panik. Man befürchtete wohl weniger einen konspirativen Kontakt, den ich zu renitenten Islamisten suchen könnte, als meine Entführung durch irgendeine Untergrundorganisation.

Ich wurde in ein Verwaltungsgebäude der »islamischen Direktion« abgedrängt, die offenbar eine Überwachungsfunktion ausübte. Mein Gesprächspartner war ein unsympathischer Uigure mittleren Alters, der sich als »politisch Verantwortlicher«, als »mas'ul as-siassi« der Chinesisch-islamischen Vereinigung von Kaschgar vorstellte. Er hielt mir einen langen Vortrag über die unbegrenzte religiöse Toleranz, die auch den Muslimen von Xinjiang seit dem Pekinger Reformprogramm zugute komme. Der Kontakt zu den jungen, und wie mir schien, aufsässigen Religionsschülern war abgebrochen. Statt dessen wurde mir nun der Haupt-Imam Abudu Rixiti Kaziaj, wenn ich mir den chinesisch verzerrten Namen richtig gemerkt habe, präsentiert. Der würdige Greis, dessen Turban ebenso weiß war wie sein schütterer Bart, war sicher ein redlicher Diener Allahs. Aber sein Einfluß war gering. Zum Tee wurden uns zuckersüße Trauben aus Turfan serviert.

Am folgenden Tag bin ich nach Urumqi zurückgeflogen, und die dortigen Behörden verzichteten auf Schönfärberei. »Wir machen uns keine Illusion«, sagte mir ein hoher Provinzbeamter. »Das Problem der islamischen Wiedergeburt beobachten wir auch in dieser Region. Das wird sich nicht durch wirtschaftliche Fortschritte allein beheben lassen. So marxistisch denken wir heute nicht mehr. Es hat diverse Versuche gegeben, die hiesigen Muslime gegen die Pekinger Führung aufzustacheln. Ja, es sind uigurische Partisanen und Saboteure in Afghanistan ausgebildet worden. Zusätzlich sickerten über Pakistan arabische Prediger ein. Aus Kasachstan wurde politisch-religiöse Aufwiegelung importiert und sogar aus der Türkei. Seit den Exzessen der Kulturrevolution gewähren wir unseren Nationalitäten ein weitgehendes kulturelles Eigenleben, ja ein gewisses Maß an Selbstverwaltung. Sezessionsbestrebungen hingegen werden wir nicht dulden.« Damals ahnte niemand, daß der Anschlag auf das World Trade Center von New York die Atlantische Allianz in eine geostrategische Neuorientierung zwingen würde, daß der Hindukusch zum Schwerpunkt einer kriegerischen Auseinandersetzung des Westens mit dem militanten Islam werden würde, die weit über die Grenzen Afghanistans hinausgreift.

Der Kampf gegen den Terror und gegen den »Islamo-Faschismus«, den George W. Bush zur Leitlinie seiner Außenpolitik und Strategie erhob, ist dem strengen chinesischen Vorgehen gegen jede Form von uigurischem Separatismus zugute gekommen. Wer interessierte sich in den USA wohl für eine verzweifelte Schar türkisch-islamischer Rebellen, die von der Errichtung eines Kalifats träumten und in ihrem koranischen Eifer den afghanischen Taleban allzu nahestanden? Sogar in den Reihen von El Qaida hatte die CIA eine kleine Gruppe von Uiguren aufgespürt. In seiner Polemik gegen die »Kräfte des Bösen« hatte der amerikanische Unterstaatssekretär Armitage seinerzeit der Volksrepublik China das volle Verständnis der USA ausgedrückt für die Niederkämpfung der »Islamischen Bewegung Ost-Turkestans« und ihrer separatistischen Agitatoren.

Ob Washington nach dem Einzug Barack Obamas ins Weiße Haus sich noch ebenso kategorisch äußern würde, ist nicht gewiß. Das State Department hat auf den nationalistischen Aufruhr in Urumqi sehr zurückhaltend reagiert. Den amerikanischen Geheimdiensten war ja tatsächlich eine Reihe von uigurischen »Gotteskriegern« ins Netz gegangen, die ohne Verzug in das umstrittene Lager von Guantánamo verschleppt wurden. Bekanntlich hätte Präsident Obama die Verhör- und Folterkäfige am Ostrand von Kuba am liebsten sofort aufgelöst, aber neben diversen juristischen Problemen stellt sich die Frage, wohin man die dortigen Gefangenen, die mutmaßlichen Terroristen, verschicken kann. In den Augen zahlreicher US-Bürger bleiben sie potentielle Übeltäter und Bombenleger. An ihre Heimatländer kann man sie in den meisten Fällen nicht ausliefern, denn dort gelten sie als gefährliche Elemente der Revolution. Vor allem in China würde man gegen die uigurischen Verschwörer mit äußerster Strenge vorgehen.

Bei ihrer Suche nach Gastländern, die sich bereit fänden, den Häftlingen, die durchaus nicht alle harmlos waren, Unterkunft zu gewähren, hatte die US-Administration die Bundesrepublik Deutschland als Bestimmungsort für die chinesischen Dissidenten Xinjiangs auserkoren. Daß eine Zustimmung Berlins zwangsläufig von Peking als Affront empfunden würde und das deutsch-chinesische Verhältnis nachhaltig getrübt hätte, hätte man am Potomac bereitwillig in Kauf genommen. Die Große Koalition von Berlin hat immerhin den Mut aufgebracht, dieser amerikanischen Zumutung eine Absage zu erteilen.

Am Ende verfiel man in Washington auf einen seltsamen Ausweg. Unter den westpazifischen Inseln Mikronesiens waren ja diverse Atolle, die nur ein paar tausend Einwohner zählen und von der allmählichen Überflutung durch den Ozean bedroht sind, nach der Befreiung von den Japanern in souveräne Staatswesen verwandelt worden, die den USA als willfährige Klienten zur Verfügung standen. Zu diesen kuriosen Gebilden zählte die winzige Inselgruppe von Palau, deren Regierung sich gegen eine substantielle finanzielle Abfindung bereit fand, die gestrandeten Jihadisten vom Volk der Uiguren unter ihren Palmen unterzubringen. Der Vorgang entbehrt nicht einer gewissen Komik. Wer weiß heute noch zwischen Rhein und Oder, daß die Insel Palau in den Jahren 1900 bis 1914 deutscher Kolonialbesitz war? Die Große Koalition von Berlin hatte sich gegen die Überstellung der Uiguren erfolgreich zur Wehr gesetzt. Der Zufall hat es gefügt, daß das Häuflein von Islamisten aus Xinjiang auf einer winzigen Inselgruppe im Stillen Ozean stranden würde, wo vor hundert Jahren noch die schwarz-weiß-rote Fahne des wilhelminischen Kaiserreiches wehte. Ein Treppenwitz der Geschichte.

Usbekistan: Vom Parteisekretär zum Groß-Khan

Taschkent, im Juni 2002

Wenn es nach Usbekistan ginge, hätten die USA den Krieg um Zentralasien bereits gewonnen. Seit meinem letzten Aufenthalt im März

1995 hat sich die Hauptstadt Usbekistans auf merkwürdige, karikaturale Weise amerikanisiert. Das liegt nicht allein an der allgegenwärtigen Coca-Cola-Werbung. Im Zentrum ist ein Golfplatz angelegt worden, und das neue, prächtige Hotel Intercontinental, das endlich den abscheulichen Kasten des Intourist Hotels überflüssig macht, kann jeden Besucher zufriedenstellen. Außer einer Anzahl undurchsichtiger Business-Geier und asiatischer Parteibonzen sind die Gäste rar in dieser Luxusherberge. Wenn sich hier Amerikaner einfinden, dann nur in Zivil. Washington hat Usbekistan als zuverlässigsten Alliierten in dieser entlegenen Weltgegend auserkoren. Aber den Stäben der US Army ist »low profile« auferlegt. In ihrer Basis von Chamabad haben sie eine Art Little America eingerichtet, das den GIs die Illusion verschafft, einige Annehmlichkeiten ihrer Heimat in dieser trostlosen Umgebung wiederzufinden. So wird es ja rund um den Erdball auf den zahlreichen Stützpunkten gehandhabt, die die Omnipräsenz der Supermacht demonstrieren.

Präsident Karimow war schon früh auf Distanz zu Moskau gegangen, seit dort der starre KP-Kurs seltsame Aufweichungssymptome aufwies. Er brachte es sogar fertig, jede militärische Zusammenarbeit mit den Russen aufzukündigen. Die slawische Minderheit, die in dieser Teilrepublik zahlreich vertreten war – Taschkent war zu Sowjetzeiten zu mehr als fünfzig Prozent von Russen bevölkert –, hat die Zeichen der Zeit begriffen. Hier ist kein Platz mehr für fremde Kolonisten. Aus den Provinzstädten sind sie fast ganz verschwunden. Dort bekommen sie nicht nur die Ablehnung durch den turko-usbekischen Nationalismus zu spüren, sondern empfinden auch die eigene Unverträglichkeit mit einem zunehmend muslimischen Lebensstil. Insgesamt ist der Anteil der allogenen früheren Sowjetbürger auf fünf Prozent geschrumpft. Die Fähigsten sind gegangen, und wer zurückbleibt, lebt oft in ärmlichen Verhältnissen und duckt sich unter die Autorität der neuen Behörden.

Der robuste amerikanische Verteidigungsminister Donald Rumsfeld hat in der Person des verschlossenen, steinharten Staatschefs Usbekistans einen ihm genehmen Partner gefunden. Manche spotten bereits über eine Seelenverwandschaft. Seit Karimow die Islamisten in die Zucht genommen hat und deren Bandentätigkeit im Fergana-Tal fast zum Erliegen brachte, ist er ein wertvolles Mitglied der Allianz gegen den Terror geworden. Amerikas Special Forces haben begonnen, eine moderne Armee Usbekistans von etwa 80 000 Mann aufzustellen. Ob diese asiatischen Verbündeten auf Dauer verläßlich sein werden, steht auf einem anderen Blatt. Die CIA dürfte sich daran erinnern, daß der berüchtigte Partisanenführer Juma Namangani seine Ausbildung als Elitesoldat einst in der Roten Armee erhielt.

Für Rumsfeld und andere Schlüsselfiguren der Bush-Administration, die ihr Vermögen im Erdölgeschäft erwarben, böte Usbekistan unter der strengen Fuchtel Karimows die ideale Plattform für eine ertragreiche Förderungs- und Vermarktungsstrategie, sobald das schwarze Gold dieser weiten Region zwischen Kaspischem Meer und Pamir-Gebirge durch amerikanische Pipelines fließt. Karimow kommt ferner zugute, daß er gegenüber Israel nicht die geringsten Vorurteile empfindet und mit dem Judenstaat aufs engste zusammenarbeitet. Israelische Offiziere haben die Leibgarde des Staatschefs ausgebildet, und wenn die jüdische Diaspora-Gemeinde von Buchara, deren Präsenz angeblich auf die Babylonische Gefangenschaft zurückgeht, sich mehrheitlich zur Auswanderung entschließt, so liegt das nicht an irgendwelchen Schikanen der usbekischen Ministerien, sondern am Streben der Israeliten nach einem besseren Leben in den USA oder in Deutschland.

Von Kommunismus ist offiziell nicht mehr die Rede, auch wenn usbekische Regimegegner – meist sind es junge und emanzipierte Frauen – der alten Sowjetzeit ein wenig nachtrauern und sie im Rückblick verklären. Damals, so hört man immer wieder, habe immerhin die Möglichkeit bestanden, gegen die Exzesse der Lokalfunktionäre bei den höchsten Instanzen des Moskauer Kremls Einspruch zu erheben und schlimmste Willkür zu bremsen. Im übrigen habe das sowjetische System, das nunmehr durch eine skrupellos ausbeutende Schicht von kriminellen Mafiosi abgelöst worden sei, den kleinen Leuten ein dürftiges, aber sicheres Auskommen garantiert, für Beschäftigung gesorgt und vor allem auf dem Gebiet der Erziehung Beachtliches geleistet. Daß die Profiteure von heute mit den Oligarchen von gestern oft identisch sind, nimmt man in diesen Breiten mit einem Achselzucken zur Kenntnis.

Mitten in der Stadt befand sich einst eine eindrucksvolle Marmorbüste von Karl Marx. Sie ist dem Bildersturm zum Opfer gefallen. Der Künder des Kommunistischen Manifests schien noch 1991, im Jahr der Unabhängigkeit, den Anfechtungen der Wende zu trotzen. Wenig später war er verschwunden, was nicht weiter verwunderlich war. Sensationell ist der Ersatz, der Islam Karimow eingefallen ist. Anstelle des Propheten der Arbeiterklasse ragt nun die Reiterstatue eines durch und durch asiatischen Helden aus ferner, furchterregender Vergangenheit in den Himmel. Timur Lenk, Timur der Lahme, den die Europäer Tamerlan nennen, ist hier zu höchsten nationalen Ehren gelangt. Das Pferd bäumt sich auf unter den Sporen des Gewaltmenschen, der knapp zwei Jahrhunderte nach seinem Vorläufer Dschingis Khan die damals bekannte Welt mit Feuer und Schwert unterwerfen wollte. Das Imperium Tamerlans, das zwischen 1370 und 1405 von der Schwelle Ägyptens bis zur Chinesischen Mauer reichte und das in fünfunddreißig Feldzügen auf den qualmenden Trümmern, auf den gigantischen Schädelpyramiden des ganzen Orients errichtet wurde, hat sich als grauenvolle Erinnerung in das Gedächtnis der Menschheit eingegraben. Aber in Taschkent wird Timur der Lahme als Symbol einer zentralasiatischen Wiedergeburt gefeiert, die an die imperiale Tradition der Märchenmetropole Samarkand anknüpfen möchte.

Ein überzeugendes Kunstwerk ist dem usbekischen Bildhauer nicht gelungen. Wie sollte er auch einen Herrscher darstellen, der nur auf wenigen Miniaturen verewigt ist und in dessen finsterem Antlitz sich das Erbe mongolischer, türkischer und tadschikischer Vorfahren mischte? Der Emporkömmling aus der Sippe eines unbedeutenden Stammesführers der Tschagatagai, der durch List und Mord die Nachfolge der mongolischen Groß-Khane an sich riß, hat diesen Titel nie für sich beansprucht, sondern begnügte sich mit der Rolle des »Amir el Kebir«, des Großen Fürsten. So steht auf seinem Denkmal in Taschkent lediglich die arabische Inschrift »Amir Timur« und darunter in englischer und russischer Übersetzung ein Leitwort, das sich wohl auch der usbekische Präsident zu eigen machten möchte: »Strenght in justice« – Stärke in Gerechtigkeit. Das Schwert des Tyrannen ist bedrohlich gezückt.

Natürlich habe ich auch das gigantische Forum aus grauem Marmor aufgesucht, dessen Name »Lenin-Platz« in »Platz der Freiheit« umgeändert wurde. Wladimir Iljitsch Lenin, der Gründer der Sowjetunion, hatte einst in den kolossalen Ausmaßen eines Pharaos das weite Areal beherrscht. Er ist einer Weltkugel gewichen, auf der sich die Republik Usbekistan, überdimensional verzerrt, zwischen Westeuropa und Südostasien ausweitet. Der metallene Globus ist von einem Wald usbekischer Fahnen umringt. Deren drei Farben haben ihre besondere Bedeutung: Blau wie der endlose Steppenhimmel war das Banner des Mongolen Dschingis Khan und seiner Nachfolger; das weiße Mittelfeld symbolisiert den Reichtum der Baumwollernte, die Haupteinnahmequelle des Staates; der untere grüne Streifen verweist auf die Verwurzelung Usbekistans im Islam.

Wie haben die Dinge sich doch gewandelt! Schlitzäugige, hübsche Kinder veranstalten jetzt Fangspiele auf dem riesigen Platz. Im September 1980 habe ich noch der Wachablösung russischer Jungpioniere zugeschaut, die mit rotem Halstuch dem großen Lenin ihre Reverenz erwiesen und zu Ehren der Toten des Zweiten Weltkriegs Kränze niederlegten. Die blonden Jungen und Mädchen waren in extrem knappen kurzen Hosen angetreten – ein anstößiger Anblick in den Augen der einheimischen Muslime. Sie stolzierten im Parademarsch einher und absolvierten ein Grußzeremoniell, das an den rheinischen Karneval erinnerte. Der Spuk dieser klassenbewußten Funkenmariechen von Taschkent ist verflogen. Anstelle der roten Banderolen in kyrillischer Schrift, die die strahlende Zukunft des Kommunismus verkündeten und die Weisheit des Generalsekretärs der KPdSU, Leonid Breschnew, rühmten, sind jetzt blaue Transparente gespannt. Die neuen Losungen, die Staatschef Karimow ausgibt, glänzen nicht durch Originalität. Stabilität ist das oberste Gebot, Einheit und Friede werden gepredigt, und immer wieder wird eine glückliche Zukunft beschworen.

Noch bevor die Unabhängigkeit Usbekistans am 31. August 1991 offiziell verkündet war, hatten die Kommunisten dafür gesorgt, daß weder der fundamentalistische Islam noch irgendein Ableger westlicher Demokratie die Alleinherrschaft Karimows in Frage stellten. Eine orientalisch gefärbte Despotie hatte den Marxismus-Leninismus abgelöst. Es waren stets die vormaligen Satrapen Moskaus, die sich mit rüden Methoden gegen jede demokratisch-oppositionelle Anfechtung behaupteten. Das gilt für Usbekistan, Kasachstan und Turkmenistan ebenso wie für Aserbaidschan und auch Georgien. Kurzum, die heiligsten Prinzipien der im Atlantikpakt vereinten Nationen – Demokratie, Meinungsfreiheit, politischer Pluralismus und Toleranz – werden dort von den zuverlässigsten und am meisten begünstigen Partnern der »Freien Welt« mit Füßen getreten.

Die islamistischen Propagandisten können zu Recht darauf verweisen, daß die Hegemonie der USA sich eines Geflechts von Lügen und Heuchelei bedient, daß jeder Potentat – unter der Voraussetzung, daß er den wirtschaftlichen und strategischen Interessen der Supermacht entspricht und sich in die weltweite Front gegen den »Terrorismus« einreiht – mit Wohlwollen, Schonung, ja mit aktiver Konsolidierung seines Regimes belohnt wird. Die Methode hat sich offenbar bewährt, denn mit Ausnahme der Islamischen Republik Iran, die aufgrund ihrer schiitischen Ausrichtung ohnehin einen Sonderfall darstellt, hat sich eine koranische Theokratie bisher nirgendwo durchsetzen können.

Die offizielle Ausübung der Regierungsgewalt zwischen Marokko und Malaysia liegt also weiterhin in den Händen von Staats- und Regierungschefs, die die militärische Zusammenarbeit mit den USA bejahen, die Geheimzellen fundamentalistischer Verschwörung ausmerzen und die Existenz des Staates Israel akzeptieren. Gleichzeitig vollzieht sich jedoch in fast allen muslimischen Ländern eine schleichende Islamisierung der Massen. Es ist ein Fehler, diesen religiös motivierten, auf soziale Gerechtigkeit pochenden Meinungsströmungen a priori fanatische Verblendung, rabiate Christenfeindlichkeit oder blutrünstigen Terrorismus zu unterstellen. Diese Generaltendenz wird von Land zu Land, von Gegend zu Gegend durch konträre historische Entwicklungen und ethnische Partikularismen stark differenziert. Zwischen Usbekistan und Marokko – um nur dieses Exempel zu zitieren – liegen Welten. Es bedürfte eines neuen Propheten – nicht nur eines Osama bin Laden –, um die Harmonie der »Umma«, die ideale Gemeinschaft der Gläubigen neu zu schmieden. Doch bei allen Kontroversen dieser permanenten »Fitna« bleibt ein zwingendes, einigendes Band, ein unverrückbarer Kern: der Text des Heiligen Koran, der keinerlei Interpretation duldet, sondern als »ungeschliffenes Wort Gottes von Ewigkeit an« die unverrückbare Richtlinie vorgibt.

»Die Kanzeln weinen in Samarkand«
Samarkand, im Dezember 1958

In jenen Tagen stöhnte Samarkand in Tragik und Trauer. Mit einer gewissen Ergriffenheit denke ich an jenen Wintertag vor knapp einem halben Jahrhundert zurück, als eine klapprige Iljuschin mich über ein Schachbrett frisch gepflügter Baumwollfelder in die verfallene Metropole Timur Lenks transportierte. Über den flachen Dächern der Usbeken- und Russenviertel ragten geborsten, aber gewaltig, ja erdrückend die Palastruinen aus den großen Tagen Tamerlans und seiner Erben. Daneben die bunt glasierten Minarette der verfallenen Moschee Hazrati Hizr. Die uralte Stadt Samarkand hielt, was ihr geheimnisvoller Name versprach. Hier herrschten die Toten über die Lebenden. Hier schien der zukunftsbesessene Sozialismus bereits zum Epigonentum verurteilt.

Der Flugplatz von Samarkand war ein platt gewalzter Ackerboden. Vor der Ankunftsbaracke mit der Leninstatue erwarteten mich der Intourist-Dolmetscher Sergej und die russische Archäologin Sonja. Ich wunderte mich wieder einmal, durch welchen Zufall ich in der Pariser Botschaft der Sowjetunion ein Visum für diese asiatische, damals noch streng abgeschirmte Teilrepublik Usbekistan erhalten hatte. Meine Eigenschaft als Journalist hatte ich wohlweislich verschwiegen. Das erste Ziel, das Sergej mir vorschrieb – seine Zugehörigkeit zum KGB stand außer Zweifel –, war die Sternwarte des Ulug Beg, eines Enkels des großen Tamerlan, der die Wissenschaften pflegte und deshalb von den islamischen Eiferern seiner Zeit des Abfalls bezichtigt und ermordet worden war. In der sowjetischen Sprachregelung stand Ulug Beg am Anfang der usbekischen Geschichte als Vorläufer des materialistischen Fortschritts.

Schon beim Museumsbesuch in Taschkent war mir aufgefallen, daß die Geschichte Turkestans von den sowjetischen Altertumsforschern mit kritischer Einschränkung behandelt wurde, als scheuten sie sich vor der verwirrenden Mannigfaltigkeit dieses uralten Kulturbodens. So wurde eigenartigerweise in der offiziellen Geschichtsschreibung Alexander der Große nur am Rande erwähnt. Für die usbekischen Historiker, so hieß es, war der Zug des Makedoniers, der die persische Herrschaft im heutigen Turkestan ablöste, ein Abenteuer ohne weitreichende Folgen. Daß Alexander die Stadt Samarkand neu gründete und ihr seinen Namen vererbte, daß seine Diadochen das ferne Baktrien lange genug regierten, um hier eine einmalige Verschmelzung buddhistischer und hellenistischer Kunst zu erlauben, wurde von den Dozenten der Universität Taschkent gering erachtet. Auch die alles beherrschende Religionsgeschichte in Trans-Oxianien, die vom Lichtglauben Zarathustras über das nestorianische Christentum bis zum erobernden Islam reicht, wurde in jenen Tagen kurz abgetan.

Erdbeben hatten die Kuppeln Tamerlans gesprengt, und die gottlose Sowjetrevolution ließ die bunten Fayencen verkommen. Trotzdem beherrschten die Ruinen die Stadt. Der silberne Lenin am Kolchosmarkt stand wie ein kitschiger Zwerg zwischen den erhabenen Trümmern der Gebetshäuser. Sergej strebte den schiefen Türmen des Registan zu, die sich wie gekachelte Schornsteine über die Lehmdächer neigten. Das Registan, die verfallene Koranschule und islamische Universität, erschütterte durch seine Verlassenheit. Die wenigen Passanten huschten wie in einem Angsttraum über den weitgestreckten Vorhof. Die leeren Balkonnischen, die sich einst auf Lehrsäle und Studentenstuben öffneten, klafften wie Löcher einer Katakombe. Selbst das halbherzige Restaurierungswerk an den bunten Ziegelwänden, an den schiefen Minaretten, die man mit gewaltigen Kabeln aufzurichten suchte, wirkte wie Einbalsamierungsarbeiten an einem halb verwesten Leichnam. Das Hauptportal zum großen Gebetshaus war durch ein häßliches großes Propagandaplakat verunstaltet.

Das Klagelied des maurischen Dichters Ar Ranadi, der zur Zeit der christlichen Reconquista Spaniens den Verlust Andalusiens an die katholischen Könige beweinte, fand in den öden Hallen des Registan von Samarkand tragischen Widerhall. »Jedes Unglück enthält einen Trost«, hatte Ar Ranadi geschrieben; »aber es gibt keinen Trost für die

Schmach, die hier den Islam heimsuchte. ... Wo ist Cordòba, die Heimstätte der Wissenschaften? Wieviel Gelehrte ließen hier ihren Geist leuchten! ... Öde ist dieses Land geworden, dem Islam wurde es entfremdet, und mit Ungläubigen hat es sich gefüllt. ... Hier klagen die Gebetsnischen, obwohl sie aus Stein sind, und die Kanzeln weinen, als wären sie nicht aus Holz.«

Wir fuhren über holpriges Kopfsteinpflaster zur Moschee Schah-e-Zinda am Ausgang von Samarkand. Gleich dahinter begann damals die öde, gelbe Steppe. Am Rande richteten sich unzählige kaum behauene Steine auf, die Gräber der Muslime, die hier im Schatten des »Unsterblichen« dem Tag des Gerichts entgegenharrten. Das Ruinenfeld, dessen Kuppel immer noch wie ein riesiger Smaragd in der Sonne strahlte, dessen verfallene Wandelgänge mit grünen, blauen und gelben Kacheln leuchteten, dieses verlassene Heiligtum barg – man wußte nicht wo – das geheime Verlies, in dem der »lebende Schah«, der Schah-e-Zinda, über die Reinheit des Islam wachte. Khusan-Ibn-Abbas, ein Vetter des Propheten, habe den Glauben Mohammeds bis nach Samarkand getragen. Dort hätten ihn die Ungläubigen erschlagen und in einen tiefen Brunnen geworfen. Der Legende zufolge wurde Khusan von einem heiligen Mann, Hazrati Hizr, dem Schutzpatron der Schafhirten, von den Toten erweckt, und so lebte er in der Tiefe des Brunnens und des Glaubens weiter, obwohl sein Grab unter einer unscheinbaren »Kubba« – keine zweihundert Meter von der Smaragdkuppel entfernt – von unzähligen Pilgern verehrt wird.

Die Moschee Schah-e-Zinda war nur noch Museum. Auf den Gerüsten wirkten usbekische Arbeiter im Auftrag des Staates an ihrer Wiederherstellung. Quer über das öde Leichenfeld gingen immer wieder malerische Trupps von Frauen und Männern – die Männer vorn, die verschleierten Frauen hinterher. Sie verschwanden in dem Gewölbe, wo die Gebeine des »Unsterblichen« paradoxerweise verehrt wurden und das weiterhin als Kultstätte geöffnet blieb. Am Eingang saßen zwei Mullahs mit weißen Turbanen und traurigen Geierköpfen. Sie hielten die Hände unter einer bunten Decke verborgen. Flache usbekische Brotfladen waren darauf ausgebreitet.

Sergej und Sonja zogen die Schuhe aus, und wir gingen in die halbdunkle Moschee, wo hinter einem Holzgitter der Sarg des Heiligen mit gestickten Teppichen verhüllt war. Pilger lagen auf den Knien und beugten die Stirn zum Boden. Zum ersten Mal sah ich auch Frauen neben den Männern das islamische Gebetsritual verrichten. Es mußte ein ländlicher, mit Aberglauben und Sufi-Bräuchen durchsetzter Islam sein, der sich in Samarkand erhalten hatte. Neben den Betern waren Handwerker damit beschäftigt, die ursprünglichen Wanddekorationen mit dünnen Feilen freizulegen. Ein Russe leitete die Arbeiten, er kam mit uns ins Gespräch. Die Grundmauern der Kubba gingen schon auf vor-islamische Zeiten zurück, behauptete er, und sie seien dabei, nacheinander vier verschiedene Farb- und Tüncheschichten abzutragen. Unter den Arabesken und Koransprüchen kämen bäuerliche Feldmotive – Anemonen, Klatschmohn und Margeriten – zum Vorschein. Nicht den Ornamenten der arabisch-persischen Eroberer spürten die staatlichen Restaurateure nach, sondern der urwüchsigen, schamanistisch anmutenden Blumenmalerei der frühen Turkvölker.

Im Jahr 1958 lag das Grab Tamerlans in einem verträumten, abseitigen Viertel versteckt. Die engen Gassen hallten wider vom Geschwätz grell gekleideter Usbekinnen. Die Kuppel des Mausoleums, die in farbige Melonenscheiben zerschnitten schien, übte seltsame Faszination aus. Der lahme Mongolenherrscher, der die halbe Welt verwüstet hatte, war recht einfach bestattet worden. Neben den Onyx-Blöcken, die die sterblichen Reste zweier Söhne und des bedeutenden Enkels Ulug Beg bedeckten, nahm sich der schmale Sarkophag aus grünem Nephrit bescheiden aus. Seinem geistlichen Präzeptor, Sayid Baraka, hatte er einen weit stattlicheren Katafalk zugewiesen. Tamerlan ruhte gewissermaßen zu dessen Füßen. Ich war ganz allein in dieser halligen Marmorgruft, deren höchste Wölbung sich in goldenen Stalaktiten verjüngte.

An jenem Wintertag 1958 stand das Sowjetimperium auf dem Höhepunkt seiner Macht und ließ seine Sputniks um den Erdball kreisen. Seit der Ausrufung der Volksrepublik China durch Mao Zedong auf dem Platz des Himmlischen Friedens und dem Sieg Ho-Chi-Minhs über die Franzosen in Indochina hatte sich die marxistisch-leninistische Ideologie eines immensen Territoriums zwischen dem Südchinesischen Meer und der Elbe im Herzen Deutschlands bemächtigt. Wer hätte sich damals vorstellen können, daß vierzig Jahre später ein usbekischer Statthalter Moskaus sich das Erbe des lahmen Timur aneignen, die Sakralbauten der inzwischen durch häßliche Betonklötze verschandelten Stadt Samarkand unter großem Aufwand restaurieren und diesen Hort muslimischer Frömmigkeit in das globale Strategiekonzept der Vereinigten Staaten von Amerika einordnen würde?

»Tod wünsche ich dem Mullah!«
Taschkent, im Juni 2002

Endlich haben die Behörden sich aufgerafft, die Freitagsmoschee von Taschkent, Mia Muhmin Khan, prächtiger zu gestalten als in den Zeiten stalinistischer Verwahrlosung. Arbeiterkolonnen sind dabei, die brüchigen Ziegelmauern neu zu fügen und die zerbröckelnden Kacheln zu ersetzen. Mein Ziel ist das hohe orientalische Portal. Dahinter befindet sich der Gebäudekomplex des Muftiats Usbekistans, Khazret Imam genannt, der selbst zu Zeiten der Sowjetunion eine kleine Koranschule beherbergte. Der Innenhof mit den Rosenbeeten ist mir wohlvertraut.

Hier ist nichts verändert worden seit jenem grauen Wintertag 1958, als mich ein Mullah mit weißem Turban, graumeliertem Bart und listigem Mongolenblick empfangen und sich als Stellvertreter des Mufti, als »Naib« vorgestellt hatte. »Sie kommen gerade rechtzeitig zum Mittagsgebet«, hatte er gesagt, und schon erscholl von der Höhe der Jami der schleppende Ruf des Muezzin. Es hatten sich nur ein paar Dutzend überwiegend alter, verhutzelter Männer zum »salat-el-dhur« versammelt. Zur Freitagspredigt, so wurde mir versichert, fülle sich das Gebetshaus mit dreitausend Gläubigen aller Altersklassen.

1958 hatte ich zum ersten Mal den damaligen Mufti für Sowjetisch-Zentralasien, Ziauddin Babakhanow, getroffen. Babakhanow leitete zu jener Zeit die geistliche Direktion für ganz Zentralasien, war also zuständig für die fünfzehn Millionen Muslime, die sich in Usbekistan, Kasachstan, Kirgistan, Turkmenistan und Tadschikistan zum sunnitischen Glaubenszweig bekannten. Am Rande sei vermerkt, daß sich die muslimische Bevölkerung dieser weitgestreckten Region inzwischen vervierfacht hat. Babakhanow war ohne Zweifel ein willfähriges Instrument der sowjetischen Kultusbehörden und wurde trotz einer neu entfachten Gottlosen-Kampagne unter Nikita Chruschtschow als Alibifigur für angebliche religiöse Toleranz vorgeführt. Seine primäre Aufgabe bestand darin, die Überreste koranischer Gläubigkeit zu kontrollieren und zu kanalisieren.

Ähnlich wie die russisch-orthodoxe Kirche und ihr Patriarch wurde die Geistliche Direktion in Taschkent als Instrument der Weltrevolution mißbraucht und vor allem zum Kampf der Länder der Dritten Welt gegen den westlichen Imperialismus eingesetzt. Immerhin ist es dem Kreml jahrzehntelang gelungen, diesen »Islam des Schweigens«, der sich von den Tataren der Wolga bis zu den Aserbaidschanern des Kaukasus, von den Hirten Kasachstans bis zu den versprengten Ismaeliten des Hochlands von Pamir erstreckte, von all jenen national und religiös motivierten Befreiungsbewegungen zu isolieren, die sich in anderen Teilen des Dar-ul-Islam gegen die bestehende koloniale Unterdrückung gewaltsam auflehnten.

Mir bleibt ein anderes Erlebnis aus dem Dezember 1958 in Erinnerung. Bei der Besichtigung des Muftiats hatte der Naib eine Doppeltür geöffnet, und plötzlich erblickte ich eine Gemeinschaft bärtiger junger Männer mit weißen Turbanen. Der Raum diente auch als Versammlungslokal für die islamische Kultverwaltung und wurde von einer plüschdrapierten roten Tribüne beherrscht. Darunter, an einem langen, grünbespannten Tisch, saßen die Koranschüler. Die Gesichter waren ernst, oft asketisch.

»Sie studieren zu dieser Stunde den Hadith, die Überlieferung aus dem Leben des Propheten«, erklärte der Naib-el-Mufti, der die Ausbildung leitete. In dem aufgeschlagenen Überlieferungsbuch lasen die Tullab jene hochbedeutende Begegnung nach. Sie erfuhren von dem geheimnisvollen Besucher in strahlend weißer Kleidung, der den Propheten nach den »Fünf Säulen des Islam« befragte. Als die »Ansar« sich nach dem Fortgang des Weißgekleideten wunderten, daß der von Allah gesandte Prophet einem Unbekannten Rede und Antwort stand, sagte Mohammed: »Kein anderer war dieser Besucher als Dschibril, der Erzengel Gabriel.« Aus dem Lichtschacht der Kuppel fiel ein schräger Sonnenstrahl auf die geneigten Turbane. Vom Komsomolzen-Platz tönte der Lärm der Lautsprecher mit sozialistischen Parolen und Marschmusik. Aber hier, in die gekräuselte Schrift der Offenbarung versenkt, meditierten die Koranschüler über die Begegnung Mohammeds mit dem Erzengel.

Mein Begleiter Pawlow wirkte verstört. An eine Wiederbelebung des Islam in Zentralasien wollte er nicht glauben. Er war überzeugter Kommunist.

»Sie haben doch den Dichter Niazi gelesen«, meinte er und blätterte in dem kleinen Versband, den ich am Vortag erstanden hatte. »Tod wünsche ich dem Mullah, dem Bey, dem Imam und ihren vergifteten Zungen. Tod allen, die den Turban tragen.« Zwei Tage zuvor hatte mich Pawlow zum Besuch eines offiziellen Partei-Museums aufgefordert, wo die Greueltaten früherer muslimischer Widerstandskämpfer anhand von vergilbten Fotografien dargestellt wurden. „Basmatji" war das offizielle Schimpfwort für diese Kämpfer des Heiligen Krieges. Basmatji heißt übersetzt soviel wie Banditen und Wegelagerer. Ähnlich haben die Franzosen in Algerien die Partisanen der »Nationalen Befreiungsfront« als Fellaghas diffamiert. Die Bilder im Museum zeigten ermordete Kollaborateure des Sowjetsystems – usbekische Parteifunktionäre, emanzipierte, entschleierte Frauen – die die Basmatji wie Hammel abgeschlachtet hatten. Ob ihre Legende noch im Volk weiterlebte? »Laßt Feuer die betenden Banden der Basmatji vernichten«, hatte der Dichter Niazi gewettert. »Wie sollten wir die Sturmtage vergessen, da glückliche Freiheit uns geschenkt. Kein anderer als unsere redlichen Sowjetfreunde konnten uns zu solchen Zielen führen. Wach auf, geliebtes Usbekistan.«

Der »rasende Reporter« Egon Erwin Kisch hatte im Jahr 1932 voller Begeisterung über die erstarkende Sowjetmacht und die Kapitulation des letzten islamischen Widerstandsführers Ibrahim Beg berichtet. Hätten die Gefährten Begs fünfzig Jahre später im Grenzgebiet Afghanistans gegen die sowjetische Invasionsarmee gekämpft, würde man sie im Orient als Mudjahidin, im Westen als Freiheitskämpfer gerühmt haben. Heute werden ähnliche »Gotteskrieger«, die sich in Usbekistan unter Führung Juma Namanganis der Diktatur Islam Karimows und dem zunehmenden amerikanischen Einfluß entgegenstemmen, in die weltweite Gespensterarmee heimtückischer »Terroristen« eingereiht.

Während meines zweiten Aufenthalts in Taschkent, im Sommer 1980, habe ich erst gar nicht versucht, meine Kontakte von 1958 wiederaufzunehmen. Die Rote Armee war ein halbes Jahr zuvor in Afghanistan eingefallen. Ziauddin Babakhanow, vom Schlaganfall halb gelähmt, schreckte nicht davor zurück, die rebellischen »Banditen« des Hindukusch, die neuen Basmatji, als Feinde des Völkerfriedens, ja als schlechte Muslime anzuprangern. An jenem Abend sammelten sich im Intourist-Hotel »Usbekistan« die aus Afghanistan herangekarrten Kollaborateure Moskaus – bestechliche Stammesführer und Mullahs. Sie wurden von muskulösen Schlägergestalten der kommunistischen Khalq-Partei bewacht und saßen wie traurige Geier im Restaurant. Während der Mahlzeit füllten sie ihre weiten Manteltaschen mit Fleisch und Brot.

So unauffällig wie möglich habe ich mich an einem erdrückend heißen Freitag unter die Gläubigen gemischt, wurde offenbar für einen ausländischen Glaubensbruder gehalten und von zwei bärtigen Hünen in eine Reihe der Betenden verwiesen. Drei Stunden habe ich es mit schmerzenden Gliedern in gekauerter Stellung in der Masse ausgehalten. Es war eine eindrucksvolle Kundgebung, eine Demonstration kollektiven Trotzes, denn im Gegensatz zu 1958 waren jetzt die Jugendlichen und die Männer in bestem Alter zahlreicher als die Greise. Mochte die Khutba sich behutsam jeder politischen Anspielung enthalten und der sieche Babakhanow wachsam neben dem Prediger verharren, an jenem Tage habe ich physisch gespürt, daß es um die Sache Allahs und des Propheten wieder besser bestellt war in Usbekistan, daß »Gott auf seiten der Standhaften, der Geduldigen, der Ausdauernden steht«, wie der Koran verkündet. In jenen Tagen waren die Russen noch vom Erfolg ihres afghanischen Durchbruchs in Richtung Belutschistan und Indischer Ozean überzeugt, und mit dieser Meinung standen sie nicht allein.

Am 31. September 1991 – es war mein dritter Pilgergang zur »Geistlichen Direktion Zentralasiens« – war es dann soweit. Zwei Jahre zuvor hatte sich die Sowjetarmee unter dem Druck der Mudjahidin aus Afghanistan zurückziehen müssen. Das ganze imperiale Gebäude Moskaus kam ins Wanken. Noch ehe die große Unabhängigkeitswelle anbrach, hatte kein Geringerer als Michail Gorbatschow 1986 die usbekische Hauptstadt aufgesucht, um vor den dortigen Parteihierarchen eine Brandrede gegen den Islam und das Vordringen des Fundamentalismus zu halten. Zu Beginn des Jahres 1989 gingen die Gläubigen jedoch auf die Straße, forderten vor der Moschee Khazret Imam in Sprechchören den Rücktritt des Kommunistenfreundes Babakhanow und erzwangen die Berufung eines neuen Mufti. Die religiösen Zwistigkeiten waren damit nicht beendet. Doch auch der Nachfolger, Sadiq Mamajussupow, war heftig umstritten. Angeblich hatte er hunderttausend Koranexemplare, die aus Saudi-Arabien kostenlos zur Erbauung der Gläubigen nach Usbekistan geliefert worden waren, in den Handel gebracht und sich an diesem Geschäft bereichert.

An jenem Freitag herrschte eine gespannte Stimmung rund um die Moschee Khazret Imam. Es bedurfte langwieriger Verhandlungen, bis wir für unser Kamerateam eine Drehgenehmigung erwirkten. Nach einem einleitenden Koranspruch, den er auf Arabisch vortrug, teilte der Khatib der andächtigen Gemeinde mit, daß ein Teil der usbekischen Geistlichkeit sich von der derzeitigen Direktion des Muftiats losgelöst und nunmehr in religiösen Dingen ihre Autonomie zurückgewonnen habe. Offenbar hatten die Sicherheitsbehörden Karimows mit tätlichen Unruhen gerechnet. Das Milizaufgebot vor dem Gebetshaus war beachtlich.

Wieder sind ein paar Jahre vergangen. Im März 1995 heißt der Mufti von Usbekistan Muchtanow Hadsch Abdullah. Islam Karimow war es gelungen, seine Widersacher, seien sie nun gewalttätige Mafiosi oder islamistische Eiferer, in ihre Schranken zu verweisen. Der zur Anpassung neigende Mufti ging ihm dabei wohl zur Hand. Abdullah verwies auf die entscheidende Rolle, die die islamischen Bruderschaften, die Tariqat, die Derwisch-Orden oder Sufi-Gemeinden gerade in den ländlichen Gebieten gespielt hätten. Insbesondere die Gemeinschaft der Naqschbandiya habe die Kolchosen- und Sowchosen-Strukturen unterwandert. Deren einfältige, aber gottgefällige Inbrunst habe allen Propagandaparolen der marxistischen Agitatoren getrotzt. Unter der kommunistischen Knute war offenbar das Clan- und Sippenwesen unterschwellig die weiterhin bestimmende Gesellschaftsform geblieben. Die familiäre, teils tribale Abschirmung hatte wie ein schützender Mantel die nationale, also die religiöse Eigenart der Usbeken vor der radikalen Selbstentfremdung bewahrt.

Das Thema Tariqat ließ mich aufhorchen. Den sowjetischen Kultusbehörden waren diese Orden, die sich ihrer Autorität und Kontrolle entzogen, zutiefst suspekt. Seit Usbekistan unabhängig wurde, hatten sich die Gewichte offenbar verlagert. Mufti Hadsch Abdullah äußerte sich so positiv über die frommen Ikhwan oder Muriden, daß mir der Verdacht kam, er sei selber einer von ihnen. Vor allem der Gründer der größten Tariqat, Baha-du-Din Naqschband, der im 14. Jahrhundert in der heute usbekischen Stadt Bukhara seine Jünger um sich versammelt hatte – »Naqschband« soll mit »Goldschmied der Seelen« zu übersetzen sein –, hatte es dem Mufti angetan. Von diesem Mystiker und Sufi stammen die Worte: »Dein Herz soll Gott gewidmet sein, aber die Hände und Arme sollen dem Fortschritt des Volkes dienen.« Das klang in der Tat sehr modern und ließ sich in das Gesamtkonzept des ersten Präsidenten der Republik Usbekistan trefflich einordnen.

Es war 1991, an einem glühend heißen Augusttag, als wir die Heiligtümer rund um die legendäre Stadt Buchara gefilmt hatten. Nur wenige Kilometer von diesem historischen Hort islamischer Wissenschaft entfernt war ich zum mächtigen steinernen Sarkophag des »Goldschmieds der Seelen« gepilgert. Mehrere hundert Gläubige hatten sich zur Verehrung ihres Heiligen eingefunden. Es war eine durchweg ländliche und bescheidene Gefolgschaft. Die Männer trugen den buntgestreiften usbekischen Tschapan und die Tupeteika. Die Schleier der Frauen waren mit Blumenstickereien verziert. Die Muriden bewegten sich rund um den Sarg, küßten den Stein und murmelten Segenssprüche. Eine Runde hatte sich zum »Dhikr«, zur pausenlosen Anrufung Gottes und zur Beteuerung der Einzigkeit Allahs gruppiert. Die Freitagszeremonie an der Ruhestätte des heiligen Gründers zeichnete sich durch kuriose Abweichungen vom strengen koranischen Ritus ab. Die Familien versammelten sich bunt gemischt nach Absolvierung ihrer religiösen Pflichten zum fröhlichen Festschmaus auf dem flachen Tschepoj, der geflochtenen Lagerstätte. Noch seltsamer ging es bei einem uralten, vom Blitz gefällten Baum zu, dem wundersame Heilungskräfte zugeschrieben wurden. Alle Rückenleiden, auch rheumatische Schmerzen, wurden hier angeblich behoben, und so beobachteten wir Männlein und Weiblein, die ihre Körper an der Borke rieben.

Als der wohl bedeutendste islamische Wissenschaftler wird bis heute Ismail-el-Buchari gerühmt. Er hatte im 9. Jahrhundert die Überlieferung aus dem Leben des Propheten, den Hadith, gesammelt, geordnet und auf Echtheit geprüft und gilt deshalb zwischen Marokko und Indonesien als unangefochtene theologische Autorität.

Seine strenge Gelehrsamkeit hatte die Seele der einfachen Leute weniger berührt und verzaubert als die schwärmende Mystik Naqschbands. Ismail-el-Buchari, so räumte der Mufti ein, sei ein leuchtendes Symbol. Er habe aller Welt deutlich gemacht, daß Zentralasien, weit mehr als die Länder Arabiens, ein Born höchsten geistlichen Wissens gewesen sei. »Die Araber machen doch nur zehn Prozent unter den Muslimen aus, und schon im Koran steht geschrieben: Ich habe Dich als Propheten geschickt, nicht für die Araber allein, sondern für alle Völker.«

Hadsch Abdullah hielt nicht viel von den anmaßenden Besserwissern und Fanatikern aus Saudi-Arabien, den Wahhabiten, die in ihrer extrem rigorosen Schriftauslegung drauf und dran waren, die Gemeinschaft der Gläubigen zu spalten und Unfrieden zu stiften. Als ob er damals schon die verhängnisvolle Rolle Osama bin Ladens und der »grünen Legion« El Qaida im benachbarten Afghanistan vorausgesehen hätte.

Plötzlich fiel mir die Landkarte auf, die hinter dem Schreibtisch des Muftis die halbe Wand bedeckte. Sie stellte die islamische Welt dar. Die Verbreitung der koranischen Botschaft war in äußerst extensiver Weise veranschaulicht. Zu meiner Verwunderung waren nicht nur die Länder, in denen es eine nennenswerte muslimische Minderheit gab, kurzerhand dem Dar-ul-Islam zugeschlagen. Auch sogenannte »Missionsländer« wurden aufgeführt und durch grüne Schraffierungen kenntlich gemacht. Zu diesen Territorien hoffnungsvoller künftiger Bekehrung zum Koran zählten unter anderem Deutschland, Frankreich und – die USA.

Im Juni 2002 steht ganz Zentralasien noch unter dem Schock der amerikanischen Afghanistan-Offensive. Die expansionistische Landkarte ist hinter dem Schreibtisch des neuen Mufti verschwunden. Statt dessen nimmt das Porträt des Präsidenten Karimow einen Ehrenplatz ein. Auch das Grab des Mystikers Naqschband bei Buchara ist zu einem prächtigen Kultgebäude ausgebaut worden. Das Regime von Usbekistan versucht wohl, die historischen Interpreten der koranischen Offenbarung für seine Zwecke einzuspannen, ihr Potential politisierender Frömmigkeit zu verharmlosen oder zu integrieren.

Am späten Nachmittag finde ich mich bei einem Spaziergang vor der Reiterstatue Tamerlans im Zentrum von Taschkent wieder. Mit der Person Tamerlans habe ich mich eingehend befaßt. Seine Einwirkung auf die Geschichte der gesamten islamischen Welt wird sträflich unterschätzt. Zwischen 1370 und 1405 hat dieser an Armen und Beinen behinderte Mann eine unvorstellbare Serie von Feldzügen siegreich bestanden. Seine Raubzüge rechtfertigte er mit dem Aufruf zum Heiligen Krieg. Das größte Paradoxon ist die Tatsache, daß dieser Eroberer, der sich der universalen Ausbreitung des Islam durch Feuer und Schwert verschrieben hatte, mit der systematischen Vernichtung aller muslimischen Machtstrukturen, die sich ihm in den Weg stellten, einen dauerhaften Niedergang des koranischen Kulturbereiches bewirkte. Nur einmal, ganz am Ende, ist Tamerlan gegen Nicht-Muslime zu Felde gezogen, als er die Unterwerfung Chinas plante. Seine Nachfahren waren der Erhaltung des gewaltigen Imperiums nicht gewachsen.

Als letzter Nomadenfürst hatte Tamerlan mit seiner rasenden Kavallerie und seinen agilen Pfeilschützen über alle Widersacher mühelos triumphiert. Nach seinem Tod schlug die Stunde einer epochalen strategischen Wende. Mit der Erfindung der Artillerie war zumindest Europa gefeit gegen jene unheimlichen Überfälle aus den Tiefen der asiatischen Steppe, in denen die entsetzte Christenheit eine teuflische Kraftentfaltung, ein von oben verhängtes Strafgericht zu erkennen glaubte. Der Hunnenkönig Attila ist als »Geißel Gottes« in die Überlieferung eingegangen, und die Mongolen Dschingis Khans, die »Tataren«, verdienten sich ihren Namen – so wird überliefert –, weil sie nur aus der Hölle, »ex tartaro« hervorgegangen sein konnten.

Seltsamerweise haben die Russen dem Wüterich Tamerlan am meisten zu verdanken. Über zwanzig Jahre lang haben sich der Herrscher von Samarkand und ein anderer Mongolenfürst, Tochtamysch, Groß-Khan der Goldenen Horde, einen Krieg geliefert. In der ersten Hälfte des 13. Jahrhunderts – Kiew ging 1240 in Flammen auf – war ganz Rußland von den Mongolen Dschingis Khans und dessen Enkel Batu erobert worden. Dieses Tatarenjoch hat sich tief in das Unterbewußtsein der Ostslawen eingegraben, ihre Erinnerung geradezu traumatisiert.

Das Khanat der Goldenen Horde hatte in Saraij an der unteren Wolga seine ständige Residenz errichtet. Die russischen Fürsten – an ihrer Spitze der Nationalheilige Alexander Newski – unterwarfen sich zähneknirschend den asiatischen Herrschern und zahlten pünktlich ihre hohen Tribute. Mit dem Übertritt des Groß-Khans Berke zum Islam gewannen die Einfälle der Tataren eine religiöse Dimension. Die nomadischen Raubzüge gerieten immer mehr in den Schatten einer schicksalhaften Auseinandersetzung zwischen Halbmond und Kreuz. Ausgerechnet ein asiatischer und muslimischer Feldherr, der große Emir Tamerlan, hat entscheidend zum Verlust des Machtmonopols beigetragen, das die Goldene Horde bis zur Schwelle Mitteleuropas ausübte. Dieses lockere Imperium löste sich nach seiner Zerschlagung durch Timur Lenk in diverse sich befehdende Khanate auf. Der Weg war nunmehr frei für eine slawisch-orthodoxe Wiedergeburt, die 1552 in der Eroberung der Tatarenfestung Kazan durch Iwan den Schrecklichen gipfelte.

Tamerlan hatte – ohne es im geringsten zu ahnen – den Weg freigekämpft für die Auferstehung des Heiligen Rußland. Von nun an würde von Moskau aus auf den Trümmern der Goldenen Horde die slawische Expansion in Richtung Osten gehen, die Wolga und den Ural überwinden, sich ganz Sibirien im Kosaken-Handstreich unterwerfen und das Kreuz der Heiligen Orthodoxie bis in die zentralasiatischen Emirate von Khiva, Buchara und Kokand tragen. Über dem Grab Tamerlans wehte schließlich der Zarenadler, später die rote Flagge mit Hammer und Sichel. Es sollten einhundertzwanzig Jahre verstreichen, ehe die sowjetische Niederlage in Afghanistan wie ein Urknall das rote Moskauer Imperium erschütterte und das erste Signal zu dessen Zerfall setzte.

Es spricht für den gespaltenen Charakter des Mordbrenners Tamerlan, daß er seinen bedeutendsten Gegnern Tochtamysch und Bayazid mit verblüffendem Großmut begegnete. Sein Vorläufer, Dschingis Khan, hatte allein in der turkmenischen Stadt Merw am Amu Daria siebzigtausend Menschen massakrieren lassen. Seine zerstörerische Wut entsprach dem Raubtierinstinkt eines Steppennomaden. Der Haß dieses berittenen Jurten-Bewohners galt dem Glanz und dem Luxus städtischer Zivilisation, dem seßhaften Wohlstand, der künstlerischen Verweichlichung. Timur Lenk hingegen, der sich in Samarkand als einer der größten Bauherren der Menschheitsgeschichte erwies, kann nicht zugute gehalten werden, daß er in heidnischer Ignoranz, in barbarischer Wildheit groß geworden wäre. Er betrachtete sich selbst als frommen Muslim, führte in Damaskus erbauliche Gespräche mit dem berühmten maghrebinischen Geographen und Weltreisenden Ibn Battuta, ließ sich von Künstlern und Gelehrten begleiten. Die Verbrechen Timurs erscheinen deshalb viel monströser und sind beinahe unerklärlich. Von den rauchenden Opfer- und Schädelstätten dieses Wahnwitzigen seien nur die wichtigsten erwähnt: die einst blühenden Städte Urgentsch am Oxus, Saraij an der Wolga, Isfahan in Persien, Aleppo in Syrien, Delhi in Indien und – Bagdad. Mehr als eine Million wehrloser Menschen sind auf seinen Befehl hin erschlagen oder erdolcht worden. Niemand hat die Zahl der Verstümmelten, der Vergewaltigten, der Versklavten auch nur annähernd errechnet.

So groß war das Entsetzen, das er verbreitete, daß sogar die Mörderbande der Haschischinen, jener ismaelitischen, schiitischen Derwische des Scheikhs Sinan Ben Salman, der aus dem syrischen Dschebl Ansariye als »Alter vom Berge« operierte und vor dem alle Fürsten des Orients zitterten, sich wie ein Spuk auflöste, als Timur gegen sie losschlug. Ähnlich hatte Hülagü, der Enkel Dschingis Khans, den aus Qom gebürtigen »Alten vom Berge« Hassan-es-Sabah mitsamt seinen Fedayin ausgelöscht.

Fünfunddreißig Jahre lange hatte dieser ganz Persien terrorisiert und sich in seiner Adlerfestung Alamut jeder Verfolgung entzogen. Die Mongolen haben mit ihm kurzen Prozeß gemacht. Seit dem 11. September 2001, als die neuen »Assassinen« ihre selbstmörderische Wut an den

Türmen des World Trade Center von New York austobten, seit der Intifada el Aqsa in Palästina, wo man die Selbstaufopferung der Bombenattentäter von Hamas mit den Anschlägen des »Alten vom Berge« vergleicht, hat das Thema eine beklemmende Aktualität gewonnen.

Die Namen Hülagü und Tamerlan stehen noch in einem ganz anderen, gewichtigen Zusammenhang. Hülagü holte im Jahr 1258 zur Eroberung Bagdads aus. Er ließ die reiche Hauptstadt Mesopotamiens verwüsten, ließ den degenerierten Abbassiden-Kalifen, den »Statthalter Allahs auf Erden«, in einen Teppich wickeln und durch die Pferdehufe seiner Krieger zertrampeln. In einer oberflächlichen Geschichtsdarstellung wird diese Hinrichtung als das Ende der Abbassiden-Dynastie interpretiert. In Wirklichkeit flüchteten die überlebenden Angehörigen dieser Scherifen-Familie nach Ägypten, wo sie sich dem Schutz der Mamelucken anvertrauten. Auch Tamerlan hatte sich im irakischen Zweistromland auf entsetzliche Weise verewigt. Seit der Heimsuchung durch Hülagü war die alte Metropole am Tigris von starken Festungsmauern umgeben. Ahmed Dschelair, der wohl einer Sippe türkischer Söldnerführer entstammte und sich als regierender Fürst behauptete, hatte einen Kreis von Künstlern und Wissenschaftlern um sich versammelt. Acht Jahre lang war Bagdad, das durch Tamerlan mehrfach bedroht wurde, der Vernichtungswut des Amir-el-Kabir mit List und Schläue entronnen.

Am 9. Juli 1401, einem Tag unerträglicher Hitze, schlug jedoch die Stunde des endgültigen Untergangs. Timur war inzwischen fünfundsechzig Jahre alt und hetzte dennoch von einem Feldzug zum anderen. Dieses Mal gab es kein Pardon. Bagdad wurde dem Erdboden gleichgemacht, die Einwohnerschaft – soweit sie nicht rechtzeitig geflohen war – niedergemetzelt. Der Tiger von Samarkand hatte sich für solche Strafaktionen eine entsetzliche Technik zu eigen gemacht. Aus den Kadavern seiner erschlagenen Feinde ließ er – mit Lehm und Mörtel gemischt – Türme und Minarette errichten. In Bagdad registrierten seine Amtsschreiber einhundertzwanzig Schädelpyramiden aus je siebenhundertfünfzig abgeschlagenen Köpfen. Das ergab eine Zahl von neunzigtausend Einwohnern, die auf diese grauenhafte Art verarbeitet wurden. Bagdad war nur noch ein leerer Schlachthof, der pestilenzialischen Gestank und Seuchen verbreitete. Es gab kein Leben mehr am Ufer des Tigris.

Seit diesem Sommer 1401 war an eine eventuelle Rückkehr der Abbassiden überhaupt nicht mehr zu denken. Die Mamelucken-Herrschaft sollte erst hundert Jahre später unter den Schlägen des Osmanischen Sultans Selim I. zerbrechen, der das Niltal seinem Reich einverleibte. Er usurpierte ohne viel Aufhebens den glorreichen Titel »Statthalter Allahs auf Erden«. Von nun an – bis zum Jahr 1924, als Kemal Pascha dieser ehrwürdigen Institution ein Ende setzte – residierten Sultan und Kalif in Istanbul am Goldenen Horn. Rückblickend wird diese Abschaffung des Kalifats von gewissen Turkologen als verhängnisvollster politischer Fehlgriff Atatürks gewertet.

»Frontier School of Character«

Pamir-Gebirge, Tadschikistan, im Sommer 1991

Wer redet nicht alles vom »Great Game«, das – anknüpfend an die alte Rivalität zwischen dem zaristischen Rußland und dem britischen Empire – auf dem »Dach der Welt«, dem Pamir-Gebirge, um hundert Jahre versetzt und mit anderen Partnern neu ausgetragen wird? Als ich im Sommer 1991 zu diesem Block aus Fels und Eis aufbrach und dort bereits nach dem »Schlachtfeld der Zukunft« Ausschau hielt, wurde mir von manchen Kollegen und Experten blühende Phantasie vorgeworfen. Seitdem ist der Spruch vom »Großen Spiel« jedoch zum Gemeinplatz geworden.

Die Kontrahenten der Gegenwart, die sich im Wettstreit um die Hochgebirgszugänge zum indischen Subkontinent und diese einmalige strategische Schlüsselstellung gegenüberstehen, sind nicht mehr dieselben. Nach dem Zusammenbruch der expansiven Sowjetmacht scheint Rußland nur noch Rückzugsgefechte in Zentralasien zu liefern. An die Stelle Großbritanniens ist sein früheres Kronjuwel Indien getreten, und die besten Regimenter Delhis behaupten am Rande des Karakorum vorgeschobene Gletscherstellungen gegen die Islamische Republik Pakistan, die allzu gerne an die Tradition des Mogul-Reiches anknüpfen und sich als Speerspitze der gesamten islamischen Umma in dieser Region darstellen möchte. Die Vereinigten Staaten von Amerika wären zweifellos in der Lage, alle Kontrahenten mit ihrer globalen Allmacht an den Rand der hier zahlreichen Abgründe zu drängen, wenn ihnen nicht ein formidabler Gegenspieler in der Drachengestalt der Volksrepublik China erwachsen wäre. Aus der halbkolonialen Erniedrigung, in die die späte Mandschu-Dynastie von Peking herabgesunken war, ist das gigantische Gemeinwesen von 1,3 Milliarden Menschen zur radikalen Modernisierung aufgebrochen. Das wiedererstandene Reich der Mitte ist sich seiner Unbesiegbarkeit bewußt. »China ist ein schlafender Riese«, so hatte einst Napoleon auf seiner Verbannungsinsel Sankt Helena im Südatlantik prophezeit; »wenn China erwacht, wird die Welt erbeben – le monde tremblera.«

Als unsere Yak-40 fast im Sturzflug auf die winzige Rollbahn von Chorog niederging, berührten die beiden Enden der Tragflächen fast die schroffen Felswände. Wir erreichten einen Winkel Asiens, der bis zum Zerfall der Sowjetunion rigoros abgeriegelt war. Chorog war das bescheidene Zentrum der Autonomen Republik Berg-Badachschan. An diesem Septembertag 1991 hatten die revolutionären Ereignisse von Duschanbe noch nicht auf das zerklüftete Flußtal des Pjandsch und das Pamir-Massiv übergegriffen. An dem Verwaltungsgebäude klebten schreiend bunte Plakate, die im dümmlichen Stil des sozialistischen Realismus die Triumphe der Sowjetmacht verherrlichten.

Immerhin hatte in Chorog technische Modernisierung Einzug gehalten. Der Ort war voll elektrifiziert. Jenseits der reißenden Wasser des Pjandsch, der stellenweise nur zehn Meter breit war, ist eine andere Welt erhalten geblieben. Dort hatte sich seit den Zeiten des Eroberers Tamerlan nicht viel verändert. Die Hänge der afghanischen Nachbarprovinz, die ebenfalls den Namen Badachschan trägt, fallen schwindelerregend zur Talsohle ab. Trotzdem hatten dort Gebirgsbauern ihre Gerstenfelder so steil an den Berg geklebt, daß man meinen konnte, sie müßten sich zu deren Bebauung anseilen. Es gab nur ein paar erbärmliche Lehmhütten, zwischen denen bärtige Männer in der schlotternden Landestracht mit Heu beladene Esel vor sich hertrieben, sofern sie nicht die schwere Last auf die eigenen Schultern packten. Hinter dem kahlen gelben Kamm, der sich scharf vom strahlenden Himmel abhob, lauerten die tadschikischen Mudjahidin des »Löwen von Pandschir«.

Im Landrover kurvten wir die Gebirgsstraßen empor. Wir näherten uns dem strategischen Kajtezek-Paß, der in mehr als dreitausend Meter Höhe in östlicher Richtung auf die Grenze der chinesischen Provinz Xinjiang überleitet und kurz davor nach Norden zum kirgisischen Umschlagplatz Osch abzweigt. Die ockerfarbenen Gebirgszüge preßten sich wie riesige Löwen gegen den Horizont. Das Plateau schien zunächst unbewohnt. In dieser Steinwüste gedieh kein Leben. Aber dann sichteten wir neugierige Kinder, und schwarze Ziegen weideten. Ein Bach sprudelte längs der Straße, und auf winzigen Feldern quälten sich ärmlich gekleidete Menschen – meist Frauen mit Kopftüchern und weiten Pluderhosen. Mit ihren Sicheln schnitten sie den Trockenreis.

Ein Treffen mit einer Gruppe Dorfältester war für uns arrangiert. Sie bewirteten uns mit Saft aus Maulbeerfrüchten. Wir wußten längst, daß diese versprengten Tadschiken der ismailitischen Religionsgemeinschaft angehörten, einer Variante der Schia, der »Partei Alis«, die jedoch im Gegensatz zu den persischen Glaubensbrüdern, die zwölf Nachkommen Mohammeds als Imame verehren, nur die ersten sieben anerkennt. Ihre spezielle, an Anbetung grenzende Verehrung gilt dem Siebenten Imam Ismail, mit dem die Kette der Auserwählten abreißt oder, besser gesagt, sich in der Person des Aga Khan stets von neuem offenbart.

Durch einen Zufall gewannen wir das Vertrauen dieser ansonsten argwöhnischen Außenseiter. Unser Kameramann hatte vor ein paar Jahren an einer Reportage über das derzeitige Oberhaupt der Ismailiten – Karim Aga Khan – mitgewirkt und von dem überaus verwestlichten »Heiligen« ein Foto mit Widmung erhalten. Jetzt zeigte er das Bild vor. Feierliche Ergriffenheit bemächtigte sich der schlichten Gläubigen. Mit zitternden Fingern reichten sie das Foto im Kreis herum, küßten es innig und drückten es huldigend gegen die Stirn. Der herbeigerufene »Khalifa«, das geistliche Oberhaupt der kleinen Gemeinde – ein ausgemergelter Gebirgsbauer wie die anderen, doch durch einen grünen Turban hervorgehoben – schloß uns in die Arme.

Eine seltene Gunst wurde uns zuteil. Auf verschlungenen Pfaden wurden wir zu dem Refugium geführt, wo der Fünfte schiitische Imam

Mohammed Baqr Schutz vor seinen sunnitischen Verfolgern gefunden hatte. Normalerweise wurde zu der Weihestätte, die im Zuge der kommunistischen Gottlosen-Kampagne verwüstet, dann aber als Holzbaracke wiedererrichtet wurde, kein Andersgläubiger zugelassen. Unter den frommen Sektierern, die uns zu einem ärmlichen Pilaw einluden – für diese Hungerleider war es ein üppiges Gastmahl –, herrschte eine tiefe, religiös fundierte Harmonie. Wer könnte sich vorstellen, daß es Angehörige der Siebener-Schia, also der Ismailiten waren, die – als Haschischinen – unter der Anleitung des »Alten vom Berge« und unter Aufopferung ihres Lebens den Abbassiden- und Fatimiden-Kalifen sowie den fränkischen Fürsten der Kreuzritter im Heiligen Land gnadenlos nach dem Leben trachteten?

Die Vorstellung wirkte schockierend, daß die darbenden Menschen von Berg-Badachschan den Lebemann Karim Aga Khan als geistliches Vorbild, fast als »lebenden Gott« verehrten, einen Gentleman vornehmen britischen Zuschnitts, der dem Müßiggang der Jetset-Gesellschaft zwischen der Costa Esmeralda und seinen Gestüten in Irland nachgeht. Doch seitdem, so sollte ich später erfahren, hat Karim Aga Khan, der seinen Gläubigen weltweit zur Seite steht, auch diesen versprengten Außenseitern im Pamir-Gebirge tatkräftige Hilfe zukommen lassen.

Nach dem Essen hatte ich mich abgesondert und ließ die einsame Gebirgswelt, die funkelnde Himmelskuppel auf mich einwirken. Die Gletscherdome schimmerten feierlich, als würde sich hinter ihrer felsigen Barriere das Wunderland Shangri-la, das Tal ewiger Jugend, öffnen. Ich fühlte mich in meine Kindheit zurückversetzt, als ich mit Begeisterung die Novellen Rudyard Kiplings, des Barden des Empire, verschlungen hatte, wo von wagemutigen Offizieren Ihrer Britischen Majestät die Rede war, die in scharlachroter Uniform davon träumten, als Eroberer in die Geschichte einzugehen. Hier war die Legende entstanden von »the man who would be king«, vom Mann, der König sein wollte. In dieser Umgebung war Kipling vielleicht auch die Idee zu der kuriosen Erzählung »Kim« gekommen.

Kim, das war jenes Findelkind englischer Abstammung, das sich in die hinduistische und buddhistische Mysterienwelt des Subkontinents integriert hatte, dann durch einen Zufall – immer noch der Weisheit der Brahmanen, der Sadhus, auch der muslimischen Sufi verhaftet – seine europäischen Ursprünge wiederentdeckte und nun begeistert teilnahm an den Ränken, Intrigen und handfesten Abwehrmaßnahmen, die die Täler von Ganges und Indus gegen die Infiltrationsabsichten zaristischer Kundschafter abschirmen sollten. Nach Norden richtete sich damals der besorgte Blick des Vizekönigs von Delhi, nämlich auf den russischen Expansionsdrang in Zentralasien. Gegen diese Herausforderung hatte der kleine Kim, in Begleitung seines vom Nirwana besessenen Lamas und zum Spion des Empire avanciert, das Gelöbnis angestimmt: »Now I shall go far an far to the north, playing the ›Great Game‹« – Gen Norden werde ich aufbrechen, weiter und weiter gen Norden, und das »Große Spiel« will ich spielen.

Aus den Londoner Archiven wissen wir, wie es bei diesem gegenseitigen Abtasten und Kräftemessen zugegangen ist. Bei ihren systematischen Explorationen in Zentralasien hatten sich die zaristischen Vorhuten auf bedenkliche Weise an exponierte Außenposten von Britisch-Indien herangepirscht. Sankt Petersburg schickte seine besten Offiziere, als Forscher getarnt und von unerschrockenen Kosaken eskortiert, in diese Wüste aus Fels und Eis, um nach Pässen und Übergängen zu suchen. Die Armee des Zaren wartete nur auf eine günstige Gelegenheit, um über schwindelerregende Yak-Pisten in die Ebenen des Indus und des Ganges vorzustoßen. Die Engländer ihrerseits boten erfahrene Offiziere auf, die sich bei vornehmen Garde-Regimentern in der »Frontier School of Character«, wie Lord Curzon es nannte, gestählt hatten. In Begleitung von Gurkha-Söldnern, jenen unermüdlichen Bergsteigern und furchtlosen Kriegern aus Nepal, traten sie, als Mitarbeiter der Royal Geographic Society ausgewiesen, der russischen Spionage entgegen. Wo immer sich ihnen die Möglichkeit bot, stifteten sie gleichzeitig Unruhe in jenen muslimischen Zonen Turkestans, die der Zar unterworfen hatte.

Sehr weit konnte ich an jenem Abend nicht von der Lehmburg Shadidula entfernt sein, die im Jahr 1890 Schauplatz einer bemerkenswerten Begegnung war. Auf den ersten Blick fällt die Ritterlichkeit des Umgangs innerhalb der damaligen Oberschicht Europas auf, eine Form antiquierter Gesittung, die in den barbarischen Vernichtungskriegen des

20. Jahrhunderts unterging. Dem britischen »Explorer« Captain Francis Younghusband war durch eine Stafette aus Simla avisiert worden, daß ein russischer Hauptmann namens Gromtschewski mit sieben Kosaken in unmittelbarer Nähe von Shadidula seine Zelte aufgeschlagen hatte. Mit seiner kleinen Gurkha-Begleitung rückte der Engländer stracks auf den Sendboten des Zaren zu. »Während ich heranritt, trat ein gutaussehender Mann mit Bart in russischer Uniform aus seinem Zelt, um mich herzlich zu begrüßen«, schrieb Younghusband. Der Brite folgte der Einladung seines Gegenspielers. Das Dinner war eine sehr üppige Mahlzeit, die mit Wodka reichlich begossen wurde. Ganz unverblümt kam das Gespräch auf die russischen Eroberungsabsichten. Die beiden Offiziere diskutierten sehr freimütig über die Chancen einer russischen Offensive in diesem extrem widrigen Gelände. Gromtschewski rühmte die schier unbegrenzte Leidensfähigkeit seiner Soldaten.

Younghusband seinerseits verwies auf die Verwundbarkeit der Nachschubwege, mit denen die zaristischen Armeen in den unsicheren Weiten Zentralasiens rechnen müßten. So debattierte man bei Wodka und Blinis. Am folgenden Tag tranken die beiden noch eine letzte Flasche Brandy leer, die Younghusband in seinem Gepäck mitführte. Man trennte sich auf höchst protokollgerechte Art als Offiziere und Gentlemen.

Das »Great Game« – der Ausdruck stammt übrigens von dem englischen Captain Conally, der 1842 im Emirat Buchara enthauptet worden war – wurde im Jahr 1905 jäh abgebrochen. Das Heer und die Flotte des Zaren erlitten im Russisch-Japanischen Krieg eine vernichtende, demütigende Niederlage. Zu Expansionsbestrebungen in Richtung Indien war nun wirklich keine überschüssige Kraft mehr vorhanden. 1907 wurde die präzise Abgrenzung der jeweiligen Einflußzonen vorgenommen. Damit die beiden Imperien nicht mehr Gefahr liefen, sich mit ihren Patrouillen ins Gehege zu kommen, wurde der langgestreckte Finger des unwirtlichen Wakhan-Zipfels dem Königreich Afghanistan zugeschlagen.

Quellennachweis

Die Texte im vorliegenden Buch stammen aus folgenden früheren Veröffentlichungen Peter Scholl-Latours:

Kap. »Vietnam – Die unverheilte Wunde«:
Der Tod im Reisfeld, DVA, Stuttgart 1979
Koloss auf tönernen Füßen, Propyläen, Berlin 2005

Kap. »Vabanquespiel zwischen Golf und Maghreb 91«:
Arabiens Stunde der Wahrheit, Propyläen, Berlin 2011
Der Fluch der bösen Tat, Propyläen, Berlin 2014

Kap. »Iran – Ein von der Geschichte ausgelaugtes Land«:
Allah ist mit den Standhaften, DVA, München 1983
Der Fluch der bösen Tat, Propyläen, Berlin 2014

Kap. »Irak – Teufelsaustreibung am Tigris«:
Kampf dem Terror – Kampf dem Islam?, Propyläen, Berlin 2002
Weltmacht im Treibsand, Propyläen, Berlin 2004
Koloss auf tönernen Füßen, Propyläen, Berlin 2005
Arabiens Stunde der Wahrheit, Propyläen, Berlin 2011

Kap. »Afghanistan – Auf den Routen der Mudjahidin«:
Allah ist mit den Standhaften, DVA, München 1983
Kampf dem Terror – Kampf dem Islam?, Propyläen, Berlin 2002

Kap. »Zentralasien – Zwischen ›Great Game‹ und Entsowjetisierung«:
Kampf dem Terror – Kampf dem Islam?, Propyläen, Berlin 2002
Die Angst des weißen Mannes, Propyläen, Berlin 2009

Personenregister

Ortsregister